Hoffmann/Langewand/Niemeyer (Hrsg.)
Begründungsformen der Pädagogik in der ›Moderne‹

Beiträge zur Theorie und Geschichte
der Erziehungswissenschaft
Band 13

Herausgegeben von der
Kommission Wissenschaftsforschung
der Deutschen Gesellschaft
für Erziehungswissenschaft

Geschäftsführender Herausgeber:
Peter Zedler

Begründungsformen der Pädagogik in der ›Moderne‹

Herausgegeben von
Dietrich Hoffmann, Alfred Langewand
und Christian Niemeyer

Mit Beiträgen von
Gerhard de Haan, Ulrich Herrmann, Dietrich Hoffmann, Alfred Langewand, Christian Niemeyer, Jürgen Oelkers, Pirkko Pitkänen, Adalbert Rang, Alfred Schäfer, Bernhard Schwenk, Annette M. Stroß, Heinz-Elmar Tenorth, Reinhard Uhle und Michael Winkler

2. Auflage 1994

Deutscher Studien Verlag · Weinheim

Über die Herausgeber:

Dietrich Hoffmann, Dr. phil., Jg. 34, ist Professor für Allgemeine Pädagogik an der Universität Göttingen.

Alfred Langewand, Dr. phil., Jg. 50, ist Privatdozent für Erziehungswissenschaft an der Freien Universität Berlin.

Christian Niemeyer, Dr. phil., Jg. 52, ist Professor für Sozialpädagogik an der Universität Greifswald/Neubrandenburg.

Die Deutsche Bibliothek – CIP-Einheitsaufnahme

Begründungsformen der Pädagogik in der ›Moderne‹ / hrsg. von Dietrich Hoffmann ... Mit Beitr. von Gerhard de Haan ... – 2. Aufl.
Weinheim : Deutscher Studien Verlag, 1994
(Beiträge zur Theorie und Geschichte der Erziehungswissenschaft ; Bd. 13)
ISBN 3-89271-377-4
NE: Hoffmann, Dietrich [Hrsg.]; Haan, Gerhard de; GT

1. Auflage 1992
2. Auflage 1994

Druck nach Typoskript

Druck: Druck Partner Rübelmann, 69502 Hemsbach
Seriengestaltung des Umschlags: Atelier Warminski, 63654 Büdingen
Printed in Germany

ISBN 3 89271 377 4

Bernhard Schwenk
dem Kollegen und dem Freunde

Inhalt

Vorwort

Nachdem der Vorstand der Deutschen Gesellschaft für Erziehungswissenschaft entschieden hatte, den 1992 fälligen 13. Kongreß in Berlin abzuhalten und unter das Thema 'Erziehungswissenschaft zwischen Modernisierung und Modernitätskrise' zu stellen, vereinbarte die Kommission Wissenschaftsforschung, zunächst ihre Frühjahrstagung 1991 dem Thema "'Moderne' in der Erziehungswissenschaft" zu widmen. Diese fand auf Einladung von DIETER LENZEN im Clubhaus der Freien Universität statt und wurde in der Hauptsache von ALFRED LANGEWAND und CHRISTIAN NIEMEYER ausgerichtet. Die Formulierung des Tagungsthemas deutet darauf hin, daß es zunächst darum gehen sollte, allen Interessenten den Zugang zu den Problemen zu ermöglichen, die mit dem Begriff 'Moderne' in der Erziehungswissenschaft verbunden sind. In der genannten Kommission werden viele Aspekte und Perspektiven vertreten; sie sollten nicht von vornherein auf eine bestimmte Interpretation des Kongreßthemas eingeengt werden. Sowohl bei der Planung als auch der Durchführung der Tagung wurde den Beteiligten klar, daß den unterschiedlichen Bedürnissen am besten Rechnung getragen werden könnte, wenn die Kommission auf dem Kongreß kein eigenes Symposion anbieten, sondern die Mitwirkung an den von anderen ausgerichteten freistellen würde. Diese Entscheidung machte zugleich den Weg für eine Arbeitsgruppe frei, die unter dem Titel 'Begründungsformen moderner Pädagogik' von DIETRICH HOFFMANN vorbereitet und später zusammen mit HELMUT HEID von ihm geleitet wurde. Nach der Zahl der Anmeldungen war es die am besten besuchte Veranstaltung dieser Art auf dem Kongreß. Auch in diesem Falle ist das Thema absichtlich offen, man könnte auch sagen, mehrdeutig gefaßt worden: es blieb undefiniert, was mit 'moderner Pädagogik' gemeint war, obschon durch die ersten drei Themen (Kulturkritik und Anthropologie. Der Diskurs des 18. Jahrhunderts - Wissenschaft und Wirklichkeit. Der Diskurs am Ende des 19. Jahrhunderts - Gesellschaft und Politik. Der Diskurs in der Gegenwart) die Entscheidung für eine bestimmte Betrachtungsweise - nämlich die des vielbeschworenen 'Projekts der Moderne' und den Nachweis seiner Kontinuität - gefallen zu sein schien. Mit anderen Worten: Der Anpassung oder Nichtanpassung der Erziehungswissenschaft an 'unsere' Gegenwart - oder die Frage, wie sich die Pädagogik und die Erziehungswissenschaft im Laufe der letzten drei Jahrhunderte auf die Bedingungen ihrer 'jeweiligen' Gegenwart eingestellt haben, sollte augenscheinlich weniger Bedeutung zugemessen werden. Betrachtet man die in dem vorliegenden Bande versammelten Beiträge jedoch genauer, dann ist am Ende eine Antwort auf die zuletzt erwähnte Frage herausgekommen. Wenn es eines Beweises bedürfte, daß ernsthafte Forschun-

gen liebgewordenen Vorurteilen ein schnelles Ende bereiten können, er wäre hiermit geliefert.
Die Herausgeber haben im Auftrage der Kommission Wissenschaftsforschung die Beiträge der Tagung von 1991 und die der Arbeitsgruppe des Berliner Kongresses von 1992 zusammengestellt und durch einige weitere so ergänzt, daß sich insgesamt ein exemplarisches Bild der teils überdauernden, teils sich verändernden und voneinander abweichenden Begründungen von Erziehung bzw. Pädagogik in der Zeit ergibt, für die sich der Terminus Moderne eingebürgert hat und dem - durchaus folgerichtig - die Bezeichnungen Vormoderne und Postmoderne hinzugefügt worden sind.
Wir haben die betreffenden Aufsätze zu vier Kapiteln geordnet. Im ersten werden Fragen der historischen und der systematischen Abgrenzung der 'Moderne' diskutiert, vor allem aber auch die Funktion, die das damit verbundene Konzept unter pragmatischen und unter kritischen Gesichtspunkten hat. In den beiden folgenden Kapiteln wird der historische Verlauf rekonstruiert, zunächst en gros über die gesamte Epoche vom 18. bis zum 20. Jahrhundert, sodann en detail in bezug auf den in der Tat für alles folgende entscheidenden Beginn im Übergang von der Vormoderne zur Moderne. Den Abschluß bilden die Untersuchungen des vierten Kapitels, in denen - bis in die Gegenwart bzw. die Postmoderne hinein - das Schicksal besonders wichtiger pädagogischer Kategorien im einzelnen verfolgt wird. Das nur scheinbar paradoxe 'allgemeine' Ergebnis ist, daß, obwohl sich alle Autoren auf den Epochenbegriff und auf das pädagogische Programm der sogenannten Moderne einlassen, sie dadurch, wie sie dies tun und was sie an Resultaten herausarbeiten, die Gebrochenheit und Widersprüchlichkeit der Entwicklung ans Licht heben. Um davon nicht abzulenken, haben wir Darstellungen, die die Vorgänge neutral wiedergeben bzw. sie positiv oder negativ bewerten, innerhalb der Kapitel nebeneinandergestellt, sofern dies nach der Einteilung sinnvoll war - und es überhaupt unterschiedliche Positionen gab.
Heinz-Elmar Tenorth/Berlin beginnt mit einer für das Verständnis des ganzen wichtigen Abgrenzung der Moderne und der Bestimmung dessen, was man ihren pädagogischen Grundcharakter nennen könnte. Er weist aber vor allem - und dies wird später wieder aufgenommen - auf die Notwendigkeit der 'internen Periodisierung' der Pädagogik in einzelne Phasen hin. Dadurch entsteht ein Muster, in das man die einzelnen Positionen, von denen später die Rede ist, einordnen kann. Adalbert Rang/Amsterdam geht der Frage nach, ob und in welcher Weise die Pädagogik sich über die Verfolgung ihrer eigenen Ziele hinaus den Themen zugewandt hat, die sozusagen in ihrer Umwelt als 'moderne' in Rede standen. Ist sie den Strömungen der Zeit gefolgt oder hat sie eine eigene Moderne kreiert - die möglicherweise sogar

anachronistisch war? Der Beitrag wird in einer essayistischen Fassung abgedruckt, da die Herausgeber nicht auf ihn verzichten wollten, die mit Nachweisen versehene aber inzwischen nicht mehr zur Verfügung stand. Der (erste) Beitrag von DIETRICH HOFFMANN/Göttingen ist gegen die gedankliche Verführung gerichtet, die mit der Vorstellung einhergeht, die Moderne sei ein wenn nicht geschlossenes, so doch ungebrochenes 'Projekt', innerhalb dessen die Pädagogik unbeirrt an der Aufklärung und der Verwirklichung des Subjekts festgehalten habe. Der am Fortgang der Prozesse geäußerte Zweifel soll verhindern, daß der 'Mythos' den 'Logos' storniert oder gar endgültig vernichtet. PIRKKO PITKÄNEN/Joensuu (Finnland) schließt den ersten Kreis der Überlegungen, indem sie die Vorgeschichte bis in die Antike zurückverfolgt und die Geschichte bis in die ungewisse Zukunft verlängert, auf die der Glaube und die Hoffnung an einen Fortschritt weiter unbeirrbar gerichtet sind, obschon längst fraglich geworden ist, ob er überhaupt noch erreicht werden kann. Möglicherweise, so die Schlußthese, benötigen wir eine Erziehung, die im ganzen weniger an der Vergangenheit, sondern mehr an der Zukunft orientiert ist.
Die historischen Rekonstruktionen der Entwicklung beginnt ULRICH HERRMANN/Tübingen mit einem eindrucksvollen Resümee der Marksteine der Geistesgeschichte des 18. Jahrhunderts, insbesondere jener, deren Zusammentreffen insgesamt das Konzept der 'Selbsthervorbringung' des Menschen initiiert hat, von wo mithin die erwähnte Hoffnung auf Vollendung des Individuums und der Gesellschaft durch Erziehung bzw. Bildung ausging. JÜRGEN OELKERS/Bern setzt am Ende des 19. Jahrhunderts dort an, wo sich wiederum Neues ankündigt. Er konfrontiert den 'Mainstream', dessen Theorie und Praxis er als bekannt voraussetzt, mit einigen der bedeutsamen Modernisierungsbestrebungen, vor allem im Felde der Moralerziehung, die sich - wie auch politisch-pädagogische Reforminteressen - die Entwicklung neuer, insbesondere naturwissenschaftlicher Erkenntnisse zunutze machen wollten. Dabei zeigt sich, daß mit Modernität wenig auszurichten ist, wo die vorherrschende Weltanschauung dieser entgegen steht. BERNHARD SCHWENK/Berlin erläutert den Versuch der Institutionalisierung einer 'paedagogia perennis', einer der Absicht nach nicht nur überdauernden, sondern zugleich darüber hinaus überzeitlichen Pädagogik, die etwa zur gleichen Zeit wieder Festigkeit und Stetigkeit in die sich überstürzende Entwicklung bringen sollte, - als eine Art Rückzug aus der Moderne. Mit MICHAEL WINKLERS/Nürnberg Bemerkungen zum gegenwärtigen Diskurs wird dessen vorläufiges Ende erreicht. Das Pädagogische ist einerseits allgegenwärtig geworden, in seinem diffusen Zustand aber kaum noch bestimmbar und beschreibbar, vor allem kaum noch begründbar. Die Beschwörung der Moderne und ihres Programms erscheint aus dieser Sicht wie der letzte Ver-

such, in der 'postmodernen' Wirklichkeit noch einmal festen Boden unter die Füße zu bekommen.

CHRISTIAN NIEMEYER/Greifswald-Neubrandenburg geht von verschiedentlich vorgenommenen Bestimmungsversuchen ROUSSEAUs als eines modernen Menschen aus, und er fragt, wie es erklärt werden könne, daß ROUSSEAU gleichwohl, jedenfalls in seinem Briefroman, einer 'vormodernen' Utopie Raum gewährte. Die Antwort wird aufgesucht im Zuge einer Auslegung des Briefromans als eines selbsttherapeutischen Exempels. GERHARD DE HAAN/Berlin setzt bei seiner Analyse gleichfalls bei ROUSSEAU an: Dieser habe die Pädagogik mit einer Verfallslehre konfrontiert, von der ausgehend immer wieder, namentlich bei Reformpädagogen, antimodernistische Kampfansagen in Richtung der Schöpfung des Neuen oder gar des neuen Menschen formuliert worden seien. Verfolgt werden dann die zentralen Modelle, Metaphern, Probleme und auch Verluste im Zuge dieser Inszenierung des Neuen. Auch ALFRED SCHÄFER/Köln rückt ROUSSEAU in das Zentrum seines Beitrages, wobei er die aktuelle These von einer 'halbierten Moderne' bereits bei ROUSSEAU, und zwar auf Theorieebene, vorgenommen findet, also bei diesem ein Zugleich identifiziert von moderner Subjektvorstellung und vormodernen Erziehungsverhältnissen. ALFRED LANGEWAND/Berlin sieht mit der durch ROUSSEAU geleisteten Umstellung von Teleologie auf Selbsterhaltung eine zentrale Voraussetzung für die Modernität erziehungswissenschaftlicher Theoriebildung erfüllt, und er problematisiert vor diesem Hintergrund das Verhältnis von (moderner) Selbsterhaltung und (vormodernen) religionsphilosophischen Abstützungen anhand ausgewählter Beiträge der klassischen deutschen Pädagogik.

REINHARD UHLE/Lüneburg fragt am Beispiel der ästhetischen, der philosophischen und der soziologischen Moderne-Diskussion nach den Kriterien, denen ein Bildungsverständnis in der Moderne genügen muß, um nicht zum Antiquum zu werden. ANNETTE STROß untersucht den Wandel im erziehungswissenschaftlichen Verständnis von Ich-Identität - von einer im Sozialisationsverlauf empirisch einlösbaren Kategorie hin zu einem lediglich als Fiktion gehandhabten Leitmotiv -, und sie bringt das sich in diesem Wandel ausdrückende 'moderne' Unbehagen in Verbindung mit der philosophischen Diskussion um die Postmoderne. In seinem zweiten Beitrag konkretisiert HOFFMANN den grundsätzlichen Zweifel gegenüber der These, es gebe ein Projekt der Moderne, das sich bis in unsere Gegenwart erstreckt, an einem besonders bezeichnenden Beispiel, nämlich dem Verfall der Bereitschaft, pädagogisch Verantwortung zu übernehmen, ein Prozeß, der ebenfalls bereits zweihundert Jahre andauert, sich aber augenscheinlich beschleunigt hat. Die Argumentation läuft, wenn man ihren 'roten Faden' verfolgt, genau auf die Schlußfrage hinaus, die ALFRED SCHÄ-

FER - in seinem zweiten Beitrag - stellt. Laufen wir einer Illusion nach, wenn wir glauben, Erziehungsprozesse (immer noch) theoretisch und praktisch anlegen, steuern - und beenden zu können? Oder bedarf es eines 'anderen' Erziehungsbegriffes, einer anderen Bildungstheorie etc., kurz: einer anderen Referenz des pädagogischen Verhaltens, als sie das Subjektdenken nahelegt?

Das Typoskript des Bandes wurde von Frau Dipl. Päd. CLAUDIA MIKAT hergestellt; wir schulden ihr Dank.

Die Herausgeber

Frau Muhme! Sie versteht mir schlecht die Zeiten.
Getan, geschehn! Geschehn, getan!
Verleg Sie sich auf Neuheiten!
Nur Neuigkeiten ziehn uns an.

Johann Wolfgang von Goethe
Faust I / Walpurgisnacht / Mephistopheles

HEINZ-ELMAR TENORTH

Zäsuren der Moderne. Pädagogische Selbstbeschreibungen und Kriterien der Analyse

Lesefrüchte:

"'Wir sind', liest man bei Novalis, 'aus der Zeit der allgemein geltenden Formen heraus'."[1]

"Nicht alles an der neuzeitlichen Geschichte ist also 'modern'."[2]

I. Vorbemerkungen

Am Beginn meines heutigen Vortrages stehen Rückblicke auf meine Arbeit am Thema und Hinweise auf anscheinend uneinlösbare Wünsche, die sie geweckt hat: Nach mehreren Monaten der Lektüre bis dahin unbekannter Texte, nach einem ordentlichen Durchgang durch meinen Zettelkasten und nach vielen Versuchen, die Begriffe 'modern' und 'Modernität' präzise zu bestimmen, muß ich mein Scheitern eingestehen, zumindest ein großes Maß an Skepsis und Irritation einräumen. Eine intensive Lektüre von Selbstbeschreibungen, mit denen die Pädagogik ihre Gegenwart zu beschreiben versucht, bestärkt bei mir die Vermutung, daß sie mit der Moderne wenig zu tun hat und auch nur wenig mit ihr anfangen kann; eine ausgiebige Beschäftigung mit Analysen der Moderne, die sich außerhalb unseres Faches finden, läßt mich inzwischen zugleich daran zweifeln, ob es hier wirklich trennscharfe Kriterien gibt, die es erlauben, von einer Theorie der Moderne zu sprechen.
Bei der Frage nach den Zäsuren kann ich jedenfalls im Gestus der Gewißheit die Antwort nicht geben, von der ich zur Mitte meines vergangenen Forschungssemesters noch geträumt habe, nämlich präzise und pünktlich Tag und Stunde, Akteure und Orte, Maßnahmen, Ereignisse und Ergebnisse zu benennen, in denen sich der Beginn der Moderne und ihre wesentlichen Zäsuren manifestieren. Die Moderne ist schwer zu fassen, und gelegentlich war ich versucht, nicht einen Vortrag zu Gehör zu bringen, sondern stattdessen CHARLES CHAPLINS 'Modern Times' zu zeigen und die Diskussion auf diese Weise zu eröffnen (aber dann fehlte mir das Video).
Mein pädagogisch erzeugtes Pflichtbewußtsein hat dann doch über die Liebe zum Bild gesiegt, so daß ich auch mit einem Vortrag komme und ein Ergebnis meiner Arbeit präsentieren kann, in drei Schritten,

wie es sich gehört: Zunächst gebe ich einen Bericht über den pädagogischen Sprachgebrauch zum Thema (II.), dann rekapituliere ich einige Befunde und Theorien aus anderen Fächern und prüfe sie vor allem an der allgemeinen Frage, welche Zäsuren der Gesellschaftsgeschichte sie markieren können (III.); zum Abschluß (IV.) versuche ich selbst, Thesen über eine Entwicklungslogik der Pädagogik in der Moderne vorzutragen.

II. Der pädagogische Umgang mit der Moderne - Beliebigkeit und Fehlanzeige

Beim Blick in die pädagogische Literatur stellt man mit einigem Erstaunen fest, daß sie sich mit 'Moderne' und 'Modernität' auffallend wenig beschäftigt hat. Es gibt zwar den Vorschlag für ein Kongreßthema 1992, aber ich werde den Verdacht nicht los, daß der Vorstand bei der Formulierung des Themas der Disziplin weit vorausgeeilt ist. Auch dafür scheint es mir gute Gründe zu geben, denn für einige Mitglieder im Vorstand scheint das Thema keineswegs fremd zu sein (ohne daß es dadurch in einem theoretischen Sinne eindeutig und im Konsens präzisiert würde): DIETRICH BENNER bezeichnet seine 'Hauptströmungen der Erziehungswissenschaft' im Untertitel als 'eine Systematik traditioneller und moderner Theorien' und DIETER LENZEN, in dem ich den Inspirator des Kongreßthemas vermute, hat eine Abhandlung geschrieben, für die der Begriff der Moderne zentral ist: sein Beitrag über 'Moderne Pädagogik - Pädagogik der Moderne' zeichnet sich auch durch eindeutige Thesen und Bestimmungen aus. Nur leider, es dürfte nicht leicht sein, sie auf die Zeithorizonte der BENNERschen Überlegungen abzubilden. Während LENZEN eine Epoche als modern beschreibt, die von der Klassik über die Romantik zu MARX und NIETZSCHE reicht, nennt BENNER diesen Zeitraum bis zum ausgehenden 19. Jahrhundert die Phase der 'Traditionellen Pädagogik' (im übrigen, ohne auf die Romantik, KARL MARX oder FRIEDRICH NIETZSCHE angemessen einzugehen). BENNERs Moderne beginnt mit dem frühen 20. Jahrhundert und als 'modern' erscheint dann vor allem unsere Gegenwart. Von Übereinstimmung mit LENZEN kann also nicht die Rede sein.
Das Dilemma der widerstreitenden Bestimmungen und epochalen Zuschreibungen der Moderne findet sich im übrigen nicht nur bei den Dogmen- und Ideenhistorikern: HERMANN LANGEs schöne Untersuchung über 'Schulbau und Schulverfassung der frühen Neuzeit' verspricht eine Analyse der 'Entstehung und Problematik des modernen Schulwesens'; sein Gegenstand sind Schulen vom ausgehenden 15. bis zum frühen 17. Jahrhundert, von Plänen der sächsischen Fürsten bis

zu den Konzepten der Jesuiten - ganz eindeutig: die Moderne erlebt ihre Geburt in der Renaissance, mit Reformation und Gegenreformation.
Für WILHELM ROEßLER dagegen, der auch über die 'Entstehung des modernen Schulwesens in Deutschland' schreibt, ist der zentrale Referenzzeitraum das ausgehende 18., frühe 19. Jahrhundert - die Moderne beginnt mit der Aufklärung und der klassischen Epoche der deutschen Geistesgeschichte, also: in der Phase der traditionellen Pädagogik modo BENNER. FRIEDRICH PAULSEN schließlich, mein dritter schulgeschichtlicher Referenzautor, hat bereits 1906 das 'moderne Bildungswesen' dargestellt; aber es ist das Bildungswesen seiner Zeit, am Übergang zum 20. Jahrhundert, über das er berichtet - die Moderne ist seine Gegenwart. Inkonsistenzen und Unvereinbarkeiten also auch hier, nicht nur in der Ideen-, sondern auch in der Schulgeschichte.
Dabei, ich muß es noch einmal in Erinnerung rufen, sind das wenigstens noch explizite Belege, auf die ich mich referierend und problemexplizierend stützen kann, so daß sich auch der Dissens der Kriterien diskutieren und vielleicht aufklären ließe. Im übrigen bietet die pädagogische oder erziehungswissenschaftliche Debatte wenig zum Thema, sogar dann, wenn ein Autor explizit über 'Erziehungswissenschaft im Spannungsfeld von Kontinuitäten und Zäsuren der Moderne' schreibt[3], findet man fast nur aktuelle Theoriedebatte.
Läßt man die Diskussion über die Postmoderne aber aus, der auch der von mir erwähnte Beitrag HEINZ-HERMANN KRÜGERS zurechenbar ist, und auch die Frage, wann sie beginnt und welchen Zeitraum man als 'Moderne' oder gar als 'Postmoderne' beschreiben kann, dann findet sich das 'Modernitätsthema' im pädagogischen Wissen der Moderne bis zur Gegenwart fast gar nicht. Es wäre zu langwierig, alle Fehlanzeigen zu notieren, aber einige will ich doch nennen: Die pädagogischen Lexika schweigen sich aus, in den Handbüchern und Enzyklopädien älterer und neuerer Zeit gibt es keine einschlägigen Einträge. Selbst hoffnungsvoll stimmende Stichworte erweisen sich als Irrwege: Im HERDERschen Lexikon Bd. 3, 1914, gibt es zwar das Stichwort 'Modernismus', aber es ist dann doch nur eine lange Abhandlung über die Schwierigkeiten der katholischen Kirche mit den ihr eigenen Modernisierern, die man - bis hin zum Antimodernisteneid von 1911 - hier und analog im 'Philosophischen Wörterbuch' (von GEORG KLAUS und MANFRED BUHR) finden kann - die dogmatischen Disziplinen konvergieren gelegentlich doch. Ansonsten - Fehlanzeige für die Moderne, schon gar keine Klärung der modernen Pädagogik oder der Pädagogik der Moderne, von LENZEN abgesehen, aber dann mit den bekannten Schwierigkeiten.[4]
Wenn schon die Theorie sich ausschweigt, was sagt die Historie im Fach und für das Fach? Auch das füllt den Zettelkasten nicht sehr

stark - ADOLPH DIESTERWEG hat einen einschlägigen Artikel geschrieben[5], einige wenige kritische Bemerkungen finden sich bei PAULSEN sowie im Umfeld der reformpädagogischen Diskussion[6], aber noch hier sehr viel weniger als ich erwartet hatte. Diese Defizitdiagnose legt aber die Frage nahe, wie denn die Pädagogik die Zeiten ordnet, wenn sie auf den Begriff der Moderne in adjektivischer und substantivischer Form verzichtet.

Ein Blick auf eine Gattung von Büchern, zu denen ich selbst auch beigetragen habe, gibt zwar Hinweise, aber leider ebenfalls keine einheitlichen Befunde: In den 'Geschichten' von Pädagogik und Erziehung folgt man entweder den politischen Zäsuren oder den klassischen Epochenbegriffen (Antike, Mittelalter, Renaissance, Aufklärung, Klassik, Industrialisierung[7]); und seit dem 19. Jahrhundert wird meist nur noch gezählt, für das 20. jedenfalls findet sich jenseits der Ziffer in der Historiographie der BRD kein stimmiger Epochenbegriff - auch ERNST NOLTE, mit der These vom 'Weltbürgerkrieg' hat keine Nachfolger gefunden (dabei sehe ich davon ab, daß ich selbst den Begriff der Moderne nutze, um die Aufklärung und die Zeit seit 1890 zu analysieren, als 'Aufbruch' und 'Krise' der Moderne nämlich). Die DDR-Kollegen, die jetzt zur Vergangenheit unserer Gegenwart rechnen, periodisieren in ihren alten Veröffentlichungen anders, selbstverständlich mit MARX: 'Urgesellschaft' und 'Feudalgesellschaft' gehen dann den Etappen der bürgerlichen Gesellschaft voraus, für die sich eine 'frühbürgerliche', 'hoch-' und 'spätbürgerliche' Phase unterscheiden läßt; dann folgt die 'Periode des Übergangs zum Monopolkapitalismus' und - ich zitiere - die 'Zeit der Herausbildung und Festigung des sozialistischen Weltsystems (1945 bis 1980)'.[8] Aber, nichts zur Moderne, nicht einmal der Begriff im Sachregister.

Ein anderer Befund über Periodisierungskriterien, mit denen die Pädagogik ihre Zeit ordnet, scheint mir dagegen durchaus aussagekräftig und zugleich wenig strittig: Es ist einerseits die Kategorie des 'Neuen' und das Adjektiv 'neu', die sie reichlich benutzt - denn vom 'neuen Menschen' bis zur 'neuen Gesellschaft', von der 'neuen Erziehung' bis zur 'neuen Schule', von der 'neuen pädagogischen Bewegung' und der 'neueuropäischen Pädagogik' ist die Literatur der Pädagogen übervoll; andererseits gibt es in der Pädagogik eine weitgespannte Rhetorik der 'Gegenwart'[9], um die eigene, selbsterlebte Zeit zu beschreiben, sowie den Bezug auf Autoren, die Diagnosen der Gegenwart versuchen, u.a. - wie bei WILHELM FLITNER - auf HANS FREYER[10], und endlich, nicht selten parallel zu 'neu', die kontinuierliche Inanspruchnahme von 'Zukunft' (meist ganz ohne Futurologie).

Ich kann die Differenz von 'neu', 'gegenwärtig' und 'modern' oder gar ihre Referenz zu 'Zukunft' an dieser Stelle nicht systematisch erklären und ich will sie hier auch nicht thematisieren (daran mag sich ADAL-

BERT RANG abmühen); nach m.E. ist auch jetzt schon sichtbar, daß der theoretische Gehalt der Semantik des 'Neuen' nicht sehr viel besser ist als der pädagogische Sprachgebrauch im Umkreis von 'modern'; auch die Trias von 'Vergangenheit', 'Gegenwart' und 'Zukunft' klärt vielleicht den Begriff der 'Tradition' für die Pädagogik und ihre Auffassung vom 'Wesen der pädagogischen Aufgabe', hier findet man aber nicht die pädagogische Theorie der Moderne[11], sondern eher einen Zugang zur Behandlung des Zeitproblems in der Pädagogik[12] und die Differenz von gesellschaftlicher Zeit und den Temporalproblemen des Pädagogischen. Dieses Thema mag irgendwie mit der Moderne zu tun haben, ich lasse es im Augenblick auf sich beruhen. Zunächst habe ich das Heil in anderen Disziplinen gesucht und auch die Befunde dieser Arbeit seien kurz rekapituliert.

III. Theorie der Moderne - Epochen der Moderne

Mag die Kritik der Pädagogik notwendig sein, die Theorie der Moderne ist ebenfalls nicht gut ausgearbeitet. Dabei besteht das Dilemma nicht so sehr im Mangel an Theorie, sondern in der Fülle der denkbaren Vorschläge. Einerseits halten die anderen Disziplinen eine beruhigende Ordnung des Wißbaren bereit, andererseits erzeugen sie selbst auch die Irritation, die ich an der Behandlung des Themas in der Pädagogik getadelt habe.

Zu den beruhigenden Auskünften - auf die ich zunächst eingehen will - trägt, wie meist, die begriffsgeschichtliche Arbeit bei.[13] Sie gibt 1. eine eingängige zeitliche Ordnung der Fundstellen, 2. eine diskutierbare Systematik der Bedeutungen und 3. einen Eindruck von den Problemen einer theoretischen Analyse der Moderne. Zu den drei Aspekten will ich wenigstens knapp meine Lektürefrüchte mitteilen:

1. 'modern' - 'Moderne': Belege der Begriffsgeschichte

In der zeitlichen Ordnung der Fundstellen gibt es zunächst Ausgangsdaten für den Sprachgebrauch: Wir erfahren, daß der spätantike, frühchristliche Denker GELASIUS um 494/95 in seinen 'Epistolae pontificorum' den ersten Beleg liefert und dann "modernus als Bezeichnung für das historische Jetzt der Gegenwart"[14] benutzt; wir erfahren ferner, daß es ein eindeutiges Entwicklungsmuster gegeben hat; denn bis ins 19. Jahrhundert ist allein die adjektivische Form des Belegs nachweisbar, während der substantivische Begriff der 'Moderne' erstmals 1849 (in Frankreich, bei FRANCOIS RENE CHATEAUBRIAND[15]) nachgewiesen ist und seine Konjunktur seit dem ausgehenden 19. Jahrhundert hat, und zwar in den Selbst- und Fremdbeschreibungen der literarischen 'Moderne', wie der Realismus und Naturalismus von innen und außen qualifiziert werden; den begriffsgeschichtlichen Befunden kann man schließlich entnehmen, daß man auf ein gesamteuropäisches Thema stößt, wenn man der Karriere von 'modern' folgt; unverkennbar sind aber die brisanten Beiträge zum Thema bis in die Mitte des 19. Jahrhunderts aus dem frankophonen Bereich (und in der Theorie der Moderne stammen bis zur Gegenwart die provokanten und erhellenden Texte aus Frankreich; ohne daß man allein JEAN-FRANCOIS LYOTARD nennen muß. PAUL VALERY ist vielleicht viel wichtiger).

2. *Sequenz der Bedeutungen und Typik ihrer Varianten*

Gibt es (jenseits der Differenz und Folge von Adjektiv und Substantiv) eine identifizierbare Logik in der Fülle der Belege und ihrer Sequenz? Eine für mich plausible These liefert HANS-ULRICH GUMBRECHT, der drei 'Bedeutungsmöglichkeiten' unterscheidet und in begrifflichen Gegensatzpaaren demonstriert: das erste Gegensatzpaar lautet 'gegenwärtig' vs. 'vorherig', das zweite 'neu' vs. 'alt', das dritte 'vorübergehend' vs. 'ewig'.

In dieser Unterscheidung findet sich nicht nur eine Klassifikation des Materials, sondern auch eine elementare Interpretation und Charakterisierung der Rede von 'modern', die sich aus dem historischen Prozeß selbst ergibt, und die als erster Zugang zur Theorie der Moderne so aufschlußreich ist, daß ich sie wenigstens andeuten will.

Im Gegensatz von 'gegenwärtig' und 'vorherig' thematisieren der Diskurs des Modernen und die Epoche, die ihn prägt, ein Phänomen der Diskontinuität im Kontinuierlichen: BENNER ist der gegenwärtige, WOLFGANG KLAFKI war bzw. ist der vorherige Vorsitzende der DGfE, die unabhängig davon Bestand hat, oder, in der Sprache von GUMBRECHT, das Prädikat 'ist modern' "wird ... Konzepten, Gegenständen oder Personen zugesprochen, die zur jeweiligen Gegenwart eine umbesetzbare Stelle [in einer, H.-E. T.] über große Zeiträume bestehende[n] Institution repräsentieren", z.B. 'modernus pontifex' als der jeweilige Nachfolger Petri auf dem Stuhl des Papstes. In diesem Diskurs, das interessiert für das Problem der Zäsuren, trifft man eher auf zyklische Modelle des Fortschritts und der Geschichte, eher auf Wiederkehr statt auf Revolution.

Im Gegensatz von 'alt' und 'neu' bezeichnet das Prädikat 'modern', meist zugleich in wertender und qualifizierender Absicht, die Eigenschaften einer Gegenwart gegenüber einer anderen, vergangenen Epoche, wie bei GELASIUS, der die christliche Gegenwart als modern gegenüber der heidnischen antiquitas zu behaupten suchte. Erkennbar ist das der Dual, in dem sich Fortschrittsmodelle und -begriffe für eine

jeweilige Gegenwart engagieren und die vorhergehende Zeit nicht nur als Vergangenheit behandeln, sondern als zu Recht überholte Epoche. Wir finden ein lineares Fortschrittsmodell, stoßen auf Utopien, Antizipationen des Anderen und, vor allem, auf Diskontinuitäten.
In der Pädagogik - wie in der Gesellschaftsgeschichte generell - ließe sich auf die Zäsur verweisen, die durch die europäische 'Sattelzeit' (REINHART KOSELLECK) des ausgehenden 18., frühen 19. Jahrhunderts gelegt ist, die sich in der Beschleunigung der Zeit, in der Veränderung der Zeiterfahrung und in der Durchsetzung der Funktionsprinzipien funktional differenzierter Gesellschaften manifestiert, dann also auch das neuzeitliche Erziehungswesen erzeugt. Die Selbstbeschreibungen der Pädagogik haben die Zäsur im übrigen nicht verpaßt, sondern gesehen; wenn auch - z.B. in HERMAN NOHLs Begriff der 'Deutschen Bewegung' - in nationaler Besonderung codiert.
Im Gegensatz von 'vorübergehend' vs. 'ewig' beschreibt der Diskurs des Modernen, endlich, eine Gegenwart, die sich selbst nicht als Maß der Dinge, sondern als vergänglich auffaßt, mit dem Folgeproblem, daß die 'Gegenwart' schwer zu beschreiben, fast nur noch als Vorgeschichte einer Zukunft zu fassen ist, in der die heutige Moderne zur vergangenen Gegenwart gerechnet wird, als Interpunktion in einem kontinuierlichen und zugleich ungleichzeitigen Prozeß.
In diesem Begriffsgebrauch von modern wird nicht nur signalisiert, daß die jeweilige Gegenwart überholbar ist, sondern auch, daß sie als gegenwärtige Zeit nur "das Transistorische"[16] beschreibt, das zu Recht Vorübergehende, auch: das kritisch zu Diagnostizierende.
In der Pädagogik scheint mir das bisher die am wenigsten gebräuchliche Lesart des Modernen; die Pädagogik setzt anscheinend zu sehr auf Tradition, auf Stetigkeit, auf die Verläßlichkeiten und Selbstverständlichkeiten ideologischer Selbstdefinitionen, um mit dieser Unsicherheit arbeiten zu können. Pädagogik will stiften, was bleibt, oder bekämpfen, was ist - alles andere gilt als Chaos und Beliebigkeit. Bezeichnenderweise findet sich die These der 'paedagogia perennis' sehr viel mehr behandelt als die Modernität der Pädagogik.
Wie immer sich die einzelnen 'Bedeutungsmöglichkeiten' im konkreten Sprachgebrauch auch abwechseln, wie sehr sie auch bereichs- und problemspezifisch variieren mögen (auch in den konkreten Datierungen, denn die 'moderne Pädagogik', die wir seit 1800 beobachten, wird realisiert in einem 'modernen' Staat, den wir seit dem ausgehenden 13. Jahrhundert sich entwickeln sehen etc.), unbeschadet solcher Differenzen: man wird weder annehmen dürfen, daß eine der Bedeutungsvarianten gänzlich aufgegeben worden ist, noch, daß es eine konsente Bestimmung des Sprachgebrauchs gibt. Mit GUMBRECHT scheint es mir angemessen, systematisch nur anzunehmen, was er von der Literatur aus festhält, nämlich daß sich im Prozeß der "Übergang von einer

Diachronie der Stilepochen in eine Synchronie von Stilmöglichkeiten" vollzogen, und daß die gegenwärtige, 'moderne' Situation des Menschen dadurch charakterisiert ist, daß "die Verpflichtung zur Selektion als Weg zur Gestaltung der Zukunft den Zwang der Tradition abgelöst" hat.

3. Ungeklärte Theorie der Moderne

Schon die Begriffsgeschichte zeigt an, daß zwar jedes Beschreibungssystem imstande ist, für den jeweiligen Referenzbereich eine Qualifizierung der Gegenwart als Moderne zu leisten und eine Beschreibung der ihr eigenen Merkmale zu liefern, daß aber Leittheorien ganz unverkennbar sind, die den Diskurs bestimmen: für die Tradition des Problems und bis ins 20. Jahrhundert ist das die Ästhetik, für die gegenwärtige Diskussion vor allem die Sozialphilosophie.
Die Ästhetik findet sich als Leitdisziplin schon in der Antike, zuerst "im Zeichen einer Moralisierung der Poesie mit den 'Fröschen' des Aristophanes"[17], dann kontinuierlich in der Veränderung der poetischen Technik und ihrer Diskussion, in der Auseinandersetzung über die Kunst und ihre Funktion. Einerseits findet sich dabei kontinuierlich das Gegensatzpaar von 'antiqui vs. moderni', andererseits der immer neue Versuch einer Bestimmung des Klassischen, mit durchaus paradoxen Konsequenzen, z.B., daß die 'modernen' - weltgeschichtlich - die 'alten' sind (wie in der französischen Diskussion des 17., 18. Jahrhunderts), und die 'Klassik' von der Romantik im Namen der Moderne attackiert wird, bevor sie selbst zu den alten gerechnet wird. Im ästhetischen Diskurs wird also nicht allein das Verhältnis der jeweiligen Gegenwart zu ihrer Vorgeschichte, sondern auch die Frage der Autoritäten diskutiert. In der jüngsten Etappe unserer Moderne wird das vor allem als Anspruch der 'Avantgarde' gegenüber allen Modernismen manifest, aber auch als Absage an jeden Versuch, das 'Wahre, Schöne und Gute' substantiell zu bestimmen oder eindeutig jenseits der Vielfalt der Stile zu kodifizieren. In der Pädagogik könnte man den damit angesprochenen Aspekt etwa in der (heute ungelösten) Lehrplan- und Kanondebatte wiederfinden, als Frage nach dem Anspruch, den das klassische Erbe auf Dauer erheben kann.
Die Sozialphilosophie scheint zur Leitinstanz des Diskurses erst zu werden, als die Zeiten sich ihrer eigenen Epochalität nicht mehr bewußt oder zumindest nicht mehr sicher sind und seit auch die Ästhetik ihre Leitfunktion eingebüßt hat, also seit dem 19. Jahrhundert. Die Analyse der jeweiligen Gegenwart tritt dann als (generalisierte) 'Kritik der Modernität' auf, wie bei NIETZSCHE oder RICHARD WAGNER.[18] Sie erlauben zugleich die These, daß die gegenwartsdiagnostische Leistung in Deutschland nicht selten allein als Kulturkritik entfaltet ist

und anfällig für die eigene Bindung an die Zeit bleibt, z.B. antisemitisch, wie bei WAGNER, oder antidemokratisch, wie bei NIETZSCHE, wenn er den "Übergang zur Vermittelmäßigung, zur Demokratie und zu den 'modernen Ideen'"[19] kritisiert.
In der Pädagogik könnte man den gesamten Sprachbestand der sogenannten 'Reformpädagogik' des ausgehenden 19. Jahrhunderts hier anführen, sowohl in seinen Idiosynkrasien wie in seinen Topoi - ich verzichte darauf, zugunsten des Versuchs, die Leistungen zu charakterisieren, die schon dieser Diskurs für die Lösung des Zäsurenproblems, also für die Frage nach Kontinuität und Diskontinuität der Moderne bereithält:
Die Leistungen sind mindestens zweifach. Die historisch jeweils anzutreffenden Diskurse über das Moderne können
a. insofern eine Zäsur markieren, als sie - kategorial - die Differenz von Moderne und Nicht-Moderne zeigen, d.h. die 'Ausdifferenzierung der Moderne' und die Unterscheidung differenter Funktionsprinzipien von Gesellschaften (und dann kann man die gegenwärtig geltenden Funktionsprinzipien die 'modernen' nennen); wir treffen also auf die Zäsur, die von der Moderne selbst gesetzt wird, und auf Kriterien, die sie konstituieren und die es zugleich erlauben, sie u.a. von der Vormoderne (und, wenn es sein muß, auch von der Postmoderne) abzutrennen,
b. schon in den Selbstbeschreibungen innerhalb der jeweils strukturell unterschiedenen Epoche die Moderne selbst gliedern und dem historischen Prozeß eine interne Periodisierung geben (z.B. als prae-, klassisch-, post-modern), wobei man heute wissen kann, daß solche Unterscheidungen bereichs-, themen- und theoriespezifisch variieren, und daß sich allein noch die Anerkennung von Pluralität als Einheitsformel vertreten läßt, will man sich nicht den Ideologievorwurf einhandeln.
Zur Theorie werden diese Selbstbeschreibungen dadurch, daß sie sich selbst systematisieren und reflektieren. Auch das geschieht gegenwärtig ganz überwiegend in der Sozialphilosophie, aber dort nicht exklusiv; man kann schon nicht davon absehen, daß z.B. die Karriere des Begriffs 'Postmoderne' in der Architekturtheorie einsetzte, daß die Ästhetik nach wie vor eine Rolle spielt (etc.). Unverkennbar ist aber auch, daß die sozialphilosophische/soziologische/sozialwissenschaftliche Theorie der Moderne selbst wiederum neue Probleme aufwirft, begrifflich, wenn sie z.B. die Prozeßkategorie der 'Modernisierung' einführt (und dann - die Pädagogik weiß das seit Diskussionen über den 'Modernisierungsrückstand' der Schule/der Lehrpläne/der Lehrer - zumindest mit dem impliziten Normativismus zu tun hat, der dieser Kategorie innewohnt[20]), theoretisch, wenn jenseits der Annahmen über funktionale Differenzierung, Systembildung, Komplexität "eine

Vorstellung der strukturellen Merkmale" gesucht wird, "die die moderne Gesellschaft ... gegenüber älteren Gesellschaftsformationen auszeichnen". NIKLAS LUHMANN, dessen Diagnose vom Frankfurter Soziologentag von 1990 ich dafür hier zitiert habe[21], findet dann auch in der Soziologie allenfalls "Schlagworte - von Begriffen mag man nicht sprechen", und diese Schlagworte - er nennt "'Risikogesellschaft' oder 'Informationsgesellschaft'" - "tragen alle Züge forcierter Einseitigkeit".[22]

Im Blick auf die übrigen Hauptvorträge des Soziologentages wird man LUHMANNs Diagnose kaum widerlegen können. ULRICH BECK bietet sein bekanntes Dual für den Prozeß an ('einfache' und 'reflexive' Modernisierung[23]) und ein hübsches Paradox ("Die Moderne wird sich selbst historisch und hat doch gerade erst begonnen")[24]; die übrigen Festredner (von RALF DAHRENDORF bis LUDWIG VON FRIEDEBURG) wiederholen ihre bekannten Thesen und die seit längerem gedruckten, in sich uneinheitlichen Diagnosen.[25]

Zwischen MAX HORKHEIMER und THEODOR W. ADORNO, zwischen der Qualifizierung der Aufklärungsepoche als 'klassischer Moderne' und der Verteidigung ihres uneingelösten Anspruchs, zwischen Selbstreferenzanalysen und Autopoiesis-Vorschlägen verläuft immer noch die anscheinend schon iterierende Diskussion, gelegentlich aufgestört durch kritische Reflexionen über 'Mythos und Moderne' oder irritiert durch Thesen, die den großen Erzählungen - von GEORG FRIEDRICH HEGEL, MARX und anderen - endgültig das Ende signalisieren. Allein MAX WEBER scheint, vielleicht neben GEORG SIMMEL, weniger ritualisierte Zitate als theoretische Anstrengungen zu provozieren. Über die Ambivalenzen von 'Rationalisierung' und die 'Gehäuse der Hörigkeit' scheint allemal Diskussion und Verständigung möglich.

Texte dieser Art und Thesen dieser Art sind ja auch der Pädagogik nicht fremd, sie begegnen in Rezeptionsmustern der Sozialphilosophie wie in den Debhatten über Postmoderne.[27] Aber kann man aus der Diskussion und Theorie der Moderne jetzt auch für die Pädagogik lernen, für die Charakterisierung der 'modernen Pädagogik' und der 'Pädagogik in der Moderne'? Kommt man vielleicht sogar zur Auflösung der differenten Bestimmungen von 'modern', die ich eingangs zitierte? Ich riskiere (an Stelle einer ordentlichen Zusammenfassung der Befunde) einen solchen Versuch.

IV. Moderne Pädagogik - Zäsuren der Pädagogik in der Moderne

Mein Versuch ist jenseits des 'Post'-Gejammers und der 'Ende'-Rhetorik angesiedelt, er beschränkt sich auch auf zwei Aspekte, die mit dem Begriff der Zäsur schon angedeutet sind. Es geht mir darum,
a. die Zäsur zu bezeichnen, mit der sich moderne Pädagogik von der vormodernen abtrennt, und Kriterien anzugeben, mit denen sie sich kontinuierlich und systematisch von ihr unterscheidet, und
b. diejenigen Zäsuren zu diskutieren, die sich innerhalb der modernen Pädagogik selbst noch, als Epochen der Moderne, aufzeigen lassen und die dann ihre Effekte und ihre Eigenart kennzeichnen.
Zur Abwehr übergroßer Erwartungen und zur Einschätzung meines kleinen Versuchs will ich auch sagen, daß mir die neueren Untersuchungen zur Pädagogik der Moderne nicht ganz fremd sind[28], daß ich aber nicht vorhabe, jetzt noch ausführlich die Sekundärliteratur zu diskutieren; ich muß auch darauf verzichten, die kulturelle Einseitigkeit meiner Argumentation kritisch zu rechtfertigen, denn ich spreche im wesentlichen nur von dem europäisch-nordamerikanischen Modell der (pädagogischen) Moderne. Zuletzt, ich verzichte darauf, zugleich über die Ursachen des Wandels zu spekulieren, zwischen dem von außen induzierten Wandel und eigendynamischen Effekten zu unterscheiden, Ereignissequenzen von Prozessen zu sondern und die prima causa zu erörtern. Nach allem, was wir wissen, sind zumindest alle Verschwörungstheorien schwach begründet, evolutionstheoretische Annahmen dagegen und Thesen über die Eigendynamik der Entwicklung sozialer Subsysteme für die moderne Geschichte relativ stark.
Zur besseren Prüfung meiner Argumentation will ich aber die Grundzüge meines Ergebnisses vorab nennen.
1. Den Ursprung der modernen Pädagogik kann ich nicht mit einem Datum angeben, sondern nur in mehreren Vorschlägen benennen; diese Vorschläge richten sich nach dem Begriff, den man zur Sache mitbringt, also jeweils anders, wenn man den herrschenden ideengeschichtlichen Annahmen folgt oder wenn man sozialgeschichtlich denkt.
Weder ideengeschichtlich noch sozialgeschichtlich, das will ich aber noch in Erinnerung rufen, ist die Zäsur endgültig, nicht mehr von Regression bedroht oder der Anspruch der Moderne vollendet - die Unvollendbarkeit der Moderne gehört zu ihren Funktionsprinzipien.[29]
2. Deshalb ist die interne Periodisierung der Moderne so bedeutsam. Für die interne Periodisierung beschränke ich mich auf drei Etappen, die ich als 'Übergang', 'Durchsetzung' und 'Veralltäglichung' der modernen Pädagogik beschreibe (ich räume also ausdrücklich schon jetzt ein, daß ich nicht in den wertthematisch aufgeladenen Modellen argu-

mentieren will, die in der Pädagogik sonst angeboten werden, z.B. 'Ursprung, Höhepunkt, Verfall' oder 'Entstehung, Durchsetzung, Vollendung' oder 'Epoche der Klassik, Zeit der Verfehlung, Irrweg der Gegenwart').[30]

1. Differenz 'vormodern' - 'modern'

Auch wenn die Erziehungswissenschaft sich mit der Moderne wenig beschäftigt hat, haben sich zumindest die Erziehungshistoriker mit der Differenz von 'Moderne' und 'Vormoderne' auseinandergesetzt, und zwar in einer Kontroverse zwischen ULRICH HERRMANN und ERHARD WIERSING. Thema ihres Streits war die Frage, welche Zeiträume Gegenstand erziehungs- und bildungshistorischer Arbeit sein sollten. HERRMANN plädierte für die Epoche seit der Aufklärung, die er die 'moderne' Pädagogik nennt und vor allem an ihrer 'Denkform' erläutert, d.h. er bringt (unbeschadet seiner Hinweise auf die gesellschaftlich gegebene oder auch nur pädagogisch antizipierte Krisensituation des ausgehenden 18. Jahrhunderts) vor allem ideen- und mentalitätsgeschichtliche Kriterien zur Geltung (d.h. eine neue Anthropologie, die den Menschen als Schöpfer seiner Welt interpretiert, und eine Auffassung von Erziehung, in der die Pädagogik als Schöpfer des Menschen gedacht wird).[31]

Das ist eine eindeutige Auskunft, aber sie hat ihre eigenen Probleme: Für die 'vormoderne Epoche' ergibt sich zunächst die Schwierigkeit, daß sie allein negativ, in Differenz zur Moderne bestimmt wird, aber nicht mehr selbst als Einheit begriffen werden kann (und das ist vielleicht auch gar nicht möglich, wenn man sieht, daß hier Forschungen zu Antike und Mittelalter gleichermaßen versammelt sind).[32] Unklar ist entsprechend schon der Titel für den Gegenstand der historiographischen Bemühungen; neben 'vormodern' findet sich noch 'frühe Neuzeit' oder das Etikett 'alteuropäisch' (das aber z.B. LUHMANN und JÜRGEN HABERMAS für die Epoche der Aufklärung nutzen, die HERRMANN 'modern' nennt).

Vor allem ist nicht zu übersehen, daß die von HERRMANN und WIERSING genutzten Kriterien vornehmlich ideengeschichtlich und pädagogisch-programmatisch fixiert sind; nicht einmal das konkrete Verhalten in Erziehungssituationen wird zum Kriterium gemacht, um Unterschiede zwischen der Moderne und ihrer Vorgeschichte zu zeigen. Erstaunlicherweise, denn eine außerpädagogische Theorie der Moderne markiert die einschlägige Differenz im Prozeß der Zivilisation ausdrücklich über die Durchsetzung von Verhaltensstandards.[33]

NORBERT ELIAS, dessen weit bekannte These über den 'Prozeß der Zivilisation' ich meine, datiert dann die Zäsur auf die Epoche seit der Renaissance, nicht erst seit der Aufklärung. Seine These hat den Vorzug, zugleich mit der in dieser Zeit erstmals eigens ausdifferenzierten Reflexion über Verhaltensstandards und Verhaltensformung, u.a. in den Schriften des ERASMUS VON ROTTERDAM, auch die Seite der Erziehungswirklichkeit mit einbeziehen zu können.[34] Gegenüber HERRMANNs Favorisierung des 18. Jahrhunderts würde ich ergänzend auch auf die Schriften von WOLFGANG RATKE bis JOHANN AMOS COMENIUS oder ERHARD WEIGEL verweisen, um die für die Moderne typische Veränderung der pädagogischen Ansprüche nach ihrem Ursprung in die Zeit seit dem 15. Jahrhundert zu datieren; 'modern' sind diese Schriften insofern, als sie sich in einer heute überraschend anmutenden Weise mit der Erwartung belasten, den Menschen nach dem Vorbild der Maschine konstruieren zu können.[35]

Eine Lösung des 'Ursprungs'-Problems scheint mir deshalb darin zu liegen, ein Bündel von Kriterien zu nutzen, um einen qualitativen Wandel in den Erziehungsverhältnissen zu markieren. Dann würde ich aber die Zäsur in das 15./16./17. Jahrhundert legen, weil sich in diesen drei Dimensionen, die für die Ordnung des Generationsverhältnisses bedeutsam sind, zugleich die Antizipation einer anderen gesellschaftlichen Struktur beobachten läßt: institutionell, normativ und funktional werden in dieser Epoche erstmals gemeinsam und zugleich Alternativen der Ordnung des Generationsverhältnisses gegenüber der Vormoderne beobachtbar.[36]

Ideen und Institutionen, Verhaltensmuster und -erwartungen, Praktiken und Normen der Erziehung werden Kriterien unterworfen, die neu sind, kontinuierlich Karriere machen und offen bleiben für Erfahrung, d.h. für Lernen am eigenen Prozeß. Schließlich - aus der Distanz betrachtet - wird in dieser Epoche auch das neuzeitliche Basal-Problem aller Pädagogik erstmals zugleich sichtbar und bewußt: die alte "Koinzidenz von Sozialisation und Erziehung"[37] löst sich auf, der "praktische Zirkel", in dem Erziehung und Gesellschaft für lange Zeit normativ und sozial im Konsens miteinander lebten, zerbricht[38] - pädagogische Probleme werden unterscheidbar von politischen, ökonomischen oder theologischen. Auch wenn die Lösungen zunächst noch konventionell sind und vor allem in einer Bekräftigung der alten Sozialmilieus gesucht werden, die Differenz ist eingeführt, aus der Erziehungsverhältnisse Dynamik und eigene Form gewinnen.

2. *Zäsuren in der modernen Pädagogik*

Im Prozeß der Moderne wird erst allmählich sichtbar, was diese Differenz bedeutet und welche Konsequenzen mit ihr verbunden sind. Mein Versuch, wesentliche Etappen in diesem Prozeß zu unterscheiden, soll das verdeutlichen. Ich folge einerseits wieder den pädagogischen

Selbstbeschreibungen, versuche andererseits eine Analyse aus der Distanz.

In ihren Selbstbeschreibungen, die weitgehend bekannt sind und hier nur kurz rekapituliert werden müssen, folgt die Pädagogik mit großer Verve den Programmatiken der Ursprungssituation, sie radikalisiert ihre Ansprüche in der Aufklärungsepoche, sie führt mit dem Bildungsbegriff in der Klassik eine Formel ein, sich selbst innerhalb der Erziehung an Qualitätsbegriffen zu orientieren, die ihr selbst eigentümlich scheinen, und sie lebt seither mit den Folgen der eigenen, hohen Erwartungen. Im besten Fall, d.h. wenn sie nicht nur jammert, kann die Pädagogik dann ihre Praxis und die Erziehungswirklichkeit der Moderne im Topos der notwendigen Unabgeschlossenheit benennen, und in der Idee begreifen, daß ihre genuinen Ansprüche noch einzulösen sind.

Die Pädagogik lebt also zwischen Unsicherheit, Leistungsbewußtsein und Klage - und das ganz gut, wie die Indikatoren aus der Distanz zeigen.

Nimmt man zur Periodisierung der Moderne nicht allein die Selbstbeschreibungen, sondern Indikatoren, die auch meßbar und letztlich quantifizierbar sein sollen, dann zeigt der Prozeß Etappen und einen eindeutigen Trend. Meine Periodisierung der Moderne versucht deshalb Zäsuren zu setzen, die

a. nicht der Ereignisgeschichte, sondern 'langen Wellen' und Zeiten 'langer Dauer' folgen[39], die

b. nicht primär von den Intentionen der Akteure, sondern von den Funktionen der Institutionen ausgehen, und die

c. sich letztlich in Prozessen niederschlagen, die sich mit quantifizierten Indikatoren und in langen Zeitreihen müßten abbilden lassen.

Auf diesem Hintergrund unterscheide ich drei Etappen und begnüge mich mit drei Begriffen für den Trend (und weil es mir nicht auf eine Geschichte, sondern auf die Typisierung eines Prozesses ankommt, ignoriere ich dabei vollständig die feinen Unterschiede, die sich regional beobachten lassen und für Beschleunigung und Verzögerung in je nationalen Erziehungs- und Bildungssystemen verantwortlich sind - ich kann deshalb auch, bei aller Liebe zu diesen Lokalkulturen, weder über die 'Wiener' noch über die 'Berliner Moderne' ausführlich sprechen; ich lasse auch unthematisiert, daß die epochenkonstituierenden und zäsursetzenden Merkmale mit der jeweils neuen Epoche nicht vollständig verschwinden, sondern nur ihre Leitfunktion verlieren - das ist analog zu den Überlegungen zu verstehen, die ich schon bei GUMBRECHT angestellt hatte).

Die Etappen sind, als Indizien der internen Periodisierung der Moderne und der ihr selbst zurechenbaren Diskontinuität, insgesamt drei:

1. die *Phase des 'Übergangs' und der Ablösung vormoderner Erziehungsideen und Verhältnisse*; sie dauert in Westeuropa in der Regel bis ins frühe 19. Jahrhundert und ihr Hauptmerkmal ist das der 'Säkularisierung' der Erziehung, die Ablösung von Kirche und Religion als einheitsstiftender Lebensform zu Gunsten von Nation/Staat und sozialmoralischen Milieus; die im Namen der Religion geführten Kämpfe des 19. Jahrhunderts sind Stellvertreterkriege, in denen der Staat die Defizite an gesamtgesellschaftlicher Integration mit ausgeborgten Formeln zu füllen sucht; und nur am Rande: selbstverständlich verschwindet Religion als soziale Tatsache nicht in der Moderne, obwohl alle Beobachter ein "antagonistisches Verhältnis zwischen Modernität und Religion" annehmen[40]. Die Religion scheint vielmehr bis heute "unvermeidlich", "als Bedürfnis nach Sinngebung, nach Einheit, nach Identität", aber eine "inhaltliche Entleerung des Religionsbegriffs" ist unübersehbar und insofern Indiz für den Epochenwandel.
2. die *Phase der 'Durchsetzung' der modernen Erziehungsideen und -verhältnisse*; sie dauert in Westeuropa in der Regel vom frühen 19. bis zur Mitte des 20. Jahrhunderts; Hauptmerkmale dieser Epoche sind die Etablierung eines spezifischen Institutionensystems (mit allen Ingredienzien von Professionen bis zu systemeigenen Normen), die fortschreitende Ablösung der Generationsordnung von den Sozialmilieus und die Einführung der Unterscheidung von Selbstthematisierung und Beobachtung in die Erziehungsreflexion, ablesbar zunächst an der Differenz von Krisenrhetorik und Beobachtungssprache von 1890; - oder, anders gedacht, diese Phase führt einerseits zu einer Kodifizierung der klassischen Standards in einer (zunehmend kritischer werdenden) Bildungstheorie, sie führt andererseits zu einer 'Politisierung' der Erziehung, denn beiden Referenzkontexten - der alten Bildungsidee wie den konkurrierenden politischen Erwartungen[41] - ist gemeinsam, daß sie Erziehung als eine öffentlich bedeutsame Aufgabe betrachten, die nach universalistischen, aber erziehungsexternen Kriterien gesteuert werden soll (und gesteuert werden kann). Zu den konkreten Merkmalen dieser Epoche rechnet die Durchsetzung des Inklusionsprinzips in der öffentlichen Erziehung, die Ausbildung verselbständigter szientifischer Reflexion von Erziehungsproblemen und der gesellschaftliche Konflikt über die Ordnung des Generationenverhältnisses.
3. die *Phase der 'Veralltäglichung' der modernen Pädagogik*, als die ich unsere Gegenwart des 20. Jahrhunderts interpretiere, mit einem Startpunkt seit 1890. Hauptmerkmale dieser Epoche der pädagogischen Moderne sind z.B., reflexiv, daß im Erziehungssystem selbst die Differenz von Programm und Realität thematisch wird, u.a. deswegen, weil sich die 'Politisierungs'erwartung nicht nur als schädlich, sondern

auch als nicht einlösbar erwiesen hat. Ein weiteres Merkmal ist 'Selbstreferenz' in einem basalen und folgenreichen Sinne, d.h. sozial, daß Erziehung und Bildung zunehmend weniger noch eine sekundäre Abstützung in sozialmoralischen Milieus finden[42] und daß die Arbeit der pädagogischen Profession mit dem Verlust an Selbstverständlichkeiten zu kämpfen hat, die diesen Prozeß auszeichnen. Das ist auch an der Tatsache zu studieren, daß das Erziehungssystem in seiner alltäglichen Arbeit auf die Folgen seiner alltäglichen Arbeit trifft (u.a. in der paradoxen Tatsache zu beobachten, daß die - in der ersten und zweiten Phase eigens erst zu erzeugende - Lern- und Bildungsbereitschaft der Bevölkerung jetzt, nachdem sie massenhaft verinnerlicht wurde und als massenhafte Nachfrage nach höherer Bildung auftritt, als Hemmnis der pädagogischen Arbeit erlebt wird, dem man mit pädagogischen Maßnahmen, u.a. mit der Beratung von Eltern, eigens begegnen muß). Der pädagogische Prozeß erzeugt jetzt selbst die Zäsuren, die als pädagogisch bedeutsam erlebt werden, und er sorgt auch für die Beschreibungen, die einen Einschnitt als Zäsur codierbar sein lassen, z.B. als Phase, in der die 'pädagogische Bemühung' im emphatischen Verstande an ihr Ende gekommen ist[43] (und also, so schließe ich, als ganz alltägliche moderne Erziehung weiterlebt, die ja gerade im Formenwandel Kontinuität hat).
Solche Beobachtungen erlauben es letztlich auch, die dominanten Trends einzuführen, mit denen sich die Pädagogik der Moderne charakterisieren läßt, und die ihre Kontinuität und Eigendynamik ausmachen:
- Der erste heißt 'Scholarisierung', und damit will ich vor allem die Tatsache festhalten, daß die Pädagogik der Moderne als zentrales Instrument auf Schulen und schulisches Lernen setzt; Indices der 'Beschulung' sind deshalb auch relativ gut geeignet, die Zäsuren in der Moderne quantifiziert zu diskutieren (trotz mancher Ermüdungserscheinungen: Schule als Modell pädagogischer Wirklichkeitsbearbeitung scheint mir immer noch unbestritten, ebenso das damit notwendige Element der Professionalisierung pädagogischer Arbeit).
- Der zweite Trend heißt 'Pädagogisierung', und damit will ich vor allem den Sachverhalt bezeichnen, daß mit der Pädagogik der Moderne sowohl individuelle wie kollektive Biographien, aber auch eine zunehmende Zahl gesellschaftlicher Probleme dem Mechanismus anvertraut werden, der als Erziehungssystem verselbständigt wurde (diese Strategie hat selbst Folgeprobleme, innerhalb wie außerhalb des Erziehungssystems, so daß man erwarten kann, daß der Trend sich an seiner eigenen Expansionslust selbst limitiert - als Trend scheint er mir unbestreitbar).
- Der dritte und wichtigste Trend, m.E. sogar als zusammenfassende Charakterisierung zu gebrauchen, heißt: Pädagogik, als die Einheit

von Erziehungsverhältnissen und ihrer Reflexion, erlebt in der Moderne einen Prozeß der zunehmenden 'Autonomisierung'. Es entspricht dem generellen Funktionsprinzip der Moderne, daß diese Autonomie nur 'relativ' ist, als Selbständigkeit in der Abhängigkeit zu begreifen oder als Prozeß der Universalisierung einer Spezial-Aufgabe, wie immer: diese Form der 'Autonomie' scheint mir strukturell unbestreitbar gegeben und historisch immer mehr Wirklichkeit zu werden.
Der Eigenart des Erziehungssystems, vor allem der gleichzeitig institutionalisierten Einheit von System und Reflexion und der Differenz von Selbstbeschreibung und Fremdbeobachtung, ist es andererseits geschuldet, daß die autonome Realität der Erziehung sich nicht selbst oder gar eindeutig auslegt, sondern der expliziten Beschreibung und Auslegung bedarf. Man könnte daher vielleicht sogar als vierten Trend die 'Ambiguierung der Realität' der Erziehung hervorheben und damit die Tatsache erklären, daß es der Interpretation bedarf, um der Wirklichkeit zur Geltung zu verhelfen.
Das geschieht nach Kriterien, die selbst die Kontingenz, Offenheit und Freiheit reklamieren, die der Moderne überhaupt eigen ist; so daß es auch nicht verwundert, daß 'Autonomie' als 'Abhängigkeit' codiert werden kann und Erfolg als Scheitern, daß Spannungen und Paradoxien als 'Antinomien' oder sogar als 'Widersprüche' interpretiert werden[44], ja daß die Ungleichzeitigkeit der Welt soweit forciert wird, daß man von der 'Antiquiertheit des Menschen'[45] sprechen kann, und daß die Kritik der Moderne und die Antimoderne auch im Erziehungsdenken als Teil der Moderne anscheinend unausweichlich werden. Jedenfalls gilt, daß die Wirklichkeit selbst als vielgestaltig erfahren und die Theorie als plural erlebt wird. Einheit wird man allenfalls darin finden, daß noch die Alternativen kommunikabel sind.
Zu den vormodernen Resten in der pädagogischen Reflexion, d.h. zum Fortleben praktischer Imperative in Kontexten der Analyse, mag es dagegen gehören, daß diese Situation der Autonomie und der Ambiguierung der Realität so dominant als Krise und Belastung erfahren und negativ konnotiert wird; es scheint mir also nicht nur im Rückgriff auf politische Ideologien und pädagogische Utopien verständlich, daß die Gegenwart der Erziehung in der Moderne für den Pädagogen immer weniger erträglich zu sein scheint. Ich würde darin auch, vielleicht sogar primär, ein Indiz für die autonomen Wirkungen der pädagogischen Aufgabe erkennen, eine Konsequenz der alltäglich erfahrenen Arbeit also, und ein Indiz für die Tatsache, daß die Reflexion der Erziehung in ihrer Selbstthematisierung die gleiche Eindeutigkeit herzustellen sucht, die sie in der pädagogischen Situation benötigt, und daß dann angesichts der Unmöglichkeit solcher Lösungen als Krise ausgeben muß, was Eigenart der Aufgabe ist, nämlich die Differenz

von Erziehung und Pädagogik, von Pädagogik und Erziehungswissenschaft.
Die 'Tatsachen' lösen in der Moderne solche Differenzen nicht mehr auf, sie lassen sich allenfalls in Zuschreibungen prozedieren, denn die strukturelle Ambivalenz der Welt läßt sich anscheinend nicht aufheben. Das bedeutet, um einen der prominentesten deutschen Kritiker der Moderne zu zitieren, daß "der *zweideutige* Charakter unsrer *modernen Welt*" unhintergehbar wird: " - eben dieselben Symptome könnten auf *Niedergang* und auf *Stärke* deuten. Und die Abzeichen der Stärke, der errungenen // Mündigkeit könnten auf Grund überlieferter (zurückgebliebener) Gefühls-Abwertung als Schwäche *mißverstanden* werden. Kurz, das *Gefühl*, als *Wertgefühl*, ist *nicht auf der Höhe der Zeit*".[46]
Vielleicht müssen auch die Pädagogen die Moderne mehr erziehungswissenschaftlich analysieren als pädagogisch abwehren, gelegentlich doch eher NIETZSCHE als MARX lesen, mehr distanziert beobachten als emphatisch teilnehmen - aber das wäre schon nicht mehr pädagogisch, ist deshalb im Alltag so unnötig wie störend, und vielleicht deshalb wenig attraktiv.

Anmerkungen:

1. LUHMANN, N.: Das Moderne in der modernen Gesellschaft (Vortrag auf dem Soziologentag 1990). Ms., S. 16.
2. KAUFMANN, F.X.: Religion und Modernität. In: J. BERGER (Hrsg.): Die Moderne - Kontinuitäten und Zäsuren. Göttingen 1986 (Soziale Welt Sonderband 4), S. 307.
3. KRÜGER, H.H.: Erziehungswissenschaft im Spannungsfeld von Kontinuitäten und Zäsuren der Moderne. In: DERS. (Hrsg.): Abschied von der Aufklärung. Opladen 1990, S. 7-22.
4. Ausgewertet habe ich die Wörterbücher von WULF (1974), RAITH (1974), HEHLMANN und BÖHM (1982), die Lexika von HERDER (1971) und GROOTHOFF/STALLMANN (1971), die 'Grundbegriffe' von SPECK/WEHLE (1970) und LENZEN (1990), die Enzyklopädien von REIN ([2]1906), SCHMID (1865), der immerhin von 'moderne Bildung' auf 'Bildung' verweist, und LENZEN (1983), die Sachregister von NOHL/PALLAT (1933).
5. Das Princip der modernen (neuen) Schule. Jahrbuch 5 (1855), S. 79-100.
6. PAULSEN 1906 in LEXIS sowie PAULSEN, F.: Moderne Erziehung und geschlechtliche Sittlichkeit. Berlin 1908; dazu u.a.: BUGNION, J.: Über die Erziehung nach modernen Ideen. In: Neue Weltanschauung 9 (1910)3, S. 317-326; CHRISTENSEN, J.L.: Der moderne Bildungsschwindel in Schule und Familie sowie im täglichen Verkehr. Leipzig [3]1889; MESSER, M.: Die moderne Seele. Leipzig 1899.

7. So REBLE, A.: Geschichte der Pädagogik. Stuttgart 1971 u.ö.
8. GÜNTHER, K.H. u.a.: Geschichte der Erziehung. Berlin [15]1987; vgl. a. HOFMANN, F.: Studien zur Geschichte der bürgerlichen Didaktik. Berlin 1989.
9. Dazu liefert dann auch NOHL/PALLAT Eintragungen; s.a. GRISEBACH, E.: Gegenwart. Eine kritische Ethik. Halle 1928.
10. FREYER, H.: Theorie des gegenwärtigen Zeitalters. Stuttgart 1955 - sowie die Zitate bei FLITNER, W.: Die Geschichte der abendländischen Lebensformen. München 1967, S. 359, Anm. 222.
11. Exemplarisch KLAFKI, W.: Die Stufen des pädagogischen Denkens (1954). In: H. RÖHRS (Hrsg.): Erziehungswissenschaft und Erziehungswirklichkeit. Frankfurt am Main 1964, S. 145-176.
12. WINKLER, M.: Über Gegenwart in pädagogischer Hinsicht. In: Pädagogische Rundschau 37 (1983), S. 573-586; DERS.: Erziehungswissenschaft vor dem Hintergrund des Verfalls der Zeit - eine Intervention nicht frei von Polemik. In: H.H. KRÜGER (Hrsg.): Abschied von der Aufklärung. Opladen 1990, S. 225-240 sowie DE HAAN, G.: Weltbemächtigung als Zeitdilemma der Pädagogik. Habil.Schr. (Ms.). Berlin 1989.
13. Besonders aufschlußreich: JAUSS, H.R.: Antiqui/moderni (Querelle des Anciens et des Modernes). In: Hist.WB der Philosophie Bd. I. Basel 1971, Sp. 410-414; DERS.: Literarische Tradition und gegenwärtiges Bewußtsein der Modernität. In: H.R. JAUSS: Literaturgeschichte als Provokation. Frankfurt am Main 1970, S. 11-66; GUMBRECHT, H.-U.: Modern, Modernität, Moderne. In: Geschichtliche Grundbegriffe. Bd. 4. Stuttgart 1978, S. 93-131; R. PIEPMEIER (Red.): Modern, die Moderne. In: Hist.WB der Philosophie Bd. VI. Basel 1984, Sp. 54-66.
14. JAUSS a.a.O., Sp. 410.
15. PIEPMEIER 1984, Sp. 60, übrigens als Gegenbegriff zu 'vulgarité'.
16. GUMBRECHT a.a.O., S. 109f. sowie S. 117 mit Bezug auf NIETZSCHE. Die folgenden Zitate a.a.O., S. 126, Anm. 136 bzw. S. 131.
17. JAUSS a.a.O., Sp. 410f.
18. GUMBRECHT a.a.O., S. 116ff. sowie PIEPMEIER a.a.O., Sp. 58.
19. Die Geburt der Tragödie oder Griechentum und Pessimismus (1872), zit. n. GUMBRECHT a.a.O., S. 117, aus NIETZSCHE Werke Bd. 1, S. 16.
20. Vgl. WEHLER, H.-U.: Modernisierungstheorie und Geschichte. Göttingen 1975., für die Pädagogik schon kritisch diskutiert bei J. SCHRIEWER: Vergleichend-historische Bildungsforschung: Gesamttableau und Forschungsansatz. In: ZfPäd 30(1984), S. 323-342.
21. LUHMANN, N.: Das Moderne der modernen Gesellschaft. Ms., S. 3.
22. Das scheint mir auch für MÜNCH, R.: Die Kultur der Moderne. 2 Bde. Frankfurt am Main 1986 zu gelten; denn seine von PARSONS her entwickelten Schemata und leitenden Begriffe, 'Tradition und Modernität', 'Partikularismus und Universalismus', 'das Verhältnis von Sinn und Welt', seine nationaltypischen Charakterisierungen, z.B. 'Routine und Revolution' für Frankreich oder 'Konformität und Entfremdung' für Deutschland, bestätigen zunächst nur, daß

er der Gefahr des Soziologen, dem "Untertauchen in der historischen Erzählung" (II, S. 499), entgangen ist und relativ generelle Annahmen erörtert hat. Auch die Bestimmung des pädagogischen Themas hat diese generelle Qualität: Der Lernbegriff wird genutzt und man kann sicherlich auch dieser These zustimmen: "Tradierung, Sozialisation und Diffusion sind die sozialen Komponenten der Reproduktion der Kultur" (I, S. 28). Ich muß gestehen, daß ich an historischen Beschreibungen des 'Selektionsprozesses' z.Zt. mehr interessiert bin.

23. Ähnlich dann bei WELSCH, W.: Unsere postmoderne Moderne. Weinheim 1988.
24. Nach dem Abdruck des Vortrags in der FAZ vom 19. Oktober 1990.
25. Aussagekräftig dafür der Sammelband von BERGER, J. (Hrsg.): Die Moderne - Kontinuitäten und Zäsuren. Göttingen 1986 (Soziale Welt Sonderband 4).
26. BOHRER, K.H. (Hrsg.): Mythos und Moderne. Begriff und Bild einer Rekonstruktion. Frankfurt am Main 1983.
27. H. 1/1987 der ZfPäd; BAACKE, D. u.a. (Hrsg.): Am Ende postmodern? Weinheim 1985.
28. Neben LENZEN (1988) ist besonders interessant LENHART, V.: Evolution und Erziehung. Frankfurt am Main 1988, der im Anschluß an HABERMAS argumentiert.
29. BENNER, D./GÖSTEMEYER, F.J.: Postmoderne Pädagogik: Analyse oder Affirmation eines Wandels. In: ZfPäd 33 (1987), S. 61-82.
30. Man vergleiche die Analysen von JOSEF DERBOLAV über DIETER LÖWISCH zu THEODOR BALLAUFF.
31. HERRMANN sieht dann zumindest in dieser Hinsicht auch eine Kontinuität in der Moderne, denn in den Auseinandersetzungen über 'Pädagogik und Nationalsozialismus' klärt er den Sinn des 'Pädagogischen' mit den gleichen Kriterien und in einer Explikation der Tradition der Aufklärung.
32. Die einschlägigen Tagungsdokumentationen der AG 'Vormoderne Erziehungsgeschichte' belegen das.
33. ELIAS, N.: Über den Prozeß der Zivilisation. 2 Bde. Frankfurt am Main 1974; KRUMREY, H.-V.: Entwicklungsstrukturen von Verhaltensstandards. Frankfurt am Main 1984 nutzt den gleichen Indikator, um den Zeitraum von 1870-1970 in seinem Wandel zu beschreiben.
34. BRUNKEN, O.: Der Kinder-Spiegel. Studien zu Gattungen und Funktionen der frühen Kinder- und Jugendliteratur. Diss.phil. Frankfurt 1989 kann entsprechend auch den Ursprung der Kinderliteratur ins 15./16. Jahrhundert legen - an Hand einer sich verselbständigenden didaktisch-pädagogischen Literatur.
35. HOFMANN, F.: Einleitung zu J.A. Komensky: Analytische Didaktik und andere Schriften. Berlin 1959, S. 7-29, der mit der Einheit von Ziel, Inhalt und Methode argumentiert, sieht deshalb auch hier den Einschnitt; als exemplarische Studie vgl. GAEBE, B.: Das Programm einer 'nach mechanischen Gesetzen konstruierten didaktischen Maschine'. In: ZfPäd 30(1984), S. 735-747.

36. Einzelhinweise bei TENORTH, H.-E.: Geschichte der Erziehung. Weinheim 1988, Kap. II, bes. S. 69-71.
37. PRANGE, K.: Motivation und Institution. In: Zeitschrift für internationale erziehungs- und sozialwissenschaftliche Forschung 7(1990), S. 129-150, Zit. S. 134.
38. BENNER, D.: Allgemeine Pädagogik. Weinheim 1987, S. 21.
39. In der Verknüpfung von Zeitmustern, die generell FERNAND BRAUDEL, für die Konjunkturen des Bildungssystems u.a. HARTMUT TITZE herausgearbeitet haben.
40. KAUFMANN, F.X.: Religion und Modernität. In: J. BERGER (Hrsg.): Die Moderne - Kontinuitäten und Zäsuren. Göttingen 1986 (Soziale Welt Sonderband 4), S. 283-307, Zit. S. 284, S. 301, S. 303, S. 299 für das folgende.
41. Das ist der Konsens, der auch zwischen vermeintlich unüberbrückbaren Positionen gilt, also z.B. zwischen LUDOLPH VON BECKEDORF und WILHELM VON HUMBOLDT/JOHANN WILHELM SÜVERN oder zwischen HANS MAIER und LUDWIG VON FRIEDEBURG (etc.).
42. Das ist u.a. den Folgen der NS-Herrschaft in Deutschland zurechenbar und gehört in den Komplex der Diskussion über die (nichtintendierte) Modernisierung der Gesellschaft durch ein System des 'reaktionären Modernismus'.
43. Die These von KONRAD WÜNSCHE, der ja nicht das 'Ende der Erziehung' (wie HERMANN GIESECKE), sondern nur das Ende einer Epoche pädagogischer Arbeit diagnostiziert.
44. Die kritischen bildungstheoretischen Schriften von HANS JOACHIM HEYDORN bis zu LUDWIG A. PONGRATZ und ALFRED SCHÄFER blühen auf diesem Hintergrund; als sozialwissenschaftlich getarnte Varianten u.a. HELSPER (1990).
45. ANDERS, G.: Die Antiquiertheit des Menschen. (1956) 2 Bde. München 1980.
46. NIETZSCHE, F.: Aus dem Nachlaß der Achtzigerjahre. Ed. K. SCHLECHTA (Zählung HET), Bd. VI, S. 624/25, Hervorhebung dort.

Was also ist die Zeit? Wenn niemand mich danach fragt, weiß ich's, will ich's aber einem Fremden erklären, weiß ich's nicht. Doch sage ich getrost: Das weiß ich, wenn nichts verginge, gäbe es keine vergangene Zeit, und wenn nichts käme, keine zukünftige, und wenn nichts wäre, keine gegenwärtige Zeit.
Und man kann auch von Rechts wegen nicht sagen, es gebe drei Zeiten, Vergangenheit, Gegenwart und Zukunft. Vielleicht sollte man richtiger sagen: es gibt drei Zeiten, Gegenwart des Vergangenen, Gegenwart des Gegenwärtigen und Gegenwart des Zukünftigen. Denn diese drei sind in der Seele, und anderswo sehe ich sie nicht. Gegenwart des Vergangenen ist die Erinnerung, Gegenwart des Gegenwärtigen die Anschauung, Gegenwart des Zukünftigen die Erwartung.

Aurelius Augustinus

ADALBERT RANG

Themen der Moderne - Themen der Pädagogik?

I. Vorüberlegungen

Die Überlegungen, die ich vorausschicken möchte, sind methodologisch orientiert, enthalten aber auch einige inhaltliche Vorwegnahmen. Die Bemerkungen der ersten Gruppe beziehen sich auf die verwendeten Termini und auf die in diesem Zusammenhang möglichen bzw. auf die von mir präferierten Bedeutungszuschreibungen, die der zweiten auf einige der Schwierigkeiten, mit denen ich mich konfrontiert sah, als ich von der Annahme ausging, daß Pädagogik und Moderne etwas miteinander zu tun hätten.

Erste Gruppe von Vorüberlegungen

1. Themen der Moderne, Themen der Pädagogik: Auf was verweist das? Oder sollen/wollen wir uns mit dem umstrittenen Problem der Modernisierung beschäftigen, was ja dann eher auf sozialstrukturelle Probleme und deren sozialwissenschaftliche Analyse verweisen würde? Ein Indiz dafür, daß nicht Modernisierung, sondern die Moderne gemeint ist, ist im Begriff der Themen zu finden. Themen 'gibt' es nicht (Modernisierung insofern eigentlich auch nicht), - es sei denn wir machen sie dazu. 'Themen', das bezieht sich ja doch in erster Linie auf reflexive, interpretative Aktivitäten und hat daher eher mit Sichtweisen, Mentalitäten, Einstellungen und Denkformen, allenfalls mittelbar (d.h. vermittelt durch bestimmte Gesichtspunkte) mit sozialen und ökonomischen Prozessen und Strukturen zu tun.
2. Im Titel dieses Aufsatzes gibt es eine Unterscheidung: Hier 'die Moderne' und 'die Pädagogik', dort ihre jeweiligen 'Themen'. Diese Unterscheidung resultiert mit aus der Annahme, daß weder die Moderne noch die Pädagogik als homogene Blöcke, sondern eher als hochdifferenzierte und sich verändernde Gebilde zu begreifen und zu beschreiben sind, innerhalb derer die jeweiligen Protagonisten und/oder Beobachter mit vielen Stimmen sprachen und sprechen.
3. Ich lasse die Pädagogik noch eben beiseite und frage: Wird die Moderne durch ihre Themen oder werden diese durch die Moderne bestimmt? Die Frage scheint falsch gestellt, denn sie suggeriert eine abstrakte Alternative und einseitige Determinationsverhältnisse. Ich begnüge mich damit, mir die Moderne und ihre Themen als Aspekte von

jeweiligen Interpretationskonstrukten vorzustellen. Von diesem und/oder von jenem kann gesprochen werden, weil jemand es als dies und/oder als das konzeptualisiert. Um die Frage nach eventuellen 'Determinationen' (und wären es auch mehr- und wechselseitige) mögen andere sich kümmern.

4. Wie können solche Interpretationskonstrukte unsererseits interpretiert werden? Welcher der vorliegenden unterschiedlichen Interpretationen können oder wollen wir uns anschließen? Und welche davon ist für einen Pädagogen am ehesten anschlußfähig? Ich weiß es nicht und werde eklektisch suchen, räubern, plündern und das jeweils für mich Brauchbare nutzen.

5. Bei der 'Moderne' (und mutatis mutandis auch bei der Pädagogik) scheint es sich, abhängig von der Blickrichtung der hier eingenommenen Beobachterperspektive, um ein vielseitiges und vieldeutiges, überdies um ein sich entwickelndes und veränderndes, stets wieder neue Seiten zeigendes Phänomen zu handeln. Was uns ex post als modern erscheint, wenn wir auf den Renaissance-Humanismus zurückblicken, ist in vieler Hinsicht etwas anderes als das, was uns als modern in den Blick kommt, wenn wir uns den Kulturen Englands oder Frankreichs zur Zeit der Aufklärung zuwenden. Entsprechendes gilt für den Deutschen Idealismus einerseits, die Frühromantik oder noch spätere Stadien andererseits.[1]

6. Wer nicht unterstellen will, daß es 'die' Moderne im Singularis gebe oder daß gar so etwas wie eine einzige, für jedermann plausible Interpretation der Moderne möglich sei, wird seine Überlegungen (wie weit sind es die seinen?) von vornherein relativieren, deren idiosynkratischen Charakter einräumen und sich eben jenes heute bei uns vorherrschenden Methoden-, Perspektiven- und Auffassungspluralismus bewußt sein müssen, innerhalb dessen die eigenen Bemühungen nicht mehr sind als eine Stimme unter vielen anderen. Mit anderen Worten: Ich lasse mich von meinen Interessen, Abneigungen und Vorlieben leiten, fasse die Moderne einseitig auf, greife bestimmte Aspekte selektiv heraus und nehme in Kauf, daß andere außer acht bleiben.

7. Die Moderne, so denke ich, ist zunächst einmal, ganz allgemein, als ein historisch-spezifisches Spannungs- und Problemfeld bestimmbar. Bei den Problemen, auf die ich den Akzent legen möchte, scheint es sich immer von neuem, trotz aller inhaltlichen Unterschiede, um *Orientierungsprobleme* zu handeln. Oder vielleicht eher: um wiederkehrende, aber zugleich damit sich verändernde *Re*orientierungsprobleme. Die Moderne, so gesehen, ist ein durch historisch neue Formen von Orientierungsunsicherheit charakterisierter Zustand. Oder wohl besser: ein dadurch charakterisierbarer Prozeß. Die drei Fragen von KANT - Was kann ich wissen? Was soll ich tun? Was darf ich hoffen? - verweisen auf diese moderne Situation (bzw. auf eines ihrer Stadien)

ebenso wie der beschwörende Ton bei SCHILLER und BEETHOVEN: "Brüder, über'm Sternenzelt muß ein lieber Vater wohnen". Aber 'modern' ist dann auch, wie sich zumindest nachträglich zeigt, daß sich die gefundenen Reorientierungen zumeist als instabil erweisen. Es handelt sich um ein Spannungsfeld deshalb, weil unsere Problemlösungsversuche zerbrechlich und kontrovers bleiben und allenfalls zeitweise gelingen.

Die Moderne, so verstanden, ist nicht ein rationales, mehr oder weniger systematisches 'Projekt', auf dessen Gelingen wir (und sei es 'kontrafaktisch') schließlich doch vertrauen könnten. Sie ist eher ein mehrdeutiger, in sich selbst widersprüchlicher Prozeß; ein Weg - um BUCK zu paraphrasieren -, der uns in Irritation und Entfremdung führt und der uns zugleich Ausschau halten läßt nach 'Rückwegen' aus dieser Entfremdung, - ein Prozeß mithin, der uns immer wieder neu aus dem Gleichgewicht bringt, als verläßlich unterstellte Identitäten verflüssigen oder gar zerbrechen läßt, zur Revision von vorausgegangenen Orientierungen und insofern zu 'De-konstruktionen' (DERRIDA) nötigt. Denn die vermeintliche Sicherheit gefundener Antworten schlägt immer wieder in die Unsicherheit neuer und (wenn überhaupt) nur tentativ und vorläufig beantwortbarer Fragen um.

Noch metaphorischer: Die Moderne - das sind die offenen Meere, auf denen wir ohne verläßlichen Kompaß unterwegs sind und wo wir gerade deshalb immer wieder nach Orientierung und Sicherheit verlangen, ohne jedoch Anhalts- und Stützpunkte woanders als bei uns selber, d.h. mit Hilfe unserer jeweils eigenen, zeitlichen und insofern kontingenten Konstruktionen finden zu können. Kurzum: Ich fasse die Moderne als einen Lern- und Befreiungsprozeß auf, an dessen vorläufigem Ende heute die Einsicht steht, daß unsere Optionsspielräume begrenzt und daß wir insofern gerade *nicht* frei, sondern Gefangene der Natur, der Geschichte und unserer Kulturen sind. Anders gesagt: Ich interpretiere die Moderne als einen Prozeß, der uns auf diese Abhängigkeiten und auf dieses Alleinsein aufmerksam werden läßt und in dessen Verlauf wir eben darauf, sei es verzweifelt, sei es konstruktiv, zu reagieren versuchen. 'Modern' ist dann die historisch wachsende Überzeugung (und damit zugleich das Problem), daß wir der wahrgenommenen Sinnlosigkeit nur mit Hilfe eigener interpretativer Anstrengungen, nur über unser eigenes, auf uns selber sich stützendes Welt- und Selbstverständnis einen 'Sinn' geben bzw. zuschreiben können. BRECHT: "Laßt euch nicht verführen / Es gibt keine Wiederkehr / Der Tag steht vor den Türen / Ihr könnt schon Nachtwind spüren / Und es kommt nichts nachher."

Zweite Gruppe von Vorüberlegungen

Fragt man im Dreischritt: Was sind Themen der Moderne? Was sind Themen der Pädagogik? Wie verhalten sich die einen zu den anderen?, dann ist die letzte Frage die zentrale und zugleich die schwierigste. Einige meiner Schwierigkeiten will ich im voraus nennen.
1. Können wir davon ausgehen, daß Pädagogik und Moderne analytisch auf der gleichen Ebene, historisch-kategorial in derselben 'Klasse' zu plazieren sind? Oder ist Pädagogik als ein Teilsystem innerhalb des übergreifenden Kontextes eines vieldimensionalen Gesamtprozesses aufzufassen, den wir u.a. mit Hilfe des Konstrukts 'Moderne' zu begreifen versuchen? Das Verhältnis also eher eines von 'Teil' und 'Ganzem'? Aber inwiefern ist die Moderne ihrerseits ein solches 'Ganzes'? Ist sie nicht selber nur Teilsystem von etwas Umfangreicherem (letztlich 'der' westlichen Kultur)? Und ist Pädagogik nicht überdies gekennzeichnet dadurch, daß sie Teil von unterschiedlichen (Teil-)Systemen ist, zwar etwas eigenes in ihren (freilich unterschiedlichen) Selbstwahrnehmungen und Selbstbeschreibungen, aber von außen bzw. mit Abstand gesehen doch eher ein Konglomerat, das dahin und dorthin hineinreicht, von daher und von dorther etwas aufnimmt und verarbeitet? Und dies alles möglicherweise deshalb, weil Pädagogen aufgrund der Vielgestaltigkeit der ihnen begegnenden und der von ihnen reflektierten Problemlagen gleichsam mehrstimmig operieren und dabei so vieles und so Unterschiedliches thematisieren müssen (oder thematisieren zu müssen meinen), daß sich keineswegs alle ihrer Themen, sondern allenfalls einige davon mit den Themen der Moderne unmittelbar vergleichen lassen?
Vielleicht kann man angesichts dieser Schwierigkeit von folgendem ausgehen: Beide, Pädagogik und Moderne, sind als spezifische Gestalten von sozialkultureller Praxis beschreibbar. In beiden treffen wir zugleich Bedeutungszuschreibungen und Reflexionsformen an, nämlich Formen des Nachdenkens über die jeweilige eigene Praxis, manchmal auch Reflexion auf andere Praxen, womöglich sogar Reflexion auf das Ganze des sozialkulturellen Zusammenhangs (von 'Reflexionsreflexionen' zu schweigen). Mag es sich bei den Themen der Moderne und bei denen der Pädagogik auch um etwas jeweils Spezifisches handeln, - man wird voraussetzen dürfen, daß sie aus demselben gesamtkulturellen Fundus hervorgehen, sich darauf beziehen und sich daraus speisen. Aber würde das auch schon bedeuten, daß es sich, wäre es auch nur teilweise, um dieselben Themen handelt? Oder wird es eher darauf hinauslaufen, daß es zwar ähnliche Themen, aber unterschiedliche Bearbeitungen davon gab und gibt - je nachdem, ob 'die Moderne' oder 'die Pädagogik' sie formuliert und sich damit auseinandersetzt?

2. Eine Parallelisierung von Pädagogik und Moderne fällt, wie ich denke, dann am leichtesten, wenn man unterm Stichwort 'Moderne' nur an deren Außenseite, nämlich primär an historisch veränderte soziale Strukturen und Lebensumstände denkt. Und das heißt dann ja wohl, daß man an 'Modernisierung' denkt und diese nicht umstandslos mit der Moderne in einen Topf wirft.[2] Erziehungspraxis und Erziehungstheorie bestehen ja doch zu einem nicht geringen Teil in der teils freudigen, teils widerspenstig-zögernden Anpassung an diese Modernisierungsprozesse. DILTHEY betont das, wenn er erklärt, die soziale Funktion pädagogischer Prozesse sei die primäre, und sie bestehe wesentlich in 'Anpassungsleistungen'. WILHELM FLITNER spricht von Erziehung als 'Überlieferung und Eingliederung'.

3. Sobald man sich mehr auf die Innenseite der sozialkulturellen Entwicklungsprozesse und eben damit in dem hier einseitig unterstellten Sinne auf die Moderne konzentriert, wird die Parallelisierung von Pädagogik und Moderne schwieriger. Denkt man an die avancierte Kunst, die Literatur, die Wissenschaften und deren stets von neuem unternommene Problematisierungen traditioneller Mentalitäten, Denkweisen und Einstellungen und ferner, damit einhergehend, an die Versuche, moderne Alternativen zu jenen Traditionsbeständen und deren anhaltenden Nachwirkungen zu (er)finden, dann wird deutlich, wieviele Diskrepanzen und Brüche es hier gibt, wie wenig von linear verlaufenden Entwicklungen die Rede sein kann, wie sehr Pluriformität *zugleich* zur Signatur der Moderne gehört. Hinzu kommt, daß die Moderne - bislang jedenfalls - allenfalls eine Sache von Minderheiten, wenn man will: von kulturellen Avantgarden und Eliten gewesen ist.[3] Wie aber wäre dann das Verhältnis von Pädagogik und Moderne zu interpretieren?

Vielleicht könnte man hier die waghalsige These anbieten, daß nun einmal die Gegenstände, Fragestellungen und Adressaten von Pädagogik in vieler Hinsicht andere sind als die der Moderne. Das gilt dann zwar nicht so sehr für die frühen, vielleicht aber doch für die späteren Phasen der Entwicklung. Wer sich, praktisch oder theoretisch, mit Fragen der Erziehung, der Bildung, des Lernens und des Unterrichts beschäftigt, hat ja doch überwiegend, zumindest seit der zweiten Hälfte des 19. Jahrhunderts, mit Problemen der großen Mehrheit zu tun, und es scheint, als brauchte man zur Bearbeitung dieser Probleme kein FREUD, MARX, MAX WEBER oder WITTGENSTEIN zu sein. Polemisch: Für solche Beschäftigung reichte es in Deutschland aus, daß man LAGARDE und LANGBEHN, NATORP, NOHL, SPRANGER und WILLMANN, oder Pädagogen wie GAUDIG, KERSCHENSTEINER, LIETZ, OTTO oder PETERSEN zur Verfügung hatte.

Aber wenn man so trennen würde, bliebe die Moderne etwas, das weithin jenseits von Pädagogik stattfände. Das scheint zu einfach.

Man wird daher differenzieren und fragen müssen, in welchen Hinsichten Pädagogik einerseits mit der Moderne zusammen, andererseits ihre eigenen Wege ging. Die Beschreitung eigener Wege ist möglicherweise in zunehmenden Maße da passiert, wo Pädagogen mit der intellektuellen und künstlerischen Avantgarde nicht mehr mitgehen zu können meinten. Pädagogik mag zwar manchmal elitäre Züge gehabt haben; aber, so könnte man bissig fragen, ist sie in den letzten 150 Jahren jemals avantgardistisch im Sinne der Künstler und Intellektuellen der Moderne gewesen? Eine sehr überzeugende Antwort darauf findet man bei ADORNO dort, wo er der Pädagogik "Tiefsinn aus zweiter Hand" bescheinigt.

4. Der These, daß Pädagogik und Moderne überhaupt nichts miteinander zu tun hätten, will ich mich freilich nicht anschließen. Zumindest über Modernisierung scheint ja doch Pädagogik mit der Moderne verknüpft zu sein. Ich vermute allerdings, daß dann, wenn man von den Anpassungen an diese Außenseite absieht und sich ganz der Innenseite der Moderne zuwendet, die hier konstatierbare Beziehung in zunehmendem Maße eine eher indirekte, in Extremfällen sogar eine vorwiegend negativ zu beschreibende geworden ist. In zunehmendem Maße deshalb, weil wir sehr wahrscheinlich davon ausgehen können, daß Pädagogik zunächst einmal, nämlich in der Frühmoderne, eines der Kinder, vielleicht sogar eine der Mütter der Moderne war. Rhetorische Frage: Erscheinen uns ERASMUS und MONTAIGNE, wenn wir zu ihnen und ihrer Zeit zurückblicken, philosophisch als modern, pädagogisch als traditionell? Wohl doch nicht. Die beiden Spuren liefen hier doch parallel, ja sie überschnitten sich sogar; dies z.B. dort, wo erkenntnistheoretische Reflexionen - im Falle von ERASMUS und MONTAIGNE waren das an manchen Stellen ansatzweise empiristische - unmittelbar zu pädagogischen Schlußfolgerungen führten.[4]

5. Beobachtungen und Anmerkungen zu gleichbleibenden und/oder wechselnden, zu teilweise parallellaufenden und/oder teilweise auseinanderdriftenden Themen der Moderne und der Pädagogik stützen sich freilich auf die Selbstbeschreibungen der letzteren. Die Frage ist dann, ob diese beim Wort genommen werden dürfen. Da es sich meist um Absichtserklärungen handelt, scheint Vorsicht am Platze. Intentionen als solche sagen noch nichts über das, was den Sozialwissenschaftler besonders interessiert. Ihre Rekonstruktion läßt die Frage nach der sozialen Vermittlung und nach der kulturellen Funktion, Relevanz und Wirksamkeit jener Äußerungen noch unbeantwortet.

II. Themen der Moderne und Themen der Pädagogik in vereinfachender Gegenüberstellung

Mit keiner der eben genannten Schwierigkeiten möchte ich den Anspruch verknüpfen, daß ich hier und heute (oder irgendwann später) deren befriedigende Auflösung anbieten könnte. Mein Interpretationsversuch ist bescheidener. Ich beschränke mich auf Anmerkungen zur Frage, wie sich das Verhältnis von Moderne und Pädagogik im Hinblick auf das Oberflächenphänomen des von beiden jeweils Thematisierten möglicherweise beschreiben ließe.

Dabei werde ich zunächst in zwei Schritten vorgehen. Ich beginne mit einer Gegenüberstellung von Themen der Moderne einerseits, Themen der Pädagogik andererseits. Anschließend werde ich mich zu korrigieren versuchen. Denn eine auseinanderdividierende Konfrontation von 'modernen' und von 'pädagogischen' Themen hat allenfalls als rhetorische Provokation ein Recht. Das vereinfachende zweipolige Schema, das solchen Gegenüberstellungen zugrundeliegt, widerspricht ja doch dem, worauf ich eigentlich hinauswill, nämlich einer Beschreibung, die auf die Überschneidungen und Brüche, auf die Veränderungen, Mehrdeutigkeiten und Polyvalenzen der Moderne (und mit ihr der Pädagogik) zu achten versucht.

1. Während die Moderne das Auseinanderbrechen von Einheit und Identität thematisierte, neigte Pädagogik eher dazu, die Bewahrung oder Herstellung von Einheit und Identität zum Thema zu machen. Man denke im ersten Falle an DIDEROTs kulturellen Relativismus im 'Supplement' und an seine Sicht auf die Nicht-Identität des Subjekts in 'Le neveu de Rameau'. Oder an die frühromantische Ironie, an JEAN PAULs schizophrenen 'Leihgeber' als Satire auf FICHTEs Konzept des sich selbst und das Nicht-Ich 'setzenden' Ich. Hier, bei JEAN PAUL, wird das ursprünglich modern gewesene Konstrukt des Subjekts als eines mit sich selbst identischen Konstituens im Zeichen des Fortgangs der Moderne wiederum destruiert. Ähnliches findet sich bei E. TH.A. HOFFMANN und dann in unserem Jahrhundert zum Beispiel bei JOYCE, KAFKA ('Die Verwandlung'), PROUST, MUSIL und VIRGINIA WOOLF. Der Kubismus mit seiner Auflösung der einheitsstiftenden Zentralperspektive gehört wohl ebenfalls hierher.

Pädagogik hingegen war auf unterschiedlichen Ebenen und historisch in zunehmendem Maße um die Herstellung und Förderung von Einheit und Identität bemüht. Ich denke z.B. an frühe und späte Konzepte der 'Nationalerziehung'; an den Topos 'Gemeinschaft'; an das, was bei SPRANGER 'Ein Geist und Eine Totalerziehung' heißt; an die in Holland vorkommende, kulturelle Pluriformität unterlaufen wollende Parole 'eenheid in verscheidenheid' (LIGTHART); aber auch an mehr auf das Individuum gerichtete Identitätskonstrukte, wie sie uns z.B. in ROUS-

SEAUS Zielvorstellung der 'Übereinstimmung mit sich selbst' oder in manchen Ausprägungen personalistischer Pädagogik begegnen. Kurzum: Wo zumal die neuere (!) Moderne Identitätsbrüche, Inkonsistenzen, ja geradezu Identitätsverweigerungen thematisierte (vgl. MUSILS 'Mann ohne Eigenschaften'), finden wir bei vielen Pädagogen das Insistieren auf stabiler 'Gesinnung', die 'Persönlichkeit' als etwas nach Möglichkeit harmonisch und konstant Festes.[5]
2. Denormalisierung einerseits, Normalisierung andererseits: Wo die Moderne den Akzent zunehmend auf nonkonformistische Innovationen bis hin zu, um es mit RORTY zu sagen, 'idiosynkratischen' Argumentationen und vom Bisherigen abweichenden 're-descriptions' legte[6], thematisierte Pädagogik immer wieder neu die Wünschbarkeit normalisierender Enkulturation, 'social adjustment' als Einfügung ins Vorgegebene. Wenn z.B. IMELMAN noch in den 80er Jahren seine Definition dessen, was die Aufgabe von Erziehung sei, auf die Kurzformel bringt: "inleiden in betekenissen" (= Einleiten in Bedeutungen), dann hat das (auch) kulturpädagogisch affirmative, 'normalisierende' Implikationen.
3. Während sich die Moderne in erkenntnis- und wissenschaftstheoretischer Hinsicht schrittweise dem näherte, was wir heute als Perspektivismus und Konstruktivismus bezeichnen, hielten die meisten Pädagogen an einer Art erkenntnistheoretischem Realismus fest. Wo es um die Interpretation von Erkenntnis- als Lernprozessen ging, bevorzugten sie korrespondenztheoretische Auffassungen. In großen Teilen der Reformpädagogik waren die selbsttätigen Schülerköpfe noch immer als 'mirrors of nature' (RORTY) vorgestellt, wurde Lernen realistisch als das 'Entdecken' von etwas Faktischem 'out there' aufgefaßt.
4. Während die Moderne, spätestens seit der Aufklärung, schrittweise zum 'Immanentismus' (NIETZSCHE, CROCE, GRAMSCI), also letztlich zur Einsicht, daß 'Gott tot ist', überging, favorisierten Pädagogen noch lange das Konzept der Trias 'Gott - Mensch - Natur'. Das ging von COMENIUS über ROUSSEAU und PESTALOZZI bis hin zu SPRANGER, FLITNER und PETERSEN (in den Niederlanden KOHNSTAMM und LANGEVELD). Und das macht dann folgende Gegenüberstellungen möglich: JEAN PAUL schreibt die 'Rede des toten Christus vom Weltgebäude herab, daß kein Gott sei', PESTALOZZI die frommen 'Reden an mein Haus' und den 'Schwanengesang'. Anderthalb Jahrhunderte später erscheinen zwei ähnlich weit auseinanderweisende Buchtitel: 'Der unbehauste Mensch' und 'Neue Geborgenheit'. Der zweite stammt von einem Pädagogen.
5. Während die Vertreter der Moderne in zunehmenden Maße - teils verzweifelt, teils ironisch und spielerisch - den Zufall einzukalkulieren, mithin Kontingenz in ihr Welt- und Subjektkonzept einzubauen begannen, hielten Pädagogen noch lange am Desiderat der Zufallsbe-

seitigung fest. Der Suche nach 'Gesetzmäßigkeiten', die sozusagen Ordnung in das Chaos zu bringen vermöchten, schlossen sie sich auf ihre Weise an. Selbst der in seiner Epoche so außerordentlich moderne WILHELM VON HUMBOLDT meinte zustimmend, daß das "allgemeinste Bestreben der menschlichen Vernunft ... auf die Vernichtung des Zufalls gerichtet" sei. Immerhin wollte er dem Zufall nicht mittels theologischer oder ontologischer Argumente einen Strich durch die Rechnung machen, sondern dadurch, daß er immanent an das Vermögen der 'menschlichen Vernunft' appellierte. Aber wie auch immer: Kontingenz durfte es nicht geben, sie mußte 'vernichtet' werden.
Abermals also eine Differenz. Die 'Modernen' wurden skeptisch und zeigten sich bereit, Kontingenz zu akzeptieren. Die Pädagogen blieben aus 'Angst vor dem Chaos' (SCHUMACHER) idealistisch, hielten an Positionen fest, die einmal modern gewesen (!) waren, und bestanden bewußtseins- und identitätsphilosophisch darauf, daß es nötig und möglich sei, Kontingenz zu beseitigen und durchgehend-stabilen 'Sinn' sei es zu finden, sei es zu etablieren. Beunruhigt waren beide. Aber die einen neigten nichtsdestoweniger dazu, sich auf die Verunsicherungen der Moderne einzulassen, ja sogar als Unruhestifter aufzutreten (ADORNO: "Aufgabe von Kunst heute ist es, Chaos in die Ordnung bringen"), während die anderen sich eher doch als Ruhestifter verstanden. Bei PESTALOZZI geht es dementsprechend (gewiß nicht nur, aber auch) um "Bildung ... zu beruhigender Weisheit", um "Wegweisung, wohin man mit der Civilisation der Menschen lenken soll, nemlich auf Ruh". Zweifel und Skepsis gelten in diesem Kontext als Ruhe- und Ordnungsstörer; der Pädagoge soll beides, so über hundert Jahre später MESSER, als eine vorübergehende "geistige Entwicklungskrankheit" diagnostizieren und im übrigen danach streben, dem Philosophie-Unterricht (!) eine "Wendung ins Positive zu geben". Non dubito, ergo sum. Wo Zweifel und Unsicherheit "über die Wertordnung herrschen", so vor kurzem BREZINKA, gebe es eine "doppelte Gefahr: der Nachwuchs ist in Gefahr, ohne Halt zu bleiben, und die Gemeinschaften sind in Gefahr, ohne verantwortungsbewußten und pflichttreuen Nachwuchs zu bleiben".[7]

III. Selbstkorrektur

Die soeben vorgenommenen Gegenüberstellungen können natürlich so nicht stehenbleiben. Ich will daher versuchen, einige Differenzierungen anzubringen.
In einer ganz wichtigen Hinsicht geht Pädagogik ja doch mit der Moderne mit. Sie nimmt teil an dem, was TAYLOR als 'reflexive stance', als 'inward turn' beschreibt, d.h. sie vollzieht das mit, was man als Re-

flexionsschub, als Zunahme von Selbstreflexivität und zugleich als moderne Form von Subjektorientierung bezeichnen kann. HEGEL: "Das Recht der Besonderheit des Subjekts, sich befriedigt zu finden, oder, was dasselbe ist, das Recht der subjektiven Freiheit macht den Wende- und Mittelpunkt in dem Unterschiede des Alterthums und der modernen Zeit".

Beispiele dafür, daß Pädagogik hier mitgeht, sind uns allen bekannt. Um es noch einmal mit HEGEL zu sagen: Respekt für die 'subjektive Freiheit' und für die 'Besonderheit des Subjekts' geht nun auch in pädagogische Reflexion mit ein, - und wäre es auch zunächst nur so, daß wohlhabend und selbstbewußt gewordene, um die richtige Erziehung ihrer Kinder äußerst besorgte bürgerliche Eltern, so wie in Holland im 'goldenen' 17. Jahrhundert, von den in ihren Augen noch zu autoritären Schulmeistern verlangen: 'Geeft myn Kindeken dog syn willeken' (BRITA RANG). Aber hier geht es nicht einseitig und allgemein nur um die subjektiven Bedürfnisse von Kindern, sondern vielseitig und konkret um *Lern*bedürfnisse und *Lern*notwendigkeiten, und das heißt für große Teile der klassischen bürgerlichen Pädagogik: um die systematische Förderung jenes person- und sachbezogenen 'großen Eigensinns', den HEGEL im Sinne der Moderne mit dem selbständigen Denken der Subjekte in Verbindung bringt. Dort, wo Pädagogik dies beides, *Reflexions- und Handlungsbefähigung* und autonomisierende (und zugleich Sozialität befördernde) *Individualisierung*, ausdrücklich thematisiert und intendiert, bewegt sie sich auf derselben Ebene, in derselben Richtung wie (eine Zeit lang) die Moderne.[8]

Dasselbe gilt auch in einer anderen Hinsicht, nämlich dort, wo Pädagogik die Dynamik der Moderne dadurch mitvollzieht, daß sie Lern- und Bildungsvorgänge offenzuhalten und zu flexibilisieren versucht. Vorformen davon sind da zu finden, wo pädagogische Reflexion, rationalistische und empiristische Motive verarbeitend, die Förderung von Neugierverhalten, von experimentellem Lernen und von kritischem Zweifel mit auf ihre Themenliste setzt. Eine historisch konsequente Gestalt erhält dieser Entwicklungsstrang, wie ich meine, nicht in der vermeintlich 'echten' Reformpädagogik (es sei denn vielleicht bei DEWEY), sondern in dem zum Deutschen Idealismus gehörenden pädagogischen Problembewußtsein, und dann zumal bei HERBART, HUMBOLDT und SCHLEIERMACHER. Wo man sich der Aufklärungslosung KANTS verpflichtet weiß, wo man Reflexivität bzw. 'Besinnung' zum Medium und Ziel von Lern- und Bildungsprozessen machen möchte, wo sich der Akzent vom materialen zum formalen Pol dieser Prozesse verschiebt, wo es für wichtig gehalten wird, 'das Lernen zu lernen', wo man über die Entwicklung und Förderung von 'vielseitigem Interesse' zur 'Bildung eines Gedankenkreises' beitragen will - überall da handelt es sich um Bildungskonzepte, in denen man als

zentrale Themen eben jene intellektuelle Beweglichkeit und reflexive Offenheit wiederfindet, die in zunehmendem Maße mit zur Moderne gehören.[9]
Und noch ein weiterer Gesichtspunkt, der sich freilich mit den eben genannten zum Teil überschneidet. Ich meine, was ich als Konstruktivismus bezeichnet hatte. Auch davon findet sich bei einigen Pädagogen etwas, - wenn auch nicht gerade oft und außerdem in nicht unmittelbar pädagogischen Reflexionen. Ich denke z.B. an ROUSSEAU, der offen zugibt, daß er sich den 'Naturzustand' nur ausdenkt, mithin konstruiert, vor allem aber an PESTALOZZI, JEAN PAUL und HUMBOLDT. An PESTALOZZI deshalb, weil er die drei in den 'Nachforschungen' beschriebenen 'Zustände' ausdrücklich seiner eigenen Sichtweise zurechnet. Was ontologisch klingt ('Zustände'), ist hier interpretativ-konstruktivistisch, man könnte auch sagen 'perspektivistisch', gemeint. PESTALOZZI nannte das freilich noch nicht 'Interpretationen', schon gar nicht 'Perspektiven' oder 'Konstruktionen', wohl aber 'Vorstellungsarten'. JEAN PAUL geht mit solchen Vorstellungsarten eher ironisch-sarkastisch um, wenn er am Anfang der 'Levana' ein und denselben Anwärter für eine Schulmeisterstelle gleich zwei Bewerbungsreden halten läßt: In der einen wird Erziehung als omnipotent, in der anderen als überhaupt nichts bewirkend vorgestellt. Der Bewerber bekommt die Stelle natürlich nicht. An HUMBOLDT aber denke ich, weil er die Sprache und die Sprachen als geschichtlich gewordene objektive und subjektive, soziale und individuelle Gebilde *zugleich* und insofern als Konstrukte auffaßt; außerdem, weil in seiner Theorie der Bildung die Befähigung zu konstruktiven Strukturierungsleistungen einen wichtigen, vielleicht sogar den zentralen Stellenwert hat.
Schließlich noch der Komplex der kulturkritischen Motive. Kulturkritik gehört sowohl zu den Themen der Moderne als auch zu denen der Pädagogik. Wer darauf hinweist, rennt offene Türen ein. In beiden Lagern gibt es ja doch die Weigerung, die als problematisch erfahrenen Seiten der sozialkulturellen Entwicklung kritiklos hinzunehmen. In beiden Fällen begegnen wir Bemühungen, nicht nur mehr oder weniger radikal nach der 'Wurzel' (ROUSSEAU) gesellschaftlicher Mißstände, sozialer und kultureller Defizite zu fragen, sondern auch auf die Suche zu gehen nach möglichen Korrektiven.[10] Insofern sitzen bestimmte Philosophen, Dichter und Schriftsteller der Moderne mit vielen Pädagogen der Neuzeit im selben Boot. Aber wie weit trägt diese Gemeinsamkeit? Ist man sich auch einig über den zu steuernden Kurs?

IV. Korrektur der Selbstkorrektur

Mit den beiden letzten Fragen bin ich zu Einschränkungen meines eigenen Differenzierungsversuchs übergegangen. Dies nicht nur deshalb, weil zu fragen ist, wie repräsentativ denn eigentlich die eben erwähnten Autoren für die Pädagogik waren und sind. Die Schwierigkeit und das daraus resultierende Zögern, gewisse Themen der Pädagogik ohne weiteres mit denen der Moderne zu identifizieren, kann auch noch andere Gründe haben. Wenn Subjektivität und Reflexivität in bestimmter Weise zu den Themen der Moderne gehören, dann gilt das zwar, mutatis mutandis, auch für die Pädagogik (falls man überhaupt so allgemein von 'der' Pädagogik sprechen darf). Warum aber nur mutatis mutandis? Weil sich die Themen trennen, sobald wir sie nicht mehr formal als solche, sondern deren inhaltliche Bearbeitungen, die gewählten Perspektiven und die damit jeweils verbundenen spezifischen Intentionen ins Auge fassen. Pädagogik, so meine These, greift Themen der Moderne auf, aber sie neigt (und dies zumal im 19. und 20. Jahrhundert) zu deren Halbierung, bearbeitet sie sehr oft inkonsequenter und halbherziger als die Moderne. Man könnte auch sagen: Sie hinkt hinter ihnen her, biegt sie um (und bisweilen gar zurück). Was sie sich selbst und den 'Zöglingen' mit der einen Hand gibt, das nimmt sie mit der anderen wieder weg. Inwiefern? Ich kann das hier nur an zwei Beispielen zu zeigen versuchen.
Während Pädagogen einerseits in zunehmenden Maße 'Individualität', den Zögling als werdendes 'Subjekt' bzw. die 'Eigenart', den 'Eigensinn' und das 'Eigenrecht' des Kindes thematisierten, neigten viele von ihnen andererseits dazu, das Individuum trotz der so hochgehaltenen Selbständigkeit sozial zu integrieren, kurzum: es zu formieren und zu normalisieren und es eben damit - sei es als Kulturteilhaber oder Staatsbürger, sei es in sonstiger 'Gemeinschaft' - großenteils wieder verschwinden zu lassen. Zwar war von Antinomien die Rede, aber ob es sich dabei, wie OELKERS meint, um 'harte Dichotomien' gehandelt hat, scheint mir die Frage. Spannungen, die man bereitwillig und rasch nach der Seite von 'Gemeinschaft' hin aufzulösen trachtete, sind wohl doch eher als weiche vorgestellt gewesen. Ich zitiere eine Formulierung LITTS (deren Konnotationen dem nüchtern-modernen FREUD zur Illustration seines Theorems der Triebsublimierung hätten dienen können): "Darum ist auch der höchste Aufschwung des solidarischen Fühlens, in dem der Mensch ohne Besinnen (sic!) sein Alles an die gemeinsame Sache setzt, nicht ein Rauschzustand ... sondern das überwältigende, hinreißende Innewerden tiefster Geistes- und Schicksalsverbundenheit, in dem alle trennenden Schranken zwischen Ich und Gemeinschaft zusammenstürzen".

Ein weiteres Beispiel findet man in den unterschiedlichen Bearbeitungen des Themenkomplexes 'Reflexivität'. Auch hier ist auf der Seite der Pädagogik zunächst ein Geben im Sinne der Moderne wahrzunehmen. Verkürzt auf die kognitive Dimension: Heranwachsende, so hieß es häufig, sollen zu reflexiver Selbständigkeit gebracht, von 'Klarheit' über 'Assoziation' zu 'Methode' geführt werden. Und das bedeutet dann auch, daß sie aus den Beschränkungen des konkreten, auf praktischer Erfahrung gegründeten Alltagsbewußtseins heraustreten und zu Abstraktionsleistungen gelangen, ihre durch Sozialisation bewirkte Konventionalisierung gleichsam de-konventionalisieren sollten.
Schön und gut und ja wohl auch 'modern'. Aber dabei blieb es nicht. Kaum war Pädagogik bei HUMBOLDT und HERBART mit den Akzentuierungen der formalen, reflexiven und konstruktiven Seiten von Lern- und Bildungsprozessen historisch modern geworden, wurde sie auch schon wieder unmodern, nahm sie sich das, was sie sich gegeben hatte, auch schon wieder weg. Aus der 'allgemeinen Bildung' wurde 'Allgemeinbildung' als äußerliche Verfügbarkeit stofflichen Wissens. Spätestens seit LORINSER klagen Eltern und Lehrer über die 'Stoffülle', etwas später, kulminierend in der Phase der Reformpädagogik(en), über den 'Enzyklopädismus'. Und Reflexion? Die Herbartianer ersetzten das, was HERBART 'Besinnung' genannt hatte, durch 'Gesinnung'. Und Reformpädagogen, die sich ihrerseits von den Herbartianern zu distanzieren wünschten, sprachen nun abschätzig von 'Intellektualismus' und schrieben das 'volle Leben', satte 'Erfahrungen' in ihr Programm. Vom erkenntnistheoretischen Realismus[11] dieser Pädagogik habe ich schon gesprochen. Abgesehen von der Kunsterziehungsbewegung, die sich mit vom Expressionismus, später vom Bauhaus anregen ließ, stand nun nicht mehr, wie noch bei HUMBOLDT 'the logic of interpretation, construction and creation', sondern 'the logic of discovery' im Vordergrund. Das heißt (oder könnte heißen): im Zeichen von (und wohl zugleich auch: 'als Abwehr von') Modernisierung nahm man sich weg, was man sich vorher, im Zeichen der Moderne, gegeben hatte. So ist dann möglicherweise auch zu verstehen, daß das ursprüngliche Bildungskonzept im Verlauf des 19. und 20. Jahrhunderts durch Ausbildungs- und Qualifikationskonzepte ersetzt, das reformpädagogische Antrainieren von Arbeitsweisen, Methoden und Fertigkeiten in den Mittelpunkt gerückt und damit das Reflexionsvermögen häufig eher in den Dienst der instrumentellen als in den einer kritischen Vernunft gestellt wurde. Kurzum: Was zunächst, zusammen mit der Moderne, eine eher de-konventionalisierende Tendenz gehabt hatte, kippte nun in konventionalisierende, normalisierende Bemühungen zurück (mögen diese auch in der pädagogischen Rhetorik häufig eher verdeckt als offen eingestanden worden sein).

V. Einige Vermutungen zu den Gründen des Auseinandertretens von Themen der Pädagogik und Themen der Moderne

Ich hatte weiter oben vor allem zwei Aspekte hervorgehoben: den der Subjektorientierung und den der Reflexivität. Und ich war davon ausgegangen, daß sich in diesen beiden Hinsichten Themen der Moderne und Themen der Pädagogik zeit- und teilweise berührt, ja sogar manchmal bis hin zur Deckungsgleichheit überschnitten haben (vgl. HUMBOLDT). Zugleich aber hatte ich darauf hinweisen wollen, daß es sich keineswegs immer um eine Parallelaktion gehandelt hat. Auf der Linie der damit vorgenommenen Einschränkungen war von unterschiedlichen 'Bearbeitungsformen', von 'getrennten Wegen', außerdem - und vermutlich mit moralisierendem Unterton - von 'Inkonsequenzen' und 'Umbiegungen', von 'Halbierungen' und vom 'Hinterherhinken' der Pädagogik die Rede. Bleibt noch die Frage nach (wenn schon nicht 'den', so doch einigen) Bedingungen und Gründen dieses Auseinandertretens von Moderne und Pädagogik. Was ich dazu als Diskussionsstoff anbiete, beschränkt sich auf wenige Vermutungen.

Als erstes das Nächstliegende. Wo die neuzeitliche Pädagogik sich entweder unmittelbar, als Erziehungspraxis, auf das fördernde Umgehen mit Heranwachsenden richtete, oder wo sie, als Erziehungstheorie, ihre Reflexion darauf für unmittelbar praxisrelevant hielt, da thematisierte sie vor allem zweierlei: 'Personagenese' (LANGEVELD) und 'Enkulturation'. Sie war eben damit primär an der Entwicklung möglichst eindeutiger Orientierungsangebote, an psychischen Stabilisierungen, an der Herstellung oder Wiederherstellung von Gleichgewichtszuständen interessiert. Diese Intention aber schließt - zumindest dort, wo sie auf Kinder gerichtet ist - ein Mitgehen mit der Skepsis, dem Perspektivismus, der Ironie, den Verunsicherungen und den vieldeutigen Provokationen und Irritationen der Moderne aus. Diese Ausschließung, so scheint es, hing und hängt eng mit der verbreiteten Annahme zusammen, daß die unmittelbare Konfrontation mit bestimmten Themen der Moderne bei Heranwachsenden, zumal bei Kindern, problematische (nämlich verstörend belastende) Effekte haben würde.

Zu dieser psychologisch informierten Sicht auf die legitimen Schutz- und Sicherheitsbedürfnisse von Kindern kommt die (neuerdings soziologisch belehrte) Sicht auf die gesellschaftliche Funktion von Erziehungs- und Lernprozessen hinzu. Heranwachsende sollen, so heißt es hier, in eine vorgegebene Kultur hineinbefördert werden, um da (wie man in den Niederlanden ganz unbefangen sagt) 'funktionieren' zu können. Dort aber, wo wenn schon nicht das Elternhaus, so doch die Schule damit beschäftigt ist, "ihre Klientel für die Industriegesellschaft und ihre Anforderungen zu präparieren" (HOLLSTEIN), rücken

die Themen der Moderne abermals in den Hintergrund. Zugespitzt und vereinfacht: Pädagogik, die in erster Linie auf die sich verändernden Anforderungen der vom Kapital in Gang gehaltenen und ständig weiter expandierenden Industriegesellschaft reagiert, den 'Abnehmern' funktionsfähigen 'output' anliefern soll und/oder will und demzufolge eher für Ausbildung als für Bildung optiert, klammert wichtige Themen der Moderne aus und nimmt in erster Linie Rücksicht auf Modernisierung.
Dieses Aussparen, Abschwächen oder Umbiegen der Themen und Intentionen der Moderne hat wohl auch mit dem zu tun, was FISCHER kürzlich das 'Aufgaben-Gerichtetsein' von Pädagogik nannte. In den Selbstbeschreibungen der Praxis, aber auch in theoretischen Erwägungen war und ist immer wieder von 'Verantwortung' die Rede, verstanden als Verantwortung für 'das Kind als solches' einerseits, für sein Hineinwachsen in Kultur und Gesellschaft andererseits. Im Lichte dieser doppelten Verantwortung scheute und verbot man sich, mühsam zustandegebrachte Anhalts- und Orientierungspunkte stets von neuem in Frage zu stellen (so wie das die Moderne tut, wenn sie ihre Konstruktionen fast masochistisch immer wieder de(kon)struiert). Eher neigte man dazu, solche Orientierungen als dauerhafte und stabile Stützpfeiler anzusehen, und zwar als Stützen nicht nur für dic Heranwachsenden (was ja als solches in Grenzen verständlich ist), sondern auch für die Pädagogen und die Pädagogik selber. Es fällt ja doch auf, wie lange sich Konstrukte, die (gewiß nicht nur, aber auch) eben diese Stabilisierungsfunktion hatten (wie z.B. Einheit, Gattung, Volk, Nation, Gemeinschaft, aber z.B. auch Autonomie, Identität, Telos bzw. Entelechie), in der Pädagogik haben halten können, während sie von den Künstlern und Intellektuellen der Moderne (die freilich als Klientel nur sich selber hatten und insofern verantwortungsfreier waren) spätestens seit dem Ende des 19. Jahrhunderts zunehmend als problematische Krücken angesehen wurden. Zwar wird niemand leugnen wollen, daß kleine Kinder solche Krücken nötig haben und daß wir mithin ihnen gegenüber in vielen Fällen Sicherheiten herstellen oder gar vortäuschen müssen dort, wo eigentlich, wie die Moderne weiß, gar keine sind. Aber warum im 19. oder 20. Jahrhundert die Kindorientierung so weit treiben, daß Pädagogik die Perspektive und das Sicherheitsbedürfnis der Kinder nicht nur vorübergehend und stellvertretend, sondern in manchen Fällen geradezu auf Dauer und für sich selber zu übernehmen scheint? PRANGE spricht in diesem Zusammenhang mit Recht von der Penetranz des 'Kind-Schemas' und von der 'Selbstinfantilisierung' bestimmter Pädagogiken.
Es kommt möglicherweise noch etwas hinzu, - und zwar die auffällige schulpädagogische Orientierung der Erziehungswissenschaft spätestens seit dem 19. Jahrhundert. In diesen Zusammenhang gehört, daß

in Deutschland die Etablierung der Pädagogik als akademische Disziplin zeitweise parallel mit der Institutionalisierung und dem fortschreitenden Ausbau des staatlichen Schulwesens verlief. Das ist ein Gesichtspunkt, auf den mich 1985, in einem thematisch anderen Zusammenhang, ZEDLER aufmerksam gemacht hat. Pädagogik habe sich, so ZEDLER, spätestens seit der zweiten Hälfte des 19. Jahrhunderts immer auch als Reflexions- und Bearbeitungsinstanz staatlich organisierter Bildungsprozesse verstanden. Von daher die Möglichkeit der Übernahme politischer Begriffe wie z.B. Führer, Gefolgschaft, Volksgemeinschaft, die ja nun wahrlich im Vokabular und der Vorstellungswelt der Moderne nicht oder allenfalls in ironisch-satirischer Absicht vorkommen. Kurzum, man wird die staatliche Einbindung, den Staatsbezug von Pädagogik, den Status und die Funktion von Pädagogen als verbeamteter Staatsdiener (und vielleicht auch deren soziale Herkunft) mit berücksichtigen müssen, wenn man nach Gründen für jenes Auseinandertreten von 'Themen der Moderne' und von 'Themen der Pädagogik' fragt.
Und das heißt dann möglicherweise auch, daß man sich mit den Ambivalenzen beschäftigen müßte, die mit Professionalisierung einhergehen (können). Vielleicht darf man sagen, daß der (Universitäts-)Pädagogik Professionalisierung nicht durchgehend gut bekommen ist und daß sie früher, nämlich als Teil der Philosophie, wenn nicht in jeder, so doch in bestimmter (nämlich in substanziellem Sinne *theoretischer*) Hinsicht besser aufgehoben war. Pädagogik als akademische Fachdisziplin, insistierend auf ihre 'relative Autonomie', ihre disziplinäre Identität und ihre unmittelbare Relevanz für die Praxis, verantwortungsbewußt gegenüber ihrer Klientel, fixiert sowohl auf die ihr zugedachten als auch auf die von ihr selber entwickelten und interpretierten Aufgaben, verstrickt in Abgrenzungskämpfe gegenüber der Psychologie und zumal der Soziologie, beschäftigt mit der Konstruktion pädagogisch 'einheimischer' bzw. 'eigenständiger' Begriffe bis hin zum 'pädagogischen Bezug' als dem Abkapselungskonstrukt schlechthin, - eine solche Pädagogik mußte wohl dazu neigen, ihre Sicht auf das breite und pluriforme Spektrum historischer Prozesse und kultureller Kontexte und Problemlagen für ihre eigenen, professionsspezifischen Zwecke einzuengen. Mit der Moderne blieb man zwar über Modernisierung gewissermaßen hinterrücks verbunden, aber bestimmte Aspekte, Motive und Themen - zumal solche der sich historisch entwickelnden und radikalisierenden Moderne - rezipierte man entweder gar nicht oder mit auffälligen Verspätungen oder überaus selektiv. Lange Zeit, so scheint es, blieben sie weitgehend unbearbeitet.
Einiges von dem, was Pädagogik nicht mitvollzogen hat, aber auch einiges von dem, wofür sie sich empfänglich zeigte, habe ich zu beschreiben versucht. Auf die Ausgangsfrage, ob die Themen der Mo-

derne zugleich die Themen der Pädagogik seien, war meine Antwort daher nicht ein kategorisches Nein. Aber das Fragezeichen im Titel dieses Aufsatzes möchte ich vorläufig doch stehenlassen.

Anmerkungen:

1. MOLLENHAUER übersieht das, kennt nur *eine* Moderne und geht insofern ganz unhistorsch damit um.
2. Wie das bei HOLLSTEIN, WINKLER, ULRICH und anderen geschieht.
3. MOLLENHAUER spricht von "Produktionen intellektueller Zirkel".
4. Vgl. BANTOCK.
5. Bemühungen um die Herstellung von Identität findet man natürlich auch auf der Meta-Ebene theoretischer Reflexionen. Vgl. z.B. RUSTEMEYER, der sich, ausgehend vom systemtheoretischen Konstruktivismus LUHMANNs, intelligent und provokativ mit dem traditionellen 'Verständnis der disziplinären Identität der Erziehungswissenschaft' auseinandersetzt.
6. Vgl. RORTY: Contingency, Irony and Solidarity.
7. Inzwischen haben freilich Skepsis und erst recht der Begriff 'Kontingenz' auch bei Pädagogen Konjunktur. In der 'ZfPäd' muß man nach Artikeln suchen, in denen Kontingenz (in welchem Sinne auch immer) *nicht* vorkommt. Bis zur zweiten Hälfte der 70er Jahre, so mein Eindruck, war der Begriff bzw. das Konzept 'Kontingenz' unter deutschen Pädagogen unbekannt. Während meines eigenen Philosophie- und Pädagogikstudiums (1953-1960) habe ich weder davon gehört noch gelesen.
8. Ich verzichte darauf, die von mir genannten und als 'modern' verstandenen Tendenzen, die (und wäre es auch nur programmatisch) auf 'Selbstreflexivität', 'Subjektorientierung', 'autonomisierende Individualisierung' zulaufen, im Lichte von TENORTHs wiederholter Kritik an 'bildungstheoretischen' und 'individualitätstheoretischen' Ansätzen zu diskutieren. Bildungs- und Subjekttheorien brauchen nicht per se als passé zu gelten, dann jedenfalls nicht, wenn man sie historisch reflektiert entwickelt und sie gesellschaftstheoretisch auf der Höhe des heutigen Diskussionsstandes abstützt. TENORTH selbst hält es unter diesen Bedingungen immerhin für möglich, die "Bildungstheorie ... neu zu formulieren". Moderner wäre es, von *möglichen Bildungstheorien* (Plural) zu sprechen.
9. Heute läßt LUHMANN das in diesem Kontext wünschbare gar zu lakonisch auf einen einzigen Begriff zusammenschnurren: 'Lernfähigkeit'.
10. Vgl. den auf die skizzierte Problemlage anspielenden Titel bei STAROBINSKI: Le remède dans le mal.
11. RUSTEMEYER spricht in diesem Zusammenhang von einer 'ontologischen Sicherungsleine'.

Aber wie kann es geschehen, daß das Zukünftige vermindert und aufgezehrt wird, das doch noch nicht ist, und daß das Vergangene wächst, das doch bereits nicht mehr ist? Nur so, daß der Geist, in dem dies vorgeht, ein Dreifaches tut. Er erwartet, merkt auf und erinnert sich. Die Erwartung des Zukünftigen geht durch Aufmerken auf das Gegenwärtige hindurch in die Erinnerung an das Vergangene über.

Aurelius Augustinus

DIETRICH HOFFMANN

Mythos und Ideologie des Begriffs 'Moderne' - im Lichte der pädagogischen Aufgaben

I.

Die Tatsache, daß der Begriff 'Moderne' in der Erziehungswissenschaft gegenwärtig so verwendet wird, als bezeichne er etwas Bedeutsames, zeigt unmißverständlich, daß diese noch vor ihrer Konsolidierung - worin immer diese hätte bestehen können - wieder 'literarisch' geworden ist, daß sie erneut auf die Mittel von Ästhetik und Journalistik setzt. In diesem Genre kann man zwar auch über spezielle Probleme der Erziehung räsonnieren, also eine Art Trivialpädagogik betreiben - und wer hörte und läse dergleichen nicht ab und zu mit Vergnügen -, aber auf intersubjektive Generalisierungen, wie sie für tragfähige Lösungen benötigt werden, muß man dabei naturgemäß verzichten. Offenbar ist immer wieder ins Gedächtnis zu rufen, daß Wissenschaften durch die Allgemeinheit ihrer Gegenstände und/oder ihrer Methoden bzw. ihrer Ziele (ROTH/FRIEDRICH 1975, S. 27) definiert werden. Die Kennzeichnung 'modern' trägt zur Entscheidung darüber nichts bei, deutet allenfalls an, daß man eine triftige 'gemeinsame' Benennung nicht zu finden vermag. Man kann zwar hilfsweise eine Bewertung in dieser Art vornehmen, aber man muß sich bewußt bleiben, daß für die Charakterisierung einzelner Parameter als *überholt* oder *fortschrittlich*, *antiquiert* oder *modern* zwangsläufig keine anderen Kriterien zur Verfügung stehen als zur Beurteilung der Gegenstände, Methoden und Ziele selbst, also eben die, die nicht zur Entscheidung darüber führen, welche *richtig* oder *wahr*, welche *falsch* oder *irrtümlich* sind. Mit Begriffen wie *Moderne* und *Modernität*, schließlich auch mit dem der *Modernitätskrise* wird das in pluralistischen und multikulturellen Gesellschaften kaum lösbare Begründungsproblem auf eine Ebene verlagert, von der aus es nur scheinbar sachgemäß behandelt werden kann. Es ist in der Tat nicht nur unbefriedigend, sondern geradezu paralysierend, wenn sich Vertreter einzelner Richtungen, Absichten und Interessen unversöhnlich gegenüberstehen, den Kompromiß und vor allem den Konsens scheuend, aber es führt nicht weiter, wenn man unter diesen Umständen Etiketten mit den Aufschriften 'modern' und 'unmodern' klebt. Daß der 'Zeitgeist' - als der Herren eigener Geist - einzelne Paradigmen und Theorien, bestimmte Modelle und Begriffe bevorzugt, weil sie dem subjektiven Geschmack und einigen speziellen Bedürfnissen entsprechen, wußte man immer. Wis-

senschaft war unter anderem aber der Versuch, die Wirklichkeit wenigstens so weit wie möglich in einem anderen Modus als dem der 'Mode' der Zeit zu erfassen, was nicht ausschließt, daß sie selbst auf die Höhe der Zeit kommt. Wo die sachliche Auseinandersetzung um die Gegenstände, Methoden und Ziele - und alles, was davon abzuleiten ist - kein vernünftiges Ergebnis zeitigt, helfen auch Prädikate wie 'modern' oder 'unmodern' nicht weiter.
Nun kann man einwenden, daß die Rede von der Moderne eine andere, durchaus sachbezogene Ursache hat und daß sie keineswegs abstrakt, sondern sehr konkret geführt wird. Der Begriff wurde als Gegenbegriff zu dem der Postmoderne gewissermaßen historisch notwendig (HABERMAS 1985a, S. 7) - und in der Erziehungswissenschaft von Anfang an mit der Erneuerung des Gedankens - bzw. der Erinnerung an ihn - verbunden, daß die Aufgabe der Erziehung in der Entwicklung des Menschen zu sich selbst, d.h.. zum Subjekt besteht (OELKERS/LEHMANN ²1990, S. 7, S. 154). Aber die Fülle der Auseinandersetzungen, die seit jener Zeit um diese ebenso schlichte wie unstrittige, den Konventionen der weitaus meisten Pädagogen entsprechende Feststellung geführt wird, wirft die Frage auf, warum dies so ist und welche Qualität das Konstrukt hat.

II.

Es war JÜRGEN HABERMAS, der an- und aufgeregt von JEAN-FRANCOIS LYOTARDs Beschreibung des 'postmodernen Zustandes' (1979) mit der schrittweisen Rekonstruktion des 'philosophischen Diskurses der Moderne' begann und diese zu einem 'unvollendeten Projekt' erklärte (1980). Ich vermute, daß dabei nicht Theorie, sondern Ideologie, zumindest Mythologie entstanden ist. Die Konstellation der gegnerischen Auffassungen ist von der Art, in der sich falsches Bewußtsein bildet. Bis zur Ausrufung der Postmoderne bzw. der Anwendung des Begriffs auf die Theorie der Erziehung waren die meisten von uns wohl der Überzeugung, sich auf einem zwar beschwerlichen und verschlungenen, aber doch unleugbaren Weg des 'Fortschritts' zu befinden. Dagegen wurde "die Erfahrung eines bereits problematischen gesellschaftlichen Zustandes" ins Feld geführt, "den es zu verteidigen gilt" (ADORNO/HORKHEIMER 1956, S. 168). Die Bezeichnung 'Rekonstruktion' für das, was daraufhin unternommen wurde, deutet - wie die Verwendung dieses Terminus überhaupt - auf die Absicht, etwas philosophisch 'wiederherzustellen', was so nie bestanden hat (TÜRCKE 1988, S. 33), so wie es früher die erklärte Absicht der 'historisch-systematischen Methode' war, in der Vergangenheit pädagogische Erscheinungen nachzuweisen, derer man für das Verständnis der Gegenwart bedurfte, z.B. die sogenannte 'Deutsche Bewegung', die nie existiert haben. Sicher kann man auch etwas zum Zwecke der Kritik wiederherstellen, das ist aber nicht das Ziel einer Rekonstruktion, mit deren Hilfe man sich von denen unterscheiden will, die sich eilfertig "von einer Vergangenheit absetzen, der Gegenwart ... einen neuen Namen (aber) noch nicht geben" können, weil sie "auf die erkennbaren Probleme der Zukunft bis jetzt keine Antwort wissen" (HABERMAS 1985b, S. 11).[1]

Das Dilemma, in dem wir uns mit HABERMAS befinden, ist einerseits material, andererseits formal. Material gesehen ist die Vermutung eines 'Endes' zu Beginn der achtziger Jahre durchaus folgerichtig gewesen; weder die Vergangenheits-, noch die Zukunfts- oder Gegenwartsorientierung, deren Folgen man auch in der erziehungswissenschaftlichen Theoriebildung ablesen kann (HOFFMANN 1989; HOFFMANN 1991), hatten zu einer hinreichenden Orientierung in der Wirklichkeit beigetragen. Die 'Unübersichtlichkeit' ist insofern keine Fiktion. Aber was an dieser Erfahrung ist 'neu', es sei denn die endgültige Zerstörung der Illusion, daß man hätte *eine* verbindliche oder doch zumindest verbindende Ordnung (noch) schaffen können? Das aber ist ein spezieller Irrtum der Philosophen, der durch ihre Hoffnung auf zeit- und raumunabhängige Erkenntnisse am Leben erhalten wird. Es gibt auch die Erfahrung des Dichters, der der Orientierungslosigkeit so Ausdruck gibt: "Die Zukunft nebelhaft verloren, voll Qualen die Vergangenheit ... Ach, warum bin ich nicht geboren zu spätrer oder frührer Zeit?" (LERMONTOW 1837). Die auf Praxisprobleme ausgerichteten Pädagogen haben bezüglich ihrer Grundfragen seit WILHELM DILTHEY keine Sorgen dieser Art gehabt.

Der Begriff 'Moderne' ist zugegebenermaßen der einzige, in dem Vergangenheit, Gegenwart und Zukunft zusammengefaßt - und zugleich aufgehoben werden können. Das gelingt aber nur, wenn damit etwas verbunden wird, das alle 'Zeiten' durchzieht, ihnen gewissermaßen gemeinsam ist, und mit denen sowohl die 'noch gar nicht erkennbaren Probleme der Zukunft' von der Vergangenheit her interpretiert als auch mit deren (!) Lösungen angepackt werden können. Dies wiederum geht nur, wenn gegebenenfalls über Spannungen und Brüche, Abweichungen und Rückschritte der Prozesse im 'Projekt der Moderne' hinweggesehen wird.

III.

Formal besteht das Dilemma in einer Vermischung bzw. Verwechselung der Denkhorizonte. Philosophie ist (s.o.) auf zeit- und raumunabhängige Erkenntnis gerichtet[2]; historisches und (z.B.) soziologisches

Denken organisieren die Erfahrung zeitlich und räumlich. Philosophisch wird immer und überall 'über dieselben Dinge dasselbe gedacht', um mit SOKRATES zu sprechen, jedenfalls bemißt sich der Fortschritt des Erkenntnisgewinns nicht nach alt oder neu, christlich oder mohammedanisch. Historismus und Positivismus haben dagegen zur Voraussetzung, daß die Ideen von den die Menschen umgebenden historischen Umständen abhängen (MEINECKE) bzw. die notwendigen Konsequenzen der Gesellschaften sind, in denen diese leben (HELVETIUS). 'Moderne' ist somit ein 'verkappter' Begriff, in dem jeder die neueste Fassung 'seines' Denkens unterbringen kann, ohne daß andere darauf festgelegt würden. Ein Gedanke des ARISTOTELES, der bis heute nicht verbessert worden ist - und die neueste Verblendung durch die Bewußtseinsindustrie, was ist 'modern', was 'unmodern'? Die Tatsache, daß wir immer wieder auf den deutschen Idealismus zurückkommen - und seine Erkenntnisse für unüberholbar halten -, warum ist dies 'modern? Und warum ist es 'unmodern', die Konsequenzen einer 'schrankenlosen Selbstverwirklichung' der Neuen Klasse zu beklagen? Die Tatsache, daß es Geschichts- und Gesellschaftsphilosophie gibt - und HABERMAS auf beiden Gebieten aktiv ist -, darf nicht den Blick dafür verstellen, daß Philosophen mit Geschichte und Gesellschaft aufgrund ihrer prinzipiellen Absichten anders umgehen als Historiker und Soziologen, wenn diese philosophieren.

Weil 'Moderne' nicht nur, aber vor allem ein Zeitbegriff ist, möchte ich dies beispielhaft an den Überlegungen eines Historikers zeigen.[3] HERMANN HEIMPEL, der bezeichnenderweise meint, daß "die Geschichte als Wissenschaft (d.h. die Historie - D.H.) ... ihre Aufgabe (erfüllt), wenn sie die Zeit in ordnendem, einordnendem Denken bewältigt", kurz: wenn sie das Gedächtnis der Menschen ist (HEIMPEL ³1960, S. 55), hat vier Formen der Gegenwart unterschieden, um die Bedürfnisse der Orientierung, von denen hier gesprochen wird, 'historisch' befriedigen zu können: jeweilige, dauernde, einmalige und 'unsere' Gegenwart. "Gegenwart als *jeweilige Gegenwart* ist Durchgang von Vergangenem zu Künftigem" (HEIMPEL 1954, S. 9). Nur darauf gehe ich im folgenden ein. Es hat, so sagt HEIMPEL, gerade keinen Erkenntniswert, über die Gegenwart als den mathematischen Punkt auf der Geraden der Zeit zu spekulieren. Dieser muß anders gesucht werden, z.B. dadurch, daß man das letzte konstitutive, das gesamte Dasein bestimmende Ereignis in der Geschichte aufsucht. Aber er macht klar - und das unterscheidet seine Vorstellung von dem fahrlässigen Gebrauch des Begriffs 'Moderne', den HABERMAS und die machen, die sich auf ihn berufen, daß es wie bei jeder wertenden Entscheidung von der Stellung des einzelnen oder seiner Gruppe zu den Ereignissen abhängt, wo dieses liegt. "Solange und soweit Frankreich radikal sein will, beginnt seine Gegenwart 1792 ... Solange Rußland revolutionär sein will, beginnt seine Gegenwart 1917" (S. 13). Letztere beginnt dort wahrscheinlich nicht mehr, ein Beweis dafür, daß die Frage 'Wie lange noch?', die HEIMPEL prinzipiell an alle diese Bestimmungen knüpft, richtig ist. "Man sieht wieder, daß zur Bestimmung des Punktes in der Vergangenheit, mit dem die Gegenwart beginnt, die Zukunft gehört, nicht allein der Bereich des Erkennens, sondern auch der Bereich des Willens" (ebenda). So - meine ich - denkt ein Historiker, wenn er über die Geschichte philosophiert.[4]

IV.

HABERMAS geht bei seiner Beweisführung dafür, was als Moderne zu gelten hat, anders vor. "Hegel ist der erste", sagt er, "der den Prozeß der Ablösung der Moderne von den außerhalb ihrer liegenden Normensuggestionen der Vergangenheit zum philosophischen Problem erhebt" (HABERMAS 1985a, S. 26). Die neuzeitliche Philosophie von der Spätscholastik bis zu IMMANUEL KANT habe das Selbstverständnis der Moderne zwar auch schon zum Ausdruck gebracht, "aber erst am Ende des 18. Jahrhunderts spitzt sich das Problem der *Selbstvergewisserung* der Moderne so zu, daß Hegel diese Frage *als* philosophisches Problem, und zwar als *das Grundproblem* seiner Philosophie wahrnehmen kann. Die Beunruhigung darüber, daß sich eine vorbildlose Moderne aus den von ihr selbst hervorgebrachten Entzweiungen heraus stabilisieren muß, begreift Hegel als den 'Quell des Bedürfnisses der Philosophie'" (ebenda). Mit anderen Worten: GEORG WILHELM FRIEDRICH HEGEL macht sich selbst zum Propheten dessen, was mit ihm beginnt und was er als 'Moderne' bezeichnet, er zeigt das Problem und bietet die Lösung - und HABERMAS, ein anderer Philosoph, bestätigt diese Ansicht. Das ist genau die Art und Weise, mit der in der Geschichte der Philosophie viele versucht haben, sich und ihre Ideen - bzw. bestimmte Auffassungen - gegenüber anderen durchzusetzen; die Feststellung der 'Modernität' der betreffenden Theorien ist zunächst einmal, d.h. ohne den Beweis der Richtigkeit, nicht mehr als das Klappern, das zum Handwerk gehört. Etwas weniger polemisch gesagt: sie ist eine Behauptung.

Warum blieb, so fragt man sich zumindest, vielen das Bewußtsein der Einheitlichkeit der Epoche und ihrer Eigenart verborgen? Warum entging manchen, wem sie die Moderne verdanken? Erstaunlicher noch: Viele, die der These vom 'Projekt der Moderne' folgen, das sich in der Interpretation von HABERMAS als wohlüberlegter Plan HEGELs herausstellt, halten von HEGEL wenig und von HABERMAS noch weniger, - aber sie behandeln die betreffende These wie die Entdeckung eines Naturgesetzes. Dies verstärkt den Verdacht, daß es sich um eine Ideo-

logie handelt: die Rechtfertigung wird so bereitwillig akzeptiert, daß es um das 'gedachte' Subjekt schlecht bestellt sein muß. "Seitdem aber die Ideologie kaum mehr besagt, als daß es so ist, wie es ist, schrumpft auch ihre eigene Unwahrheit zusammen auf das dünne Axiom, es könnte nicht anders sein, als es ist" (ADORNO/HORKHEIMER 1956, S. 179). Lassen sich für diese Ansicht Beweise beibringen? Ehe ich sie zusammenzutragen versuche, möchte ich feststellen, daß es mir in diesen Betrachtungen nicht um die genaue Bestimmung des Zeitpunkts und des Tatorts geht, bei denen HABERMAS die Kritische Theorie *traditionell* 'rekonstruierte'. Es spricht zwar viel dafür, daß er es inzwischen getan hat, aber solange in der wissenschaftlichen Diskussion das Foulspiel gang und gäbe ist, dergleichen nicht ihm persönlich, sondern der 'Schwäche' der Kritischen Theorie anzurechnen, werde ich mich strikt auf das beschränken, was hier in Rede stehen muß (vgl. TÜRCKE 1989, S. 21).
Was verdanken wir HEGEL, wenn wir HABERMAS glauben wollen? Er hat das Prinzip der neuen Zeit entdeckt - die Subjektivität. "Aus diesem Prinzip erklärt er gleichzeitig die Überlegenheit der modernen Welt und deren Krisenhaftigkeit: diese erfährt sich als die Welt des Fortschritts und des entfremdeten Geistes in einem. Deshalb ist der erste Versuch, die Moderne auf einen Begriff zu bringen, gleichursprünglich mit einer Kritik der Moderne" (HABERMAS 1985a, S. 27). Damit erscheint HEGEL - und das macht ihn für HABERMAS offenbar zum Erzvater der Moderne - wenn nicht als Begründer der Kritischen Theorie, so doch als Verfechter der Dialektik der Aufklärung. Kein Wort davon, daß HEGEL die Gegensätze 'seiner' Dialektik anschließend in einer der affirmativsten Staatstheorien 'aufhob', die sich am Anfang des 19. Jahrhunderts denken ließ, und damit z.B. auch der Urvater der negativen Seiten des Preußentums wurde. KANT ist zwar insofern 'unkritisch', als er die 'Entfremdung' nicht kennt. HEGEL ordnet die Selbstbestimmung aber den 'an und für sich seienden Gesetzen und Einrichtungen des bestehenden Gemeinwesens' *unter*, die "eine absolute, unendlich festere Autorität und Macht, als das Seyn der Natur" haben (HEGEL VII, § 146, S. 228) und die 'sittliche Substantialität kommt dadurch zu ihrem Recht', "daß in ihr ... die Eigenwilligkeit und das eigene Gewissen des Einzelnen ... verschwunden" sind (§ 152, S. 234). Mit anderen Worten: die zugebilligte Subjektivität wird im Staat wieder entzogen (vgl. Anm. 7).
Vergleicht man die HABERMASsche HEGEL-Interpretation mit der ERNST TUGENDHATS, dann meint man, beide redeten von verschiedenen Autoren, insbesondere in bezug auf den Stellenwert, den das Subjekt in dem Konzept HEGELS nach der Ansicht beider hat. ADORNO und HORKHEIMER hatten ihn in erster Linie als Urheber des 'Gesellschaftsdenkens' gesehen (ADORNO/HORKHEIMER 1956, S. 47), ohne die Be-

deutung des Individuums in seiner Theorie zu unterschätzen. Diese Deutung ist deshalb plausibel, weil sie dem dialektischen Prinzip des Denkens gerecht wird.[5] Ist der Grundsatz der Kritischen Theorie, daß sich 'Individualismus und Kollektivismus im Falschen ergänzen', ein Zeichen für den Abfall von der Moderne? Was die Pädagogik betrifft, wird der 'kritische' Standpunkt von JOCHEN KADE so zusammengefaßt: "Bildung zielt darauf ab und realisiert sich darin, daß die Besonderheit der Individuen als Bestandteil des gesellschaftlichen Produktions- und Reproduktionsprozesses anerkannt wird, in dem sich deren Subjektivität entfalten kann. Bildung ist ein notwendiges Moment nicht entfremdeter Subjektivität ..." (KADE 1983, S. 867). Das könnte noch als Analogie gedeutet werden, deshalb kommt es auf den folgenden Satz an: "... der Kraft und Fähigkeit, gesellschaftlich abgesteckte Lebens- und Arbeitsmöglichkeiten sich anzueignen und neu für sich und die anderen zu entdecken und zu gestalten ... Sie ist also nicht zweckfrei, sondern hat ihren Zweck in der konkreten theoretischen und praktischen Verbindung der Individuen mit der gesellschaftlichen Wirklichkeit" (ebenda). Dies schiene mir, wenn die Verwendung des Begriffes von der 'Moderne' überhaupt einen zusätzlichen Erklärungswert haben könnte, eine akzeptable Darlegung des modernen Standpunktes zu sein, mit dem sich die fast zweihundert Jahre vom späten HEGEL bis zum frühen HABERMAS befriedigend kennzeichnen ließen, ohne daß die Frage aufgeworfen werden müßte, ob es sich dabei um eine ungebrochene Überlieferung oder um einen unaufhaltsamen Fortschritt handelt.[6]

V.

Diese Hinweise müssen zur Begründung des Zweifels genügen, daß das, was HABERMAS als Moderne ansieht und als Projekt versteht, in der skizzierten Weise von HEGEL ausgeht und von da an die Zeit als einheitliche Epoche kennzeichnet.[7] Es läßt sich zudem leicht nachweisen, daß die 'Idee der Mündigkeit', auf deren Fortgeltung HABERMAS schon 1965 völlig zu Recht hingewiesen hat, und deren idealistische Definition nach meiner Meinung vor allem auf KANT (s.o.) zurückgeführt werden muß, seither zunehmend verfallen ist. Sie hat zwar in politischen und pädagogischen Theorien überlebt, war aber praktisch stets in dem Maße gefährdet, wie die Emanzipationsbemühungen vom Ende des 18. Jahrhunderts an zurückgedrängt und bis zum Beginn des 20. Jahrhunderts immer mehr unterdrückt wurden. Sie entwickelte sich erneut, als zu dieser Zeit politische und pädagogische Reformbestrebungen in Gang kamen. Daß ihr Schicksal aber auch dann nicht 'ungebrochen' blieb - und daß Erziehung nach dem Urteil vieler Päd-

agoginnen und Pädagogen noch in den sechziger Jahren in doppelter Hinsicht 'den Menschen in Unmündigkeit vorfand', sowohl anthropologisch als auch historisch, können wir nicht alle vergessen haben. *Wer* also hat *wo* und *wie* das Projekt der Moderne betrieben? Wäre es nicht besser, man würde erklären, daß die Aufklärung weitergeführt werden muß, weil ihre Ziele bisher nicht annähernd erreicht worden sind? Steht es nicht schlimmer mit der 'Erhellung des Bewußtseins' als mit der 'Selbstverwirklichung des Menschen' - innerhalb der gesetzten Grenzen? Stattdessen haben wir augenscheinlich zu lernen, daß dies alles 'eins' ist, wie z.B. der Titel des 28. Beiheftes der Zeitschrift für Pädagogik verrät: "Aufklärung, Bildung und Öffentlichkeit. Pädagogische Beiträge zur Moderne" (1992).
Während KADE gerade noch zugestimmt werden konnte, als er formulierte: "Der differenzierteste Ansatz einer kritischen Theorie der Moderne liegt in HABERMAS' 'Theorie des kommunikativen Handelns' (1981) vor" (KADE 1983, S. 869), ist diese inzwischen samt allen zugehörigen theoretischen Ansätzen in Ideologie umgeschlagen. Da es HABERMAS - wie andere Vertreter der Kritischen Theorie auch und zumal innerhalb der Erziehungswissenschaft - wohl leid war, ständig Kritik üben zu müssen und dafür entweder gescholten oder geschnitten zu werden, obgleich er bereits seit längerem eine Gesellschaftstheorie vertrat, mit der die 'defensive Haltung' der alten Frankfurter Schule überwunden werden sollte (SCHILLER 1989, S. 110), ging er auf Gegenkurs. Er erbrachte, durch die Postmoderne-These scheinbar genötigt, die Anpassungsleistung, nach der er wenn nicht direkt, so doch indirekt auch von denen anerkannt werden konnte, die ihm bisher ferngestanden hatten: "die Versöhnung der mit sich selber zerfallenen Moderne" (HABERMAS 1985b, S. 202).
In dem Aufsatz über 'Die Verschlingung von Mythos und Aufklärung. Bemerkungen zur *Dialektik der Aufklärung* nach einer erneuten Lektüre' (HABERMAS 1983) finden wir geschildert, wie er sich von dem 'merkwürdigen Buch' (S. 405), durch das das 'Projekt der Aufklärung' aus seiner Sicht selbst in Gefahr geraten war (S. 413), zu distanzieren beginnt, bis er es schließlich problematisch findet, daß "Horkheimer und Adorno ... sich ... einer hemmungslosen Vernunftsskepsis überlassen haben, statt die Gründe zu erwägen, die an dieser Skepsis selber zweifeln lassen." Einleitend stellt er bereits fest: "Diese Stimmung, diese Einstellung ist nicht mehr die unsere" (S. 405). *Das* ist der Grund dafür, warum er auch die Gesellschaftskritik nicht mehr teilt, die die eigentliche Ursache der Skepsis der genannten Autoren gewesen war.[8]
Ich weiß zwar nicht, in welcher Stimmung man sein muß, um Wissenschaft betreiben zu können, aber ich bin sicher, daß die Kritische Theorie keine Stimmungssache war. Wenn es aber um eine literari-

sche bzw. journalistische 'Vergegenwärtigung' einer Epoche geht, um die 'brave-old-world'-Ideologie von einer 'Moderne', die mit keiner historischen Gesellschaft übereinstimmt, dann bedarf es wohl einer solchen. An viele Vorgänge seit der Zeit HEGELs könnte man erinnern, die zeigen, daß die Realität nie auf die Höhe der Idealität KANTs gekommen ist, daß aber auch die Diskontinuität des Denkens gegen die Berechtigung einer entsprechenden Konstruktion spricht. Der Kulturpessimismus und die Endzeitstimmung, die die Menschen in unserer Gegenwart immer wieder aufs neue befallen, sind nicht grundlos; sie beruhen auf der Verzweiflung wegen der fortgesetzten 'Unverfügbarkeit des Menschen über sich selbst'. Vielleicht genügt es in diesem Zusammenhang, an die Begründung von Erziehung zu erinnern, die ADORNO für die Kritische Theorie vorgenommen hat - und auf die man wieder verweisen kann, seit HELMUT PEUKERT sie ohne Larmoyanz aufgegriffen hat: Auschwitz (PEUKERT 1991). Wie konnte innerhalb des Projektes der Moderne die 'Barbarei' eintreten, 'gegen die alle Erziehung geht', wenn es eine Kontinuität der Aufklärung im pädagogischen Projekt der Moderne gab?
Was ist die Funktion des 'rekonstruierten' Modells? Pädagogisch gesehen 'Verklärung' der Erziehungswirklichkeit in Theorie und Praxis; Überwindung der Spannungen, Widersprüche und Differenzen; Herstellung eines (scheinbaren) Konsensus in bezug auf den pädagogischen Grundgedanken, in dem alles aufgehen soll, was durch Interpretation dem breiten Strom der Tradition angepaßt werden kann. Da werden Theoretiker und Praktiker zu 'Zeitgenossen' und Weggefährten, die für sich genommen unvergleichbar sind und auch nichts miteinander gemein haben. Was die geisteswissenschaftliche Theorie mühselig aufdecken und zusammenfügen mußte, um der Geschichte einen Sinn abzugewinnen, das ist unter dem Signum der Moderne von vornherein vorhanden. Es bedarf keiner Rechtfertigung im einzelnen mehr. Die 'Einarbeitung' der Gegenwart in die Vergangenheit vergegenwärtigt die Zukunft. Wer gedacht hatte, daß mit 'Lebenswelt' der vernünftige Umkreis der konkreten pädagogischen Situation gemeint sei, in der ein sich entwickelnder, ein lernender, ein scheiternder Mensch steht, der mit den Sachen, mit sich oder mit anderen, kurz: mit seinem Verhalten nicht zurechtkommt, der wird enttäuscht. Die Lebenswelt der Epoche der Moderne ist zeitlich und räumlich so viel weiter gespannt, oder - wie HABERMAS es inzwischen immer öfter ausdrückt - 'so viel tiefer gelegt', daß sie von der Dekomposition der Welt, die sich um uns herum dauernd vollzieht, nicht 'eigentlich' berührt wird (vgl. HABERMAS 1983, S. 429).
Man kann aber kein 'einheitliches', 'nicht-fragmentiertes' Bewußtsein (S. 428) aus dem Boden stampfen, wenn dieser es nicht hergibt - und man kann es nicht vom Himmel holen, wenn dieser leer ist. HABER-

MAS hätte auch noch im 'Jargon der Eigentlichkeit' lesen - und sich die Kennzeichen der (deutschen) Ideologie ins Gedächtnis zurückrufen sollen: "Auftrag maßt sich", schreibt ADORNO, "unbefragte Autorität an. Ihre Fehlbarkeit wird vom absoluten Gebrauch des Wortes vertuscht ... Verschämte Theologie paart sich mit weltlicher Unverschämtheit. Querverbindungen bestehen zwischen dem Jargon der Eigentlichkeit und alten schulischen Phrasen ... oder dem militärischen Kommandotrick, einen Imperativ in einen Aussagesatz zu kleiden, um dem Gewollten ... den Nachdruck zu verleihen, es müsse gehorcht werden, weil das Verlangte bereits faktisch geschehe: 'Die Teilnehmer der Heldengedenkfahrt versammeln sich in Lüneburg'" (ADORNO 1964, S. 74f.).[9] Die Moderne *ist* und unleugbar gehören wir dazu; indem wir uns ihrer definierten Form einzuordnen haben, verlieren wir, was sie uns verspricht: die 'Subjektivität'. Noch genauer auf den vorliegenden Fall passend: "Jegliche eigennützige Praxis kann sich mit Hilfe des Jargons als Gemeinnutz, als Dienst am Menschen maskieren, ohne daß wider Not und Bedürftigkeit der Menschen im Ernst etwas geschähe" (S. 58); "den eingängigen Terminus Entfremdung hat er (der Jargon - D.H.) mittlerweile geschluckt, nur allzu bereit, dem jungen Marx Tiefe zuzubilligen, um dem Kritiker der politischen Ökonomie zu entschlüpfen. Dabei gerät die reale Gewalt der Aufspaltung des Subjekts aus dem Blick, gescholten wird unvermerkt das Denken, das sie bezeugt" (S. 59).

VI.

Es gibt allerdings noch eine Möglichkeit zur Konzilianz. Zwar ist es gerechtfertigt - und deshalb bin ich von der im Thema angegebenen Reihenfolge der Unterstellungen abgewichen - HABERMAS ohne Umschweife ideologiekritisch anzugreifen. Er kann sich nicht auf Ahnungslosigkeit zurückziehen.[10] Dies muß aber nicht heißen, daß der betreffende Vorwurf allen gegenüber angebracht ist. Es gibt eine Reihe von Vertretern der Modernetheorie, bei denen die 'soziologische Kritik', um mit WERNER HOFMANN zu sprechen (HOFMANN 1968, S. 64), günstiger verläuft, z.B. weil sie in der Tat die Veränderung, nicht die (ordnende) Bewahrung anstreben, Belehrung nicht um der Rolle als 'Lehrer' willen, sondern zum Zwecke des Lernens der anderen aufnehmen, - alles Einstellungen, die man bei HABERMAS inzwischen vermißt. Im Lichte einer solchen Empathie wird man die Theorie der Moderne zumindest als Mythos bezeichnen müssen. Der zur Verfügung stehende Raum gestattet es mir nicht, im einzelnen anzugeben, auf welche Charakteristika ich dabei Wert lege. (Ich habe es auch unterlassen, den Begriff der Ideologie noch einmal genauer zu bestimmen; für beide Termini muß ich ein gewisses Vorverständnis voraussetzen.) ROLAND BARTHES hat sehr anschaulich beschrieben, was einen Mythos ausmacht. Er stellt aus seiner Sicht ein 'historisch Reales' als 'natürliches Bild' dieses Realen dar, und zwar dadurch, daß die Dinge ihrer historischen Eigenschaften 'entleert' werden. Das Beispiel, das BARTHES gibt, indem er die These von der 'Bourgeoisie als anonyme Gesellschaft' analysiert, zeigt deutlich, daß der Vorgang dem gleicht, auf den ich am Anfang meiner Ausführungen eingegangen bin, als ich die more philosophorum erfaßte und umorganisierte 'zeiträumliche' Wirklichkeit erwähnte: "Der Mythos leugnet nicht die Dinge, seine Funktion besteht im Gegenteil darin, von ihnen zu sprechen. Er reinigt sie nur einfach, er macht sie unschuldig, er gründet sie als Natur und Ewigkeit, er gibt ihnen eine Klarheit, die nicht die der Erklärung ist, sondern die der Feststellung" (BARTHES 1964, S. 131). Der Mythos "organisiert eine Welt ohne Widersprüche, weil ohne Tiefe, eine in der Evidenz ausgebreitete Welt, er begründet eine glückliche Klarheit. Die Dinge machen den Eindruck, als bedeuteten sie von ganz allein" (S. 131f.). Ein solches Bild ist bei der Rekonstruktion der Moderne entstanden, "denn der Zweck der Mythen ist, die Welt unbeweglich zu machen" (S. 147). Der Mythos fixiert und befestigt, was fluktuiert und sich bewegt - und deshalb unberechenbar ist.[11] Auf Mythologien läßt sich genaugenommen ebensowenig Wissenschaft gründen wie auf Ideologien, da beide keine Wahrheiten enthalten. Sie können mithin keine 'Begründungsformen moderner Pädagogik' abgeben, es sei denn, man verstünde darunter eine Art 'wildes Denken' - oder eine Praxis aus 'pädagogischer Phantasie'. "Es gibt", schreibt NORBERT BOLZ, "interessantes Denken in Paris und anderswo, das die Wiederkehr der Mythen nicht mehr als Rückschritt der abendländischen Vernunft, sondern als Befreiung von deren Absolutismus begreift" (BOLZ 1983, S. 471). Mythologien sind mithin eine Alternative. Logik und Mythologik suchen Zusammenhänge, 'prägnante Gestalten' - wie BOLZ sagt. Während die Logik diese aus den Elementen konstruieren muß, die sie vorfindet, kann die Mythologik sie als 'bricolage' rekonstruieren. Wissenschaft und Mythos folgen Regeln unterschiedlicher Vernunft (HÜBNER 1983, S. 44), auf beiden lassen sich Theorien und Praxen aufbauen, aber jeweils nur die, welche der vorgegebenen Struktur entsprechen. Etwas einfacher ausgedrückt: am Ende einer Verwendung des Mythos stehen die Abkehr von einer durch Rationalität erklärten und kritisierten Erziehungswirklichkeit und die Rückkehr zu einer durch halbierte Rationalität beschriebenen und gedeuteten, weg von der Erziehungswissenschaft - hin zur Pädagogik. Der Kreis schließt sich, wie bei HANS BLUMENBERG nachgelesen werden kann. Er hat nach dem Urteil von BOLZ "erkannt, daß in unserer Welt totaler technischer Herstellbarkeit gerade das Unmachbare des Mythos utopischen Wert gewinnt. Erlebnis und Ereignis entthronen Erfahrung und Geschichte. Das führt innerhalb des philosophischen Denkens unserer Tage zu einem radikalen Wandel des Wahrheitsbegriffs. Statt theoretischer Evidenz fordert man ästhetische Prägnanz. Dazu verhilft nicht der Kampf mit dem Mythos, sondern die Arbeit an ihm" (Bolz 1989, S. 235).[12]

Darin läge eine Deutung dafür, warum die Entwicklung so verlaufen ist, wie sie es tat. Während die Ideologie einen problematisch gewordenen Zustand zu rechtfertigen sucht, wird er im Mythos als 'natürlich' und selbstverständlich ausgegeben: "So soll die Entfremdung der aufgeklärten Welt durch Strategien ihrer Re-auralisierung erträglich gemacht werden" (S. 236). Kann man dies knapper und sicherer erreichen als dadurch, daß man das 'Subjekt' aus der Utopie in die Realität zurückholt, - zumal Erziehung und Bildung für die Realisierung auch weiterhin unverzichtbar bleiben? Nur - und dies ist nicht polemisch gemeint, wie ich ausdrücklich feststellen möchte -, an dieser Stelle erweist sich die gesamte Konzeption als nicht nur paradox, sondern als widersinnig. Wenn es sich um einen Mythos handelt und er die erwähnte 'politische Funktion' hat, 'Geschichte in Natur zu verwandeln und die Welt übersichtlich zu machen' (S. 236), dann befinden wir uns nicht mehr in der 'Moderne', sondern in der 'Postmoderne'. Dann hat die 'Transformation der Kultur' bereits stattgefunden und zur Sinnentleerung bzw. zur Veränderung des Wahrheitsbegriffs geführt. Es ist daran zu erinnern, daß LYOTARD das Ereignis ohnedies auf das Ende des 19. Jahrhunderts datiert hatte - und nicht auf die uns immer wieder bewegende, um nicht zu sagen: bedrängende Zeit höchster 'paradigmatischer Widersprüche', in der der Terminus aufgenommen und mit dem tapferen 'Noch-Nicht' der Modernetheorie beantwortet wurde (GEORG-LAUER 1988, S. 191).

VII.

Die Modernetheorie macht genaugenommen von einer Denkform Gebrauch, die erst durch das Bewußtsein des Bruchs, d.h. mit dem Übergang zur Postmoderne und in dieser selbst zulässig, vielleicht besser: geistesgeschichtlich möglich geworden ist.[13] Damit ist die Moderne aber nicht mehr 'jeweilige Gegenwart' - um noch einmal mit HEIMPEL zu sprechen -, sondern schlicht Vergangenheit. Zumindest die Verfechter des Konstrukts sollten daran gehen, Ordnung zu schaffen, d.h. entweder die *Terminologie* oder die *Terminierungen* zu ändern. Gab es bereits einen 'postmodernen Augenblick', in dem die Dekonstruktion/la difference 'in the Western mind' eintrat (WELLMER 1985, S.

50)? Man müßte es wissen, um sich für eine Begründungsform (moderner oder postmoderner) Pädagogik entscheiden zu können, sofern man nicht reaktionär genug ist, es weiter mit einer überholten, traditionellen oder kritischen Konvention versuchen zu wollen.
Die Diskussion darüber ist offenbar in vollem Gange. Einzelne Positionen haben sich dabei häufiger geändert; zur Verwirrung hat die literarisch-journalistische Praxis beigetragen, die das gesamte Unternehmen kennzeichnet, jede modifizierende Überlegung oder modifizierte Auffassung sogleich in wissenschaftlichem Kontext zu veröffentlichen, als gelte es, sich so schnell wie möglich die Urheberschaft dafür zu sichern.
"Was man von den riskanten Reduktionen der Pädagogik des 20. Jahrhunderts lernen kann, ist die Notwendigkeit, mit Hilfe pädagogischer Entwürfe Zukunft zu antizipieren, weil sich nur so Hoffnungspotentiale symbolisch ausdrücken lassen" (OELKERS 1987, S. 35). Dieser Satz von JÜRGEN OELKERS hat meine volle Sympathie, weil in ihm auf die Utopie, das 'antreibende' Pendant zur befestigenden und dadurch 'anhaltenden' Mythologie gesetzt wird, die von der Vergangenheit 'lebt'. (An dieser Unterscheidung müßte klar werden, daß mich nicht die 'Eigenarten', sondern nur die Wirkungsweisen beider Phänomene stören.) OELKERS zählt an der gleichen Stelle auf, aufgrund welcher Momente die Moderne ein *pädagogisches* Projekt war (?): "stabile Definition des Guten, Fortschrittstheorie der Geschichte, praktische Vernunft und eine darauf eingestellte Subjektivität" (ebenda). Es kommt an dieser Stelle nicht darauf an, ob der Katalog akzeptabel erscheint, ob ich ihn insbesondere zur Definition der Moderne für geeignet halte. Entscheidend ist, daß es heißt, 'damals' habe es "diese Verhältnisse nicht mehr gegeben" (ebenda), und daß der Projektcharakter der Moderne als "unvollendbar" bezeichnet wird. Diese Sätze machen nur Sinn, wenn man davon ausgehen kann, daß der utopische Charakter des Projekts entweder erst später durch Änderung bzw. Erweiterung der Momente, der Bedingungen etc. hinzutrat - oder sich aufgrund der 'Selbstkritik' der Moderne (TITZE 1992) herausstellte. Aber auch dann hätte er für 'beendet' erklärt werden müssen. Tatsächlich wurde er in den folgenden Jahren immer präziser 'rekonstruiert'. Im Vorwort zu dem bereits erwähnten 28. Beiheft der Zeitschrift für Pädagogik wird nun der Ausdruck 'Aufklärung' wieder *vor* den der Moderne gestellt - und OELKERS formuliert: "Die Einsicht in die Grenzen des pädagogischen Projekts der Moderne sind Teil der Aufklärung, nicht etwa Indiz für ihr Scheitern" (OELKERS 1992, S. 7).[14] Vielleicht sollte man sagen, daß die Aufklärung ein unabgeschlossener, ein unabschließbarer, eben ein '*pädagogischer Prozeß*' ist (s.o.), den man weder in einzelnen Momenten zu erfassen noch im ganzen als Projekt zu denken vermag. Was entsteht, wenn Aufklärung sich frei durchsetzen kann - und dies ge-

lingt ihr im gegenwärtigen Raum der Wissenschaft da und dort, ist bereits zu besichtigen: Vielgestaltigkeit bis zur Unübersichtlichkeit, - aus der nur *konstruktive Verständigung* hinausführt. Die Postmodernetheorie bietet übrigens keine besseren Lösungen. Abgesehen davon, daß gegen diese Benennung 'unserer' Gegenwart (HEIMPEL 1954, S. 35ff.) im wesentlichen dieselben Einwände vorgebracht werden müssen, wie gegen den Begriff Moderne, ist auch der Verdacht gerechtfertigt, daß es sich dabei um eine Ideologie bzw. um einen Mythos handelt. Wahrscheinlich gilt dies für alle Konzepte, die die Vernunft - und damit Individuum und Gesellschaft - nicht als 'offen' begreifen, in positiver und in negativer Hinsicht. Auf jeden Fall haben beide Ansätze gemeinsam, daß sie auf verblüffende Weise unkritisch sind, nicht im Hinblick auf Fehler und Mängel, denen sie bei dem Versuch der Darstellung der jeweiligen 'epochalen Lebenswelten' in diesen selbst, z.B. in der Form von Spannungen und Widersprüchen, auf die Spur kommen, aber gegenüber der Entwicklung im ganzen. Aber das wäre Gegenstand einer anderen Untersuchung.

Anmerkungen:

1. Auch die freiwillige Verwendung des Begriffs 'Diskurs', seine Hergabe zur Benennung von etwas, das den von HABERMAS früher definierten Bedingungen nicht annähernd entspricht, gibt zu denken. Wenn die Moderne z.B. in der Aufklärung beginnt, darf man die Diskussion der Annahmen KANTs durch die traditionelle Wissenschaft nicht mit 'Diskurs' bezeichnen, der qua definitionem kritischer Wissenschaft vorbehalten ist (vgl. HABERMAS 1971, S. 136ff.).
2. Z.B. KANT: " ... aber da es doch, objektiv betrachtet, nur eine menschliche Vernunft geben kann: so kann es doch auch nicht viel Philosophien geben, d.i. es ist nur ein wahres System derselben aus Prinzipien möglich, so mannigfaltig man auch über einen und denselben Satz philosophiert haben mag" (KANT III, S. 5). Genau diese Sicherheit ist in der Gegenwart verloren gegangen, doch kehrt man in der genannten Rekonstruktion prinzipiell zu ihr zurück.
3. HABERMAS bezieht sich auf REINHART KOSELLECK und dessen Buch Vergangene Zukunft (1979). Auf dieses Beispiel kann ich hier nicht eingehen, da HABERMAS KOSELLECK aus meiner Sicht falsch in seinen Gedankengang integriert, so daß zunächst eine Richtigstellung erfolgen müßte, zu der mir hier der Raum fehlt.
4. HEIMPEL bekräftigt seine Thesen mit der Zuspitzung: "Gegenwart ist, was ernst genommen wird. Einer der hintergründigsten und unheimlichsten Sätze Rankes lautet: 'In den einmal zur Herrschaft gekommenen Ideen liegt eine nötigende Gewalt'" (HEIMPEL 1954, S. 17). Im 'Subjektdenken' liegt eine sol-

che, nur ist auch hier die Frage 'Wie lange?' bzw. 'Für wen?'. Dies muß offen gehalten werden.

5. THEODOR LITT z.B. hat darauf eine Kulturphilosophie bzw. Kulturpädagogik gegründet, in der 'Individuum und Gemeinschaft' dialektisch verbunden wurden (LITT [3]1926), prä- oder postmodern? Die gesamte Pädagogik vom Ende des 19. bis zum ersten Drittel des 20. Jahrhunderts oszilliert bzw. balanciert um diese Spannung, wobei Gemeinschaft auch als Gesellschaft, als Staat, als Volk etc. auftritt. Vgl. HOFFMANN 1970. Zur Sache selbst vgl. auch die Hinweise in HABERMAS 1985a, S. 434 in der Auseinandersetzung mit LUHMANN, bei dem die 'Öffentlichkeit' an die Stelle der 'Gesellschaft' getreten ist.

6. Die Reduktion, die vorgenommen worden - und die bei so vielen so gut angekommen ist, erklärt sich vielleicht aus dem, was HABERMAS inzwischen überraschenderweise bekannt hat: "Ich glaube, daß ich mir fremde Zungen, hermeneutisch gesehen, auf brutale Art und Weise zu eigen mache. Auch wenn ich viel zitiere und andere Terminologien übernehme, weiß ich genau, daß mein Gebrauch mit dem, was die Autoren gemeint haben, manchmal wenig zu tun hat" (HABERMAS 1985b, S. 206).

7. GÜNTHER BUCK hat sorgsam herausgearbeitet, daß die 'Entfremdung' - was einleuchten sollte - im Denken HEGELs eine dialektische Funktion hat, d.h. er benötigt sie, um sie durch 'Bildung' aufheben zu können. Irgendwie muß der dialektische Prozeß in Gang gebracht werden. HEGEL denkt im Grunde vom Ende her und 'rekonstruiert' die zu überwindenden Vorstufen. Entfremdung als 'Vorstufe zur theoretischen Bildung' stammt nicht aus der empirischen Beobachtung von Geschichte oder Gesellschaft. Insofern ist sie 'positiv': Der Mensch mußte aus dem Paradies des Einklangs entweichen, um zur Selbsterkenntnis gelangen zu können (vgl. BUCK 1984, S. 178).

8. Das ist eine Begründung wie in der polemischen Anspielung JOHANN FRIEDRICH HERBARTs auf die tiefgehende philosophische Skepsis GEORG CHRISTOPH LICHTENBERGs: "Übrigens aber muß man sich ... einprägen, daß die Einleitung in die Philosophie eine Gymnastik des Geistes ist, welche keineswegs in der Absicht angestellt wird, um an den Zweifel zu gewöhnen, und ihn zur herrschenden Gemütsstimmung zu machen. Vielmehr soll derselbe durch das nachfolgende System beruhigt werden. ... Da nun der Geist des Zweifels nicht herrschend werden soll, so wäre es übel angebracht, lange bei der Skepsis zu verweilen" (HERBART 1834, S. 37f.; vgl. ZUBKE 1990; HOFFMANN 1992). Skepsis als Accessoire, das man nur zu bestimmten Zeiten trägt!

9. Wie bei manchen Sätzen ADORNOs ist auch hier der Zusammenhang entscheidend. Der erste Satz dieser Passage ist im Grund nur dann verständlich, wenn man nachliest, was ADORNO unter 'Auftrag' versteht. Er ist natürlich nicht dafür erteilt, was er sich anmaßt.

10. HABERMAS ist sich des Problems bewußt, das er heraufbeschwört, wenn er plötzlich genau das tut. Deshalb versucht er, die Spirale der Steigerung des 'negativen Denken', das seine eigenen Grundlagen angreift, zu erklären und

zu verstehen (HABERMAS 1983, S. 413ff.). Dabei gibt er im Grunde an, welche Behandlung er erwartet: "Die Ideologiekritik ... *bestreitet* ... die *Wahrheit* einer verdächtigen Theorie, indem sie deren *Unwahrhaftigkeit enthüllt*. Sie setzt den Prozeß der Aufklärung fort, indem sie einer Theorie, die ein entmythologisiertes Weltverständnis voraussetzt, Befangenheit im Mythos nachweist" (S. 415). Und er fügt die Rechtfertigung für *seinen* Lösungsversuch an: "Allerdings erreicht das Aufklärungsdrama erst seine Peripetie, wenn die Ideologiekritik *selbst* in Verdacht gerät, keine Wahrheiten (mehr) zu produzieren - und die Aufklärung zum zweiten Mal reflexiv wird" (ebenda). Dies ist der Punkt, an dem er zu stehen meint.

11. Die Verbindung der Ideologien zu den Mythologien wird von BARTHES so ausgedrückt: "Die bürgerliche Ideologie verwandelt unablässig die Produkte der Geschichte in essentielle Typen" (BARTHES 1964, S. 146), d.h. in mythische Vorstellungen.
12. Bei BOLZ findet sich eine kurze Erläuterung der 'Dialektik der Aufklärung', in der die Verschränkung von Aufklärung und Mythos, auf die auch HABERMAS (1983) eingegangen ist, etwas anders behandelt wird, einschließlich des zwangsläufigen Rückschlags der Aufklärung in den Mythos. Die Argumentation ist geeignet, die Lage, in der sich HABERMAS selbst befindet - und wir uns mit ihm - besser zu verstehen (BOLZ 1989, S. 228ff.; vgl. auch WELLMER 1985, S. 74).
13. Daß es sich dabei nicht um eine Theorie (Wissenschaft), sondern um eine Erzählung (Mythos) handelt, läßt sich bei HABERMAS übrigens nachlesen. Er eigne sich in 'konstruierender Puzzlearbeit' andere Theorien an, um zu 'schauen', "ob es daraus einen Strauß, ein Muster geben kann. ... Eines soll das andere stützen, denn theoretische Wahrheiten gibt es tatsächlich nur noch in der Form von Plausibilitäten" (HABERMAS 1985b, S. 207). Er habe, so sagt er, für sich selber den emphatischen 'Wahrheitsbegriff verabschiedet, der ein "letztes Stück Mythos" sei (ebenda). Schiltst Du meinen Mythos, schelte ich Deinen! Der Hinweis auf die Pluralität 'intersubjektiv' vereinbarer Wahrheit*en* hätte es auch getan.
14. Gemeint ist wahrscheinlich, daß die Grenzen Teil der Aufklärung sind - und die Einsicht dafür ein Ergebnis der Auseinandersetzung.

Literaturverzeichnis:

ADORNO, TH.W./HORKHEIMER, M.: Soziologische Exkurse. Frankfurter Beiträge zur Soziologie 4. Frankfurt am Main 1956.

ADORNO, TH.W.: Jargon der Eigentlichkeit. Zur deutschen Ideologie. Frankfurt am Main [4]1969.

BARTHES, R.: Mythen des Alltags. Frankfurt am Main 1964.

BOLZ, N.: odds and ends. Vom Menschen zum Mythos. In: K.H. BOHRER (Hrsg.): Mythos und Moderne. Frankfurt am Main 1983, S. 471ff.

BUCK, G.: Rückwege aus der Entfremdung. München 1984.

GEORG-LAUER, J.: Das 'postmoderne Wissen' und die Dissens-Theorie von Jean-Francois Lyotard. In: P. KEMPER (Hrsg.): 'Postmoderne' und der Kampf um die Zukunft. Frankfurt am Main 1988, S. 189ff.

HABERMAS, J.: Vorbereitende Bemerkungen zu einer Theorie der kommunikativen Kompetenz. In: J. HABERMAS/N. LUHMANN: Theorie der Gesellschaft oder Sozialtechnologie. Frankfurt am Main 1971, S. 101ff.

HABERMAS, J.: Die Verschlingung von Mythos und Aufklärung. Bemerkungen zur 'Dialektik der Aufklärung' - nach einer erneuten Lektüre. In: K.H. BOHRER (Hrsg.): Mythos und Moderne. Frankfurt am Main 1983, S. 405ff.

HABERMAS, J.: Der philosophische Diskurs der Moderne. Frankfurt am Main 1985a.

HABERMAS, J.: Die neue Unübersichtlichkeit. Frankfurt am Main 1985b.

HEGEL, G.W.F.: Sämtliche Werke. Hg. v. H. GLOCKNER. Stuttgart 1956ff.

HEIMPEL, H.: Der Mensch in seiner Gegenwart. Sieben Essais. Göttingen 1954.

HEIMPEL, H.: Kapitulation vor der Geschichte? Gedanken zur Zeit. Göttingen ³1960.

HOFFMANN, D.: Politische Erziehung 1890-1933. Ein Beitrag zur Geschichte der pädagogischen Theorie. Hannover 1970.

HOFFMANN, D.: Bemerkungen zur Begründung und Entwicklung der geisteswissenschaftlichen Pädagogik. In: P. ZEDLER/E. KÖNIG (Hrsg.): Rekonstruktionen pädagogischer Wissenschaftsgeschichte. Weinheim 1989, S. 141ff.

HOFFMANN, D.: Gesellschaftlicher Wandel und Paradigmenwechsel oder die Auswirkungen der Kategorie 'Zukunft' auf die Erziehungswissenschaft. In: D. HOFFMANN (Hrsg.): Bilanz der Paradigmendiskussion in der Erziehungswissenschaft. Weinheim 1991, S. 153ff.

HOFFMANN, D.: Kritisches Argumentieren - oder kritische Erfassung der Wirklichkeit. In: H. PASCHEN/ST. WIGGER (Hrsg.): Pädagogisches Argumentieren. Weinheim 1992, S. 155ff.

HOFMANN, W.: Universität, Ideologie, Gesellschaft. Beiträge zur Wissenschaftssoziologie. Frankfurt am Main 1968.

HÜBNER, K.: Aufstieg vom Mythos zum Logos? Eine wissenschaftstheoretische Frage. In: P. KEMPER (Hrsg.): Macht des Mythos - Ohnmacht der Vernunft? Frankfurt am Main 1989, S. 33ff.

KADE, J.: Bildung oder Qualifikation? Zur Gesellschaftlichkeit beruflichen Lernens. In: ZfPäd. 29. Jg. 1983, S. 859ff.

KANT, I.: Sämtliche Werke. Hg. v. K. VORLÄNDER. Leipzig o.J.

LITT, TH.: Individuum und Gemeinschaft. Leipzig ³1926.

OELKERS, J.: Die Wiederkehr der Postmoderne. In: ZfPäd. 33. Jg. 1987, S. 21ff.

OELKERS, J./LEHMANN, TH.: Antipädagogik. Herausforderung und Kritik. Weinheim ²1990.

OELKERS, J. (Hrsg.): Aufklärung, Bildung und Öffentlichkeit. Pädagogische Beiträge zur Moderne. ZfPäd. 28. Beiheft 1992.

PEUKERT, H.: 'Erziehung nach Auschwitz' - Eine überholte Situationsdefinition? In: D. HOFFMANN (Hrsg.): Bilanz der Paradigmendiskussion in der Erziehungswissenschaft. Weinheim 1991, S. 127ff.

ROTH, H./FRIEDRICH, D.: Einleitung zur Bildungsforschung. Probleme - Perspektiven - Prioritäten. Gutachten und Studien der Bildungskommission des Deutschen Bildungsrates Bd. 50. Stuttgart 1975, S. 19ff.

SCHILLER, H.-E.: Habermas und die Kritische Theorie. In: G. BOLTE (Hrsg.): Unkritische Theorie. Gegen Habermas. Lüneburg 1989, S. 100ff.

TITZE, H.: Die Tradition der Pädagogik und die Selbstkritik der Moderne. In: J. OELKERS (Hrsg.): Aufklärung, Bildung und Öffentlichkeit. Pädagogische Beiträge zur Moderne. 28. Beiheft der ZfPäd. 1992, S. 99ff.

TÜRCKE, CHR.: Habermas oder wie kritische Theorie gesellschaftsfähig wurde. In: G. BOLTE (Hrsg.): Unkritische Theorie. Gegen Habermas. Lüneburg 1989, S. 21ff.

TUGENDHAT, E.: Selbstbewußtsein und Selbstbestimmung. Frankfurt am Main ^{4}1989.

WELLMER, A.: Zur Dialektik von Moderne und Postmoderne. Vernunftkritik nach Adorno. Frankfurt am Main 1985.

ZUBKE, F.: Georg Christoph Lichtenberg. Der Zweifel als Lebensprinzip. Köln 1990.

PIRKKO PITKÄNEN

Fortschrittsglaube und Zukunftshoffnung in der Moderne - Herausforderungen für die Erziehung

I. Die Vormoderne

Die Debatte darüber, was 'gutes Leben' bedeuten und wie es verwirklicht werden kann, dauert bereits mehr als zweitausend Jahre an. Die alten Griechen suchten Richtlinien dafür in der Natur, in einer 'naturgemäßen' Lebensweise. Einer der wichtigsten Interpreten des menschlichen Lebens, PLATON, war der Ansicht, daß der Mensch dann, wenn er erkannt hat, was gut und richtig ist, sich auch gut und sittlich verhält. "Wenn ich in meinem eigenen Leben etwas nicht richtig mache, kannst du sicher sein, daß ich mich nicht absichtlich irre, sondern weil ich es nicht besser weiß", läßt PLATON den SOKRATES im Gorgias-Dialog (1978, S. 58) sagen. Er war überzeugt, daß es bei den anderen ebenso sei, denn wenn der Mensch sich sittlich verhält und damit ein 'gutes Leben' führt, erhält er Glück und Seligkeit als Lohn.
Es ist klar, daß PLATONs Optimismus auf unzureichenden moralischen und psychologischen Kenntnissen beruhte. Daß der Mensch die Normen eines anständigen Lebens kennt, bedeutet noch lange nicht, daß er sich notwendigerweise daran hält. Dazu ist eine moralische Instanz von großer Autorität - sei es eine äußere (das Gebot) oder eine innere (das Gewissen) - nötig. PLATONs Naivität bestand darin, daß er zu sehr auf die Automatik der inneren Autorität vertraute. Sein Vertrauen wurde nicht einmal dadurch erschüttert, daß seine eigenen Landsleute sich ganz und gar nicht an die Ideale eines 'naturgemäßen' Lebens hielten. Die Athener zerstörten die Wälder in einer Weise, die ihresgleichen in der Geschichte der Menschheit sucht (COLLINGWOOD 1970, S. 20). Die sich daraus entwickelnde Erosion war so umfangreich, daß sie keinem entgehen konnte - nicht einmal PLATON. So schrieb er auch im Kritas-Dialog (1982, S. 254): "Im Vergleich zu früher ist nichts als das Skelett eines von Krankheit verzehrten Mannes geblieben, alle fruchtbare und weiche Erde ist davongetragen und nur die Knochen des Landes sind zurückgeblieben."
Die Griechen sahen die Entwicklung regressiv. Sie glaubten, nach dem 'goldenen Zeitalter', in dem die Menschen ein naturgemäßes Leben führten, komme eine Folge von schlechten Epochen auf sie zu. Diese Denkweise führte zu einer Ablehnung von Veränderungen und zur Idealisierung von Stabilität. Nur ein sich nicht veränderndes Leben hielt man für ein 'gutes' und damit zugleich für das bestmögliche Leben. Man konnte von der Zukunft keinen Fortschritt erhoffen.

Im Mittelalter bekamen die Normen des 'guten Lebens' einen religiös-sittlichen Charakter. Die Frage nach einer moralischen Autorität wurde zentral. Man suchte sie nun außerhalb des Menschen, im Übernatürlichen und Metaphysischen. Auch PLATONs Prinzipien des 'guten Lebens' wurzelten letztendlich dort, aber sein Gott, der 'Daimon', bildete für ihn nicht die gleiche Autorität wie der christliche Gott des Mittelalters und in der Zeit danach. Wir wissen heute, daß auch das Leben der Menschen im Mittelalter keineswegs immer den religiös-sittlichen Normen entsprach, die ihnen vorgegeben wurden. Ihr Leben war oft von Doppelmoral geprägt. Auch in mittelalterlichen Texten finden wir den Gedanken vom Verfall der Welt in der Zukunft. Fortschritt erwartete man erst auf der Vorstufe des göttlichen Reiches auf Erden, im Tausendjährigen Reich und schließlich in seinem Abschluß im Himmel. Viele Geschichtsphilosophen haben Auseinandersetzungen darüber geführt, ob sich im Denken der Antike und des Mittelalters der Gedanke der Progressivität finden ließe. J.B. BURY lehnte dies am Anfang dieses Jahrhunderts ab (vgl. BURY 1987), während z.B. ROBERT NISBET (1980) nachdrücklich den Standpunkt vertrat, daß die Wurzeln des progressiven Denkens gerade im antiken Griechenland und im christlichen Mittelalter zu suchen seien. Die Neuzeit dagegen ist unstreitig durch Fortschrittsoptimismus gekennzeichnet. Man glaubte von Beginn an, daß die Entwicklung ein besseres Leben mit sich bringen würde. Die Blicke richteten sich auf die Zukunft - in Erwartung eines künftigen 'guten Lebens'.

II. Die Moderne

Die Denkrichtung der Neuzeit ist eindeutig: das Streben geht nach vorn, auf die Maximierung der Voraussetzungen eines 'guten Lebens' - und auf seine Verwirklichung in der Zukunft. Ein besseres Leben würde, so hofft man, sowohl eine Zunahme des materiellen Wohlstands als auch eine des geistigen Wachstums umfassen.
In der Tat wurde durch die Erweiterung des Wissens und den Fortschritt in Wissenschaft und Technologie materieller Wohlstand ermöglicht. Die Wissenschaft bildet die Voraussetzung dafür, daß der Mensch die Natur technologisch beherrscht. Mit der industriellen Produktionsweise hat diese Beherrschung weiteres wirtschaftliches Wachstum und eine Steigerung des Lebensstandards begünstigt.
Man denkt, daß die Erweiterung und Ausbreitung des Wissens nicht nur wirtschaftliche, sondern auch moralische Bedeutung habe. Je gebildeter ein Mensch ist, desto toleranter und solidarischer sollte er sein, nimmt man an. Eine solche Entwicklung, meint man, müsse zu

einer gerechten (demokratischen) Gesellschaft aus freien und gleichberechtigten Bürgern führen (VON WRIGHT 1989, S. 20f.).
Die Normen des 'guten Lebens' in der Moderne werden also durch die Ideale von wirtschaftlichem und moralischem Fortschritt bestimmt. In deren Rationalität glaubte man die Garantie dafür zu finden, daß die Menschen sich entsprechend verhalten würden. Die Absicht dabei war, vor allem sittlich autonome Menschen zu erziehen bzw. zu bilden. Das betonten die Philosophen der Aufklärung, und nicht zuletzt deswegen wurde in allen westlichen Ländern ein Netz von öffentlichen Erziehungsinstitutionen entwickelt.

III. Analyse des Fortschrittsgedankens in der Moderne

Die 'Moderne' wird also durch den Glauben an die Zukunft, an einen grenzenlosen und ewigen Fortschritt charakterisiert. Die Philosophen der Aufklärung sahen den Fortschritt zunächst als Ergebnis bewußter Anstrengungen des Menschen an, aber nach kurzer Zeit bekam der moderne Zukunftsoptimismus deterministische Züge. Man begann, den Fortschritt als natürliche und unvermeidliche Angelegenheit zu betrachten (HILPELÄ 1982, S. 12). IN HEGELS spekulative Philosophie ist der Fortschrittsgedanke gleichsam 'eingebaut'. Die Welt hat in sich eine Tendenz zur Perfektion: ihre Entwicklung führt die Menschen und ihre Gesellschaft durch innere Logik und dialektische Bewegung vom Reich der Notwendigkeit in das Reich der Freiheit. Der Anteil des Menschen beschränkt sich auf die Erkenntnis der universalen Vernunft und das Handeln in ihrem Sinne. Schon GALILEI und NEWTON, Schlüsselfiguren der Entwicklung der modernen theoretischen Konzepte zur Erfahrung der Welt, sahen diese als eine rationale systematische Einheit. Alles darin war determiniert. Man mußte nur alle Realitäten im einzelnen untersuchen, sich auf induktivem Wege fortbewegend, um die Entitäten der Welt vollständig zu erfassen.
DESCARTES' Versuch, alle Phänomene der Welt und damit diese selbst schwerpunktmäßig architektonisch und deterministisch aufzufassen, stützte sich auf die GALILEIsche Physik. Nach DESCARTES übertrug KANT die Erfahrungen der GALILEI-NEWTONschen Physik in ein umfassendes philosophisches System (RAISKI 1990).
Nach KANT bemühte sich HEGEL, das Subjekt als historisches, sich selbst hervorbringendes und die Natur (Objekt) gestaltendes Wesen darzustellen. Er tat das in einem teleologischen idealistischen System. HEGEL betrachtete den Fortschritt im Prozeß der Dialektik als gewissermaßen unvermeidliche Aktualisierung der Vernunft. Bei MARX, dem 'offiziellen' Theoretiker des Fortschritts, bekam die gesellschaftli-

che Arbeit die Funktion der Selbsthervorbringung des Subjekts und der Synthese.
Die Idee des Fortschritts wurde der westlichen Kultur auch durch den Positivismus vermittelt. COMTE verband seine Gedanken eng mit der Idee des Fortschritts. In diesem Jahrhundert haben die Erben des Positivismus, der Neupositivismus und die Analytische Philosophie als Übermittler der Idee des Fortschritts gewirkt. Von den Autoritäten des letzten Jahrhunderts sei auch DARWIN erwähnt. In seiner Entwicklungslehre findet sich außer dem Gedanken der Evolution ebenso der des Fortschritts. Auch in SPENCERs System bedeutete Evolution Fortschritt, d.h. der menschliche Fortschritt stellte für ihn eine Notwendigkeit der Natur dar (VON WRIGHT 1989).

IV. Krise des Fortschrittsgedankens?

Viele Denker haben versucht, die Grundlagen der Idee des Fortschritts zu erschüttern, in der jüngeren Zeit z.B. SCHOPENHAUER, KIERKEGAARD, NIETZSCHE, SPENGLER, WITTGENSTEIN. In den letzten Jahrzehnten haben sowohl viele 'moderne' als auch einige 'postmoderne' Theoretiker den Gedanken in Frage gestellt. Sowohl HABERMAS als auch LYOTARD geben zu, daß die Metaerzählungen gescheitert sind, die die Emanzipation als historische Aufgabe der Menschheit betrachten. HABERMAS hält das für ein Unglück, da er noch an die Möglichkeit der Selbstverwirklichung, an das Ideal der 'kritischen' Aufklärung glaubt. LYOTARD dagegen meint, daß Emanzipation durch Aufklärung, die Selbstverwirklichung des Geistes nach den Vorstellungen des Idealismus, und die Hermeneutik des Sinns der Geschichte im Historismus unwiederbringlich am Absterben sind.
Die ökologische Krise hat mehr und mehr Menschen in den westlichen Ländern (und auch in vielen Ländern der Dritten Welt) veranlaßt, das Ideal des wirtschaftlichen Fortschritts in Frage zu stellen. Dennoch steckt der Glaube an die Rationalität der technischen Entwicklung und des Wirtschaftswachstums fest in unserem 'kollektiven Unterbewußtsein'. Das geht zurück auf den Beginn der Neuzeit. Damals festigte sich der Gedanke, daß Rationalität und Technik in einer inneren und unlösbaren Beziehung miteinander verbunden sind. Diese Ideologie der instrumentellen Vernunft sitzt fest: noch immer identifiziert man die technische Entwicklung allgemein als 'gute' (WALLGREN 1988, S. 8f.).
Zugleich hat sich daneben die Auffassung gefestigt, daß die technische Entwicklung eigenen Gesetzen folgt und von der Vernunft weder beherrscht werden muß noch beherrscht werden kann. Dies ist ein Erbe der Romantik. Zur romantischen Denktradition gehört die Vorstel-

lung von der Technologie als einem völlig eigengesetzlichen 'Ding', dessen Entwicklung die Menschen nicht (mehr) kontrollieren können (NIINILUOTO 1984, S. 279).
Auch das Ideal des menschlichen Fortschritts im ganzen ist zum Problem geworden. Die Gerechtigkeit der formalen Demokratie wurde in Frage gestellt. Die Entwicklung in vielen westlichen Ländern scheint sich immer weiter vom Ideal einer aus freien und gleichberechtigten Bürgern gebildeten Gesellschaft zu entfernen. Haben die modernen Entitäten eines 'guten Lebens' sich also überlebt? Richtet man den Blick auf die Zukunft, möchte man die Frage bejahen, jedenfalls im Hinblick auf das Ideal des wirtschaftlichen Fortschritts.

V. Ausblick in die Zukunft

Der moderne Fortschrittsoptimismus beruht auf der Hoffnung, daß die Möglichkeiten eines 'guten Lebens' sich in der Zukunft besser realisieren lassen als in der Gegenwart. Paradox ist, daß gerade die Idee des wirtschaftlichen Fortschritts eine ernste Gefahr für die Möglichkeiten des Lebens in der Zukunft bildet, und zwar dadurch, wie sie 'realisiert' wird. Paradox ist auch, daß gerade die Zukunftsforschung den Glauben an die Möglichkeit eines exponentialen Wirtschaftswachstums lange Zeit genährt hat. Besonders die sogenannte deskriptive Zukunftsforschung hat im Banne des Fortschrittsdenkens gestanden. Sie versucht in der Gegenwart - dem empirischen Forschungsobjekt der Zukunftsforschung - jene Regelmäßigkeiten zu finden, die Prognosen über die Entwicklungstendenzen und damit Vorhersagen für die Zukunft zulassen. Diese Methoden wurden hauptsächlich in den fünfziger und sechziger Jahren entwickelt, zu einer Zeit also, als das Wirtschaftswachstum heftig und die Energie billig war - und die Umweltprobleme sich noch nicht auf eine Unsicherheit hervorbringende Weise zugespitzt hatten.
Die Art der gesellschaftlichen Entwicklung hat sich jedoch seitdem grundlegend verändert. Die schnelle Entwicklung der Technologie mit ihren Folgeerscheinungen, die Zunahme der ökonomischen 'Turbulenzen' und die Beschleunigung der gesellschaftlichen Veränderungsprozesse haben dazu geführt, daß die Vorhersage zukünftiger Entwicklungen im Vergleich zu früher schwieriger geworden ist. So hat man in den letzten Jahrzehnten nicht mehr versucht, die Zukunft eindeutig vorherzusagen, sondern man hat sich bemüht, verschiedene Szenarien zu entwerfen. Der Fortschrittsglaube bildet immer noch die Basis vieler Szenarien, aber man hat auch solche ausgearbeitet, die auf anderen Postulaten der Entwicklung fußen (MANNERMAA 1991).

VI. Erziehung für die Zukunft

Gründe für die Tiefe und die Dauer des Fortschrittsglaubens kann man auch im Schulunterricht der westlichen Länder finden. Z.B. wird die Vorstellung der Schülerinnen und Schüler von der menschlichen Vergangenheit auf die große 'Erzählung' vom Fortschritt gebaut. Im Geschichtsunterricht geht man im allgemeinen von den primitiven Anfängen der Vorgeschichte aus und steigt Schritt für Schritt in immer mehr entwickelte Formen des Wissens und Könnens, der Technik und der Wissenschaft, des kulturellen und gesellschaftlichen Lebens auf. Diese Betrachtungsweise beinhaltet den Gedanken, daß das, was passiert ist, Fortschritt war. Die 'logische' Folge des Geschichtsunterrichts ist, daß die Schüler erwarten, daß die Menschheit auch weiterhin ihrer Perfektion entgegengeht. Man versteht die Geschichte als teleologisches System, in dem die Bewegung bis in die Gegenwart über die Köpfe der Menschen hinweg selbsttätig fortschreitet. Die Aktionen einzelner Menschen und ganzer Gruppen bekommen ihre Bedeutung nur in ihrer Beziehung zum Gang der Geschichte. So bildet sich bei den Schülern und Schülerinnen die Auffassung, daß ihre eigenen Möglichkeiten, den Gang der Entwicklung zu beeinflussen, minimal sind, daß sie dies aber auch sein können, ohne den Fortschritt zu gefährden.

In den Schulen bräuchte man zusätzlich zu einer Neubewertung der Vergangenheit eine 'Erziehung für die Zukunft'. Man müßte sich darum bemühen, daß die Schülerinnen und Schüler nicht nur eine intellektuelle, sondern auch eine ethische Bereitschaft entwickelten, sich um die Zukunft zu kümmern. Es reicht nicht, daß wir ihnen helfen, hier und jetzt zwischen Gut und Böse zu unterscheiden, gebraucht wird auch die Bereitschaft, in 'Vorsicht' auf später moralisch zu handeln, nämlich dort, wo man die wahrscheinlichen Folgen verschiedener Alternativen einschätzen und sie als Feedback in die gegenwärtigen Entscheidungen einbeziehen kann.

Hier findet sich eine Herausforderung für die Erziehungswissenschaft, wo sie sowohl Hilfe der Philosophie als auch der Psychologie braucht, der Philosophie als Mittel, um ethische Fragen angemessen zu behandeln, und der Psychologie, um das Problem der Autorität der Moral zu lösen. Ethische Spekulationen reichen nicht aus, um die Voraussetzungen für ein 'gutes Leben' oder für das Leben in der Zukunft überhaupt zu sichern. Es werden zusätzliche und gewaltige Anstrengungen gebraucht, um die Normen eines 'guten Lebens' neu zu bestimmen und auch im praktischen Leben zu realisieren.

Literaturverzeichnis:

COLLINGWOOD, R.G.: The Idea of History (1946). Oxford 1970.

BURY, J.B.: The Idea of Progress. An Inquiry into Its Origin and Growth (1932). New York 1987.

HILPELÄ, J.: Valistusfilosofia ja pedagogiikka. Kasvatustieteiden osaston opetusmonisteita. n:o 26. Joensuun korkeakoulu 1982.

MANNERMAA, M.: Evolutionaarinen tulevaisuudentutkimus. Tulevaisuudentutkimuksen seuran julkaisusarja Acta Futura Fennica. No. 2. Helsinki 1991.

NIINILUOTO, I.: Tiede, filosofia ja maailmankatsomus. Keuruu 1984.

NISBET, R.: History of the Idea of Progress. London 1980.

PLATON: Teokset (Werke) II. Übersetzt von M. ITKONEN-KAILA/P. SAARIKOSKI/M. TYNI. Keuruu 1978.

PLATON: Teokset (Werke) V. Übersetzt von M. ITKONEN-KAILA. Keuruu 1982.

RAISKI, S.: Laboratorio, teoria ja parempi elämä. Acta Universitas Tamperensis ser A vol 292. Tampere 1990.

WALLGREN, T.: Tekniikka ja kulttuuri. Im Seminarrapport Maailman kultuurikehityksen vuosikymmen. Hrsg. v. S. KARTTUNEN. Suomen Unesco-toimikunnan julkaisuja n:o 42. Helsinki 1988, S. 7-20.

VON WRIGHT, G.H.: Edistyksen myytti. Puheenvuoro keskusteluun modernista. Tiede & Edistys 1(1989), S. 6-26.

Ja, ja, Ordo. Die Ordnung, die aktive Herstellung zeitlicher und räumlicher Strukturen. Die Bemühung, ein allgemeines Principium, eine Ordo, in manchen Wissenschaften zu finden, ist vielleicht öfters ebenso fruchtlos, als die Bemühungen derjenigen sein würden, die in der Biologie ein allgemeines Prinzip oder Ur-Teilchen finden wollten, durch dessen Zusammensetzung alle Lebewesen entstanden seien. Die Natur schafft keine Gattungen und Arten, sie schafft Individuen, und unsere Kurzsichtigkeit muß sich Ähnlichkeiten heraussuchen, um vieles auf einmal behalten zu können.

Georg Christoph Lichtenberg

ULRICH HERRMANN

Perfektibilität und Bildung: Funktion und Leistung von Kontingenzformeln der Anthropologie, Kulturkritik und Fortschrittsorientierung in den reflexiven Selbstbegründungen der Pädagogik des 18. Jahrhunderts

I.

Die Begründung einer modernen Pädagogik innerhalb des Diskurses der Moderne, der seinerseits an strategisch entscheidenden Stellen mit pädagogischen Argumentationen instrumentiert ist, geschieht im Kontext zweier Referenzsysteme, die ihrerseits zeitgenössisch einen engen Zusammenhang bilden: die neuzeitliche Anthropologie und die Kulturkritik des 18. Jahrhunderts. Ohne die neuzeitliche Anthropologie hätte die moderne Pädagogik nicht ihr Basiskonzept und ihre Basisbegriffe gefunden - *Entwicklung, Bildsamkeit, Differenzierung* im Hinblick auf die 'Natur' des Individuums; *Selbsttätigkeit, Selbständigkeit, und Reflexivität* im Hinblick auf das 'Selbst' des Subjekts; *Bürgerlichkeit (Patriotismus), Brauchbarkeit und Gemeinnützigkeit* im Hinblick auf den Sozialcharakter des vergesellschafteten Menschen. Ohne die zeitgenössische Kulturkritik hätte die moderne Pädagogik nicht ihre Zielvorstellungen und Leitformeln gefunden - (Selbst-)*Vervollkommnung* (des Einzelnen) und *Fortschritt* (der Gattung), *Bildung versus Entfremdung*, und wie die Formulierungen im einzelnen lauten mögen.

In diesen Konzeptionen der Anthropologie und der Kulturkritik tritt uns im Übergang von der Frühen Neuzeit zur Bürgerlichen Gesellschaft - in der deshalb so bezeichneten 'Sattelzeit' (KOSELLECK) der zweiten Hälfte des 18. Jahrhunderts - eine Begrifflichkeit entgegen, in der und mit deren Hilfe sich ein neues Geschichts- und Gesellschaftsbewußtsein formuliert, ein neues Verhältnis von Mensch und Welt, Mensch und Natur, Mensch und Geschichte, vor allem aber auch ein neues Verhältnis des Menschen zu sich selbst. Die neue Sprache dokumentiert die neue Verständigung über neue Erfahrungen und Sachverhalte. Die Verschränkung von Begriffs- und Sozialgeschichte eröffnet einen neuen Zugang zur Vergangenheit als der Vorgeschichte unserer Gegenwart, insofern der heutige gesellschaftliche, kulturelle, politische usw. Kommunikations- als Verständigungszusammenhang immer noch rückgebunden bleibt an die politisch-soziale Sprache des

geschichtlich-gesellschaftlichen Ursprungs eben dieses Kommunikationszusammenhangs, den wir die *Bürgerliche Gesellschaft* nennen.[1] Für die Bereiche der politischen Grundrechte, der Trennung von Staat und Gesellschaft, von Öffentlichkeit und Privatheit usw. ist dies geläufig. Undeutlicher ist in aller Regel der Rückbezug auch heutiger pädagogischer Diskurse auf diesen Hintergrund, jedenfalls derjenige Rückbezug und das Weiterwirken zentraler Konzepte und Kategorien in *der* Form, die NIKLAS LUHMANN und KARL EBERHARD SCHORR als *Kontingenzformeln* bezeichnet haben: Formeln, die eine *Wertbeziehung* (im MAX WEBERschen Sinne wie bei der Konstruktion eines Idealtypus) artikulieren und benutzen, um die sinnhafte *Einheit* des Zusammenhangs eines funktions- und leistungsdifferenzierten Regel- und Sozialsystems bzw. intersystemischer Beziehungen zu formulieren und verstehbar bzw. kommunizierbar zu machen (vgl. LUHMANN/SCHORR 1979, S. 58ff.).
Die nachfolgende Abhandlung nutzt den kritisch-rationalen Zugewinn an ideologie-kritischer Reflektiertheit, den LUHMANN/SCHORR darbieten - ein Zugewinn, der umso mehr schätzenswert ist, als er *neben* bzw. *außerhalb* geläufiger geschichtstheoretischer oder historiographischer Kontroversen zu haben ist. Gleichwohl kann es dem Historiker wenig erfolgversprechend erscheinen, z.B. systemtheoretisch inspirierte Ent-Paradoxierungen oder Sequenzierungen der Gleichzeitigkeit des Ungleichzeitigen vorzunehmen, wo nun einmal gerade in einer Übergangsepoche, wie es diejenige von der altständischen zur bürgerlichen Gesellschaft in der zweiten Hälfte des 18. Jahrhunderts war, für den *Historiker* die Herausarbeitung der zeitgenössischen *Widersprüche und Antinomien*, der *Aporien und Ausweglosigkeiten*, der (auch faulen) *Kompromisse* und der (weiterführenden) *Lösungen* der Königsweg historischer Erkenntnisarbeit sein muß, demgegenüber Aspekte funktionaler Differenzierung *strukturell* zwar erhellend, aber für die Freilegung der Logik geschichtlicher Prozesse zumeist sekundär und - was vor allem bedacht werden muß - für deren *Bewertung* nicht ausreichend ist. Denn auch die Einsicht in das Auseinandertreten von Funktion, Leistung und Reflexion und die Dynamisierung und Historisierung der Beziehungen von Semantiken und Sozialstrukturen sagt für sich genommen noch nichts aus über den Sinn und die Bedeutung auch jener Reflexionsbestände, deren ursprüngliche Funktion und Leistung als obsolet erscheint, und sie besagt - was wichtiger ist - von sich aus nichts über die Folgen, wenn solche obsolet erscheinenden Ziel- und Kontingenzformeln ersatzlos aufgegeben werden. Was geschieht, wenn *Bildung* durch *Lernfähigkeit* ersetzt wird? Wenn *Leistung* die *humane Perfektion* ersetzt? Wenn *Bildung* verkürzt auf *Wissenschaft* bezogen wird und die *ästhetisch-politische* Dimension ausgeblendet wird? Wenn der Bürger als *Patriot* (im Sinne des 18. Jahr-

hunderts) hinter dem *Wirtschafts*bürger verschwindet? Wenn der Mensch *als Person* auf den Rollen- und Funktionsträger reduziert wird?
Im folgenden soll bei der Rekonstruktion der Leitformeln der zeitgenössischen Selbstverständigung und beim Aufzeigen ihres Charakters als Kontingenzformeln *vor allem* betont werden - was in der Anlehnung an LUHMANN/ SCHORR leicht übersehen werden könnte -, daß diese Formeln *un-eindeutig* sind, zweipolige Auslegungen erlauben, mit anderen Worten: selber immer auch interne Differenzierungen dokumentieren. LUHMANN/SCHORR legen in ihren Texten[2] das Mißverständnis nahe, als sei(en) hier Eindeutigkeit(en) gegeben, was aber bei näherer Betrachtung keineswegs der Fall ist. Es ist auch nicht so, als träten die von ihnen herausgehobenen Kontingenzformeln humane *Perfektion, Bildung* und *Lernfähigkeit* erst nacheinander auf. Sie bilden vielmehr den *internen* begrifflichen Verweisungszusammenhang der neuen Thematisierung der Natur-, Gesellschafts- und Selbstverhältnisse des Menschen in der Epoche der europäischen Aufklärung. Da diese Verhältnisse nun aber nicht mehr in bezug auf die Transzendenz gedacht werden - wie beispielsweise bei JOHANN AMOS COMENIUS, der diese Begriffstrias in modifizierter Form auch schon kennt und auch schon eine eigene pädagogische Kontingenzformel bereithält: *omnia omnes omnino* -, aber auch noch nicht schultheoretisch und bildungspolitisch instrumentalisiert werden - wie dies erst seit den Nationalerziehungsplänen des ausgehenden Jahrhunderts geschieht -, sondern im wesentlichen *anthropologisch* gedacht werden, ist hier der konzeptionelle und begriffliche Ursprung der modernen, d.h. der heutigen Pädagogik gegeben.
Entscheidend für den Fortgang des pädagogischen Denkens und Argumentierens ist nun aber der Umstand, daß diese Kontingenzformeln *mehrdeutig* sind. Bereits die Zeitgenossen mühten sich daran ab: die Natur des Menschen gibt es als 'Natur' (im Sinne der Kreatürlichkeit) und *zugleich* als Kultur (Geist); 'den' Menschen gibt es als Person und als Gattungswesen, als Subjekt (in einem 'Reich der Freiheit') und als Bürger (in einem 'Reich der Notwendigkeit' seiner Vergesellschaftung); der Mensch tritt dem Menschen entgegen *zugleich* in seiner 'Menschheit' (Menschlichkeit) und in seiner unmenschlichen 'Tierheit'; der Mensch kann zunächst fast nichts und kann doch fast alles lernen. "Die Rolle des Menschen ist also sehr künstlich" (KANT 1964a, S. 41). Die nachfolgende Erörterung zeigt, wie aufgrund dieser Umstände das Konzept der Perfektibilität durch das der Bildung ersetzt wurde, weil nach dem Wegfall einer tragfähigen Kontingenzformel für das Verhältnis des Menschen zur Transzendenz (Gott, Schöpfung) nur noch das Verhältnis des Menschen zu sich selbst eine einheitsstiftende Welt- und Selbstinterpretation ermöglichen konnte, womit fol-

gerichtig der *Wertbezug* des Menschen - sich auf ihn selber wenden mußte. Darin liegt die Pointe der WILHELM VON HUMBOLDTschen Bildungsphilosophie und - wie zu zeigen sein wird - die skeptische Gegenposition von JOHANN HEINRICH PESTALOZZI und FRIEDRICH SCHILLER, ob dies denn unter den Bedingungen der modernen, arbeitsteiligen und funktionsdifferenzierten Gesellschaft überhaupt noch möglich sein würde.

II.

Im 17. und 18. Jahrhundert kommen die religiösen und geistigen Umwälzungen zum Abschluß, die die Epoche der Aufklärung als jene europäische Moderne konstituieren, die sie von der vorherigen abendländischen Geschichte trennt und damit die Frühe Neuzeit zum Ausgangspunkt unserer Gegenwart macht. KARL LÖWITH hat die Konstellation, die auch den Ausgangspunkt der philosophischen und der pädagogischen Anthropologie der Moderne markiert, folgendermaßen charakterisiert: "Theismus, Deismus und Atheismus sind die Etappen auf dem Weg zu einer gottlosen Welt und damit zu einem verweltlichten Menschen. Mit einer Formel gesagt, die uns als Leitfaden dienen kann: der Weg der Geschichte der Philosophie führt von der griechischen *Kosmos-theologie* über die christliche *Anthropo-theologie* zur *Emanzipation des Menschen.* Die Philosophie wird im selben Maße anthropologisch, wie sich der Mensch von dem göttlichen Kosmos der Griechen und dem überweltlichen Gott der Bibel emanzipiert und schließlich die Erschaffung der Menschenwelt selbst übernimmt. Am Endpunkt dieser Befreiung von allem, was binden könnte, steht NIETZSCHEs einzigartiger Versuch, die Welt *vor* dem Christentum wiederholen zu wollen, durch seine Lehre vom Übermenschen, der sich zugleich mit dem Niedergang Gottes erhebt und dann die ewige Wiederkehr einer sich selber wollenden Welt lehrt, der er ... Göttlichkeit zuschreibt" (LÖWITH 1964, S. 5f.).
Die 'sich selber wollende Welt' - dies ist die geistige Verfassung der Moderne. Blieben in dieser Zeit des Übergangs zunächst auch bei RENE DESCARTES ('Discours de la méthode', 1637) und auch noch beim frühen KANT ('Allgemeine Naturgeschichte und Theorie des Himmels', 1755) Welt und Mensch zurückgebunden an die Metaphysik einer *Schöpfung*, d.h. an die Vorstellung eines Schöpfer-*Gottes*, so markierte DESCARTES zugleich mit seiner Formel 'je pens donc je suis' den modernen Standort radikaler *Subjektivität* und *Rationalität.* Von diesem Standort aus wurden die Verhältnisse von Mensch und Welt, Geschichte und Natur grundsätzlich neu vermessen: zum Verständnis der Natur war nun ihre Interpretation gemäß eines Schöpfungsplanes nicht

mehr erforderlich; an ihre Stelle trat die Vorstellung einer Maschine, die nach Naturgesetzen funktioniert; Weltgeschichte wurde nicht mehr als Verfalls- oder Heilsgeschichte, weder zyklisch noch finalistisch interpretiert, sondern die Frage nach dem Sinn und Ziel der Geschichte wurde als die einer *innerweltlichen* Geschichte der menschlichen Kultur und Gesittung aufgeworfen; der Mensch als Subjekt sah sich nun als ein selbstbezügliches Wesen ermächtigt, *sich selbst zu bestimmen* und damit "die Vermenschlichung der Welt *selbstschöpferisch* vorzunehmen" (LÖWITH 1964, S. 8): "Es ist ein großes und schönes Schauspiel", schrieb JEAN-JACQUES ROUSSEAU im Jahre 1750 in seinem 'Discours' über die Preisfrage der Akademie von Dijon 'Le rétablissement des sciences et des arts a-t-il contribué a épurer les moeurs', "den Menschen sozusagen aus dem Nichts durch seine eigenen Anstrengungen hervorgehen zu sehen" (ROUSSEAU 1971a, S. 7).
Mit der Entfaltung dieser Gedanken eröffnete das 18. Jahrhundert jene Fragestellungen und Problemhorizonte, die dieses Jahrhundert charakterisieren als das Jahrhundert des historischen Denkens[3], als Jahrhundert der Anthropologie[4] und als das 'pädagogische Jahrhundert'[5]. Die historischen, die anthropologischen und die pädagogischen Reflexionen resultieren allesamt einer gemeinsamen Quelle: der Wahrnehmung unablässiger Veränderungen und Krisen (vgl. KOSELLECK 1959; 1982). "Die Erscheinungen der Natur, die konstanten Gesetzen unterliegen, sind in einen Kreislauf immerwährend gleicher Umwälzungen eingeschlossen... Die Abfolge der Menschen hingegen bietet von einem Jahrhundert zum anderen ein immer neues Schauspiel. Der Verstand, die Leidenschaften und die Freiheit bringen unablässig neue Ereignisse hervor", eröffnet ANNE ROBERT TURGOT seine 'Philosophische Darstellung der allmählichen Fortschritte des menschlichen Geistes' von 1750 (TURGOT 1990, S. 140). In der Mitte des 18. Jahrhunderts thematisierte sich auf ihrem Höhepunkt die Epoche der europäischen Aufklärung als *Krisenerfahrung*, als *Kultur- und Gesellschaftskritik*, als Problematisierung der Frage nach den gesellschaftlich-geschichtlichen Bedingungen der Möglichkeit von *Fortschritt*. TURGOT fuhr fort: "Man sieht, wie Gesellschaften entstehen und Nationen sich herausbilden, die abwechselnd andere Nationen beherrschen und ihnen gehorchen. Die Reiche steigen auf und gehen unter; Gesetze und Regierungsformen lösen einander ab. Künste und Wissenschaften werden der Reihe nach entdeckt und vervollkommnen sich; abwechselnd in ihren Fortschritten gehemmt und beschleunigt, gehen sie von einem Himmelsstrich zum nächsten über. Eigennutz, Ehrgeiz und eitle Ruhmsucht ändern ständig das Bild der Welt und überschwemmen die Erde mit Blut. Inmitten ihrer Verwüstungen mildern sich die Sitten, der menschliche Geist wird aufgeklärter, und die isolierten Nationen nähern sich einander an. Schließlich verbinden Handel und Politik alle

Erdteile wieder miteinander, und die Gesamtheit der menschlichen Gattung bewegt sich im Wechsel von Ruhe und Bewegung, von Gutem und Bösem, zwar langsam, aber stetig auf eine größere Vollkommenheit zu" (S. 140f.).

Diese Behauptung, daß "die Gesamtheit der menschlichen Gattung ... zwar langsam, aber stetig auf eine größere Vollkommenheit" zugehe - *das* Credo der Aufklärung -, wurde im gleichen Jahr 1750 von ROUSSEAU in seinem 'Discours' jedoch mit aller Entschiedenheit verneint: "Bevor die Kunst unsere Manieren geformt hatte und unsere Leidenschaften eine geschickte Sprache sprechen lernten, waren unsere Sitten ländlich, aber natürlich (rustiques, mais naturelles). Der Unterschied im Verhalten zeigte auf den ersten Blick den des Charakters an. Im Grunde war die menschliche Natur (nature humaine) nicht besser, aber die Menschen fanden ihre Sicherheit darin, daß sie ohne Mühe durchschauten, was sie voneinander zu halten hatten. Heutzutage, wo scharfsinnige Untersuchungen und ein verfeinerter Geschmack die Kunst zu gefallen auf Prinzipien zurückgeführt haben, herrscht in unseren Sitten eine verächtliche und täuschende Uniformität. ... Man wagt nicht mehr als der zu erscheinen, der man ist ... Welches Gefolge von Lastern begleitet nicht diese Unsicherheit! Keine aufrichtigen Freundschaften mehr, kein wirkliches Ansehen, kein gegründetes Vertrauen. Verdächte, Argwohn, Furcht, Kälte, Reserve, Haß, Verrat verbergen sich ständig unter dem gleichaussehenden und scheinheiligen Schleier der Höflichkeit - hinter jener so gepriesenen Urbanität, die wir der Aufklärung unseres Jahrhunderts verdanken. ... Wo keine Wirkung ist, braucht man keine Ursache zu suchen. Hier aber steht die Wirkung fest: der tatsächliche Verfall (dépravation réelle). In dem Maß, in dem unsere Wissenschaften und Künste zur Vollkommenheit fortschritten, sind unsere Seelen verderbt worden. ... Man sah die Tugend in dem Maß verschwinden, wie deren Licht über den Horizont emporstieg" (ROUSSEAU 1971a, S. 11ff.).

Was ROUSSEAU hier als den Grund der Verderbnis des Menschen betrachtete - seine Aufklärung durch Wissenschaften und Künste -, hat am Ende des Jahrhunderts PESTALOZZI in seinen 'Nachforschungen über den Gang der Natur in der Entwicklung des Menschengeschlechts' (1797) prinzipieller zu fassen vermocht. Es handelt sich um jenen Prozeß der *Selbsthervorbringung* des Menschen, durch den dieser seine materielle und kulturelle Umwelt verändert, wodurch er sich wiederum genötigt sieht, seine Bedürfnisse auf diese veränderten Lebensbedingungen einzustellen, was wiederum in der Weise geschieht, daß die Selbstveränderung einhergeht und gestützt wird durch die Einwirkung und Veränderung der äußeren Lebensverhältnisse. Mit einem Wort: indem der Mensch sich selber (re-)produziert, verändert er zugleich seine Bedürfnisstruktur *innerhalb* der von ihm umgestalteten

Lebenswelt. Der Mensch ist Schöpfer und Geschöpf seiner selbst, er selber *ist* Kultur so wie die Kultur *er selber* ist.
"Meine Natur vermag es nicht, auf dem Punkt des bloßen Sinnengenusses stehenzubleiben; *ich muß vermöge meines Wesens diesen Sinnengenuß zum Mittel meines Strebens und der Zwecke, worauf dieses Streben ruht, machen.* Daraus entstehen Verhältnisse, *die ohne dieses Streben nicht in der Natur wären,* die ich aber durch dasselbe und also durch meinen Willen in die Natur hineinbringe. Sowie dieses geschehen, höre ich auf, das einfache Wesen zu sein, [als] das ich aus der Hand der Natur in die Welt kam. Ich muß jetzt übereinstimmend sowohl mit den Verhältnissen handeln, *die ich selbst in die Welt hineingebracht habe, als auch mit mir, insofern ich mich durch diese Verhältnisse verändert habe. Ich selbst werde Welt - und die Welt wird durch mich Welt - ich, ungesondert von ihr, bin ein Werk der Welt - sie, ungesondert von mir, ist mein Werk.* Aber ich habe eine *Kraft* in mir, mich von der Welt und die Welt von mir zu sondern; durch diese Kraft werde ich ein Werk *meiner selbst*" (PESTALOZZI 1961, S. 186f.).

III.

Die Frage nach Fortschritt oder Verfall blieb zunächst offen, und unentschieden war auch die prinzipielle Frage, ob der Mensch als Individuum oder die Menschheit als Gattung überhaupt auf den Weg des Fortschritts, d.h. der moralisch-sittlichen Verbesserung gebracht werden könne. Der Abbé RAYNAL fragte - im Anschluß an die Feststellung "Tout est changé et doit changer encore" - in seiner 'Histoire philosophique et politique des établissements et du commerce des Européens dans les deux Indes' (1770): "Mais des révolutions passées et celles qui doivent suivre, ont-elles été, peuvent-elles être utiles à la nature humaine?" (zit.n. KOSELLECK 1959, S. 148).
Was aber ist die *nature humaine*, wenn man sie ohne metaphysische Bindungen und Bedingungen denkt - die, wie Rousseau sagte, aus dem *Nichts* durch *eigene Anstrengung* hervorgeht; ein Körper und eine Seele, von denen LA METTRIE in seinem epochemachenden Werk 'L'homme machine' (1748) schrieb, sie seien "eine Maschine, die selbst ihre Triebfedern (ressorts) aufzieht" (LA METTRIE 1990, S. 35). - Was hat es mit einer menschlichen Natur auf sich, die *zugleich* die Erde mit Blut tränkt *und* sich angeblich verbessert? Die im Wechsel von Gutem und Bösem, trotz Eigennutz, Ehrgeiz und Eitelkeit *zugleich* doch auf dem Wege zu kulturellem und sittlichem Fortschritt sich befinden könne bzw. zeitweise tatsächlich sei? Wie können diese Behauptungen und Hoffnungen empirisch überprüft werden? Wodurch ist sichergestellt, daß es sich nicht bloß um Hirngespinste handelt?

Wie kann ein *gattungsgeschichtlicher* Fortschritt überhaupt zustande kommen, wenn individuelles Handeln immer auch durch Leidenschaften und Freiheit, also nicht nur durch die Rationalität des Verstandes - geschweige denn durch die Urteilskraft der Vernunft -, sondern durch Irrationalität und Willkür bestimmt ist? - Und weiter: Ist im Hinblick auf die *nature humaine* überhaupt ein Fortschritt denkbar? Die *vergleichende* Betrachtung der *gleichzeitigen* Kulturen in verschiedenen Kontinenten relativiert - so wiederum TURGOT in seiner 'Philosophischen Darstellung' von 1750 - die Vorstellung von einer Konzeption *linearen* Fortschritts und zeigt stattdessen eine *Gleichzeitigkeit des Ungleichzeitigen*: die gleichzeitige Verteilung unterschiedlicher Entwicklungsstufen der menschlichen Kultur auf die verschiedenen Völker und Kulturen in den verschiedenen Kontinenten.
Wieder ist es ROUSSEAU, der diese Beobachtung radikal kultur*kritisch* wendet: "Das Beispiel der Wilden ... scheint zu bestätigen, daß die Menschheit dazu geschaffen war, für immer darin zu verharren, daß dieser Zustand [des 'glücklichen Wilden' in der Ungeschiedenheit von 'natürlicher' Bedürfnisstruktur und 'einfacher' Organisation der Mittel zu ihrer Befriedigung, mithin der Zustand nicht-entfremdeter Existenz des Menschen[6]] die wahrhafte Jugend der Welt ist[7] und daß aller Fortschritt darüber hinaus zwar dem Scheine nach jeweils ein großer Schritt zur Vollendung des Individuums, in Wirklichkeit aber ein Schritt zum Verfall der Gattung war" (ROUSSEAU 1971b, S. 213). ROUSSEAU bezog Stellung in einer Kontroverse, bei der sich zwei Auffassungen gegenüberstanden: die eine war die des gattungs- und individualgeschichtlichen *Optimismus*, die andere die des *Pessimismus* (mindestens der *Skepsis*). ROUSSEAU verlieh dieser Kontroverse eine paradoxe Pointe: die *Vollendung des Individuums* als eine *Radikalisierung der Subjektivität* könne gar nichts anderes bewirken als den *Verfall der Gattung* - als deren Angehöriger der Mensch diesen Verfallsprozeß unausweichlich teilen müsse - ; denn dieser Vervollkommnungs- und Vollendungsprozeß könne ja nichts anderes bedeuten als eine forschreitende Umstrukturierung, Differenzierung und Verfeinerung der menschlichen Bedürfnisse und damit eine immer größere Entfernung von der 'Natürlichkeit' seiner Natur. Mithin sei auch seine 'Vollendung' - oder das, was er dafür halte - nur falscher Schein: Ideologie im klassischen Sinne.
Auf die eingangs gestellte Frage scheint damit eine abschließende Antwort gegeben zu sein: die Verbesserung ist nicht möglich, und wo sie versucht wird, intensiviert sie nur den gattungsgeschichtlichen Verfallsprozeß. Bei genauerer Betrachtung erweist sich dies jedoch lediglich als eine gewagte Behauptung: denn eine *eindeutige* Antwort erscheint gar nicht *möglich*, weder unter Berufung auf die historische Erfahrung, noch im Rückgriff auf die *nature humaine*. Denn die histo-

rische Erfahrung enthält in sich selber keinen Leitfaden und Maßstab zur Bewertung des Erfahrenen bzw. des Erfahrbaren - was IMMANUEL KANT dann am Ausgang des Jahrhunderts zum Ausgangsproblem seiner Geschichtsphilosophie machen wird (vgl. KANT 1964a). Die *nature humaine* ist offensichtlich ein *viel*deutiger Sachverhalt: je nachdem, ob der Individual- oder der Gattungscharakter des Menschen, ob der Mensch als Mensch oder als Bürger betrachtet wird; ob sein instrumentelles Handeln oder seine moralisch-politische Praxis bewertet werden soll; ob er in seiner 'natürlichen' Kreatürlichkeit oder in seiner geistigen Selbstreflexivität oder in seiner vergesellschafteten Lebensführung im Blickpunkt des analysierenden Interesses steht; je nachdem, ob er als Mensch und als Individuum, als Subjekt und als Person aufgefaßt wird, oder wie PESTALOZZI es am Ende des Jahrhunderts in seinen 'Nachforschungen' von 1797 formulierte: der Mensch als Werk der *Natur*, als Werk der *Geschichte* und als Werk *seiner selbst.*[8]

Was ist der Mensch? Auf diese Frage muß hier nicht nur PESTALOZZIS, sondern eine weiter differenzierende Antwort gegeben werden: *Was* der Mensch ist, zeigt sich offensichtlich erst in einer bestimmten *Betrachtungsweise*. Was er als *Mensch* ist, hängt offenbar davon ab, was man von ihm *erwartet*, was man ihm *zuschreibt*, wie sein Wesen und sein Charakter eingeschätzt werden. Was der Mensch *ist*, kann nicht unabhängig davon verstanden werden, was und wer er eigentlich sein *soll* oder werden *kann* oder werden *muß*. Im Lichte dieser - keineswegs erschöpfenden - dreifachen Antwort ist die "Rolle des Menschen", wie eingangs von KANT zitiert wurde, "also sehr *künstlich*" - strikt wörtlich genommen: sie ist *poietisch* - und eben ganz und gar nicht 'natürlich' - im ursprünglichen Sinne des Begriffs -, insofern der Mensch, die obwaltenden Umstände seines Lebens mögen sein wie sie wollen, *sich selber* immer erst zu dem *macht*, was er *ist* und *wie* er dies ist, was er werden muß und kann. Die 'Künstlichkeit' des menschlichen Lebens und der Lebensführung besteht - wie wir heute sagen würden - , in einer prekären Balance von Wechselwirkungen der Nötigung zum Selbstsein, zur Emanzipation, *und* des Zwanges zur Selbstentfremdung. "Soviel sah ich bald", schrieb PESTALOZZI in seinen 'Nachforschungen': "Die Umstände machen den Menschen. Aber ich sah ebensobald: Der Mensch macht die Umstände; er hat eine Kraft in sich selbst, selbige vielfältig nach seinem Willen zu lenken.

"Sowie er dieses tut, nimmt er selbst Anteil an der Bildung seiner selbst und an dem Einfluß der Umstände, die auf ihn wirken. Ich suchte jetzt, dieses *Gemisch von Zufall und Freiheit*, welches das Geschick meines Daseins auf Erden zu sein scheint, mir selbst näher zu entwickeln, und fragte mich zuerst: *Wie bin ich das, was ich wirklich bin? Wie kommt der Mensch dahin, daß er wirklich ist, was er ist*?" (PESTALOZZI 1961, S. 135).

IV.

So betrachtet, stellt sich die Frage nach der Verbesserbarkeit des Menschen noch einmal neu - und zwar *empirisch*-anthropologisch, jenseits von Optimismus oder Skepsis: denn wenn der Mensch nicht *von Natur aus* so ist, wie er ist, sondern dies durch sein Zutun *wird*, dann ist er *durch* sich selbst und *aus sich selbst* veränderbar, mithin potentiell verbesserungsfähig.
Mit diesem Gedanken stieß die Anthropologie des 18. Jahrhunderts auf das nach ihrer Auffassung einzige *sichere* Unterscheidungsmerkmal zwischen Mensch und Tier, wie - wiederum ROUSSEAU - in seinem (zweiten) Discours von 1755 'Sur l'origine et les fondements de l'inégalité parmi les hommes' formulierte: "Es ist die Fähigkeit zur Vervollkommnung (la faculté de se perfectionner), eine Fähigkeit, die mit Hilfe der Umstände alle anderen [Fähigkeiten] allmählich entwikkelt und uns, der Gattung wie dem Einzelnen, innewohnt" (ROUSSEAU 1971b, S. 107f.). Diese Fähigkeit - genauer übersetzt mit "Fähigkeit zur *Selbst*vervollkommnung" - zeige sich auf zweierlei Weise: zum einen als *Einbildungskraft*, mit deren Hilfe der Mensch sich einen Entwurf von sich und seiner Welt macht; zum anderen als selbsttätige Fähigkeit, sich als Mensch *Zwecke setzen zu können*. Mit anderen Worten: zum einen zeichnet der Mensch sich aus durch *Bewußtsein* - die Fähigkeit, sich selbst zu *denken*, d.h. das *factum brutum* des Existierens imaginativ, in andere Selbst- als Lebensentwürfe überschreiten zu können; zum andern konstituiert der Mensch sich als Person in und durch sich selbst und gewinnt dadurch eine *moralische* Dimension - die Zurechnung der Verantwortung für die Gesinnung seines Handelns und Unterlassens.
Dies ist - in kurzen Worten - der gedankliche Kern jener eingangs benannten selbstschöpferischen Selbstermächtigung des Menschen, *sich selbst* in einer *selbst*geschaffenen Lebenswelt verwirklichen *zu wollen* - oder richtiger gesagt: *zu müssen*, weil eine Alternative gar nicht besteht: "Ihr verlaßt euch auf die bestehende Gesellschaftsordnung und bedenkt nicht, daß sie unvermeidlichen Veränderungen (révolutions inévitables) unterworfen ist, und daß ihr diejenigen, die eure Kinder erleben werden, weder voraussehen noch verhindern könnt. Der Große wird klein, der Reiche arm, der Monarch Untertan ... Wir nähern uns einer Krise (einem *état de crise*) und dem Jahrhundert der Revolutionen (siècle de révolutions)".[9]
Damit ist die Grundlage benannt, auf der der anthropologisch-moralphilosophische und -pädagogische Diskurs der Moderne, vom 18. Jahrhundert bis heute, steht: die *nature humaine* als *faculté de se perfectionner*, die *perfectibilité* als Individual- und Gattungscharakter des Menschen. Unter dieser Voraussetzung stehen dann auch die zu beant-

wortenden Fragen: Welchen *Entwurf* soll, darf und muß der Mensch von sich machen, als Gattungswesen und als Person? Welche *Zwecke* soll, darf und muß er seinem individuellen und gesellschaftlichen Handeln setzen; welche von ihnen sind mindestens instrumentell vertretbar, welche auch moralisch-praktisch gerechtfertigt? Welches sind die *geschichtlichen Erfahrungs- und die zeitlichen Handlungsräume*, innerhalb deren menschliches Handeln verantwortlich gedacht bzw. überschaut werden kann? Welche *Möglichkeiten* hat der Mensch überhaupt, sich produktiv mit diesen Fragen *auseinanderzusetzen* und sich mit anderen darüber zu *verständigen*?

Die 'Natur' des Menschen ist paradox: *von Natur aus* ist der Mensch zwar unvollkommen, aber es entspricht zugleich seiner *Natur*, sich zu vervollkommnen, auch wenn nur die 'Annäherung' - wie KANT sagte - an die 'Idee' des 'ganz Geraden', des 'Vollkommenen', möglich ist. Die 'Natur' des Menschen ist also *weder* vollkommene 'Tierheit' (seiner physischen Natur) *noch* vollendbare 'Menschheit' (Humanität ihrer moralischen Qualität nach). Nur das Tier ist als Lebewesen 'vollkommen', insofern es seinen angeborenen Instinkten und Lernfähigkeiten folgen *muß* und insofern dies für das Überleben ausreicht. "Ein Tier ist schon alles durch seinen Instinkt... Der Mensch aber braucht eigene Vernunft. Er hat keinen Instinkt, *und muß sich selbst den Plan seines Verhaltens machen.* Weil er aber nicht sogleich im Stande ist, dieses zu tun, sondern roh auf die Welt kommt: so müssen es andere für ihn tun" (KANT 1964b, S. 697). Der Mensch kann sein Leben nicht einfach leben - er *muß* es nicht einmal; denn er hat ja auch die Freiheit, es selber zu beenden -, sondern er muß es *führen*. Dies aber muß der heranwachsende Mensch *lernen*, und lernen kann er es nur von anderen Menschen[10], weil es dabei nicht nur oder vorrangig um die technisch-instrumentelle Organisation des bloßen Überlebens geht, sondern vor allem um die zwischenmenschliche Verständigung über die sozialen und moralischen Regeln und Normen des *sittlichen Betragens*, die die Grundlage dafür sind, daß der Mensch Einsicht gewinnen kann in die Notwendigkeit der Aufforderung zur Konstitution seines *moralischen Charakters*.

V.

Die Anthropologie der Aufklärung gipfelte in der Idee der *perfectibilité* (vgl. TURGOT 1990, S. 54f.), durch die sich die Gattungsgeschichte als Fortschritt der Menschheit und die Individualgeschichte als Verbesserung des Charakters verschränken und wechselseitig verstärken. In dieser Konstellation sind im 18. Jahrhundert Geschichtsphilosophie und Erziehungstheorie als die zwei Seiten einer Medaille zu sehen, de-

ren Kern die *Anthropologie* ist; der *klassische* Text schlechthin dafür sind PESTALOZZIS 'Nachforschungen'. Diese Anthropologie ist daher zeitgenössisch immer auch zugleich in 'pragmatischer Absicht' (wie bei KANT) und als *pädagogische* Anthropologie formuliert und verstanden worden. Wenn KANT daher im Hinblick auf die Zukunft fragte "Wo soll der bessere Zustand der Welt denn nun aber herkommen?" (KANT 1964b, S. 705)[11], dann hatte CLAUDE ADRIEN HELVETIUS die Antwort in seinem epochemachenden Buch 'De l'homme, de ses facultés et de son éducation' (1773) die Antwort schon gegeben: "Die Erziehung macht uns zu dem, was wir sind" (HELVETIUS 1972, S. 447).
"Der stärkste Beweis für die Macht der Erziehung ist der ständig zu beobachtende Zusammenhang zwischen der Verschiedenheit der Unterrichtung und ihren verschiedenen Erzeugnissen oder Ergebnissen. ...
"Der zivilisierte Mensch ist gebildeter und hat mehr Ideen als der Wilde, weil er eine größere Anzahl von verschiedenen Eindrücken empfängt und durch seine Lage mehr daran interessiert ist, sie untereinander zu vergleichen. Die überlegene Gewandtheit des einen [des Wilden] und die vielfältigen Kenntnisse des anderen sind also die Folge der Verschiedenheit ihrer Erziehung.
"Wenn die Menschen, die unter einer freiheitlichen Regierung für gewöhnlich offen, redlich, fleißig und menschlich sind, unter der Tyrannei aber niedrig, zu Lügnern, verderbt, geistlos und mutlos werden, so ist dieser Umstand in ihrem Charakter die Folge der verschiedenen Erziehung, die sie unter der einen oder der anderen Regierungsform erhalten haben" (S. 446f.).
Die Erziehung *zivilisiert* und *kultiviert* den einzelnen Menschen, der Unterricht vermitteln ihm alle nötigen Kenntnisse und Fertigkeiten; die *richtige* alltägliche Umgangserfahrung *diszipliniert* und *sozialisiert* ihn und macht ihn lebenstüchtig; die *richtigen* Lebensumstände machen aus ihm einen fleißigen und aufgeklärten Bürger, fördern seinen Charakter und *moralisieren* seine Gesinnung.[12] Sein Handeln orientiert sich an Gemeinnützigkeit und Rechtlichkeit.
Dies war jedenfalls das aufklärerische *Programm* und die aufklärerische *Hoffnung*. Wenn Geschichte als *Fortschritt* möglich sein sollte, dann *nur so*. Allein, die Betrachtung der *tatsächlichen* Verhältnisse mußte ernüchternd wirken:
"Da die Menschen in ihren Bestrebungen nicht bloß instinktmäßig, wie Tiere, und doch auch nicht, wie vernünftige Weltbürger, nach einem verabredeten Plane, im ganzen verfahren: So scheint auch keine planmäßige Geschichte ... von ihnen möglich zu sein. Man kann sich eines gewissen Unwillens nicht erwehren, wenn man ihr Tun und Lassen auf der großen Weltbühne aufgestellt sieht; und, bei hin und wieder anscheinender Weisheit im einzelnen, doch endlich alles im gro-

ßen aus Torheit, kindischer Eitelkeit, oft auch aus kindischer Bosheit und Zerstörungssucht zusammengewebt findet: Wobei man am Ende nicht weiß, was man sich von unserer auf ihre Vorzüge so eingebildeten Gattung für einen Begriff machen soll" (KANT 1964a, S. 34).
Die Idee und das pädagogisch-anthropologische Konzept der *perfectibilité* lassen keine sicheren Prognosen zu, weder für die Gattungs-, noch für die Individualgeschichte. *Perfectibilité* in der *nature humaine* ist *Kraft*, *Möglichkeit*, *Potenz*, jedoch nicht instrumentelles Mittel zur zielsicheren technischen *Bewirkung* von gesellschaftlichem Fortschritt und moralischer Höherentwicklung. Diese skeptische Einsicht hatte ROUSSEAU schon in seinem 'Discours' von 1755 formuliert:
"Während dem Tier, das nichts zu gewinnen und nichts zu verlieren hat, wenigstens immer sein Instinkt übrig bleibt, verliert der Mensch durch Altern oder andere Umstände alles, was seine Vervollkommnungsfähigkeit (perfectibilité) ihn erreichen ließ und sinkt tiefer als selbst das Tier. Es wäre traurig für uns, wenn wir uns eingestehen müßten, daß diese uns auszeichnende, fast unbegrenzte Fähigkeit [der perfectibilité] die Quelle alles Unglücks des Menschen ist; daß gerade sie ihn mit Hilfe der Zeit aus dieser Ausgangslage treibt, in der er ruhige und unschuldige Tage verleben würde; daß gerade sie ihn auf die Dauer zum Tyrannen seiner selbst und der Natur macht, indem sie im Laufe der Jahrhunderte seine Erkenntnisse und seine Irrtümer, seine Laster und seine Tugenden an den Tag kommen läßt" (ROUSSEAU 1971b, S. 109).
Mit der Erfindung der *Schrift* und mit der Möglichkeit *schriftlicher Überlieferung*, so hatte TURGOT ausgeführt, konnte die Geschichte des *Fortschritts* des menschlichen Geistes beginnen:
"Welche kostbare Erfindung, die den Völkern, die als erste über sie verfügten, Flügel verschaffte, um die anderen Nationen zu überholen! Welch unschätzbare Erfindung, die die Erinnerung an die großen Männer und die Beispiele der Tugend aus der Macht des Todes befreite, die die Zeiten und Orte miteinander verband, und die den flüchtigen Gedanken festhielt und ihm eine dauerhafte Existenz sicherte, wodurch die Erzeugnisse der Kunst, der Ansichten, Erfahrungen und Entdeckungen aller Zeitalter angehäuft werden und der Nachwelt als Grundlage und Stufenleiter dienen, um sich immer weiter zu erheben!" (TURGOT 1990, S. 144).
ROUSSEAU setzte dagegen sein skeptisches Prinzip der 'Dialektik der Aufklärung' - wie am Ende des Jahrhunderts auch MOSES MENDELSSOHN[13] -, weil Reflexion und Erinnerung nicht nur Erkenntnis und Tugend, sondern immer zugleich auch Irrtum und Laster hervorbringen, so daß die Menschheit im Hinblick auf moralische und soziale Praxis gerade dadurch potentiell in Probleme und Verwirrung gerät, was ih-

ren sie auszeichnenden Gattungscharakter ausmacht: Vernunft und Verstand.
Über diese Aporie konnte die pädagogische Anthropologie der Aufklärung nicht hinausgelangen, insofern sie die Kräfte und Vermögen, die Kenntnisse und Fertigkeiten des Menschen im Blick hatte; denn die Disziplinierung und Stärkung der Kräfte, die Verbreiterung der Vermögen, die Vermehrung und Verbesserung der Kenntnisse und Fertigkeiten entließen aus sich doch keine Aussicht auf gesellschaftlichen und moralischen Fortschritt, und nach ROUSSEAU war sogar, wenn überhaupt, ja eher das Gegenteil der Fall. Auch KANT behauptete zwar die reale Möglichkeit der Disziplinierung, Zivilisierung und Kultivierung des Menschen durch Zwang, Anleitung und Erziehung - also von *außen* -, aber wie damit zugleich die *Moralisierung* des Menschen durch *ihn selbst* - als ein *Akt der Freiheit* der Unterwerfung unter das *Sittengesetz* - eintreten würde oder könnte, mußte auch er offenlassen, eben weil es sich um einen Akt der *Freiheit* des moralischen (und nicht des empirischen) Subjekts handeln muß, der nicht in jemandes technisch-kausaler Verfügung steht, sondern nur als 'Selbst-Actus' möglich ist.

VI.

Das anthropologische Denken des ausgehenden 18. Jahrhunderts, wollte es nicht vor diesen Aporien und Paradoxien stehenbleiben, mußte einen Ausweg suchen, der der Sache nach im Bereich der *pädagogischen* Reflexion zu finden sein mußte, weil ja der Anspruch und die Hoffnung auf eine bessere Zukunft mit Hilfe der Verbesserung des Menschen nicht aufgegeben werden konnte und sollte. Wenn aber der moralische Subjektcharakter im Sinne KANTs unverfügbar und wenn der prägende Zwang der äußeren sozialen und politischen Verhältnisse (TURGOT) nicht zu vermeiden war und diese Verhältnisse ja gerade der Gegenstand von Kritik und Reform waren, dann konnte der Ausweg nur gesehen werden in einer Radikalisierung jenes Gedankens, der für die Anthropologie der Moderne grundlegend ist: die *Selbsterschaffung* des Menschen in seiner Welt, aus dem "Nichts durch seine eigenen Anstrengungen" (ROUSSEAU), seine Natur als das zu betrachten, was sie paradoxerweise ist: *künstlich.*
Diese Radikalisierung wurde im ausgehenden 18. Jahrhundert als Zuspitzung der *Anthropologie der Subjektivität und der Individualität* formuliert, und insoweit dies in *pädagogischer* Absicht geschah, wurde sie auch *Philosophie der Bildung des Menschen* oder abgekürzt *Bildungstheorie* genannt. Diese Bildungsphilosophie bzw. -theorie wurde aber zweifach formuliert: zum einen am Leitfaden der *positiv*

gedachten Idee der *perfectibilité*, zum andern auf der Linie einer skeptischen Zurückhaltung gegenüber der Möglichkeit der Vervollkommnung der *nature humaine*.

WILHELM VON HUMBOLDT ist der Repräsentant der ersten Position. In dem grundlegenden Text 'Über den Geist der Menschheit' (1797) formulierte er seine Auffassung radikaler Subjektivität und Individualität:

"Der Mensch muss ... Etwas aufsuchen, dem er, als einem letzten Ziele, alles unterordnen, und nach dem er, als nach einem absoluten Massstab, alles beurtheilen kann. Dies kann er nicht anders, *als in sich selbst finden*, da in dem Inbegriff aller Wesen sich nur *auf ihn allein alles bezieht*; es kann sich aber weder auf seinen augenblicklichen Genuss, noch auf sein Glück überhaupt beziehen, da es vielmehr ein edler Vorzug seiner Natur [!] ist, den Genuss verschmähen und das Glück entbehren zu können; *es kann daher nur in seinem inneren Werth, in seiner höheren Vollkommenheit liegen*" (HUMBOLDT 1960a, S. 507).

"Es soll die Bestimmung des Menschen, als das letzte Ziel seines Strebens, und der höchste Massstab seiner Beurtheilung aufgesucht werden. Nun aber ist die Bestimmung des Menschen, als eines *freien und selbstthätigen Wesens allein in ihm selbst enthalten*" (S. 514f.).

Dieser Wert und diese Bestimmung des Menschen, seine 'höhere Vollkommenheit' ist nach HUMBOLDTs Auffassung *jene* Selbsttätigkeit, durch die ein Mensch "eine entschiedene und originelle *Individualität*" ausbildet (S. 512). Diese Selbsttätigkeit ist "die Energie einer lebendigen *Kraft*", eine "innere *geistige* Lebenskraft" - terminologisch: *Einbildungskraft* -, durch die ein Mensch sich in eine "idealische Übereinstimmung" zu bringen oder anzunähern imstande ist mit dem, was ihm einen Begriff von seiner *Würde* vermittelt, die ja das Spezifikum der *Menschlichkeit* des Menschen ausmacht (ebenda).

"Indem also der Mensch, dem letzten Ziel seines moralischen Strebens nachforschend, diejenigen Individuen vergleicht, welche ihm den besten und höchsten Begriff vollendeter Menschheit gewähren, findet er in ihnen allen etwas, das, da es in seinen Wirkungen gleich ist, auch in seiner Beschaffenheit Gleichheit und Übereinstimmung ankündigt. ... Nachdem er also dies unbekannte Etwas in seinen allgemeinen Wirkungen erkannt hat, hat er es in seiner besondern Beschaffenheit aufzusuchen... Wenn er dann auf diesem Wege etwas findet, das, auf keine bedingte (mechanische) Weise entstanden, auch zu keinem bedingten (materialen) Ziel führt, das überall, wo es sich zeigt, zugleich den Begriff der Menschheit erweitert und den des Individuums bestimmt, und indem es die Vervollkommnung dessen, der es besitzt, über alle Schranken hinaus zu erweitern fähig ist, zugleich auf andre bildend und fruchtbar einwirkt, und was hinwiederum, wo diese Eigenschaften

vorhanden sind, sie immer und unausbleiblich begleitet; so ist er sicher, was er suchte, gefunden, und damit sein Geschäft vollendet zu haben" (S. 513f.)
Dieses "unbekannte Etwas" - die moralische Einbildungskraft - ist der "Geist der Menschheit", jener Geist, durch den und aus dem heraus ein Mensch eigentlich erst *Mensch* wird: moralisch denkende und handelnde Person. Die Aufforderung an die *Selbst*bildung des Menschen besteht also darin, dieser *lebendigen Kraft* folgend, als Person eine *Individualität* zu werden, die keine normative Grenze ihrer Vervollkommnung kennen, an keinem Punkt ihres Lebens ihren Endzweck erreichen und ihr Maß erfüllen kann, sondern immer bestrebt *bleibt*, dem "Geist der Menschheit" "in der höchsten Stärke und in der grössesten Ausdehnung" Ausdruck zu verleihen (S. 515), d.h. der Mensch soll die Erhöhung seiner Kräfte und die Veredlung seiner Persönlichkeit, mithin die Moralisierung seiner Lebenspraxis bewirken und diese zugleich zur Totalität der Welterfahrung entgrenzen (HUMBOLDT 1960b).
Bei diesem Gang in die Tiefe der eigenen Subjektivität und in die Unendlichkeit der Welt läuft der Mensch Gefahr, sich zu verlieren, d.h. einer *Entfremdung* von der Welt und einer *Selbstentfremdung* von sich selbst anheimzufallen (S. 237). Er würde sich als jene *Individualität* verfehlen, für die "Welt" als *Bewußtsein* gegeben ist, die selber *zugleich* "Einheit *und* Allheit" (ebenda) ist. Mit dieser *(Selbst-) Entfremdung* wäre dann auch die Bedingung der Möglichkeit menschlicher Selbstvervollkommnung weggefallen. Die Vermeidung dieser Gefahr und damit die Möglichkeit der Moralisierung des Menschen knüpft HUMBOLDT an die Erfahrung der *Kunst* - an die Schau und die sympathetische Nach- und Mitempfindung *wahrer* menschlicher Ideale und *wahren* idealischen Menschseins -, weil diese innere Erfahrung als geistige *Kommunikation* in der Wirkung ihrer Ursache moralische Identität stiftend wirkt[14]:
"So unterscheiden wir den ächten Dichter, der uns einen tiefen Blick *in uns selbst* und die Welt eröfnet, von dem bloss angenehmen oder beredten; den *idealisch gebildeten* Menschen von dem bloss nützlichen Geschäftsmann, dem bloss gutmüthigen Hausvater oder dem bloss unterhaltenden Gesellschafter u.s.f. ...
"Nur der ächte Dichter wirkt wohlthätig auf den Charakter; jeder andre ist für die *innere Bildung* entweder verderblich oder gleichgültig. In diesem Sinne moralisch zu seyn ist die erste Forderung, die an jeden Künstler ergeht. ...
"Auf dieser *Verwandtschaft des Treflichen* jeglicher Art mit dem Treflichen der Menschheit überhaupt beruht die Möglichkeit einen einzigen Standpunkt zu finden, aus welchem sich alles vergleichen und alles beurtheilen lässt. Ohnen einen solchen aber könnte der Mensch

sich weder, was ihn umgiebt, gehörig aneignen, noch bildend darauf zurückwirken; nicht die Welt in seine Individualität hinübertragen, noch den Stempel dieser der Welt wiederum aufdrücken, was doch allein das letzte Ziel seiner Bestrebungen, die einzige Quelle wahrhaft menschlicher Genüsse seyn kann" (Humboldt 1960a, S. 511f.).
Durch *(Selbst-)Bildung* entgeht der Mensch der *Entfremdung*, so HUMBOLDTs These. Sie gilt freilich nur unter der Voraussetzung - wie GÜNTHER BUCK gezeigt hat (BUCK 1984, S. 221f.) - , daß *Bildung* nicht als ein *realer* (lebens-)geschichtlicher Prozeß verstanden wird, sondern als ein *metaphysisches Prinzip*, das den Menschen in seiner *potentiellen* Identität mit sich selbst als *Kraft* sieht. *Dies* erklärt dann auch die Möglichkeit, Subjektivität und Individualität *positiv* zu entwerfen gemäß der Idee der *perfectibilité* und die ROUSSEAUsche Position - Vervollkommnung des Individuums bedeutet Verfall der Kultur im ganzen, Radikalisierung der Subjektivität bedeutet soziale Degenerierung - zu leugnen oder doch zu ignorieren.
Betrachtet man hingegen die (Selbst-)Entfremdung des Menschen als einen in der Natur des Menschen begründeten unvermeidlichen gattungsgeschichtlichen Prozeß oder als das Organisationsprinzip der modernen Gesellschaft, dann wird die von ROUSSEAU inspirierte skeptische Gegenposition zu HUMBOLDT zur Geltung gebracht. Den gattungsgeschichtlichen Prozeß thematisierte - wie wir gesehen haben - PESTALOZZI in seinen 'Nachforschungen' (vgl. TURGOT 1990, S. 140ff.). Die dort vorgenommene dreifache Dimensionierung der *nature humaine* - als Werk der Natur: *Kraft*; als Werk der Gesellschaft: *Geschicklichkeit*; als Werk ihrer selbst: *Tugend* (PESTALOZZI 1961, S. 188) - eröffnet aber keinen Ausweg aus der Dialektik von Vervollkommnung und Verfall: als "tierische Kraft" kann der Mensch sich nicht vollständig verleugnen; seinem gesellschaftlichen Zustand als "bürgerlicher Halbmensch" (S. 190) kann er nicht entrinnen (zumal es die Aufgabe der Erziehung und der Gesetzgebung ist, die "gesellschaftliche Zuverlässigkeit" des Bürgers herzustellen, zu sichern und ihm erträglich zu machen) (S. 190f.); mit Hilfe seiner "sittliche Kraft" "baut er *sich selber*" und gräbt er sich selbst *in sich selber* (S. 195; S. 187), und die Autonomie des sittlichen Subjekts ist nur möglich als "Selbstverleugnung" (S. 191), d.h. als Schein; denn die "Sittlichkeit ist beim Individuum innigst mit seiner tierischen Natur und seinen gesellschaftlichen Verhältnissen verbunden" (S. 222). Deshalb ist und bleibt die Gattungsgeschichte *keine* auch nur *mögliche* Geschichte des gesellschaftlichen und moralischen Fortschritts. PESTALOZZI erinnert in den abschließenden Passagen seiner 'Nachforschungen' daran, daß die Möglichkeit dazu nur einmal in der abendländischen Geschichte aufleuchtete:

"Ich kenne einen Menschen, der mehr wollte; in ihm lag die Wonne der Unschuld und ein Glauben an die Menschen...; sein Herz war zur Freundschaft geschaffen; Liebe war seine Natur und Treu seine innigste Neigung.
"Aber er war kein Werk der Welt, er paßte in keine Ecke derselben. Und die Welt, die ihn also fand und nicht fragte, ob durch seine Schuld oder durch die eines andern, zerschlug ihn mit ihrem eisernen Hammer wie die Maurer einen unbrauchbaren Stein...
"Noch zerschlagen glaubte er an das Menschengeschlecht mehr als an sich selber, setzte sich einen Zweck vor und lernte unter blutigem Leiden für diesen Zweck, was wenige Sterbliche können" (ebenda).
PESTALOZZI rief damit eine historische Alternative ins Gedächtnis, indem er an jenen erinnerte, der kein 'Werk der Welt' - weder der Natur, nicht der Gesellschaft, noch seiner selbst - und der nicht 'von dieser Welt' war: Jesus Christus. Der Sinn dieses Bildes liegt auf der Hand: die Verfallsgeschichte der menschlichen Gattung ist nicht als Fortschrittsgeschichte korrigierbar (die Umkehr in die Naturgeschichte ist ohnehin nicht möglich), sondern nur als *Heilsgeschichte* beendbar. Aber die Möglichkeit dazu wurde verworfen:
"Leute, die sich zu seinen Richtern aufwarfen, ohne ein einziges Verhör, beharrten auf dem Zeugnis, er sei allgemein und unbedingt unbrauchbar.
"Das war das Sandkorn auf der stehenden Waage seines Elends. Er ist nicht mehr, du kennst ihn nicht mehr; was von ihm übrig ist, sind zerrüttete Spuren seines zertretenen Daseins" (ebenda).
Dies aber ist das gleichnishafte Bild des *Menschen* selber:
"In den Wolken, die den Himmel der Harmlosigkeit meines tierischen Wohlwollens umhüllen, entkeimt das Verderben meiner schwachen Natur, das im gesellschaftlichen Zustand die letzten Spuren der geahnten Schönheit der Unschuld zerrüttet; aber in ebendemselben entkeimt meine Kraft, mich selbst wiederherzustellen aus meinem Verderben.
"Da ist es, wo ich *auf den Trümmern meiner selbst* meiner Natur wieder lächle und auf dem Schutt ihrer Ruinen mich selbst wieder aufbaue zu einem bessern Leben.
"Wir kennen von der Sittlichkeit unserer Natur eigentlich wenig außer dieser Arbeit an unserm verschütteten Selbst" (S. 179).
Soweit in einem kurzen Resümee die Position PESTALOZZIs. Neben ihm hat SCHILLER im sechsten seiner 'Ästhetischen Briefe' (SCHILLER 1962, S. 581ff.) zusätzlich zum ROUSSEAUschen Argument - der Kultur- als Verfallsgeschichte - eine im engeren Sinne *soziologisch-gesellschaftstheoretische* Argumentation hinzugefügt: den Aspekt der gesellschaftlich organisierten *Arbeitsteilung*.
"Sobald auf der einen Seite die erweiterte Erfahrung und das bestimmtere Denken eine schärfere Scheidung der Wissenschaften, auf der an-

dern das verwickeltere Uhrwerk der Staaten eine strengere Absonderung der Stände und Geschäfte notwendig machte, so zerriß auch der innere Bund der menschlichen Natur, und ein verderblicher Streit entzweite ihre harmonischen Kräfte. ...
"Auseinandergerissen wurden jetzt der Staat und die Kirche, die Gesetze und die Sitten; der Genuß wurde von der Arbeit, das Mittel vom Zweck, die Anstrengung von der Belohnung geschieden. Ewig nur an ein einzelnes Bruchstück des Ganzen gefesselt, *bildet sich der Mensch selbst nur als Bruchstück aus*, ewig nur an das eintönige Geräusch des Rades, das er umtreibt, im Ohre, *entwickelt er nie die Harmonie seines Wesens*, und anstatt die Menschheit in seiner Natur auszuprägen, wird er bloß zum Abdruck seines Geschäfts, seiner Wissenschaft. Aber selbst der karge fragmentarische Anteil, der die einzelnen Glieder noch an das Ganze knüpft, hängt nicht von Formen ab, die sie sich selbsttätig geben..., sondern wird ihnen mit skrupulöser Strenge durch ein Formular vorgeschrieben, in welchem man ihre freie Einsicht gebunden hält. Der tote Buchstabe vertritt den lebendigen Verstand, und ein geübtes Gedächtnis leitet sicherer als Genie und Empfindung" (S. 583f.).
Wissenschaften und Künste - so argumentiert SCHILLER mit ROUSSEAU - haben in das geistige Leben des Menschen eine "Zerrüttung" (ebenda; vgl. BUCK 1984, S. 212ff.) gebracht, so daß der Einzelne nur als "Bruchstück" der Gattung erscheint und "man von Individuum zu Individuum herumfragen muß, um die Totalität der Gattung zusammenzulesen" (Schiller 1962, S. 582). Diese Zerrüttung und Zerstückelung bedeutet aber nicht nur das Ende der Möglichkeit individueller Selbstvervollkommnung, sondern sie charakterisiert zugleich die Verfassung der Gesellschaft im ganzen, denn "wir sehen nicht bloß einzelne Subjekte, sondern ganze Klassen von Menschen nur einen Teil ihrer Anlagen entfalten, während daß die übrigen, wie bei verkrüppelten Gewächsen, kaum mit matter Spur angedeutet sind" (S. 582f.).
Die Existenz des Menschen bleibt paradox: er soll durch sich selber etwas werden, wovon er sich keinen deutlichen Entwurf machen kann; er soll aus sich etwas machen, was er nicht kennen kann; er soll Antworten geben auf Fragen, die er stellen er selber erst lernen muß; er soll eine Zukunft meistern, die ihm verborgen ist.
Vervollkommnung des Unverbesserlichen - Herausforderung, Hoffnung, regulatives Prinzip, Chimäre, Ideologie? Anspruch an den Menschen oder Ausdruck seines Scheiterns? Die Betrachtung der *nature humaine* gemäß der Uneindeutigkeit ihrer *condition* und der Unbestimmtheit ihrer *facultés* ergibt Kontroversen und Paradoxien, die sich nicht auflösen oder aufheben lassen. Dieser Umstand hat seinen Grund im 'Wesen' des Menschen, das die Grundlage der philosophischen und pädagogischen Anthropologie der Moderne bildet:

- das potentielle Mißverhältnis seiner Natur und seiner Kultur;
- das notorische Mißverhältnis seines Wollens und seines Sollens;
- das bedrohliche Mißverhältnis seiner Einsichten und seiner Handlungen;
- das unaufhebbare Mißverhältnis seiner Unvollkommenheit und seiner Verbesserungsbedürftigkeit;
- das unlösbare doppelte - sowohl individuell als auch gesellschaftlich bedingte - Mißverhältnis von Bildung und Entfremdung.

Aus dem einen *prinzipiellen* Mißverhältnis kommt der Mensch nicht heraus: dem Mißverhältnis *im Verhältnis zu sich selbst*. Indem dies Mißverhältnis bearbeitet wird, eröffnen jeder Mensch und jede Generation den Prozeß der geschichtlichen Reproduktion der Kultur aufs neue - mit unbekanntem Ziel und unvorhersehbarem Ergebnis. "Das eigentliche Problem der Geschichte", schrieb FRIEDRICH SCHLEGEL zu ANTOINE DE CONDORCETs 'Esquisse d'un tableau historique des progrès de l'esprit humain' von 1795, "ist die Ungleichheit der Fortschritte in den verschiedenen Bestandteilen der gesamten menschlichen Bildung, besonders die große Divergenz in dem Grade der intellektuellen und der moralischen Bildung" (SCHLEGEL 1964, S. 236).

Anmerkungen:

1. Über Begriffs- als Sozialgeschichte vgl. KOSELLECK 1972, S. XIII-XXVII; DERS. 1979, S. 107-129. Weitere einschlägige Literatur bei HERRMANN 1974, S. 85-143.
2. A.a.O., S. 63ff. zu humane Perfektion, Bildung und Lernfähigkeit.
3. Dazu einführend IGGERS 1971.
4. GUSDORF 1974; 1973.
5. Als solches wurde es schon zeitgenössisch von J.H. CAMPE genannt. Vgl. SNYDERS 1971.
6. Vgl. SPAEMANN 1980. Weitere Nachweise und eine Interpretation im Rahmen von ROUSSEAUs Gesamtwerk bei BUCK 1984.
7. Diese Bemerkung ist aufschlußreich für das Konzept des Jugendalters in ROUSSEAUs 'Emile'.
8. Dies ist das Gliederungsschema der 'Nachforschungen'; vgl. PESTALOZZIs erste Zusammenfassung, a.a.O., S. 142ff., und dann S. 186ff., S. 220ff.
9. ROUSSEAU-Zitat aus dem 'Emile' (1762), übers. u. hrsg. v. L. SCHMIDTS, Paderborn 1971, hier S. 192; weitere Nachweise zur Entstehung des Revolutions-Gedankens seit der Mitte des 18. Jahrhunderts vgl. die Nachweise bei KOSELLECK 1959, Anmerkungen S. 208ff.

10. Daher die Formulierung in KANTs Pädagogik: "Der Mensch kann nur Mensch werden durch Erziehung. Er ist nichts, als was die Erziehung aus ihm macht. Es ist zu bemerken, daß der Mensch nur durch Menschen erzogen wird, durch Menschen, die ebenfalls erzogen sind" (vgl. KANT 1964b, S. 699). Diese Bemerkung richtet sich wohl gegen ROUSSEAUs Auffassung (im 'Emile'), daß auch die Dinge und die Umstände uns erzögen: sie disziplinieren oder sozialisieren uns lediglich, weil wir mit ihnen keine *praktische*, sondern nur eine *technische* Kommunikation haben können.
11. Vgl. HERRMANN 1990.
12. Die Unterscheidung der Dimensionen *Zivilisierung, Disziplinierung, Kultivierung und Moralisierung* liegt der KANTischen Pädagogik zugrunde.
13. In seiner Beantwortung der Frage 'Was ist Aufklärung?' in dem Aufsatz 'Über die Frage: was heißt aufklären?" Jetzt in: BAHR 1974. Vgl. im Literaturverzeichnis unter MENDELSSOHN.
14. Für diesen Kausalzusammenhang von Kunst und Moralität wären jetzt vor allem die theoretischen Schriften von SCHILLER heranzuziehen.

Literaturverzeichnis:

BUCK, G.: Die systematische Stellung des 'Emile' im Werk Rousseaus. In: DERS.: Rückwege aus der Entfremdung. Paderborn 1984, S. 93-134.

GUSDORF, G.: Introduction aux sciences humaines. Paris 1974.

GUSDORF, G.: L'avènement des sciences humaines au siècle des lumières (Les sciences humaines et la conscience occidentale, t. VI.). Paris 1973.

HELVETIUS, CL.A.: Vom Menschen, seinen geistigen Fähigkeiten und seiner Erziehung (1773). Übers. u. hrsg. v. G. MENSCHING. Frankfurt am Main 1972, S. 447.

HERRMANN, U.: Emanzipation. Materialien zur Geschichte eines politisch-sozialen und politisch-pädagogischen Begriffs in der Neuzeit, vornehmlich im 19. Jahrhundert. In: Archiv für Begriffsgeschichte XVIII (1974), S. 85-143.

HERRMANN, U.: Geschichte als Fortschritt? Die Französische Revolution im Kontext pädagogischer und geschichtsphilosophischer Reflexion bei Kant. In: U. HERRMANN/J. OELKERS (Hrsg.): Französische Revolution und Pädagogik der Moderne. Weinheim 1990, S. 201-210.

HUMBOLDT, W. VON: Über den Geist der Menschheit (1797). In: DERS.: Werke in 5 Bänden. Hrsg. v. A. FLITNER/K. GIEL. Bd. 1. Darmstadt 1960a, S. 506-518.

HUMBOLDT, W. VON: Theorie der Bildung des Menschen (undatiert). In: DERS.: Werke in 5 Bänden. Hrsg. v. A. FLITNER/K. GIEL. Bd. 1. Darmstadt 1960b, S. 234-240.

IGGERS, G.G.: Deutsche Geschichtswissenschaft. München 1971.

KANT, I.: Idee zu einer allgemeinen Geschichte in weltbürgerlicher Absicht (1784). In: DERS.: Werke in 6 Bänden. Hrsg. v. W. WEISCHEDEL. Bd. VI. Darmstadt 1964a, S. 41.

KANT, I.: Über Pädagogik (1803). In: DERS.: Werke in 6 Bänden. Hrsg. v. W. WEISCHEDEL. Bd. VI. Darmstadt 1964b, S. 693-761.

KOSELLECK, R.: Einleitung. In: O. BRUNNER et al. (Hrsg.): Geschichtliche Grundbegriffe. Historisches Lexikon zur politisch-sozialen Sprache in Deutschland. Bd. 1. Stuttgart 1972, S. XIII-XXVII.

KOSELLECK, R.: Begriffsgeschichte und Sozialgeschichte. In: DERS.: Vergangene Zukunft. Zur Semantik geschichtlicher Zeiten. Frankfurt am Main 1979, S. 107-129.

KOSELLECK, R.: Kritik und Krise. Ein Beitrag zur Pathogenese der bürgerlichen Welt. Freiburg 1959.

KOSELLECK, R.: Artikel 'Krise'. In: O. BRUNNER et al. (Hrsg.): Geschichtliche Grundbegriffe. Bd. 3. Stuttgart 1982, S. 617-650.

LA METTRIE, J.O. DE: L'homme machine - Die Maschine Mensch. Übers. u. hrsg. v. Cl. Becker. Hamburg 1990.

LÖWITH, K.: Das Verhältnis von Gott, Mensch und Welt in der Metaphysik von Descartes und Kant. Sitzungsberichte der Heidelberger Akademie der Wissenschaften, philos.-histor. Klasse. Jg. 1964, 3. Abh. Heidelberg 1964, S. 5f.

LUHMANN, N./SCHORR, K.-E.: Reflexionsprobleme im Erziehungssystem. Stuttgart 1979.

MENDELSSOHN, M.: Über die Frage: Was heißt aufklären? In: E. BAHR (Hrsg.): Was ist Aufklärung? Stuttgart 1974, S. 3-8.

PESTALOZZI, J.H.: Meine Nachforschungen über den Gang der Natur in der Entwicklung des Menschengeschlechts (1797). In: DERS.: Ausgewählte Schriften. Hrsg. v. W. FLITNER. Düsseldorf 1961, S. 93-222.

ROUSSEAU, J.-J.: Discours sur les Sciences et les Arts (1750). Dt. übers. in: DERS.: Schriften zur Kulturkritik. Hrsg. v. K. WEIGAND. Hamburg 1971a, S. 1-59.

ROUSSEAU, J.-J.: Discours sur l'Origine de l'Inégalité parmi les Hommes (1755). In: DERS.: Schriften zur Kulturkritik. Hrsg. v. K. WEIGAND. Hamburg 1971b, S. 61-296.

SCHILLER, F.: Über die ästhetische Erziehung des Menschen in einer Reihe von Briefen (1793ff.). In: DERS.: Sämtliche Werke. Hrsg. v. G. FRICKE/H.G. GÖPFERT. Bd.5. München 1962, S. 570-669.

SCHLEGEL, F.: Kritische Schriften. Hrsg. v. W. RASCH. München 1964, S. 236.

SNYDERS, G.: Die große Wende der Pädagogik. Die Entdeckung des Kindes und die Revolution der Erziehung im 17. und 18. Jahrhundert in Frankreich. Aus dem Frz. übers., Paderborn 1971.

SPAEMANN, R.: Rousseaus 'Emile': Traktat über Erziehung oder Träume eines Visionärs? In: DERS.: Rousseau - Bürger ohne Vaterland. München 1980, S. 78-97.

TURGOT, A.R.J.: Philosophische Darstellung der allmählichen Fortschritte des menschlichen Geiste (1750). In: DERS.: Über die Fortschritte des menschlichen Geistes. Hrsg. v. J. ROHBECK/L. STEINBRÜGGE. Frankfurt am Main 1990, S. 140-163.

JÜRGEN OELKERS

Wissenschaft und Wirklichkeit: Der pädagogische Diskurs in Deutschland am Ende des 19. Jahrhunderts

"Du willst der alten Seele den Anschein
von Sommer geben.
Im Winter, mein Schatz, haben Vögel
im Käfig zu leben."

(Tristan Tzara)

"Indem wir den *neuen Menschen* schaffen, schaffen wir die *neue Erde*", so begründete HEINRICH HART 1901 die erste Kommune in Berlin, die als 'neue Gemeinschaft' apostrophiert und mit den denkbar höchsten pädagogischen Zielen versehen wurde. Wer dieser Gemeinschaft zugehört, so HART, strebe "zur höchsten Menschlichkeit (empor)" (HART u.a. 1901, S. 12, S. 14). Die Bedingung dafür wird als kommunale Erziehungsutopie formuliert:

"Um dieses Ziel zu erreichen, sucht die Neue Gemeinschaft überall *Lebensgemeinschaften* zu bilden, deren *Ansiedelungen* alle Bedingungen erfüllen, unter denen Leib und Seele am leichtesten und sichersten gedeihen, Lebensgemeinschaften, die eine allbeglückende Kultur in sozialer, ethischer und ästhetischer Beziehung ermöglichen, Lebensgemeinschaften, in denen dem Einzelnen gegeben wird, was des Einzelnen ist, der Gemeinschaft aber, was nur durch sie erzielt werden kann" (S. 14).

Die HART-Kommune, der unter anderem GUSTAV LANDAUER und ERICH MÜHSAM angehörten, scheiterte nach einer kurzen und chaotischen Zeit des Versuchs.[1] Sie taucht in der pädagogischen Literatur nicht auf und wird auch in der Berliner Avantgarde (vgl. SCHUTTE/SPRENGEL 1987; *Berlin um 1900*, 1984) nicht als Erziehungsutopie diskutiert. Der Anspruch aber, den 'neuen Menschen' zu gestalten und ihn als "Gott und Schöpfer seiner Dinge" (HART u.a. 1901, S. 28) zu begreifen, wird auch in Teilen des pädagogischen Diskurses vertreten, dort nämlich, wo sich die Erziehungsavantgarde mit bestimmten Positionen der Lebensphilosophie trifft und zu einer radikalen Negation der traditionellen Pädagogik gelangt.[2] Die soziale, ethische und politische Wirklichkeit sollte durch Visionen einer 'allbeglückenden Kultur' *überboten* werden, ohne mit ihr Kontakt halten zu müssen (Abb. 1-3). Diese Negation war aber die Position einer im *Mainstream* verschwindenden Minderheit. Ich gehe darauf zunächst ein, um zweierlei zu zeigen, nämlich was die pädagogische Mehrheit am Ende des 19. Jahrhunderts hätte denken *können* und aus welchen Gründen sie die Radikalisierung verweigert hat (1). Meine hauptsächliche These werde ich in einem zweiten Schritt darlegen. Sie beschreibt den *Mainstream* als moralische Aspiration, die unbeeindruckt durch die unübersehbaren Prozesse der Modernisierung die traditionell christlichen Erziehungsvorstellungen fortsetzt (2). Erziehung ist nur an den Rändern der pädagogischen Reflexion etwas anderes als die religiös bestimmte Vermittlung von Moral. Die eine Seite des Randes ist die künstlerische Avantgarde, die andere die Wissenschaft. Sie beschäftigt mich in einem dritten und letzten Schritt. Ich frage hier nach den Rezeptionen der Biologie einerseits und der Psychologie andererseits (3).

Abb. 1.: 'Die Neue Gemeinschaft' (Hart u.a. 1901, S. 8).

Meine Vermutung geht dahin, daß die Rezeption der empirischen Forschung nur soweit ging, wie die moralischen Grunderwartungen *nicht* tangiert wurden. Hier schließt sich der Kreis, denn auch die Avantgarde ist nur so aufgenommen worden. Dekadenz muß ausgeschlossen werden; pädagogische Diskurse können nicht anders verfahren.

I. Erziehung und Avantgarde um 1900

Der 'neue Mensch' der Avantgarde um 1900 hat zwei wesentliche Denkvoraussetzungen, die der pädagogischen Tradition fremd waren, Friedrich Nietzsches Idee des *Übermenschen* und Ernst Haeckels *Monismus*, also die Zurückführung geistiger Prozesse auf die Mechanismen der biologischen Entwicklung. 1899 erschien Haeckels populäres Hauptwerk, 'Die Welträtsel', mit der die 'monistische Bewegung' ihren zentralen Text erhielt. Nietzsches 'Übermensch' ist damit insofern zu verbinden, als er die Konsequenz aus der Evolutionstheorie darstellt, die so radikal angesetzt wurde, daß sie auch vor der menschlichen Gattung nicht halt machen würde. Ohne den christlichen Dualismus von Natur und Geist (Paulsen 1902) ließ sich das Perfektionsideal der Erziehung in die Gattung selbst verlängern, so daß die Rede vom 'neuen Menschen' nicht als Wiedergeburt, sondern als *Entwicklung* gedacht werden konnte. Das gelingende Experiment, also etwa der Versuch der Kommunarden in Berlin, würde darüber Auskunft geben.

Abb. 2: 'Durch Absonderung zur Gemeinschaft' (Hart u.a. 1901, S. 45).

Was freilich die literarische Avantgarde mit der pädagogischen Reflexion verband, war nicht *Praxis*, sondern radikale *Kritik*, die die evolutionstheoretischen Grundannahmen verdeckte. Julius Harts Programmschrift 'Der neue Gott' von 1899 enthält ebenso eine Negation der bestehenden Erziehung (Hart 1899, S. 27ff., S. 44ff., S. 81ff.) wie Stanislaw Przybyszewskis Psychologie des Individuums (Przybyszewski 1892) oder Gustav Landauers Religiöser Sozialismus (Landauer 1921, S. 68ff. u.pass.).[3] Für die Spuren Nietzsches in der pädagogischen Avantgarde ist aber ein anderer Zirkel aufschlußreicher, nämlich der von Otto zur Linde, Rudolf Paulsen und Rudolf Pannwitz 1904 begründete 'Charon-Kreis'[4], einer gegen Stefan Georges Klassizismus gerichteten Literatenvereinigung, die eine im Kern und im Detail obskure Synthese aus Nietzsches Philosophie, christlicher Mystik und einem manifesten Germanenkult anstrebte[5], genau mit dieser Mischung aber eine Position vertrat, die sich mit reformpädagogischen Optionen verbinden ließ.

Rudolf Pannwitz schrieb 1909 den Band über 'Erziehung' in Martin Bubers berühmter Reihe 'Die Gesellschaft'[6], die die Modernisierungstendenzen und somit die Umbrüche zu Beginn des 20. Jahrhunderts darstellen sollte. Pannwitz' Darstellung widerspricht der protestantischen Ausrichtung der klassischen Pädagogik und radikalisiert die zeitgenössischen Tendenzen der Reformpädagogik. Parallel zu dem Band in Bubers Reihe veröffentlichte Pannwitz eine harte und luzide Kritik der Reformpädagogik, die darin gipfelt, den Ansätzen der Erziehungsreform mangelnde Konsequenz angesichts der eigenen Radikalität nachzuweisen. Die Schwierigkeit mit den Bestrebungen der Kunsterziehungstage, der Bremer Schulreformer um Heinrich Scharrelmann, der Weimarer Deutschen Erziehungstage um Arthur Schulz oder auch der Hauslehrerschule Berthold Ottos[7] ergebe sich aus deren *Voraussetzung*. Alle Reformpädagogik gehe von der "Möglichkeit und Notwendigkeit" der Erziehung aus. Das aber sei gerade das *Problem* (Pannwitz 1909, S. 137), wenn man es tatsächlich mit der Orientierung an der Seele des Kindes ernst meinen wollte. Dann stehe nicht nur der "herrschende Begriff Erziehung" in Frage, sondern diese selbst (S. 26), weil sie mit moralischen Aspirationen verbunden werde, die das 'natürliche Wachstum' nur stören können (S. 28). Soll sich die Seele des Kindes frei entwickeln, so muß das '*moralische Schema*' der Erziehung und damit diese selbst zerstört werden (S. 40f.).

Abb. 3: 'Vom Alten zum Neuen' (Hart u.a. 1901, S. 73).

Grundlage dieser frühen und entschiedenen Antipädagogik ist die Moralkritik NIETZSCHEs, die PANNWITZ in seinem Beitrag zu BUBERs Sammlung in den Mittelpunkt stellt. Konventionelle Erziehung sei gleichbedeutend mit der zwangshaften Verinnerlichung von Werten historischer Gemeinschaften (PANNWITZ 1909a, S. 24ff.), die für harte Anpassungen sorgen und alles daran setzen, die individuellen Unterschiede zu nivellieren (S. 31ff.). Diese Anpassung setzt *Macht* und den *Willen* zur Macht voraus: "Wer erzieht, herrscht" (S. 36). Das gilt auch umgekehrt, wer herrscht, muß erziehen (S. 41ff.). NIETZSCHEs Zarathustra ist der, wie es heißt, 'Große Einzelne', der die Werte schafft und darum, sollen die Werte bewahrt werden, erziehen *muß* (S. 56).
Erziehung ist so letztlich *Kampf*, in dem Macht und Ohnmacht ungleich verteilt sind (S. 87ff.). Daher ist der Erzogene "das Opfer der Erziehung" (S. 101), und aus dieser Dialektik gibt es keinen wirklichen Ausweg, solange Erziehung als moralische *Einwirkung* verstanden und von einer überlegenen Machtposition aus betrieben wird (S. 87ff.). Die unvermeidlichen Konflikte lassen sich nur im fragilen Gleichgewicht eines 'persönlichen Verhältnisses' halbwegs beruhigen (S. 91), das von 'Seelenwerten' abhängt und auf alle kruden Ansprüche der 'Einpflanzung' von Moral verzichtet (S. 93ff.).
Jede Erweiterung der pädagogischen Ansprüche führt in chaotische Wirkungsbehauptungen und somit in ein absurdes Terrain ("Terrestre Commedia!") (S. 99). Man muß behaupten, was es nicht gibt, nämlich eine pädagogisch gesicherte Unterscheidung der "richtigen" und der "falschen Art, Kinder oder Menschen zu erziehen" (S. 103). Was es auf diesem Feld wirklich nur gibt, sind obskure Erziehungsperspektiven mit grotesken Hypothesen der eigenen Wirksamkeit, die über die Paradoxien der Realität hinwegtäuschen sollen.[8] Daher lautet die polemische Schlußfolgerung: "Die Wissenschaft von der Erziehung, die Pädagogik, ist nichts als ein einziger Antagonismus zwischen Kirchentum und Nihilismus der Erziehung, erfreulich durchgespielt von allerlei bunten Praktiken. Noch jede Pädagogik hat das Problem, das absolut unlösbare, des *Daseins Erziehung* auf eine düstere oder eine heitere Weise aus der Welt geschafft" (ebenda, Hervorhebung J.O.).
Die These ist, daß die Akteure der Erziehung, verblendet von pädagogischen Ideologien, die "Unausdenkbarkeit von Kausalitäten, in denen sie funktionieren", nicht kennen und auch nicht kennen können (ebenda). Nicht die Personen erziehen, sondern die *hinter* den freundlichen, geschönten "Theorien, Idealen und Praktiken" der Pädagogik wirkenden "Ur-Mächte" des Lebens. *Sie* formen, "und nicht immer zum Guten". Der Erzieher, statt den pädagogischen Idealen zu folgen, muß sich ihnen anpassen, was den Verzicht auf partikulare Erziehungswerte voraussetzt. *Dann* und *nur* dann "kann das Kind - von vornherein

als Natur-Vernunft-Wille gewertet - seine Kräfte im Spiel, in eigenen Gemeinschaften freier entfalten, sich zum Selbstwählen, Selbstwerten, Selbstwerden stärker, ungebrochener selbst fortführen, einzeln, in seinen eigenen Kindergemeinschaften, in den Gemeinschaften mit den Erwachsenen" (S. 106).
Erziehung ist Leben, mehr nicht. Daher lautet die Pointe: "Nur der im Leben Freie kann zum Leben befrein. Erziehungswandel kommt nicht daher, dass die Menschen in bestimmter Weise nicht mehr erzogen werden sollen, sondern dass sie in bestimmter Weise nicht mehr erziehen wollen" (S. 108). Das war freilich radikale Marginalität, die durch Nichtbeachtung bestraft wurde. Der Verzicht auf Erziehung wäre dem Verzicht auf Moral gleichgekommen; wenigstens war das der Standardverdacht gegen die vermeintlichen 'pädagogischen Anarchisten' (WENDLING 1913)[9], die die *Natur* des Kindes als Grenze der Erziehung markierten (HAUER 1910) und damit den Erziehungsanspruch gefährdeten.
Die pädagogischen Hauptströmungen nehmen diese Gefahr nicht wahr oder halten sie an der Peripherie. Schon die harmlosen Versuche der Schulreform erscheinen als 'Irrgarten' (WALSEMANN 1905), und Bestrebungen, wenigstens den *Mythos* des Kindes neu zu begründen, werden als unzulässige Grenzüberschreitungen wahrgenommen (MÜNCH 1906, S. 78ff.), wie vor allem in der Auseinandersetzung um ELLEN KEY sichtbar wurde (DRÄBING 1990). Dafür gab es scheinbar gute Gründe, betrachtet man etwa die Kontinuität der zur Schule *passenden* Reformideen wie die Arbeitsschule oder die Kunsterziehung (HELLER 1990; GONON 1992), mit denen sich die Erziehungserwartungen *steigern* ließen, ohne in eine Krise zu geraten.
Die frühe Antipädagogik hatte schon aus dieser Konstellation heraus keine Rezeptionschance: Die aus dem 19. Jahrhundert herauswachsende Reformpädagogik beförderte und beschleunigte die Erziehung, gerade weil sie mit der Vision der grundlegenden, aber nicht radikal anderen *Erneuerung* verbunden war. Die 'Kindorientierung' ließ sich damit bequem verbinden, ohne als wirklicher Störfaktor zu erscheinen, wie sich an den Amalgamierungen der pädagogischen Konzepte nach 1900 rasch ablesen läßt. Sie wurden in dem Sinne zeitgeistaffin, daß sie die alten Ideen der *Arbeitsschule*, der *natürlichen Entwicklung* oder der *Selbsttätigkeit* mit den populären Ansätzen der Schulkritik verbanden, so freilich, daß die Kausalitätsbehauptung nicht gestört wurde und die Reformchance immer offen blieb. Die philosophische Radikalität, anders gesagt, sollte nicht übertrieben werden.
Dabei stellte PANNWITZ die richtigen Fragen: Die Kausalität der Erziehung geht nicht im moralischen Bewußtsein der handelnden Personen auf, die Machtausübung läßt sich nicht durch die ständige *Bestätigung* der Macht in den Erziehungstheorien beschränken und die natürliche

Entwicklung des Kindes *ist* die Grenze der 'pädagogischen Einwirkung'. NIETZSCHES Schatten aber war zu stark und zu hinderlich[10], um diese Fragen wirklich in den Mittelpunkt der Diskussion zu stellen. Die *Grenzen* der Erziehung wurden nach 1918 eher als eine neue Bescheidenheit nach den Unmittelbarkeitsidealen der Erlebnispädagogik bestimmt, als daß sie wirklich vom Problem der Erziehungskausalität ihren Ausgang genommen hätten (OELKERS 1992, Kap. 2.3.).[11] Diese theoretische Abstinenz hängt mit dem moralischen Anspruch zusammen. Wer tatsächlich die gesellschaftliche Moral beeinflussen will, braucht ein wirksames Mittel, das nicht bestritten werden darf, wenn der Anspruch aufrechterhalten werden soll. Das gilt auch *gegen* alle Wirklichkeit, die bei hohen moralischen Aspirationen nicht als Einwand, sondern als Bestätigung verstanden wird. Genau so agierte der Mainstream, wie mein zweiter Schritt zeigen soll.

II. Moral und Erziehung

JEAN PIAGET beschrieb in seinem Beitrag für den fünften internationalen Kongreß der *éducation morale*, wie sich die Grundannahmen der Pädagogik verändert hätten. Gingen IMMANUEL KANT und EMILE DURKHEIM noch davon aus, daß das Sittengesetz oder die gesellschaftliche Konvention objektive Tatbestände seien, denen sich das Kind anzupassen hätte, wenn es Respekt vor den Regeln lernen soll, so würde die neuere Entwicklungspsychologie - PIAGET verweist auf seinen Genfer Kollegen PIERRE BOVET[12] - gezeigt haben, daß der umgekehrte Weg der richtige sei. "Der Respekt für die Personen konstituiert die erste Tatsache der Erziehung, und das Gesetz der Moral entstammt dieser Erfahrung" (PIAGET 1930, S. 185).

Der fünfte Kongreß der Moralerziehung fand 1930 in Paris statt. PIAGET argumentiert aus der Optik des *Institut Jean-Jacques Rousseau* in Genf und seiner eigenen Forschungsarbeit, die mit 'Le jugement moral chez l'enfant' einen ersten Abschluß erreicht hatte.[13] Der Kontext seines Arguments ist ein klar reformpädagogischer[14], und die *idée générale* wird am Ende auch deutlich benannt: "C'est que les procédés de l'éducation morale doivent tenir compte de l'enfant lui-même" (S. 219). Diese Idee *widerspricht* der pädagogischen Tradition und stellt sie zugleich auf eine bis heute andauernde Probe. Wie kann Moral aus der natürlichen Entwicklung entstehen, wenn sie nicht vorausgesetzt und dem Kind dann beigebracht wird?

Genau dies ist der Anspruch des *Mainstreams*, wie ich an den ersten drei Kongressen der Moralerziehung demonstrieren möchte, die alle ausführlich dokumentiert sind. Dieses Material hat den Vorteil, daß *internationale* Überzeugungen vertreten werden, die eine hohe Übereinstimmung und Einheitlichkeit bei der Frage der moralischen Aspiration zum Ausdruck bringen. Die Kongresse waren hochrangig besetzt und repräsentieren wie kaum ein anderes Material die Glaubenssätze der Hauptströmung der Erziehungsreflexion zu Beginn des 20. Jahrhunderts.

Die Auffassungen sind in der Kernfrage sehr ähnlich. In der ersten Session des ersten Kongresses, der im September 1908 in London stattfand, sprachen FELIX ADLER, WILHELM FOERSTER und EMILE BOUTROUX über Grundsätze der Moralerziehung.[15] ADLER bestimmt, daß 'ethical education' nur dann möglich sei, wenn der Geist der Moral (ethical spirit) vorausgesetzt werde (ADLER 1909, S. 10), FOERSTER definiert 'Charakterbildung' als Formung der Seele (FOERSTER 1909, S. 18), BOUTROUX setzt eine 'faculté supérieure' voraus, um die Maximen der Moral bestimmen zu können, die das Kind lernen soll (BOUTROUX 1909, S. 22). In den nachfolgenden Sitzungen des Kongresses wird dieser Grundzug noch deutlicher, etwa wenn HERMANN LIETZ die ebenso strikte wie asketische Moral der Landerziehungsheime als Mittel gegen die 'barbarische Unkultur' der Großstadt propagiert (LIETZ 1909, S. 52) oder wenn PAUL HÄBERLIN das 'Ziel ethischer Erziehung' von der moralischen 'Persönlichkeit des Erziehers' abhängig macht (HÄBERLIN 1909, S. 78). Ungebrochen erscheint die religiöse Basis der Erziehung, die in einer eigenen Session diskutiert wurde (SPILLER 1909, S. 170-210) und die sich relativ umstandslos mit biologischen Spekulationen über die natürliche Entwicklung des Kindes verbinden ließen (S. 363-389).

Die Einheit wird *moralisch* hergestellt: Mit möglichst gleichen Zielen und Gesinnungen sollen die gesellschaftlichen Übel bekämpft werden, und diese Absicht wird mit neuer Erziehung gleichgesetzt. Erziehung erscheint als *Reinigung* des Bösen, nicht wie eine groteske Selbstüberschätzung. Die Kongreßpapiere von London enden entsprechend mit dem Satz: "A radical cure is only to be hoped for from the moral improvement of society itself. This must be our final aim" (DE GEÖCZE 1909, S. 387).

Der zweite Kongreß für Moralerziehung fand im August 1912 in Den Haag statt, in erweitertem Rahmen, unter einer vergrösserten Öffentlichkeit und wiederum großzügig dokumentiert.[16] Worum es gehen sollte, hat FOERSTER auf den Punkt gebracht: "Die Moral auf Gott beziehen, das heisst einfach: Tief empfinden und begreifen, dass das Sittengesetz nicht bloss ein Tribut an die menschliche Gesellschaft ist, sondern dass alle Selbstüberwindung uns auch zu dem ewigen Urquell unserer geistigen Natur zurückleitet und uns von dorther auferlegt ist" (FOERSTER 1912, S. 6). In den dreibändigen Kongreßpapieren, die mehr als zweihundert Beiträge umfassen, findet sich *nicht eine* grundlegend abweichende Meinung. Moralische Erziehung wird als Überwindung der Sünde verstanden (KAPTEYN-MUSYKEN 1912, S. 102), in Psychologie übersetzt als Imitation des wahren Guten (BRODIN 1912, S. 109) und pädagogisch gedeutet als Erziehung des Willens und Entwicklung des Charakters (SANDERS 1912, S. 121). 'Childhood', schreibt der amerikanische Delegierte FELIX ADLER, sei 'right subjection' (ADLER 1912, S. 29), womit zugleich gesagt ist, daß die zeitgenössische Reformpädagogik nicht präsent ist oder aber vereinnahmt wird, nämlich als Kritik moralischer Repression (MANNY 1912), die nicht mit der wirklichen Aufgabe der Erziehungsaspiration gleichgesetzt werden soll und darf.

Der dritte Kongreß in Genf, der erst wieder 1922 veranstaltet wurde und die Zäsur des Weltkrieges voraussetzte, liefert scheinbar ein anderes Bild. GEORG KERSCHENSTEINER spricht über 'l'autonomie des écoliers' (KERSCHENSTEINER 1922), AMELIE HAMAIDE stellt die 'école active' dar (HAMAIDE 1922) und ROBERT BADEN-POWELL konfrontiert die 'éducation par l'amour' mit der 'éducation par la crainte' (BADEN-POWELL 1922). Aber der Kern des pädagogischen Anliegens ist immer noch die Vermittlung der richtigen Moral, und die reformpädagogische Veränderung besteht im wesentlichen in der Darstellung neuer Methoden und schulischer Modelle. Es widerspricht der Kindorientierung offenbar nicht, wenn der österreichische Vertreter OSKAR EWALD (EWALD 1922, S. 79) von der universellen Religion der Menschheit spricht, zu der das Kind emporgehoben werden müsse, "en inculquant tres tôt son âme les principes d'une vie bonne et divine". Erst die Entwicklungspsychologie sollte die unkontrollierte Verwendung des Seelenbegriffs in Frage stellen und die Autoevolution des Kindes als Gegenkonzept der pädagogischen 'Einwirkung' stark machen.

Von dieser Frage hängt viel ab: Pädagogen sind dann Demiurgen, wenn sie stellvertretend über die Seele des Kindes verfügen, entweder durch den rechten Glauben oder durch die richtige Technik. Beide Traditionen, die pietistische und die sensualistische (vgl. OELKERS 1992a), fließen im moralischen Grundanspruch der Erziehung zusammen, der auch dann nicht aufgegeben wird, als die pädagogischen Formen des 19. Jahrhunderts in Frage gestellt sind. Die Kongresse für Moralerziehung bilden diesen Anspruch ab und erneuern ihn noch einmal in einer Zeit, deren Säkularisierungs- und Trivialisierungstendenzen nicht zu übersehen waren. Aber das Personal der Erziehungs- und Bildungssysteme orientierte sich an *Moral* und nicht an *Wirklichkeit* oder an ihr nur soweit sie der pädagogischen Absicht nicht widersprach. Das vergrößerte den Zweck der Erziehung, aber verringerte zugleich ihre Wahrscheinlichkeit, weil sich der Wirkungsraum weder beschränken noch in irgendeinem technischen Sinne beherrschen ließ.

Das pädagogische Universum ist zu Beginn des 20. Jahrhunderts eine Welt von hoher Kohärenz, die alle Irritationen des 19. Jahrhunderts

nicht haben aufbrechen können. Die Kohärenz läßt sich vor allem an Rezeptionsverhalten ablesen, also daran, was angenommen und was abgestoßen wird. Die große Erschütterung des 19. Jahrhunderts, also die Lehre CHARLES DARWINS, spielte aus Gründen der religiösen Selbstverpflichtung aller zeitgenössischen Erziehungstheorien nur die Rolle der *negativen* Grenzbestimmungen, die in ihrer Konsequenz nicht akzeptiert werden sollte. Anders ERNST HAECKELS 'Monismus', der aber erst rezipiert wurde, als daraus eine eigene religiöse Strömung geworden war. 'Ernst Haeckel als Erzieher' (DODEL 1910) ist eine Reverenz vor der Leitfigur des Monistenbundes, nicht vor dem Naturforscher und Darwinisten. Ein anderes Beispiel ist vielleicht noch aufschlußreicher: Die Pädagogik MARIA MONTESSORIS ist weitgehend nicht über die biologische Anthropologie wahrgenommen worden, sondern über die religiöse Deutung des Kindes, obwohl die Wirkungsansprüche der Methode weitgehend auf den vorausgesetzten biologischen Spekulationen beruhten.
Das gleiche gilt auf der anderen Seite, nämlich dem Verschließen der Grenzen. Was *nicht* ins pädagogische Universum aufgenommen wird, ist mindestens so aufschlußreich wie die Art und Weise, welche Bearbeitungsstrategien mit dem jeweils Aufgenommenen verbunden werden. Meine These ist, daß externe Theorien nie ohne moralische Kuren behandelt werden, was dann auch erklärt, wieso aussichtsreiche oder auch nur provokante Theorien, die stark abweichen, nicht wahrgenommen werden und keine Bearbeitung finden.
Ich will das an einem weiteren Beispiel verdeutlichen: ERNST KAPP hat 1877 eine 'Philosophie der Technik' vorgelegt, die durch die Hypothese der 'Organprojektion' eine gewisse Berühmtheit erlangte. Die Idee ist, daß Werkzeuge und Technologien bewußte und unbewußte Übertragungen der Formen und Gliederungen des menschlichen Körpers seien. Der Mensch bildet sich die Umwelt nach eigenem Vorbild, ohne auf die Natur zurückgreifen zu müssen. Diese Idee hat 1901 CARL HABERKALT zu einer weitgreifenden Spekulation über den 'kommenden Menschen' angeregt (HABERKALT 1901, S. 125ff.), die von der Parallelität der technischen und der organischen Entwicklung auf die unbegrenzte Perfektibilität des Menschen schließt (S. 126). Diese Phantasie ist am Ende des Jahrhunderts weitverbreitet, aber sie ist kein Thema der Pädagogik, weil sie auf eine prometheische Überwindung der Gattungsgrenzen hinausläuft und somit die christliche Schöpfung in Frage stellt.
Das führt auf die abschließende Frage, wie die pädagogische Reflexion, eingespannt zwischen christlicher Moral und den Wirklichkeiten der Industriegesellschaft, sich auf die naturwissenschaftlichen Lehren des 19. Jahrhunderts hat einstellen können. Sie durften nicht unbegrenzt übernommen werden, etwa auf der Linie von LUDWIG BÜCH-

NERS 'Kraft und Stoff' (BÜCHNER 1877)[17], sie konnten aber auch nicht völlig ignoriert werden, sollte nicht ein Verhaltungsverdacht entstehen.

III. Naturwissenschaft, Psychologie und Pädagogik

Die Suche nach den richtigen *Kausalitäten*, also die Suche nach Gewißheit, bestimmte das Interesse der pädagogischen Reflexion an naturwissenschaftlichen und psychologischen Theorien in der zweiten Hälfte des 19. Jahrhunderts. Das Problem der Gewißheit wird dem eigenen moralischen Diskurs entnommen, und es ist so übermächtig, daß die Frage nach den *Grenzen* der Erkenntnis keine Rolle spielt. Der Zugriff auf naturwissenschaftliche Theorien folgt einem Sekuritätsbedürfnis, nicht einer empirischen Fragestellung. Daher werden nicht fallibilistische, sondern positivistische Positionen mit eindeutiger Kausalität wahrgenommen, sofern sie zugleich zum moralischen Diskurs der Pädagogik passen.
Die *Grenzen* der Naturerkenntnis hat EMIL DU BOIS-REYMOND 1872 zu bestimmen versucht, auf der 45. Versammlung Deutscher Naturforscher und Ärzte in Leipzig. Der Vortrag hatte einen ungenannten Gegner, nämlich ERNST HAECKEL, der 1868 DARWINS Entwicklungslehre als 'natürliche Schöpfungsgeschichte' bezeichnet hatte, aus der sich eine 'monistische' statt dualistische oder teleologische 'Weltanschauung' ableiten lasse (HAECKEL 1868, S. 29). Das hielt DU BOIS-REYMOND für die entscheidende Grenzüberschreitung: Alle Naturforschung könne nur die *Natur* erforschen, während sie bei der 'unbegreiflichen' Tatsache des Bewußtseins auf eine prinzipielle Grenze ihrer Erklärungsfähigkeit stoße (DU BOIS REYMOND 1974, S. 65).[18] Wer diese Grenze überschreite, könne nicht länger zwischen Forschung und Spekulation unterscheiden.
Im September 1877 disputierten auf dem 50. Kongreß Deutscher Naturforscher und Ärzte RUDOLF VIRCHOW und ERNST HAECKEL über die Grenzen des Darwinismus, wobei VIRCHOW (1877) erneut bestritt, daß die Deszendenztheorie als 'sichergestelltes Forschungsergebnis' aufzufassen sei. DU BOIS-REYMONDS Grenzziehung müsse in Rechnung gestellt werden, die experimentelle Naturforschung könne keine Frage des Geistes und somit der Kosmologie beantworten. Der 'Geist' oder das 'Ganze' sei nicht erkennbar, weil "*alles* menschliche Wissen Stückwerk (sei)". Forschung sei Spezialisierung, und wer sein Spezialgebiet überschreite, werde notwendig zum Dilettanten (VIRCHOW 1877, S. 13). Die entscheidende Tugend sei daher die Kenntnis der 'Unwissenheit' (S. 14), die es verbiete, ein *Gesamtbild* der Natur oder ihrer Entwicklung zu entwerfen. HAECKELS Vortrag (HAECKEL 1877)

argumentierte nicht nur *für* diese Grenzüberschreitung, sondern zugleich für ein neues pädagogisches Dogma: Der gesamte Schulunterricht, so die aufsehenerregende Forderung[19], solle von der christlichen Religion auf die Deszendenzlehre umgestellt werden (S. 15).

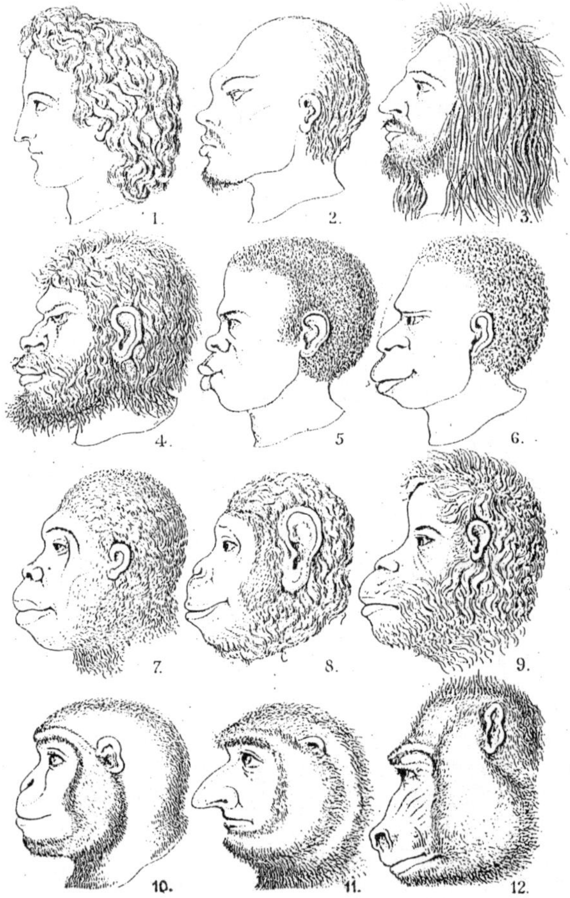

Abb. 4: Natürliche Schöpfungsgeschichte (Haeckel 1868, Titel).

HAECKEL bestritt aber noch mehr, die Existenz der christlichen Seele (HAECKEL 1908, S. 44ff.), die auf die Theorie der *Zellseele* (HAECKEL 1878) zurückgeführt wurde. Ein solcher Schritt war am Ende der achtziger Jahre provokativ und für die Pädagogik unannehmbar. Was HAECKEL in pejorativem Ton 'Virchows Pädagogik' nannte (HAECKEL 1908, S. 64), also die Beibehaltung des christlichen Dualismus, blieb für die Grundlage der Erziehungstheorie denkbestimmend. Dabei hatte HAECKEL in seiner 'Natürlichen Schöpfungsgeschichte' von 1868 eine Perfektibilitätsvorstellung der menschlichen Gattung entwickelt, die pädagogischem Denken zumindest nicht fremd war. Gerade die "Entwickelungslehre in ihrer Anwendung" eröffne die Perspektive für "das Menschengeschlecht im Großen und Ganzen", daß es "eine immer höhere Stufe geistiger Vollkommenheit erklimmen (werde)" (HAECKEL 1868, S. 550; Abb. 4).

'Vollkommenheit' ist die pädagogische Grunderwartung an die Entwicklung des Menschen (OELKERS 1990); eine Lehre, die diesen Gedanken stark macht, kann nicht einfach ignoriert werden, zumal die morphologischen Fakten eine eigene Suggestion entfalten. Aber HAECKELS Theorie dringt nicht auf der Linie des Streits mit VIRCHOW in die Pädagogik ein, weil das eine *zu starke* Negation der eigenen Grundannahmen gewesen wäre. Der Ort der Adaption ist die Theorie der *parallelen* Entwicklung, die HAECKEL 1868 zur Überwindung statischer Seelenvorstellungen ins Spiel gebracht hatte. Wie die menschliche Gattung, so *entwickelt* sich auch die Seele des Kindes, als Lern- und Differenzierungsvorgang und nicht mit Hilfe eines göttlichen Funkens (vgl. KLEINSORGE 1900).

Aus der Idee des *Parallelismus* entsteht ein eigenes Bild des Kindes, das hohe Attraktivität gewinnen sollte:

"Wir sehen am neugeborenen Kinde, dass dasselbe weder selbständiges Bewusstsein, noch überhaupt klare Vorstellungen besitzt. Diese entstehen erst allmählich, wenn mittelst der sinnlichen Erfahrung die Erscheinungen der Aussenwelt auf das Centralnervensystem einwirken. Aber noch entbehrt das kleine Kind aller jener differenzirten Seelenbewegungen, welche der erwachsene Mensch erst durch langjährige Erfahrung erwirbt. Aus dieser *stufenweisen Entwickelung* der Menschenseele in jedem einzelnen Individuum können wir nun, gemäss dem *innigen ursächlichen Zusammenhang zwischen Ontogenie und Phylogenie*, unmittelbar (!) auf die *stufenweise Entwickelung* der Menschenseele in der ganzen Menschheit und weiterhin in dem ganzen Wirbelthierstamme zurückschliessen. In unzertrennlicher Verbindung mit dem Körper hat auch der Geist des Menschen alle jene langsamen Stufen der Entwickelung, alle jene einzelnen Schritte der Differenzirung und Vervollkommnung durchmessen müssen" (HAECKEL 1868, S. 545f.; Hervorhebungen J.O.).

Aus der Entwicklung der Kinderseele kann auf die Entwicklung der Menschheit geschlossen werden (so auch HAECKEL 1874, S. 702ff.), kein Wunder daß ELLEN KEY unter Berufung auf die Entwicklungstheorie[20] das 'Jahrhundert des Kindes' ausrufen konnte, das im Rahmen der christlichen Moral keineswegs nahegelegen hätte. Was HAEKKEL 1909, zur DARWIN-Feier in Jena, formulierte, nämlich "dass ein grosses einheitliches Entwicklungsgesetz das Gesamtgebiet der Natur" beherrsche, von dem "auch der Mensch, als deren vollkommenstes Produkt, ... nicht ausgeschlossen (sei)" (HAECKEL 1909, S. 39), ist nur über den Mythos des Kindes adaptierbar gewesen. Die Reformpädagogik kombiniert einfach die Vision des unschuldigen Kindes mit der Entwicklungstheorie, *ohne* auf die Konsequenzen der Lehre DARWINS zu achten.

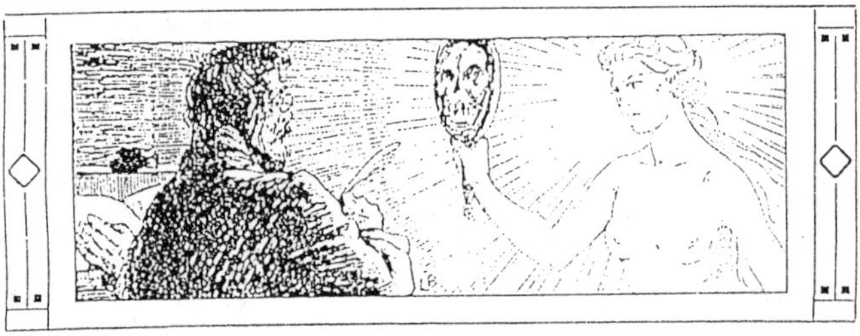

Die Sonne von Jena

Abb. 5: 'Die Sonne von Jena' (1905).

Im Vorwort zur vierten Auflage (1895) seiner Kinderpsychologie schreibt WILLIAM PREYER, was die pädagogische Konsequenz aus der Entwicklungslehre sein müsse. Die Konsequenz lasse sich in einer Parole ausdrücken: "Zuerst Natur ohne Dressur, dann Kultur", und Erziehung sei nichts weiter als "die Kunst, das kleine Kind *werden zu lassen*" (PREYER 1923, S. X). Die natürliche Entwicklung beschreibt PREYER wie HAECKEL als zunächst physiologische und dann psychologische Differenzierung (S. 103), die auf primäre 'Erregbarkeitsänderungen' zurückgeführt werden.[21] Bewußtsein und Ichbildung sind *Stadien* der Entwicklung, nicht Ergebnisse der Erziehung, die nicht länger erscheint, als sei sie die Macht der Gewöhnung an moralische Konventionen. Vielmehr bildet das Ich *sich selbst*, aus den, wie es heißt, 'interzentralen Verbindungsfasern' der physiologischen Speicherung heraus[22], und ohne pädagogische Einwirkung. Entwicklung ist Natur, nicht Moral, aber das war schon für den alten ERNST HAEKKEL

eher der Grund, eine eigene Kosmologie zu begründen, als tatsächlich die Moral preiszugeben (Abb. 5). In der Denkschrift über den 'Monistenbund' (HAECKEL 1904; vgl. KELLY 1981, S. 57ff.) wenigstens ist keine Rede von einer Abschwächung der Moral oder einer Preisgabe der Erziehung. Im Gegenteil vertritt HAECKEL hier eine 'monistische Religion', aus der ein stark paternales Erziehungskonzept hervorgeht, das sich kaum vom pädagogischen Mainstream unterscheidet.[23]
Wie kommt es dann aber zur Mythisierung des Kindes und damit zur Negation des Mainstreams? MARIA MONTESSORIS Pädagogische Anthropologie, deren englische Fassung 1913 bei Heinemann in London erschien und von der es bis heute keine deutsche Übersetzung gibt[24], zeigt ein morphologisches Bild der Entwicklung, das unter anderem von HAECKEL beeinflußt ist. Die Grundannahme ist eine Weiterentwicklung von HAECKELs Theorie der 'Zellseele', aus der sich die zentrale Doktrin der gesamten Pädagogik MONTESSORIS ableitet, nämlich die Gleichsetzung von Leben mit *individueller* Existenz. *Nicht*-individuell sind freilich die biologischen Rahmenbedingungen, nämlich die finale Kausalität, die jedem Leben immanent sei (MONTESSORI 1913, S. 45f.). Die Basisdoktrin wird dann von der Lehre des Parallelismus aus formuliert, unter ausdrücklicher Erwähnung der HAECKELschen 'Anthropogenie' von 1874.[25] Die erste Ursache für die Perfektionierung der Entwicklung sei das Leben selbst, verstanden als interner Faktor, dem aber die gestaltete Umwelt als eine 'secondary importance' beigefügt werden müsse, wenn es zu dem kommen soll, was 'directing evolution' genannt wird (S. 46/47). Die reine Natur ist also nicht genug, vielmehr müssen die gegebenen Richtungen der Entwicklung von außen stimuliert werden, damit wünschenswerte Endzustände überhaupt herausgebildet und *nicht* gewünschte Formen vermieden werden (S. 47).
Andererseits soll oder muß die Natur respektiert werden: Erziehung kann die natürliche Entwicklung unterstützen und sie auch anleiten, aber nicht verändern (S. 91). Letztlich geht es nur darum, die Prädispositionen des Kindes zu perfektionieren und nützlich zu machen (ebenda). Wie aber kann das gedacht werden, wenn zugleich eine biologische Determination behauptet wird? Nicht zufällig wird das Problem durch Rückbesinnung auf die Lehre vom Parallelismus gelöst: Entwicklung ist biologisches Wachstum (growth), aber Wachstum ist nicht einfach Vermehrung des ursprünglichen Volumens, sondern 'alteration in form' (S. 81). Es konstituiert die, wie es heißt, *ontogenetische Evolution* oder eben die Entwicklung des *Individuums* (S. 81f.). Indem es wächst, wird das Kind verändert (transformed), genauer: es durchläuft morphologische und psychologische Phasen (S. 82ff.), die sich allgemein, aber nicht unabhängig von den Bedingungen der Umwelt beschreiben lassen.

Dabei kommen starke Typisierungen ins Spiel, vor allem beeinflußt durch CESARE LOMBROSOS Biologie der kriminellen Abweichung, die zwischen normaler und asozialer Anpassung unterscheiden (S. 94) und mit denen dann die Unterschiede der Erziehung begründet werden (S. 95). Das ist eine radikale Veränderung der klassischen Pädagogik, die auch deutlich benannt wird: Die indivduellen Unterschiede oder die 'anthropologischen Persönlichkeiten' werden hier vernachlässigt, solange nur die *Mittel* der Erziehung in Betracht kommen, von denen angenommen wird, sie seien gerecht, solange sie für *alle gleich* verwendet werden (S. 89). Eine biologische Diskriminierung verfährt anders, durch die Unterscheidung von Norm und Variation bis hin zur Klassifizierung von 'Parasiten' (S. 101), auf die die Erziehung je verschieden zu reagieren habe (Abb. 6).

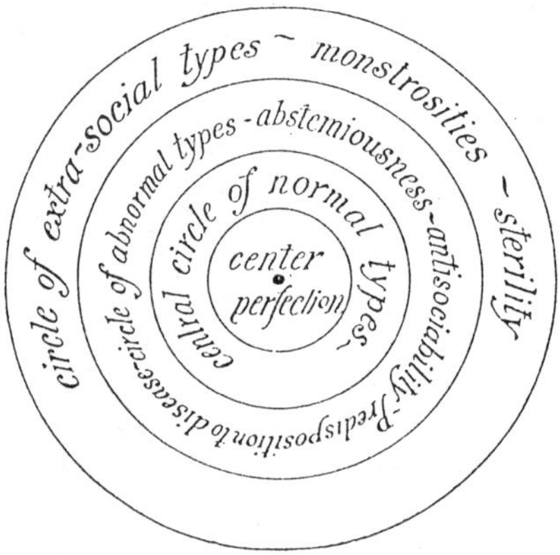

Abb. 6: Normalität und Abweichung (MONTESSORI 1913, S. 94).

Gleichwohl gelte allgemein, daß alle Methoden der Erziehung von der Entwicklung des menschlichen Lebens ausgehen und als ihren Zweck deren Perfektionierung ansehen müssen. Die Zwangserziehung sei abzuschaffen und ihre Stelle müsse eine Erziehung einnehmen, die zwei Leitprinzipien hat: die individuelle Freiheit des Kindes und die Achtung vor dem Leben. Daß dies möglich sei, wird mit der eigenen Erfahrung, der *casa dei bambini*, begründet. Hier seien anspruchsvolle Ergebnisse in der Entwicklung der Gesundheit und des Glücks der Kinder erzielt worden, eine perfekte Disziplin in den Klassen, wunderbare Fortschritte des Lernens und ein überraschendes Erwachen der Seelen, nämlich eine leidenschaftliche Liebe für die Arbeit (S. 123f.).

Die drei Diskurse, das wäre mein Befund, gehen *nicht* zusammen, die sicheren Prinzipien der Biologie, von denen MARIA MONTESSORI ausgehen will, die Umsetzung dieser Prinzipien in eine Methode, die über Wirkungsgarantien verfügt und die Effektivität der Erziehung steigert, sowie schließlich der Mythos des Kindes, der sich sowohl der Typisierung als auch der Instrumentierung verschließt. Die Biologie des 19. Jahrhunderts, damit auch die Kinderpsychologie, soweit sie auf die Lehre vom Parallelismus zurückgreift, erwecken derartige Erwartungen, zumal auch die Vollendungs-Metaphorik der klassischen Pädagogik für längst vorhandene und scheinbar passende Dispositionen gesorgt hat, aber die Kombination geht nicht auf, gerade weil die *Individualisierung* der Erziehung zu einem so übermächtig attraktiven Gedanken wird. Man kann aber nicht von der biologischen Individualität sprechen und *eine* Methode für alle entwickeln, die sich mit Phasen und Strukturen begründet, die Individualität in einem starken Sinne gerade ausschließen. Noch der Mythos des Kindes trifft diese Individualität *nicht*: Das 'Jahrhundert des Kindes' läßt weder den Erziehern noch den Kindern eine *individuelle* Wahl.

Ich fasse zusammen: Der Mainstream der pädagogischen Reflexion um 1900 ist streng moralisch ausgerichtet und folgt im wesentlichen den Vorgaben der christlichen Ethik. Das gilt für die Ränder nicht mehr, für die radikale Moralkritik im Gefolge NIETZSCHEs ebensowenig wie für bestimmte Konzepte der Evolutionstheorie und der daran anschließenden Kinderpsychologie. Freilich sind die *pädagogischen* Übersetzungen der Biologie und der Entwicklungspsychologie an Moral gebunden, und sei es, wie im Falle von HAECKEL, an Ersatzreligionen, die weit leichter Eingang finden in das pädagogische Universum als die kulturkritische Negation der Moral.

Freilich sind die Widersprüche des Monismus zu evident, insbesondere in der positiven Begründung von Moral, als daß diese Form biologischer Weltanschauung wirklich dauerhaft mit Erziehung hätte in Verbindung gebracht werden können. Das zeigt beispielhaft die Anthropologie der frühen MARIA MONTESSORI: Sie soll die 'neue Erziehung' begründen und beschreibt doch nur Typisierungen und Ursprungsvermutungen, während sich die tatsächliche Erziehung unabhängig davon, nämlich praktisch oder eben moralisch, begründet. Nur so ist Erziehung überhaupt möglich, während sie im biologischen Diskurs immer mit der Selbstentlarvung rechnen muß. So weit sich die Psychologie an das Entwicklungsschema hält, setzt sich dieser Widerspruch fort, bis PIAGET begründen kann, daß der hauptsächliche Bezug der Moralerziehung das Kind *selbst* sei.

Es scheint, als hätte der pädagogische Mainstream den besseren Instinkt. Vor der Auflösung der pädagogischen Aspiration steht die Frage, wie Kinder die Moral erwerben, die sich *nicht* selbst herausbildet.

Davor schützt kein Monismus, keine radikale Moralkritik und kein Sozialexperiment, denn alle derartigen Ansätze sind nur *als* Moral in Erziehung zu übersetzen. 'Moral' wäre aber nicht einfach die Vorgabe der Erziehung, sondern deren Herausforderung. Es geht nicht um Abrichtung, sondern um die Einstimmung der Urteilskraft auf das Allgemeine von Ethik und Sittengesetz (OELKERS 1992b). So betrachtet, wäre der Instinkt des Mainstreams erst noch auf die Probe zu stellen.

Anmerkungen:

1. ERICH MÜHSAM (1977) beschreibt das Scheitern der Kommune am Schlachtensee in seinen Lebenserinnerungen. Die Philosophie der 'Neuen Gemeinschaft' geht zurück auf PETER HILLES Vision eines pantheistischen Sozialismus.
2. Die Ästhetik der 'Natürlichkeit' (HART u.a. 1901, S. 8, 45, 73; Abb. 1-3) entspricht Grundmotiven der Jugendbewegung, aber auch der Pädagogik des Charon-Kreises oder der expressionistischen Arbeitsschulbewegung nach 1918 (vgl. OELKERS 1992).
3. Die Reihe ließe sich fortsetzen, von RILKE bis MORGENSTERN oder SAMUEL LUBLINSKI. Die gesamte Avantgarde ist erziehungskritisch, zumeist beeinflußt durch unterschwellige Rousseauismen und die Ästhetik des natürlichen Lebens.
4. OTTO ZUR LINDE lernte, nach längerem Aufenthalt in London, 1903 PANNWITZ kennen und gründete mit ihm und PAULSEN die Zeitschrift 'Charon', den gleichnamigen Buchverlag sowie einen Freundeskreis, der beide Projekte unterstützte (RÖTTGER 1970, S. 36ff.). RUDOLF PAULSEN war der Sohn von FRIEDRICH PAULSEN; er beschreibt in seinen Lebenserinnerungen (PAULSEN 1936) den Kreis um OTTO ZUR LINDE. Die Zeitschrift 'Charon' erschien von 1904 bis 1907; Mitarbeiter waren neben den Herausgebern PANNWITZ und ZUR LINDE, KARL RÖTTGER, RUDOLF PAULSEN und ELSE LASKER-SCHÜLER (RÖTTGER 1970, S. 470ff.).
5. Charon ist im antiken Mythos der Fährmann der Toten; in MICHELANGELOS 'Jüngstem Gericht' erscheint 'Charon' als Todesdämon; die Idee des 'Charon'-Kreises soll den Charon-Mythos und den christlichen Mythos verschmelzen (RÖTTGER 1970, S. 301ff.).
6. PANNWITZ Buch erschien als 32. Band der Reihe; LUDWIG GURLITT hatte 1907 über die Schule geschrieben und ELLEN KEY 1908 über Frauenbewegung. Allein das zeigt das Auswahlprinzip; über pädagogische Fragen kamen keine Vertreter des Establishments zu Wort.
7. PANNWITZ, der Schwiegersohn BERTHOLD OTTOS und Hauslehrer bei GEORG SIMMEL, kannte diese Versuche aus eigener Anschauung und aus journalistischer Korrespondententätigkeit. Sein fast nie erwähntes Buch ist die erste

kritische Gesamtdarstellung der deutschen Reformpädagogik. Das Verhältnis zu OTTO wird in den 'Charon-Briefen' (PANNWITZ o.J.) deutlich.

8. "Die verschiedenen Erziehungsarten wirken entweder das, worauf sich ihr Wert richtet, oder das genaue Gegenteil. Tyrannische Härte, die versklaven soll, kann befreien. Weiteste Freiheit, die freihalten soll, kann erschlaffen. Es sind nirgends konstante Verhältnisse, weil wir nirgends die Elemente (der Erziehung; J.O.) kennen" (PANNWITZ 1909a, S. 102/103).

9. Die Reformpädagogen werden verschiedentlich als 'Anarchisten' bezichtigt, was insofern irreführend ist, als die pädagogische Radikalität der tatsächlichen Anarchisten nie erreicht wurde (vgl. GRUNDER 1986).

10. Die NIETZSCHE-Rezeption in der Pädagogik ist eher marginal, wenigstens was die radikale Kritik der Moral betrifft. 'Zarathustra' ist Lektüreobjekt der Jugendbewegung, aber die tatsächliche Kulturkritik wird verkannt. Dazu hat vor allem LANGBEHNs 'Rembrandt als Erzieher' beigetragen, mit dem das Künstlerideal und die 'völkische' Erziehungsaufgabe der Kunst befördert wurden, während NIETZSCHEs eigentliche Kritik genau dadurch verdeckt wurde.

11. GRISEBACHs 'Grenzen des Erziehers' (1924) greift PANNWITZ' Argument im Kern auf, aber bringt es mit den Fragen der dialektischen Theologie zusammen, deren Rezeption dann die Diskussion überlagert.

12. BOVET ist Mitbegründer des 'Institut Jean-Jacques Rousseau' und wird 1920 an die Universität Genf berufen; PIAGET bezieht sich auf eine moralpsychologische Schrift (BOVET 1912), der er selbst wesentliche Einsichten verdankt.

13. Die Originalausgabe von 'Le jugement moral chez l'enfant' erschien 1929 in Paris, unmittelbar vor dem Kongreß der Moralerziehung.

14. Das Musterbild ist die *école active*, ein Begriff, der ebenfalls von BOVET (1919) stammt und den PIAGET (1930, S. 202ff.) mit der internationalen Reformpädagogik assoziiert. Das Bild des Kindes als 'organisme *actif*' (BOVET 1919, S. 9) ist grundlegend für PIAGETs ontogenetische Psychologie.

15. ADLER hatte einen Lehrstuhl für angewandte Ethik an der Columbia University inne, BOUTROUX war Mitglied der 'Académie des sciences morales et politiques' in Paris und Direktor der 'Fondation Thiers'. WILHELM FOERSTER war Geheimrat in Berlin und zugleich Vize-Präsident des *comité général* der internationalen Kongresse für Moralerziehung vor 1914.

16. Die offizielle Dokumentation (SYSERINCK 1912, 1913) umfaßt zwei Bände, zu denen noch der separate Band der amerikanischen Delegation (Second International Congress, 1912) hinzugezählt werden muß. Der Kongreß stand unter dem Patronat der 'reine-mère des Pays-Bas', das Ehrenkomittee war international hochrangig besetzt und anwesend war das gesamte pädagogische Establishment. Deutsche Vizepräsidenten des Kongresses etwa waren GEORG KERSCHENSTEINER, WILHELM REIN und WILHELM STUMPF. Das *comité générale* verzeichnet von deutscher Seite alle bekannten Namen von KARL LAMPRECHT bis PAUL NATORP, wobei hier auch die Schulreformer auftau-

chen (CARL GOETZE, PAUL GEHEEB, FRITZ GANSBERG u.a.m.), ohne daß sie abweichende Meinungen formuliert hätten.

17. Die Entwicklung des Kindes ist hier wesentlich ein gehirnphysiologisches Problem: "Die am Erwachsenen sehr deutliche s.g. *Faserung des Gehirns ist im Kindergehirn nicht zu erkennen*. Je deutlicher diese Faserung wird, um so bestimmter tritt die geistige Thätigkeit hervor" (BÜCHNER 1877, S. 129).

18. Das war durchaus nicht ungewöhnlich; auch HERMANN VON HELMHOLTZ hat immer bestritten, daß Materie direkt erkennbar sei. Was die physikalischen Gesetze beschreiben, sind *Kräfte*, nicht die Materie als solche (HELMHOLTZ 1889, S. 4ff.). HAECKEL (1868, S. 29) behauptete, den "mechanischen Entwickelungsgang der Materie" kausal notwendig beschreiben zu können.

19. Einige Zitate aus der Publizistik im Anschluß an den Disput finden sich in HAECKEL 1908, S. 83-96.

20. Beeinflußt durch HERBERT SPENCERs Theorie der Anpassung, aber auch durch HAEKKELs Monismus (DRÄBING 1990). Die Zeitschrift des Monistenbundes hieß nicht zufällig 'Das monistische Jahrhundert'.

21. Die erste Anlage zum Wollen ist nicht der metaphysische 'Wille', sondern die "variable Erregbarkeit der motorischen Zentralorgane" (PREYER 1923, S. 112).

22. "Erst durch sehr häufiges Zusammenvorkommen disparater Sinneseindrücke beim Schmecken-Berühren, beim Sehen-Tasten, Sehen-Hören, Sehen-Riechen, Schmecken-Riechen, Hören-Berühren bilden sich die interzentralen Verbindungsfasern aus und dann erst können die verschiedenen Vorstellungszentren, gleichsam Ichbildner, wie bei der gewöhnlichen Begriffsbildung, zu der Bildung des einheitlichen Ich, welches ganz abstrakt ist, führen" (PREYER 1923, S. 344).

23. Ich vernachlässige an dieser Stelle die politische Bedeutung von HAECKELs Theorie, deren biologische Konzeption des Staates (Zellstaat) deutlich als 'Wegbereiter' des Nationalsozialismus reklamiert worden ist (BRÜCHER 1935).

24. Die 'Antropologia pedagogica' erschien 1910 in Mailand; sie ist die Grundlage für das ein Jahr zuvor erschienene 'Il metodo della pedagogica scientifica', von dem 1913 die deutsche Übersetzung erschien.

25. Das Konzept der *finalen Kausalität* wird freilich unabhängig von HAECKEL verwendet, unter Rückgriff auf CHARLES RICHET.

Literaturverzeichnis:

ADLER, F.: The Scope and the Aim of Ethical Education. In: SPILLER, G. (Hrsg.): Papers on Moral Education Communicated to the First International Moral Education Congress Held at the University of London. September 25-29, 1908. London 1909, S. 7-14.

ADLER, F.: Sketch of a Course of Ethical Development Extending Through Life. In: Second International Moral Education Congress (1912), S. 16-29.

BADEN-POWELL, R.: L'éducation par l'amour au lieu de l'éducation par la crainte. In: Troisième congrès internationale d'éducation morale, t. I (1922), S. 5-26.

Berlin um 1900. Katalog der Ausstellung der Berlinischen Galerie in Verbindung mit der Akademie der Künste. Berlin 1984.

BOUTROUX, E.: Les principes de l'éducation morale. In: SPILLER, G. (Hrsg.): Papers on Moral Education Communicated to the First International Moral Education Congress Held at the University of London. September 25-29, 1908. London 1909, S. 20-23.

BOVET, P.: Les conditions de l'obligation de conscience. In: Année psychologique, Jg. 1912.

BOVET, P.: La tâche nouvelle de l'Ecole. In: Intermédiaire des éducateurs no. 71/72 (Oct.-déc. 1919).

BRODIN, J.A.R.: Esquisse des bases fondamentales et principales de psychologie. In: DYSERINCK (1912), S. 105-110.

BRÜCHER, H.: Ernst Haeckel, ein Wegbereiter biologischen Staatsdenkens. In: Nationalsozialistische Monatshefte 69 (1935), S. 31-42.

BÜCHNER, L.: Kraft und Stoff. Empirisch-naturphilosophische Studien. In allgemein-verständlicher Darstellung (1855). Leipzig [13]1874.

DE GEÖCZE, CH.: Environment and Moral Development. In: SPILLER, G. (Hrsg.): Papers on Moral Education Communicated to the First International Moral Education Congress Held at the University of London. September 25-29, 1908. London 1909, S. 386-389.

Die Sonne von Jena. Eine Würdigung Ernst Haeckels als Künstler und als Patriot. Gera-Untermhaus 1905.

DODEL, A.: Ernst Haeckel als Erzieher. Frankfurt am Main 1910.

DRÄBING, R.: Der Traum vom 'Jahrhundert des Kindes'. Geistige Grundlagen... der Erziehungslehre Ellen Keys. Bern 1990.

DU BOIS-REYMOND, E.: Ueber die Grenzen des Naturerkennens (1872). In: E. DU BOIS-REYMOND: Vorträge über Philosophie und Gesellschaft. Hrsg. v. S. WOLLGAST. Hamburg 1974, S. 54-77.

DYSERINCK, A.G. (Hrsg.): Mémoires sur l'éducation morale présentés au deuxième congrès international d'éducation morale. La Haye 22-27 Août 1912. La Haye 1912.

DYSERINCK, A.G. (Hrsg.): Compte rendu du deuxième congrès international d'éducation morale à La Haye 22-27 Août 1912. La Haye 1913.

EWALD, O.: Religion universelle et éducation. In: Troisième congrès internationale d'éducation morale, t. I (1922), S. 73-80.

FOERSTER, F.W.: Religion und Charakterbildung. In: DYSERINCK, A.G. (Hrsg.): Mémoires sur l'éducation morale présentés au deuxième congrès international d'éducation morale. La Haye 22-27 Août 1912. La Haye 1912, S. 5-9.

FOERSTER, W.: Die Prinzipien der Moral-Erziehung gestützt durch Verbindung mit Energetik und Harmonik. In: SPILLER, G. (Hrsg.): Papers on Moral Education

Communicated to the First International Moral Education Congress Held at the University of London. September 25-29, 1908. London 1909, S. 14-20.

GONON, PH.: Arbeitsschule und Qualifikation. Arbeit und Schule im 19. Jahrhundert. Kerschensteiner und die heutigen Debatten zur beruflichen Qualifikation. Bern 1992 (Explorationen, hrsg. v. J. OELKERS, Bd. 3).

GRUNDER, H.-U.: Theorie und Praxis anarchistischer Erziehung. Robin, Faure, Ferrer, Wintsch. Grafenau 1986.

HABERKALT, C.: Der kommende Mensch. Neue Ausblicke auf die Zukunft des Menschen. Leipzig 1901.

HÄBERLIN, P.: Vorschläge zur Methodik der ethischen Erziehung. In: SPILLER, G. (Hrsg.): Papers on Moral Education Communicated to the First International Moral Education Congress Held at the University of London. September 25-29, 1908. London 1909, S. 76-79.

HAECKEL, E.: Natürliche Schöpfungsgeschichte. Gemeinverständliche wissenschaftliche Vorträge über die Entwickelungslehre im allgemeinen und diejenige von Darwin, Goethe und Lamarck im Besonderen, über die Anwendung derselben auf den Ursprung des Menschen und andere damit zusammenhängende Grundfragen der Naturwissenschaft. Berlin 1868.

HAECKEL, E.: Anthropogenie oder Entwickelungsgeschichte des Menschen. Gemeinverständliche wissenschaftliche Vorträge über die Grundzüge der menschlichen Keimes- und Stammes-Geschichte. Leipzig 1874.

HAECKEL, E.: Die heutige Entwickelungslehre im Verhältnisse zur Gesammtwissenschaft. Vortrag in der ersten öffentlichen Sitzung der fünfzigsten Versammlung Deutscher Naturforscher und Aerzte zu München am 18. September 1877. Stuttgart 1877.

HAECKEL, E.: Zellseelen und Seelenzellen. In: Deutsche Rundschau Bd. XVI (Juli-August-September 1878), S. 40-59.

HAECKEL, E.: Die Welträtsel. Gemeinverständliche Studien über Monistische Philosophie. Leipzig 1899.

HAECKEL, E.: Der Monistenbund. Thesen zur Organisation des Monismus. Frankfurt am Main 1904.

HAECKEL, E.: Freie Wissenschaft und freie Lehre. Eine Entgegnung auf Rudolf Virchow's Münchener Rede über 'Die Freiheit der Wissenschaft im modernen Staat'. M.e.Einl. v.H. SCHMIDT: Haeckel, Virchow und Reinke. Leipzig 1908.

HAECKEL, E.: Das Weltbild von Darwin und Lamarck. Festrede zur Hundertjährigen Geburtstag-Feier von Charles Darwin. Leipzig 1909.

HAMAIDE, A.: L'enseignement de la solidarité à l'école active. In: Troisième congrès international d'éducation moral, t. II (1922), S. 95-104.

HART, J.: Der neue Gott. Ein Ausblick auf das kommende Jahrhundert. Florenz 1899.

HART, H./HART, J./LANDAUER, G./HOLLÄNDER, F.: Die neue Gemeinschaft, ein Orden vom wahren Leben. Vorträge und Ansprachen, gehalten bei den Weihefesten, den Versammlungen und Liebesmahlen der Neuen Gemeinschaft. Leipzig 1901 (Das Reich der Erfüllung, Heft 2).

HAUER, K.: Von den fröhlichen und unfröhlichen Menschen. Gesammelte Essays. Wien 1910.

HELLER, D.: Die Entwicklung des Werkens und seiner Didaktik von 1880 bis 1914. Zur Verflechtung von Kunsterziehung und Arbeitsschule. Bad Heilbrunn 1990.

HELMHOLTZ, H.: Ueber die Erhaltung der Kraft (1847). Leipzig 1889.

KAPP, E.: Grundlinien einer Philosophie der Technik. Zur Entstehungsgeschichte der Kultur aus neuen Gesichtspsunkten. Braunschweig 1877.

KAPTEYN-MUYSKEN, G.: Moral Education. In: DYSERINCK, A.G. (Hrsg.): Mémoires sur l'éducation morale présentés au deuxième congrès international d'éducation morale. La Haye 22-27 Août 1912. La Haye 1912, S. 99-102.

KELLY, A.: The Descent of Darwin. The Popularisation of Darvinism in Germany, 1860-1914. Chapel Hill: The University of North Carolina Press 1981.

KERSCHENSTEINER, G.: L'autonmie des écoliers. In: Troisième congrès international d'éducation morale, t. II (1922), S. 115-126.

KLEINSORGE, J.A.: Beiträge zur Geschichte der Lehre vom Parallelismus der Individual- und der Gesamtentwicklung. Diss. phil. Jena 1900.

LANDAUER, G.: Der werdende Mensch. Aufsätze über Leben und Schrifttum. Hrsg. v. M. BUBER. Potsdam 1921.

LIETZ, H.: Die moralische Erziehung in der deutschen Land-Erziehungsheimen. In: SPILLER, G. (Hrsg.): Papers on Moral Education Communicated to the First International Moral Education Congress Held at the University of London. September 25-29, 1908. London 1909, S. 51-54.

MANNY, F.A.: The Moral Education of Children. In: Second International Moral Education Congress. 1912, S. 41-46.

MONTESSORI, M.: Pedagogical Anthropology (1910). Transl. by F. TABER COOPER. London 1913.

MÜHSAM, E.: Namen und Menschen. Unpolitische Erinnerungen. Berlin 1977.

MÜNCH, W.: Eltern, Lehrer und Schulen in der Gegenwart. Berlin 1906.

OELKERS, J.: Vollendung: Theologische Spuren im pädagogischen Denken. In: N. LUHMANN/K.E. SCHORR (Hrsg.): Zwischen Anfang und Ende. Fragen an die Pädagogik. Frankfurt am Main 1990, S. 24-72.

OELKERS, J.: Reformpädagogik. Vorlesung an der Universität Bern im WS 1991/92. Ms. Bern 1992.

OELKERS, J.: Seele und Demiurg. Zur historischen Genesis pädagogischer Wirkungsannahmen. In: N. LUHMANN/K.E. SCHORR (Hrsg.): Zwischen Intention und Wirkung. Fragen an die Pädagogik. Frankfurt am Main 1992a (im Druck).

OELKERS, J.: Pädagogische Ethik. Eine Einführung in Probleme, Paradoxien und Perspektiven. Weinheim 1992b.

PANNWITZ, R.: Kultur, Kraft, Kunst. Charon-Briefe an Berthold Otto. Leipzig o.J. (1905).

PANNWITZ, R.: Das Werk der deutschen Erzieher. Berlin 1909.

PANNWITZ, R.: Die Erziehung. Frankfurt am Main 1909a (Die Gesellschaft, hrsg. v. M. BUBER, Bd. 32).

PAULSEN, F.: Ernst Haeckel als Philosoph (1900). In: F. PAULSEN: Philosophia militans. Gegen Klerikalismus und Naturalismus. Fünf Abhandlungen. Berlin 1901, S. 119-192.

PAULSEN, R.: Mein Leben. Natur und Kunst. Berlin 1936.

PIAGET, J.: Les procédés de l'Education moral. In: Cinquième congrès international d'éducation morale (Paris 1930). Vol. I: Rapports et mémoires sur les trois thèmes principaux du congrès. Paris 1930, S. 182-219.

PREYER, W.: Die Seele des Kindes. Beobachtungen über die geistige Entwicklung des Menschen in den ersten Lebensjahren (1882). Hrsg. v. K.L. SCHAEFER. Leipzig ^{9}1923.

PRZYBYSZEWSKI, ST.: Zur Psychologie des Individuums. Bd. 1: Chopin und Nietzsche; Bd. 2: Da Hansson. Berlin 1892.

RICHET, Ch.: L'effort vers la vie, et la théorie des causes finales. Paris 1895.

RÖTTGER, H.F.: Otto zur Linde. Die Strukturen der Persönlichkeit und der geistigen Welt. Wuppertal 1970.

SCHUTTE, J./SPRENGEL, P. (Hrsg.): Die Berliner Moderne 1885-1914. Stuttgart 1987.

SANDERS, T.: Morale, religion et libre-arbitre. In: A.G. DYSERINCK (Hrsg.): Mémoires sur l'éducation morale présentés au deuxième congrès international d' éducation morale. La Haye 22-27 Août 1912. La Haye 1912, S. 116-121.

Second International Moral Education Congress, The Hague, August 22-27th, 1912. Papers contributed by American Writers and Review of Recent American Literature on Moral Education. Published by the American Committee of the International Congress. o.O. (1912).

SPILLER, G. (Ed.): Papers on Moral Education Communicated to the First International Moral Education Congress Held at the University of London, September 25-29, 1908. London 1909.

Troisième congrès internationale d'éducation morale. Genève, 28 Juillet-1er Août 1922. t. I/II. Genève: Secrétariat du congrés-Institut Jean-Jacques Rousseau 1922.

VIRCHOW, R.: Die Freiheit der Wissenschaft im modernen Staat. Rede gehalten in der dritten allgemeinen Sitzung der fünfzigsten Versammlung deutscher Naturforscher und Aerzte zu München am 22. September 1877. Berlin 1877.

WALSEMANN, H.: Der Irrgarten. Hannover 1905.

WENDLING, K.: Wider den pädagogischen Anarchismus. Straßburg 1913.

BERNHARD SCHWENK

Paedagogia perennis?

Die Fragestellung 'Paedagogia perennis?' tauchte eher zufällig im Rahmen der Diskussionen der Arbeitsgruppe Wissenschaftsforschung auf. Damit ergab sich eine doppelte Akzentsetzung: stand die gesamte, für den Kongreß konzipierte Vortragsreihe der Arbeitsgemeinschaft unter dem Obertitel 'Begründungsformen moderner Pädagogik', so stellte sich doch die Frage nach einer 'Paedagogia perennis' zugleich auch im Hinblick auf die Dilemmata der gegenwärtigen Diskussionen zum Erziehungsbegriff.
Der Terminus 'Paedagogia perennis' verweist auf OTTO WILLMANN (1839-1920), der zu Anfang unseres Jahrhunderts versucht hat, ihn in die wissenschaftliche Diskussion einzuführen. Ich unterstelle für das Folgende, daß in der gegenwärtigen Diskussion Einigkeit darüber besteht, daß das Kennzeichen pädagogischer 'Moderne' ein technologischer Erziehungsbegriff ist, der auf methodische Erzeugung eines unter eher gesellschaftspolitischen Gesichtspunkten entworfenen menschlichen Habitus zielt - Erfüllung des Projekts Moderne durch geplante Erziehung. Unter diesem Gesichtspunkt wird man WILLMANN nicht unter 'Pädagogik der Moderne' rubrizieren können, zumindest nicht den späteren WILLMANN. Der junge WILLMANN kam 1863, also mit 24 Jahren, zu TUISKON ZILLER nach Leipzig, wo er fünf Jahre lang blieb, als Praktikant und dann als Instruktor, also Oberlehrer unter ZILLERs Leitung. So war er, auch nach Ausweis seiner frühen Schriften, Herbartianer, und da ging es in der Tat mit der Absicht methodischer Erzeugung der 'sittlich-religiösen Persönlichkeit' um ein konservatives Nationalerziehungsprogramm, Abwehr des heraufziehenden Sozialismus. Doch dann hat WILLMANN sich von ZILLER gelöst, und im Verlauf seines weiteren Lebens wurde er als Pädagoge - man darf heute getrost auch sagen, als Erziehungswissenschaftler - eine der Leitfiguren des sich erneuernden Katholizismus. Ich selbst habe diesen Weg der Ablösung WILLMANNs vom Herbartianismus - und damit im heutigen Verständnis auch von der 'Moderne' - früher einmal knapp nachgezeichnet.[1] Blickt man auf WILLMANNs späteres pädagogisches Werk, so fällt sofort auf, daß der Bildungsbegriff, nicht der Erziehungsbegriff im Vordergrund steht. 'Didaktik als Bildungslehre', so lautet der Titel seines 1882/1888 zuerst erschienenen, mehrfach wiederaufgelegten pädagogischen Hauptwerks: Nicht, wie bei ZILLER, Erziehung als psychologisch fundierte Konstruktion des Zöglings mittels eigens dafür arrangierter und zurechtgebogener Lehrinhalte[2], sondern Bildung als Weitergabe der 'objektiven' Kulturgüter, welche die

Tradition uns anliefert. Und WILLMANNs Erziehungsbegriff ist nicht der aufgeladene Erziehungsbegriff - 'Mündigkeit', 'Selbsttätigkeit', 'Emanzipation' -, von dem wir auszugehen pflegen; vielmehr geht WILLMANN aus von jenem unprätentiösen Erziehungsbegriff, wie er in der Antike beispielsweise in griech. trephein, lat. aluere vorliegt, verortet im Übergang von ernähren, aufziehen, erziehen. Diesen Erziehungsbegriff will WILLMANN dann ausdifferenziert wissen im sogenannten pädagogischen Ternar, jener schon in der griechischen Sophistik im 5. Jahrhundert auftretenden Dreiheit von Pflege, Zucht und Lehre: "Die erziehende Tätigkeit wächst so aus der des Aufziehens heraus, welche sich in ihr ins Moralische erhebt, der geistig-ausstattenden als bildenden entgegen".[3] Und er definiert: "Die Erziehung ist die fürsorgende, regelnde und bildende Einwirkung gereifter Menschen auf die Entwicklung werdender, um diesen an den die Lebensgemeinschaft begründenden Gütern Anteil zu geben".[4] WILLMANN beruft sich hierfür auf FRIEDRICH SCHLEIERMACHER: Das "Herausbilden des Individuellen" sei mit dem "Hineinbilden in das gemeinsame Leben" zu vereinigen.[5] So verschiebt sich für WILLMANN die Hauptaufgabe der Erziehung auf den Transfer der geistigen Güter, und von hier aus formuliert er die Forderung nach einer Paedagogia perennis. Denn, wie er sagt, die außerzeitlichen Güter bilden Kern und Halt der gesamten Güterwelt, und so ist die Erziehung nicht nur eine sittliche, sondern auch eine religiöse Forderung.[6] Daher muß WILLMANN jegliche 'Staatspädagogik' ablehnen[7], - denn Staatserziehung kann im Staat des ausgehenden 19. Jahrhunderts dieses religiöse Moment nicht aufnehmen, bedeutet 'Entfremdung' von der Religion.

WILLMANN hat den Begriff 'Paedagogia perennis' in gewollter Analogie zu dem älteren, 1540 von AUGUSTINUS STEUCHUS (auch EUGUBINUS genannt, denn er stammte aus Gubbio) geprägten Begriff 'Philosophia perennis' in die zeitgenössische Diskussion zu bringen versucht. STEUCHUS - ich referiere hier aus dem Artikel von HELMUT SCHNEIDER im Historischen Wörterbuch der Philosophie[8] - unterstellte, daß, so wie es nur ein Prinzip aller Dinge gibt, es auch nur einunddasselbe Wissen darüber bei allen Menschen gibt; diese eine Weisheit bei allen Philosophen und ihre Übereinstimmung mit der christlichen Religion gilt es aufzuzeigen. WILLMANNs Rückgriff auf den Terminus ist vor dem Hintergrund der Neuscholastik im 19. Jahrhundert zu sehen, die - ich referiere wieder SCHNEIDER - den Terminus Philosophia perennis auf die platonisch-aristotelische Grundlegung der Philosophie und ihre Vollendung bei THOMAS VON AQUIN festlegte. Das Motiv für die Forderung nach einer Paedagogia perennis wird von WILLMANN ganz eindeutig angegeben. Ich zitiere aus einem kleinen Aufsatz mit dem Titel 'Die drei Hilfszeitwörter in der Erziehung', 1912 in der Zeitschrift

'Pharus. Katholische Monatsschrift für Orientierung in der gesamten Pädagogik' erschienen:
"Erfreuliches Interesse wird der Geschichte der Erziehung zugewandt, sodaß das Perfektum als Vergangenheit heute wohl vertreten ist; aber perfektus heißt auch vollendet, vollkommen, und die Geschichtsschreibung muß bei der Darlegung dessen, was war, nicht das, was sein soll, aus dem Auge verlieren. Das unterläßt der moderne Relativismus, der sich scheut, an die historischen Erscheinungen den Maßstab des absoluten Wertes anzulegen. Er gipfelt in der Behauptung, daß man zu einer allgemeinen Pädagogik gar nicht gelangen könne, weil die Erziehungideale in den verschiedenen Perioden wechseln. Aber der tiefer dringende Blick muß herauskennen, was in dem Wechsel und Wandel beharrt, und unterscheiden, was mit den Zeitmeinungen kommt und geht, was dagegen die Last der Geschichte getragen hat. Es gibt eine paedagogica[9] perennis, wie es eine solche Philosophie gibt, und sie ist daran erkennbar, daß sie die Güter bewahrt hat, zu deren Überlieferung die Erziehung berufen ist."[10]
Die Lehren, so lesen wir 1908 bei WILLMANN, "welche uns instand setzen, die Erziehung 'in ihrer guten und vollendeten Fassung' zu erkennen ..., gehören der christlichen und nächstdem der antiken Weltanschauung an ...".[11] Es fällt auf, daß der Terminus 'Paedagogia perennis' bei WILLMANN anscheinend nur an wenigen Stellen verstreut im Alterswerk erscheint - mit nur knappen Erläuterungen.[12] Auch wurde dieser Terminus, soweit ich sehen kann, nur im Bereich einer dezidiert an WILLMANN anschließenden, katholischen Pädagogik aufgenommen.[13] WILLMANN selbst dürfte seine Forderung nach einer Paedagogia perennis in seinen Arbeiten zur Didaktik als realisiert oder zumindest doch projektiert angesehen haben. Denn, wie es im Anschluß an die eingangs schon zitierte Textstelle[14] heißt, die Paedagogia perennis ist für ihn erkennbar daran, daß sie die Güter bewahrt hat, zu deren Überlieferung die Erziehung berufen ist. Und es heißt an der gleichen Stelle dann weiter: "Macht man damit Ernst, die Erziehung als Überlieferung geistiger Güter zu verstehen, dann tritt die Religion, für unseren Kulturkreis das Christentum, an die Spitze."[15] WILLMANNS Lösungsversuch stellt sich - diese Betrachtung darf hier noch angefügt werden - in die schon von PHILON VON ALEXANDRIEN, dann von CLEMENS VON ALEXANDRIEN vorbereitete Linie, derzufolge der hellenistisch-antike Bildungskanon Vorbereitungsstufe und die christliche Weisheit die Vollendung darstellt, was sich dann ja in den mittelalterlichen Universitäten als der stufenweise Aufstieg von der artistischen Fakultät zur theologischen abbildet.
In einem kurzen Artikel zum Stichwort Philosophia perennis merkt LUDGER OEING-HANHOFF an, das unter diesem Titel auszutragende philosophische Problem sei ein Aspekt der Geschichtlichkeit der

Philosophie[16], und damit bin ich nun bei dem zweiten Aspekt meines Themas, den gegenwärtigen Schwierigkeiten in der Diskussion des Erziehungsbegriffs. Wir erleben derzeit in unserer Disziplin erneut eine historische Welle - gottlob, möchte ich sagen, denn man kann ja gar nicht genau genug hinsehen und differenzieren. Vorbürgerlich, bürgerlich, oder: vormodern, modern, postmodern, oder: das Ende der Erziehung (und damit, logischerweise, irgendwann doch auch ihr Anfang). Aber was ist denn nun nach dem Ende der Erziehung? Wenn ALICE MILLER meint[17], zur Liebe könne man ein Kind nicht erziehen, weder durch Schläge, noch mit gutgemeinten Worten, Drohungen, Sanktionen usw., dann aber auf Josef verweist, der das Kind beschützte, liebte, bediente, ihm die Erfahrung der Liebe vermittelte, oder wenn HERMANN GIESECKE fordert[18], wir hätten uns vom traditionellen Begriff der Erziehung zu verabschieden und stattdessen Bedingungen und Herausforderungen bereitzuhalten, so läßt sich mit einem Ausdruck von MICHAEL WINKLER konstatieren, daß hier eigentlich nur ein reichlich ärmlicher 'Normalbegriff'[19] von Erziehung abgelehnt wird. Durch eine Korrektur der Definition von Erziehung ließen sich die Ausstellungen von MILLER und GIESECKE ja leicht beheben, und das ist auf die eine oder andere Weise auch längst geschehen - man braucht beispielsweise nur an die von MARTIN BUBER vorgenommene Definition des 'Erzieherischen' in der berühmten Rede 'Über das Erzieherische' aus dem Jahre 1925 zu erinnern. Doch auch solche Unternehmungen bleiben historisch lokalisierbar und damit begrenzt. Wie aber will man überhaupt noch miteinander über Erziehung reden, wenn es nicht gelingt, auf irgendeine Weise ein Identisches festzuhalten, über die Zeiten und auch über die Kulturen hinweg? Am Wort 'Erziehung' wird man sich nicht festhalten können, schon weil es nicht sehr weit in die Vergangenheit zurückreicht und schon gar nicht in andere Kulturen hinein, die ihre eigenen Wörter haben. Mit WINKLER "auf den Sachverhalt verweisen, daß erzogen wird"[20], reicht leider nicht aus, denn das ist ja gerade das Problem, ob (und wo) es Sachverhalte gibt, die von 'Erziehung' reden lassen. Unstrittiger und allgemeinster Sachverhalt dürfte allenfalls sein, daß ein Teil der Menschheit aus Kindern und jungen Leuten besteht, mit denen sich gesellschaftliche Praxis und meist auch die Praxis des einzelnen Menschen notgedrungen beschäftigen muß.

OTTO WILLMANNs Versuch, Erziehung gleichsam materialiter aus der Praxis eines großen, eines sehr großen historischen Zusammenhangs heraus zu definieren, gelingt nur von einem streng formulierten, konfessionellen Standpunkt aus. Zu viele Traditionslinien lassen sich in diesem großen historischen Raum identifizieren. So bleiben neuere Versuche, in Sachen 'Erziehung' ein Identisches festzustellen, vorsichtigerweise denn auch abstrakter, unbestimmter. WILHELM FLITNER,

und im Anschluß an ihn, DIETRICH BENNER, unterstellen die Existenz eines 'pädagogischen Grundgedankengangs'[21] oder 'Grundgedankens'[22]. Doch worum soll es sich dabei handeln? Um eine allgemeine Idee? Um eine historisch lokalisierbare Denkfigur? Hinsichtlich der Entscheidung zwischen diesen beiden Möglichkeiten halten sich FLITNER und auch BENNER verständlicherweise zurück - wer wollte auch schon heutzutage die Existenz einer überzeitlichen Erziehungsidee behaupten. BENNER formuliert seine normative allgemeine Pädagogik mit den Mitteln der Neuzeit, genauer, der späten Neuzeit, der europäischen späten Neuzeit, wie man inzwischen gedrängt ist hinzuzusetzen, und er setzt sie problemgeschichtlich kontrastierend ab von der platonisch-aristotelischen Antike. Wie aber läßt sich sichern, daß man, sofern man dabei von 'Erziehung' redet, auf irgendeine Weise von demselben redet, so daß man vergleichen kann? Wie will man unseren - wie ich schon sagte - hochaufgeladenen Erziehungsbegriff zu antiken Begriffen in diesem Felde (in welchem Felde eigentlich) in Beziehung setzen?
Eine andere Schwierigkeit stellte sich in aller Deutlichkeit erst mit dem Auftreten des Sozialisationsbegriffs. Der Sozialisationsbegriff, in einer Formulierung DIETER GEULENS[23] "die Entwicklung der Persönlichkeit aufgrund ihrer Interaktion mit einer spezifischen materiellen und sozialen Umwelt" ist so weit gefaßt, daß er Erziehung notwendig einschließt, unbewußte wie bewußte gleichermaßen. Bereits EMILE DURKHEIM sprach diesbezüglich von 'socialisation méthodique'.[24] Das aber führt zu einer absonderlichen denkerischen Situation: zwar habe ich als Vater, Lehrer und dergleichen durchaus das Empfinden, im Umgang mit Kindern und jungen Leuten etwas zu tun, was ich dann auch als erzieherische Anstrengung zu begreifen vermag, aber ob dies mein eigenes Tun ist, oder ob etwas quasi durch mich hindurch etwas tut, da ich ja mich selbst als in das Gesamt der diesbezüglichen Wechselwirkungen, bewußter wie unbewußter, einbezogen begreifen muß, das vermag ich nicht mehr zu unterscheiden. Oder andersherum, in der Außenperspektive: wenn da jemand einem Kind eine runterhaut, so kann das alles mögliche sein: Verlust der Selbstkontrolle in einer Konfliktsituation, vielleicht auch Selbstverteidigung oder sonst irgendetwas. Es könnte aber auch, in der Selbstwahrnehmung dieses Menschen, ein erzieherischer Akt sein, wenn nämlich erstens ihm eine Erziehungstheorie präsent ist, die dergleichen vorsieht (so etwas gab es ja), und wenn er zweitens bei seinem häßlichen Tun sich an dieser Erziehungstheorie orientiert hat. Wäre es für ihn auf diese Weise ein Akt der Erziehung, so wäre es das für uns wohl kaum, sofern wir einen Erziehungsbegriff haben, der solches nicht vorsieht. Doch müßte in jedem Fall dieser Akt von uns Betrachtern als ein Teilgeschehen jenes allumfassenden Sozialisationsgeschehens begriffen werden; ob es

darüberhinaus noch in der soeben angegebenen Weise ein Akt der Erziehung ist, wäre von außen her jedenfalls nicht wahrnehmbar.
So stellt sich 'Erziehung' als ein Bewußtseinstatbestand dar.[25] Man darf den Gewinn dieser Einsicht nicht verkennen. Zwar bedeutet sie Verzicht auf die Hoffnung, 'erzieherisches' Handeln unabhängig vom Bewußtseinsstand des jeweils Handelnden durch empirischen Aufweis gegen anderes Interaktionshandeln, therapeutisches oder seelsorgerisches beispielsweise, abgrenzen zu können. Ein solcher Verzicht wird übrigens auch durch die Geschichte der Pädagogik nahegelegt, wo sich an vielen Stellen zeigt, wie derartige Übergänge als fließend empfunden werden bis hin zur Austauschbarkeit der Begriffe. Soziales Interaktionshandeln wird zum erzieherischen lediglich im Bewußtsein des Handelnden durch die Orientierung an einem legitimierenden Erziehungsbegriff.[26] Das mag dann seinem Handeln einen besonderen Akzent geben. Doch ob das so ist, ist wiederum eine empirische Frage, die allerdings vor schwierige Forschungsprobleme stellen dürfte. Immerhin weiß man gemeinhin Erzieher, Geistliche oder Ärzte meist schon am Habitus zu unterscheiden, so daß die Sache vielleicht nicht ganz so hoffnungslos ist. Doch wie dem auch sei, in jedem Falle öffnet sich von hier aus die Perspektive auf eine *pädagogische* Erzieherausbildung, und zwar zunächst in der Form der Ausbildung erzieherischen Selbstverständnisses.
Damit ist die Frage wieder zurückgelenkt auf das Problem des 'richtigen' Erziehungsbegriffs. Schaut man genau hin, so könnten die meisten, vielleicht alle Teildisziplinen, die sich unter dem Stichwort Erziehungswissenschaft zusammengefunden haben, leicht auch ohne Erziehungsbegriff auskommen. Bildungsinstitutionen stellen vor politische, also Machtprobleme, vor organisatorische, ökonomische, betriebswirtschaftliche und rechtliche Probleme; die inhaltlichen, curricularen Probleme lassen sich leicht unter einem abgeschlankten Bildungsbegriff zusammenfassen, wie er uns in Komposita wie Bildungswesen usw. geläufig ist, und für die Tätigkeit des Lehrers würden wir gut und gern wie seinerzeit schon WOLFGANG RATKE mit dem Begriff 'lehren' auskommen; braucht man denn für den vernünftigen Umgang mit Menschen, mit kleinen, nicht ganz so kleinen, großen oder gar alten, den Erziehungsbegriff? Oder würde, andersherum gefragt, uns ohne den Erziehungsbegriff am Ende doch etwas fehlen? Ich denke, es ist ein großes Manko, daß wir uns mit der Frage, ob und warum wir den Erziehungsbegriff brauchen, bisher nicht hinreichend beschäftigt haben.
Auch moderne Sozialisationstheorie fragt nach dem Subjekt. Aber in der Sozialisationstheorie steht diese Frage nach dem Subjekt unter der leitenden Fragestellung nach dem Funktionieren von Gesellschaft. Das Problem ist, ob uns das ausreichen kann. Von prominenter Seite,

von MICHEL FOUCAULT und von PIERRE HADOT ist erst kürzlich wieder auf jene Denktradition hingewiesen worden, die zuerst in der sokratischen Forderung, man habe sich um die eigene Seele zu bekümmern, deutlich greifbar ist. 'Le souci de soi' (die Sorge um sich selbst) heißt der Titel des dritten Bandes des FOUCAULTschen Werkes zu 'Sexualität und Wahrheit', mit einem eigenen Kapitel über die Kultur des Selbst. HADOT[27] möchte anstelle von 'culture de soi' lieber von Transformation des Ichs sprechen, von einem 'Über-seine-eigenen-Grenzen-Hinausgehen' ("de transformation, de transfiguration, de 'depassement de soi'"). Hier am ehesten würde ich die Stelle sehen, wo man unseren deutschen, historischen, ja eng eingegrenzten Erziehungsbegriff in einen größeren Zusammenhang einordnen könnte, wobei dann immer noch offen bleibt, ob man noch 'Erziehung' sagen will. Denn es ist ja klar, daß hier eine Denktradition angesprochen ist, in der vom 5. vorchristlichen Jahrhundert an über Stoa und Epikur bis ins Christentum hinein Erziehung zuerst Selbsterziehung ist, wo die Hilfestellung für andere in erster Linie Vorleben sein muß. Ein tiefes Gespür dafür, daß der Erzieher nur glaubwürdig sein kann, wenn er die prätendierten Erziehungsziele ohne Wenn und Aber vorlebt, hat sich ohnehin durch die Zeiten erhalten, und ebenso ein Bewußtsein davon, daß jeder selbst auf sich aufpassen muß, sich nicht, wie man so sagt, 'gehenlassen' darf, will er nicht unter die Räder kommen. Denn wo Sozialisation nicht hinreichend gelingt, wo einer infolgedessen ausgegrenzt wird, da ist letztlich allein er selbst tangiert - die Gesellschaft als solche berührt das nur als summarisches Geschehen, das mittels der dafür vorhandenen Institutionen aufgefangen wird, Gefängnis beispielsweise, und an die letzte Stelle tritt schnell und gern ein anderer.
So gibt es, zumindest ex negativo, durchaus Grund genug, an einem Erziehungsbegriff festzuhalten, der von der Notwendigkeit des Interesses des Menschen an sich selbst ausgeht und der damit auch das Kriterium abgibt für die beständig neu sich stellende Entscheidung zwischen Anpassung und Widerstand - Anpassung, weil man in der Gesellschaft leben muß, und Widerstand, weil aller Anpassung notfalls auch um den Preis des existentiellen Konflikts mit der Gesellschaft dort ihre Grenze gesetzt werden muß, wo der Mensch in Gefahr gerät, sein Selbst zu beschädigen. Wer sich in der jeweils aktuellen sozialen Interaktion als Erzieher begreifen will, bleibt doch allemal zugleich auch 'Sozialisationsagent' - an dieser Feststellung der Sozialisationstheorie sollte man nicht mehr vorbeisehen wollen. Doch mit der Hilfe eines auf unsere kulturelle Tradition abgestützten und auf diesem Wege normativen Erziehungsbegriffs vermag der Mensch für sich selber und für den, der vor ihm steht, bewußt darauf zu achten, daß den gesellschaftlichen Zumutungen auf Einpassung nur so und

nur soweit entsprochen wird, wie es dem eigenen Selbst und dem des anderen zuträglich ist.
Also am Ende doch die Suche nach der Paedagogia perennis? Der Blick auf den Stand der Sozialisationstheorie und der Kontrast zu anderen Zugängen zum Problem des Selbst machen auf den ersten Blick deutlich, daß wir über eine Subjekttheorie, die ein technologisches Umsetzen in so etwas wie 'Erziehung' als Herstellung des Subjekts gestatten würde, nicht verfügen. In jüngster Vergangenheit hier und da zu beobachtende Versuche, durchaus verdienstvolle Ansätze zu solchen Theorien erzieherisch umzusetzen - z.B. mittels konsequenten Einsatzes von positiven Verstärkern in Gestalt von Gummibärchen - werden in ihrer Einseitigkeit und damit Unverantwortlichkeit ja meist rasch begriffen, um nicht zu sagen, erlitten. So bleibt, will man sich nicht in nicht verantwortbares Herumexperimentieren verlieren, letztlich nur das, was wir immer schon gemacht haben, was auch BENNER in seiner 'Allgemeinen Pädagogik' macht, nämlich der vorsichtig-hermeneutische Rückgriff auf die Tradition, auf die Texte, nicht, um es dann so zu machen, wie es immer schon war, sondern gleichsam um Halteseile zu gewinnen, an denen man sich in die immer offene, immer andere Zukunft hineintrauen kann - etwa so, wie liberales Judentum im Studium von Tora und Talmud Halt sucht angesichts der Notwendigkeit, tragfähige Lösungen für das noch unbekannte Heute zu gewinnen, wo dann möglicherweise angesichts bedrängender Gegenwartsprobleme auch die Neuinterpretation altbewährter und vertrauter Prinzipien als notwendig erkannt werden kann und riskiert werden muß. Wenn also Paedagogia perennis, dann jedenfalls nicht in einem überzeitlichen, überhistorischen Sinn, sondern in der Einordnung in den historisch-kulturellen Zusammenhang, der unser Sein bestimmt, im Bewußtsein dieser Begrenzung und damit in der Bejahung dessen, was und wer wir sind, unhintergehbarer Ausgangspunkt für den tastenden Schritt in die Zukunft.

Anmerkungen:

1. SCHWENK, B.: Unterricht zwischen Aufklärung und Indoktrination. Frankfurt am Main 1974.
2. Vgl. hierzu SCHWENK, B.: Das Herbartverständnis der Herbartianer. Weinheim 1963.
3. Die Fundamentalbegriffe der Erziehungswissenschaft, zuerst erschienen im ersten Jahrbuch des Vereins für Christliche Erziehungswissenschaft, 1908, hier zitiert nach dem Wiederabdruck in: WILLMANN, O.: Kleine pädagogische Schriften. Besorgt v. J. ANTZ und E. SCHOELEN, Paderborn 1959, S. 12.

4. A.a.O., S. 16.
5. A.a.O., S. 17.
6. A.a.O., S. 38.
7. A.a.O., S. 30.
8. SCHNEIDER, H.: Philosophie, immerwährende. In: J. RITTER und K. GRÜNDER (Hrsg.): Historisches Wörterbuch der Philosophie. Bd. 7. Basel 1989, Spalte 898-900.
9. An dieser Stelle im Original paedagogica, nicht paedagogia.
10. WILLMANN, O.: Die drei Hilfszeitwörter in der Erziehung. In: Pharus. Katholische Monatsschrift für Orientierung in der gesamten Pädagogik. Hg. von der Pädagogischen Stiftung Cassianeum Donauwörth. 3. Jahrgang (1912), Erster Halbjahrband, S. 1-5. Zitat S. 4f.
11. Die Fundamentalbegriffe der Erziehungswissenschaft. A.a.O., S. 31.
12. Vgl. dazu GERNER, B.: Otto Willmann im Alter. Ratingen 1968, S. 295-297, sowie HAMANN, B.: Die Grundlagen der Pädagogik. Systematische Darstellung nach Otto Willmann. Freiburg 1965, passim.
13. Vgl. Beiträge zur Philosophia und Paedagogia perennis. Festgabe zum 80. Geburtstag von Otto Willmann. Hg. von W. POHL. Freiburg 1919. Interessanterweise beschränkt sich hier die Erwähnung des Terminus Paedagogia perennis auf den Titel und wird in den Beiträgen thematisch nicht aufgenommen, wird also in diesem Kreis der Autoren wie selbstverständlich vorausgesetzt.
14. Die drei Hilfszeitwörter in der Erziehung. A.a.O., S. 5. Vgl. Anm. 9.
15. Ebenda.
16. OEING-HANHOFF, L.: Philosophia perennis. In: Lexikon für Theologie und Kirche. Bd. 8. Freiburg 1986, Spalte 471f. Zitat Spalte 471.
17. MILLER, A.: Du sollst nicht merken. Variationen über das Paradies-Thema. Frankfurt am Main 1981, S. 124f.
18. GIESECKE, H.: Das Ende der Erziehung. Stuttgart 1985, S. 10ff.
19. WINKLER, M.: Vom Normalbegriff der Erziehung zur Hermeneutik der pädagogischen Situation. In: ZfPäd. 24. Beiheft. Französische Revolution und Pädagogik der Moderne. Hg. v. U. HERRMANN und J. OELKERS. Weinheim 1989, S. 211-226.
20. A.a.O., S. 219ff.
21. FLITNER, W.: Allgemeine Pädagogik. Stuttgart ^{2}1950, S. 9.
22. BENNER, D.: Allgemeine Pädagogik. Weinheim 1987, S. 9.
23. GEULEN, D.: Sozialisation. In: Pädagogische Grundbegriffe. Hg. v. D. LENZEN. Bd. 2. Reinbek bei Hamburg 1989, S. 1409.
24. Hierzu GEULEN, D.: Die historische Entwicklung sozialisationstheoretischer Ansätze. In: K. HURRELMANN/D. ULICH (Hrsg.): Neues Handbuch der Sozialisationsforschung. Weinheim ^{4}1991, S. 21-54. Zitat S. 22f.
25. Herrn Dr. WINKLER danke ich für das Gespräch nach dem Vortrag, das für mich die Ermutigung brachte, das folgende sehr viel deutlicher als im Vortrag zu formulieren.

26. Das Problem, ob und unter welchen Umständen Interaktionshandeln auch im Bewußtsein des zu Erziehenden zum erzieherischen Handeln werden kann, lasse ich hier beiseite.
27. HADOT, P.: Exercies spirituels et Philosophie antique. Paris [2]1987, S. 231; vgl. dt. Ausg.: Philosophie als Lebensform. Berlin 1991, S. 179.

MICHAEL WINKLER

Universalisierung und Delegitimation: Notizen zum pädagogischen Diskurs der Gegenwart

Ich falle mit einer Beobachtung und einer Vermutung ins Haus, die ich im folgenden erläutern will - was vorab die Bitte um Nachsicht dafür verlangt, daß ich eher einen Cocktail an Überlegungen anbiete, statt diese ordentlich zu begründen und zu belegen.[1] Doch die Sache selbst ist - und das gehört dem hier zu verhandelnden Befund schon an - eher widerständig und versperrt sich eindeutigen Diagnosen; wir sind - siehe Cocktail - mit einer Version von Bloody Mary konfrontiert.

Als Befund läßt sich festhalten, daß der pädagogische Diskurs der Gegenwart bis zur Unkenntlichkeit zerrissen ist; man ist sich zwar sicher, daß es ihn gibt, vermag ihn jedoch nicht mehr zu identifizieren - eben ein Diskurs.[2] Die Vermutung lautet nun aber: In diesem Diskurs findet die Pädagogik[3] der Gegenwart ihre paradoxe und prekäre Identität darin, daß sie sich im Gegensatz von Universalisierung und Delegitimation aushält und stabilisiert, dabei zugleich andauernd präsent und unsichtbar wird. Sie verbucht nämlich im letzten Drittel des 20. Jahrhunderts eine außerordentliche Erfolgsgeschichte - und zwar weniger in szientifischer oder technologischer, sondern in sozialer Hinsicht. Vor allem gemessen an den spektakulären, bildungspolitischen Debatten der sechziger und siebziger Jahre wird sie nun heimlich und unauffällig zu einer gesellschaftlichen Macht, vielleicht sogar zur gesellschaftlichen Macht schlechthin. Aber dieser Erfolg wird nicht wahrgenommen, auch nicht thematisiert. Im Gegenteil: er kommt ihr um den Preis zu, daß sie in Negativbilanzen, mehr als Syndrom denn als Leistung beschrieben und erfaßt, in der Öffentlichkeit zunehmend dementiert oder diskreditiert wird. Politisch verliert sie also.

Dies will ich in einem ersten Schritt an zwei Beispielen als eine Problemstruktur verdeutlichen. Im zweiten Schritt wird diese mit Bezug auf einen empirischen Hintergrund als Universalisierung von Pädagogik untersucht. Dagegen stellt der dritte Schritt ihre nicht minder zu übersehende Delegitimierung dar. Wie es sich für einen ordentlichen Besinnungsaufsatz gehört, tastet sich schließlich der vierte Schritt zu Erklärungsangeboten vor - stets eingedenk der alten Schülerdevise, daß, wer sich nicht festlegt, auch nicht verkehrt liegt.

Methodisch folgen die vorgetragenen Überlegungen einem phänomenologischen Ansatz, der eine Brücke zwischen konkret-sinnlichen Evidenzen und zeitdiagnostischen Ansätzen zu schlagen versucht - wobei dies entschieden anspruchsvoller klingt, als es in Wirklichkeit ist. Am Ende dient es nur als Ausrede dafür, daß die sorgfältige Beschreibung und Analyse eines in geregelter Weise gewonnenen Materials unterbleibt. Möglicherweise ist aber gerade dies kein Zufall, weil nämlich die traditionelle Begrifflichkeit offensichtlich nicht für die Untersuchung pädagogischer Gegenwartsrealität hinreicht. Insofern geht es hier um ein 'conceptual framework', das auf die Bedingung und die Möglichkeit einer Allgemeinen Pädagogik zielt, welche den Begriff der Erziehung so thematisiert, daß zwar der neuzeitlich gewonnene Zugang zu diesem nicht verlorengeht, er zugleich aber in seiner gegenwärtigen Realität identifiziert werden kann. Das verlangt nach Gedankenexperimenten, die den - im HUSSERLschen Sinne - lebensweltlichen Zusammenhängen, somit unseren eigenen pädagogischen Diskursen verbunden bleiben, dennoch mit Zuspitzungen arbeiten, welche dann nahezu unvermeidlich den Eindruck des Hermetischen und Wuchtigen entstehen lassen.[4]

I. Pädagogik: allgegenwärtig und doch unsichtbar

Am 16. Februar 1992 gewinnt bei den Olympischen Winterspielen die Deutsche Biathlonmannschaft die Goldmedaille. Das bringt uns in den Genuß nicht nur nationaler, sondern auch moralischer Erhebung. Denn das unvermeidliche Abschlußinterview mit der siegreichen Truppe beendet der Mannschaftssenior damit, daß er sich der Kamera zuwendet, dieser dann zuwinkt, um einem erkrankten Sportler die besten Grüße zukommen zu lassen.
Daß wir dies als Realsatire LORIOTscher Urheberschaft ansehen, verhindert der Schnitt, mit dem die Regie ins Studio umschaltet. Dort beschreibt der Moderator das eben Gezeigte erneut. Mit fast gebrochener Stimme fügt er hinzu, wie schön es doch sei, daß die Sportler in der Stunde ihres Triumphes an den Daheimgebliebenen denken.
Umschalten für 'Siebenstein' - auch die Kinder haben ein Recht auf das Fernsehen -, dann der Skisprungwettbewerb: Hier nun eine Einstellung in subjektiver Kamera; der Blick vom Absprungtisch. Nichts ist zu sehen, selbst die Elektronik durchdringt die Nebelwand nicht. Allen ist klar, daß alles ziemlich unklar ist. Doch wie stets: Der Berichterstatter, der sich im Fernsehen unverhohlen 'Kommentator' nennen darf, erzählt, daß viel Nebel zu sehen sei, der die Sprünge entsprechend gefährlich mache; allerdings sei der Ausdruck 'Nebelwand' gänzlich unangemessen, weil sich diese - man ahnt ein unausgesprochenes Kontingenzproblem - vor dem Springer stets teile. Erneut Schnitt - weil eben noch nicht gesprungen werden kann. Im Studio dann der Moderator: Er berichtet, welchen Nebel man sehen könne, wie außerordentlich gefährlich hier der Sprung wäre, zumal - nun zi-

tiere ich wörtlich - "der Mensch als solcher nicht zum Fliegen geboren" ist.
Was haben diese Beispiele - einmal abgesehen von ihrer Trivialität - mit Pädagogik zu tun? Strukturanalytisch interpretiert zeichnet die in ihnen gegebene Situation ein klassisch didaktisches Arrangement aus: Sie operieren mit sinnlichen Impulsen, deren Wahrnehmung dann bestätigt und sogleich wieder infrage gestellt wird, indem sie begrifflich kommentiert und so dem - im strengen Sinne - kognitiven Lernen zugänglich werden. Wie stets in der Schule geht es also darum, dem, was wir sehen, sogleich die Glaubhaftigkeit zu entziehen, um uns durch einen Moderator, also durch einen Vermittler und mithin einen didacticus, belehren zu lassen, der das Geschehen und uns aufklärt. Nebel darf also nicht als Nebelwand wahrgenommen werden, sondern teilt sich - was ja auch jedem Polizeibericht über Massenunfälle in Herbst und Frühjahr entnommen werden kann. Oder anders: Der Zweck der Schule besteht wesentlich darin, weder unseren Augen, noch uns selbst, sondern nur noch ihr zu vertrauen.
Dabei wird nicht nur mit dem Spiel von Anschauung und Begriff, sondern im Wechselspiel von Kommentator und Moderator (das sich übrigens über den ganzen Tag hinwegzieht) mit jener Redundanz operiert, die Erziehung und Unterricht auszeichnet. Es wird wiederholt und geübt, so daß die unterschiedlichen Gedächtnisspeicher systematisch adressiert werden - soll noch einer sagen, Fernsehen mache dumm! Aber es geht nicht nur um Lernen, sondern auch um moralische Effekte: Mehr implizit bei der Vorführung des zweiten Falles, also des Skispringers, der sich herabstürzt und uns nebenbei die frohe Botschaft verkündet, daß in der Gefahr der Nebel beständig zwischen seiner Möglichkeit und Nichtmöglichkeit wechselt. Explizit jedoch im ersten Fall, der den Denkanstoß gibt, das gezeigte Verhalten doch auf seine Generalisierbarkeit hin zu überprüfen - was übrigens zusätzlich die Differenz zur Politik sichtbar macht, die ja unverhüllt moralisiert.
Wir sind also in der Tat mit der Struktur des Lehrens und Lernens, also mit Pädagogik konfrontiert: Man führt uns zu Einsicht und Erkenntnis - hier unserer geringen Tauglichkeit für das Skispringen, dort, daß wir doch die Unglücklichen trösten mögen. Und stets kann dabei - ein wahrhaft pädagogischer Glücksfall - mit freien, selbstzappelnden Subjekten gerechnet werden. Die bilden sich tatsächlich aus eigener Laune heraus.
Die Eigentümlichkeit besteht aber darin, daß dies den Beteiligten nicht mehr bewußt ist. Analysieren lassen sich die Beispiele nur in einem hermeneutischen Verfahren, das mit der Annahme einer pädagogischen Tiefenstruktur operiert; nur unter ihrer Voraussetzung ergeben die geschilderten Situationen überhaupt noch einen kommunikativen und pragmatischen Sinn - die Alternative bestünde allein in der von

der Theorie der Postmoderne vermutlich favorisierten Annahme, daß die mediale Präsentation zu einem sich nicht mehr kontrollierenden Selbstläufer geworden ist, gleichsam Simulakren erzeugt. Anders formuliert: Das 'Pädagogische', also die Vorstellung von Erziehung, in der man mit subjektiver Eigensteuerung auf seiten des Zöglings rechnet, so daß Vermittlung nur unter der Prämisse eines subjektiven Aneignungshandelns geschieht, zeigt sich als die kollektiv geteilte, kulturelle Selbstverständlichkeit, welche die Codierung und Decodierung der Kommunikation noch ermöglicht.
Doch als kulturelle Selbstverständlichkeit verliert sie ihre Differenz, läßt sich auch nicht mehr identifizieren; daß man so unpräzise von Pädagogik redet, daß man den kaum definierten, schon gar nicht operationalisierbaren Ausdruck 'pädagogischer Diskurs' bemüht, hat also mit der Sache selbst zu tun. Ihr eignet nämlich eine Problemstruktur, die eine durchaus HEGELsche Geistvorstellung vom 'Pädagogischen' aufdrängt, um zu thematisieren, wie moderne Gesellschaften mit Erziehung und Unterricht umgehen, also den pädagogischen Diskurs führen.

II. Die Universalisierung des Pädagogischen

Im Unterschied zu GEORG WILHELM FRIEDRICH HEGEL dürfen wir allerdings nicht erwarten, daß das 'Pädagogische' vom Himmel fällt - obwohl man in seinem Zusammenhang wenigstens mit "Gedanken" rechnen muß, "die in der Luft liegen" (vgl. VON HENTIG 1985, S. 475). Seine gesellschaftliche Implementierung und Sedimentierung als kulturelle Mentalität moderner Gesellschaften hat eine empirische Realität, für die sich eine Vielzahl von Belegen anführen läßt. Erinnerungsnotizen dürften hier jedoch genügen:
- Seit der Jahrhundertwende läßt sich zunächst für die institutionalisierte Schulbildung ein nichtendenwollender Dauererfolg verzeichnen. Schule ist sozial, biographisch, am Ende alltäglich mit offensichtlich unrevidierbarer Ausdehnungstendenz etabliert. Man muß kein Zyniker sein, um noch in Konzepten der Öffnung der Schule einen weiteren Ausgriff zu sehen; am Ende wird so auch die Community ordentlich didaktisiert. Diese Ausdehnungstendenz wirkt derart durchschlagend, daß jede Debatte um Verkürzung von Schule unweigerlich weitere Verlängerungseffekte erzeugt. Daß es dabei um ein politisches Spiel geht, liegt auf der Hand: Jede Verkürzung der Zeit für pädagogische Prozesse muß in kompetitiven Gesellschaften unter sozialen Verlust- und Gewinnaspekten thematisiert werden, verlangt dann Kompensation - die Etablierung eines Kurzstudiums führt beispielsweise

zwangsläufig dazu, daß das längere Studium an der Eliteeinrichtung zum erstrebenswerten Ziel wird.
- Vergleichbare Effekte lassen sich für den außerschulischen Bereich zeigen, obwohl sie dort erst in den beiden letzten Jahrzehnten virulent werden. Das klassische Beispiel liefert etwa die Elementarpädagogik, die längst zu einem biographisch normalen Element geworden ist. Ähnliche Tendenzen zeichnen sich für die Nachmittagsbetreuung von Schulkindern ab, so daß es kein Zufall ist, wenn als 'Lückenkinder' diejenigen gelten, welche nicht mehr vom Hort betreut, aber auch nicht in den Einrichtungen der Jugendarbeit aufgefangen werden. Man übertreibt nicht, wenn man Tendenzen zu einer Normalisierung der Sozialpädagogik behauptet, zumal die traditionellen Eingriffsformen zunehmend durch offene Angebote im Stadtteil ersetzt werden. Ähnliches gilt für das Selbstverständlichwerden von pädagogischen Einrichtungen im Umkreis von Beratung, Medizin und Psychotherapie; die schon von HERMANN RÖHRS diagnostizierte "sozialpädagogische Ära" (RÖHRS 1973, S. 360) mündet also in das "sozialpädagogische Jahrhundert" (THIERSCH 1992).
- All dies schlägt sich nieder in einem außerordentlichen finanziellen Aufwand, den moderne Gesellschaften für das pädagogische Geschäft treiben; und schließlich zeigt es sich noch in solch trivialen Größen wie den Zahlen für die Personalbestände in den pädagogischen Feldern (vgl. RAUSCHENBACH 1992).

Schule und Sozialpädagogik erfassen jedoch nur die formelle, organisierte und institutionalisierte Seite einer derart universalisierten Pädagogik. Hinzu tritt eine Sphäre von Angeboten und Leistungen, die - ich benenne sie wiederum nur willkürlich - von Sportvereinen, Ballett- und Musikschulen bis hin zu Förderkreisen gemacht werden, mit welchen Kinder an Bücher herangeführt werden sollen - selbstverständlich spielerisch, doch zugleich stets bildend. Der 'Wanderpokal' Kind (vgl. TIETZE 1990) läßt sich also zu Glanz bringen, indem er in einer Unzahl von Einrichtungen poliert wird, die sich nur zum geringeren Teil mit dem Namen von Bindestrichpädagogiken bezeichnen - und von einer systematisch-erziehungswissenschaftlichen Beobachtung gar nicht erfaßt werden. Um nur zwei Beispiele zu nennen: Wer von Pädagogik, Erziehung und Unterricht spricht, denkt gewiß weder im Blick auf den Gegenstand, noch hinsichtlich der Beteiligten an die Verkehrserziehung einschlägiger Automobilclubs; genausowenig werden wohl die Strategien der Geldinstitute ins Auge gefaßt, altersgemäß an Kinder und Jugendliche heranzutreten und diese zwar spielerisch, gleichwohl in didaktisch ausgeklügelten Arrangements 'an das Wirtschaftsleben heranzuführen'.

Vor allem: es trifft gar nicht die Kinder und Jugendlichen allein: Der Bereich der Fort- und Weiterbildung rückt längst in die Nähe einer

Großindustrie - wer ein Computergeschäft eröffnet und sogleich Schulungen für die Software anbietet, hat schon gewonnen, da hier ständiger Nachholbedaf besteht. Die volkswirtschaftlichen Dimensionen der hochkommerzialisierten Weiterbildung lassen die einschlägigen Anzeigenseiten in Tageszeitungen und Zeitschriften immerhin ahnen - obwohl vieles noch hinter der Maske von Trainings- oder Managementkursen verborgen bleibt. Daneben steht ein ebenfalls unübersehbares Angebot an Lern- und systematisch geleiteten Veränderungsmöglichkeiten im Gesundheits-, Freizeit- und Kulturbereich, der über Veranstaltungen zur neuen Lebensführung, Trecking-, Canoeing- und Bikingkurse, ökologisch inspirierten Wanderungen hin zu Mal-, Zeichen- und Literaturkursen reicht, die auch schon einmal in Klöstern angeboten werden. Garniert wird das Ganze noch durch Schnellkurse für die Bedienung von Elektrogeräten im örtlichen Heimwerkermarkt. Nicht nur ein *lernend Volk* sind wir also, sondern ein Volk, das sich ständig darum bemüht, sich *unter Anleitung zu verändern* - vielleicht, um die jeweiligen habituellen Eigenschaften zu erwerben, vielleicht auch um ein besseres Leben zu führen. Denn die genannten Befunde treffen noch gar nicht das, was den Kern der Universalisierung von Pädagogik ausmacht. Daß wir alltäglich, in allen Lebensbereichen mit höchst subtil arrangierten und methodisch durchstrukturieren Prozessen eines 'human processing' rechnen müssen, läßt sich nämlich keineswegs eindeutig institutionellen, organisatorischen Settings und spezifischen Personengruppen zurechnen. Am Ende werden für den hier thematisierten Sachverhalt eher jene Gebrauchsanleitungen symptomatisch, die im Mensch-Maschine-Dialog, zuweilen liebevoll-scherzhaft, mit Rücksicht auf unsere Zeitbudgets und recht fehlerfreundlich in den Umgang mit den elektronischen Geräten neuester Generation einführen - welche dann selbstverständlich mit Hilfe von 'lernfähigen' Fernsteuerungen in Gang gebracht werden.
Die Eigentümlichkeit liegt jedoch darin, daß diese Wirklichkeit der Universalität von Pädagogik sich nicht preisgibt. Dabei muß man zunächst das prinzipielle Problem ausklammern, daß Erziehung als solche nicht sichtbar, auch nicht bezeichenbar ist (vgl. OELKERS 1985, bes. S. 62 ff.); Erziehungshandlungen sind meist nur ex negativo, nämlich in unseren Intuitionen darüber erkennbar, wenn Erziehung mißlingt. Als epochal für die Begründungsform der Pädagogik entscheidendes Phänomen tritt aber hervor, daß es gar nicht mehr darum geht, ob jemand ein guter oder schlechter Erzieher ist, sondern ob er überhaupt ein Erzieher ist. Mit anderen Worten: Wenn beispielsweise - so etwa von WERNER LOCH - beschrieben wird, daß Kinder heute auf der Suche nach ihren Erziehern seien, so geht es dabei weniger darum, daß sich Erwachsene einer Aufgabe entziehen - so die Interpretation von LOCH (LOCH 1989, bes. S. 428 ff.) -, sondern vielmehr um das

Problem, daß die Grenzen des Erziehungssystems verschwinden und die für es charakteristischen Rollen porös werden. Was jenseits von Schule stattfindet, wird im fachlichen und öffentlichen Gespräch nicht als Erziehung und Unterricht begriffen und thematisiert. Es wird überhaupt nicht mehr als Pädagogik wahrgenommen.
Aber spricht dies nicht eher gegen die Universalisierungsthese und für ein Verschwinden der Pädagogik? Deutet es nicht an, daß die Aufgabe der Erziehung und des Unterrichts vernachlässigt werden? Dies wäre entweder eine konservative oder eine postmoderne Auffassung, die beide mit der Fiktion eines vorhandenen, abgegrenzten Erziehungssystems operieren. Doch das Paradox der Universalisierung besteht gerade darin, daß eine empirische Vielfalt von Erziehungs- und Unterrichtsangeboten damit einhergeht, daß die Leistung von Erziehung und Unterricht diffus, ja nicht einmal mehr bewertbar wird. Anders formuliert: Wir können eine Universalisierung von Pädagogik beobachten, die die Grenzen des Erziehungssystems gesprengt hat und weder in Tätigkeitsmerkmalen noch als Leistung definiert werden kann. Die Wirklichkeit des Pädagogischen ist also abstrakt geworden, kennt nicht einmal mehr eine umrissene Semantik, sondern schlägt sich in subtilen Mechanismen nieder, die sich noch in den Strukturen einer kommerzialisierten Kinderwelt verbergen (vgl. WINKLER 1992b). Das 'Pädagogische' konvertiert zur Mentalität, zum Habitus.

III. Die Delegitimation der Pädagogik

Schon die Beispiele aus der Berichterstattung zu den Olympischen Spielen drängen allerdings den Einwand auf, daß sie vielleicht strukturell erzieherisch seien, aber weder so intendiert noch begrifflich so gefaßt sind, insofern auch nicht als Teile eines pädagogischen Diskurses analysiert werden dürfen.[5] Von Erziehung, Unterricht, Ausbildung, gar von Pädagogik sei keine Rede; auch die Freizeitkurse, das Managementtraining geben sich pädagogisch bedeckt, wollen eben gerade *nicht erziehen*; selbst die Software-Schulung stellt sich meist als Computer-Kurs, aber nicht als Unterricht, schon gar nicht als Herstellung einer bestimmten Disposition dar.
Tatsächlich markiert dieser Einwand die andere Dimension des Problems. Denn zur Universalisierung der Pädagogik am Ausgang des 20. Jahrhunderts gehört auch ihre Delegitimation. Das ist wörtlich gemeint. Sie verliert nämlich in einem dramatischen Vorgang normativ, faktisch und sprachlich ihre Geltung.
Die normative Delegitimation hat ihre prominente Version bekanntlich in Gestalt der Antipädagogik gefunden. Allerdings greift die zeitgenössische Erziehungskritik weiter aus, läßt sich nicht auf die Prot-

agonisten des Programms zur Abschaffung der Erziehung beschränken; pädagogische, sozialhistorische und soziologische Argumentationen konvergieren hier unter der Formel einer "Abkehr von der Pädagogisierung" (vgl. HONIG 1988, GIESECKE 1985; zum folgenden WINKLER 1992a):

- Zum einen unterläuft diese Erziehungskritik die anthropologische Begründung von Erziehung als bloße Camouflage von Herrschaftsansprüchen. Gestützt auf die Arbeiten von NORBERT ELIAS und MICHAEL FOUCAULT wird gesagt, Pädagogik sei nur historisch notwendig gewesen, um die erst in neuzeitlichen Gesellschaften aufgebrochene kulturelle Differenz zwischen Kindern und den Anforderungen auszugleichen, die an Erwachsene gestellt werden.
- Das damit verbundene Versprechen, das Individuum zu befreien, als Motor des Fortschritts und der Humanisierung zu wirken, sei von einer Wirklichkeit des Überwachens und Strafens widerlegt. Pädagogik ist demnach ein Mittel, mit welchem die neuzeitlichen Gesellschaften ihre Mitglieder abrichten - und sei es durch die Verinnerlichung eines Erziehungszwanges. In der jüngeren Zeit seien dazu pädagogische Mentalität und neuzeitliche Wissenschaftsauffassung ein Bündnis eingegangen, um mit Beobachtung, Vermessung und Verhaltenskontrolle das Wilde und Unbekannte an den Kinder zu disziplinieren, wobei immer mehr Bereiche des menschlichen Lebens der Erziehung unterworfen werden.
- Eher prinzipientheoretisch schließt hier an, daß jede Erziehung zwangsläufig Kinder zu Objekten mache, dies aber mit dem Status des Menschen als eines freien, autonomen Subjektes nicht zu vereinbaren sei. Zugleich müssen vermittlungstheoretisch konstituierte Erziehungsvorstellungen zurückgewiesen werden, nach welchen wir erziehen *müssen*, um unsere Kultur und Gesellschaftlichkeit zu erhalten. Gegen diese spreche, daß einerseits freie Subjekte nur in freier Auseinandersetzung mit der Kultur sich entwickeln können, pädagogische Verbindlichkeit daher unfreie Wesen erzeuge. Weil neuzeitliche Gesellschaften sich nur als offene Projekte denken lassen, würden pädagogische Aktivitäten Determination nach sich ziehen, somit die Grunderrungenschaften des neuzeitlichen Menschen selbst zerstören; sie werden so als Krieg der Erwachsenen gegen die Kinder und damit als Ursache des mangelnden Friedens in der Welt interpretiert. Daher wird eine alternative Beschreibung des Geschehens zwischen Erwachsenen und Kindern entwickelt, nach der die leiblich-seelische Ganzheit und die Autonomie der Kinder hinzunehmen seien, den Kindern eine offene Zukunft zugänglich und die Beziehung der Beteiligten unter eine Schutzglocke gestellt werden müssen und können, so daß gesellschaftliche Einflüsse ausgeblendet wären.

- Und dies gelinge, wenn Erwachsene einen Wandel in ihrer inneren Einstellung gegenüber Kindern vornehmen. Zugespitzt: Wer pädagogisch *denkt*, verletze deren Psyche mit seinen Interventionen, wer antipädagogisch *fühle*, wirke dagegen mit den gleichen Handlungen konstruktiv.
Angesichts der Universalisierung von Pädagogik überrascht der Erfolg der Erziehungskritik; ihr ist es tatsächlich gelungen, in der Thematisierung von Erziehung im öffentlichen Gespräch Pädagogik und Bildungspolitik abzulösen. Die veröffentlichte, aber auch die öffentliche Wahrnehmung verknüpft Pädagogik weitgehend mit Negativbildern, die meist in double-bind-Offerten überführt werden: Schule ist nicht bloß Streß für die Kinder, sondern ein Tollhaus, in welchem die für teures Geld Angestellten auch nichts tun - würden sie etwas tun, erzeugten sie natürlich wieder Streß, betreiben sie dagegen pädagogisch-sanften Unterricht, wird's wieder ein Tollhaus. Gleichermaßen liegen im öffentlichen Diskurs Pädagogik und Kindesmißhandlung so eng nebeneinander, daß nur berufene Therapie-Experten das Dilemma auflösen können.[6] Medien, weite Bereiche sozialwissenschaftlich inspirierter Diskurse[7], auch die Literatur, schließlich das institutionalisierte Bildungsgeschehen selbst würdigen Erziehung und Pädagogik am Ende des 20. Jahrhunderts somit als nicht mehr gesellschaftsfähig, als *mega-out*. Sie gelten als ein Relikt vergangener Zeiten, in welchem Erziehungsterror oder Bildungseuphorie herrschten, die heute nur noch ironisiert werden: The kids are allright, they don't need any education.
Dieser Erfolg der Erziehungskritik dokumentiert ein faktisches Dementi des pädagogischen Diskurses. Dieses hat externe, soziale und interne, nämlich semantische Gründe. Die sozialen Gründe lassen sich auf die politischen Aspirationen zurückführen, die mit der Öffnung und Ausdehnung des Erziehungssystems in den sechziger und siebziger Jahren des 20. Jahrhunderts verbunden wurden: Auf der einen Seite hat der pädagogische Diskurs seine Geltung verloren, weil nämlich die durch ihn versprochenen erhöhten Teilnahmechancen nicht verwirklicht wurden; die Ausdehnung des Bildungswesens selbst entwertet nicht nur Qualifikationen, sondern verstärkt soziale Ungleichheit (vgl. HEID 1988). Der auf die Pädagogik projizierten politischen Enttäuschung steht die Furcht gegenüber, daß ein ausgedehntes Bildungswesen Privilegien auflösen könnte. Dabei spricht sich der so motivierte antipädagogische Affekt als Kritik an den Inhalten oder aber in zynischer Ablehnung von Inhalten überhaupt aus - die Kritik am pädagogischen Diskurs artikuliert also häufig genug ein antidemokratisches politisches Motiv. Doch welche Gründe die einzelnen auch bewegen mögen, das Ergebnis ist nahezu überall so paradox wie im Bildungswesen: Alle drängen und drängeln in die Schule hinein, wollen

das Abitur und rufen dabei ganz laut, daß ihnen doch die Schule, die Lehrer und die ganze Pädagogik so fürchterlich auf die Nerven gehen, daß sie diese ganze ätzende Veranstaltung abschaffen wollen - und mehrheitlich sorgt man durch entsprechendes Wahlverhalten, daß tatsächlich einiges in dieser Richtung geschieht.

Die internen Gründe der Delegitimierung des pädagogischen Diskurses lassen sich als ein paradoxer Erfolg seiner Semantik analysieren. Zum einen dementierte sich die Pädagogik durch ihre Kindzentriertheit, mit der sie zu Beginn unseres Jahrhunderts die eigene Reformorientierung begründete. Man kann das zuspitzen: jener berühmte Aufkleber 'Ein Herz für Kinder' bildet den Höhepunkt der Reformpädagogik und zugleich das Ende der pädagogischen Semantik. Gesellschaftliche Kommunikation wurde damit nämlich öffentlich von einem Handeln umgestellt zu einer Haltung, die das Kind positiviert. Dies steht nun als wertvolles Gut zur Debatte, von dem man noch öffentlich bekennen kann, wie sehr man sein Herz an es verloren hat. Diese Perspektive verbietet aber einen rationalen, in bestimmter Begrifflichkeit gefaßten, begründungspflichtigen Umgang. Diskutieren kann man nur noch, ob man dieses teure Gut erwerben will (vgl. OPPITZ 1984). Nach der 'Kopfgeburt' (BECK-GERNSHEIM 1988, S. 158 ff.) kann man das Kind nur noch lieben oder es irgendwo abstellen - während seine Veränderung, also Erziehung, Bildung zum Tabu werden.

Wird jedoch das wertvolle Gut 'Kind' dennoch zum Gegenstand einer in Handlungen mündenden Aufmerksamkeit, dann gilt es als ein Investitionsobjekt, das man für einen möglichst hohen Ertrag zu optimieren gedenkt. Auch hier kann die Pädagogik immmer weniger die auf sie gerichteten Erwartungen befriedigen. Denn je mehr sie Pädagogik ist, um so weniger kann sie normativ oder gar technologisch wirken. Genau dies wird aber erwartet. Denn der objektive Druck wächst, Dispositionen und Kompetenzen zu vermitteln, die ein Überleben in einer riskanten Gesellschaft ermöglichen; angesichts einer gesellschaftlichen Unübersichtlichkeit, die ihren Niederschlag darin findet, daß ein Konsens in Erziehungsdingen fehlt, wird die Pädagogik mit der Erwartung konfrontiert, als Richtlinieninstanz zu fungieren oder wenigstens Orientierung zu geben. Sie soll helfen, das Geschäft mit den Kindern zu rationalisieren. Denn im Blick auf die Kinder stehen wir vor dem Dilemma, nicht mehr unreflektiert leben zu können: Stillen oder Flaschenmilch, Immunisierung oder optimale Nahrungszussammensetzung, radioaktive Belastung oder unzureichende Affektzufuhr, Mutterorientierung oder Väterbeteiligung - es gibt kein Ende in solchen Entscheidungsprozessen.

So wächst die öffentliche Sensibilität gegenüber der Erziehung aus zwei völlig heterogenen Motiven, die durch das Interesse am Kind zu-

sammengebunden werden. Einmal wird die Pädagogik gezwungen, mit ihrer eigenen programmatischen Orientierung an Subjekt und Subjektivität ernst zu machen. Andererseits aber mündet dies in die Aufgabe zu zeigen, wie man Kinder *richtig* zu lieben und fehlerfrei mit ihnen umzugehen habe. Kurz: Das Paradox besteht also darin, daß gleichzeitig ein Zuviel an Vermittlungsrationalität und ein Zuwenig an Erziehungstechnologie eingeklagt wird. Sie wird als wenig rational diskreditiert, weil sie keine Technologie hat, sondern auf Eigenverantwortlichkeit und Selbständigkeit der Beteiligten verweist, genau dies aber nicht zu einem rationalen Gestaltungsmuster macht. Der pädagogische Diskurs blockiert sich in sich selbst und löst die eingebaute Bremse, indem er die eigene Begrifflichkeit demontiert: Gefragt sind die Denkformen und die Terminologie von Medizin (und natürlich handfest die medikamentöse Behandlung [vgl. Voß 1987]), Psychologie und Therapie, während in den analytischen Dimensionen sozialwissenschaftliche Zugänge bestimmend werden. Damit verlieren vor allem der Begriff der Erziehung und des Unterrichts ihren Differenzcharakter; sie können den pädagogischen Diskurs weder intuitiv noch aber - vielleicht als auch nur dunkel geahnte - Idee der Erziehung organisieren.
Eröffnete 1826 Friedrich Schleiermacher seine Vorlesung mit der Erinnerung an das, was man im allgemeinen unter Erziehung versteht, so könnte er am Ausgang des 20. Jahrhunderts nur noch festhalten, daß es einen allgemeinen Konsens über Erziehung nicht geben kann, weil die Erziehungsvorstellung selbst verschwunden ist. Wir sind mit der empirischen Ausdehnung von Pädagogik bis zu ihrer unsichtbaren Allgegenwärtigkeit und dem Verstummen einer Sprache konfrontiert, welche die Differenzen sichtbar macht, die ein pädagogisches Denken und Handeln überhaupt noch ermöglicht; die universalisierte Pädagogik ist so weit sprachlos geworden, daß ein pädagogischer Diskurs nicht mehr geführt werden kann. Und das ist dramatisch: Angesichts ihrer Universalität erlaubt ihre Delegitimation nur mehr die Negation der Pädagogik. Ihr Ende bildet ihren einzigen denkbaren positiven Sachverhalt (vgl. einschlägig Wünsche 1985, 1986).

4. Erklärungen

Von einem Cocktail war anfangs die Rede. Seine ziemlich gegensätzlichen Bestandteile kennen wir nun. Aber wie lautet die Rezeptur für den wohl ziemlich giftigen Mix? Seriös gefragt: Können sich Universalisierung von Pädagogik und ihre Delegitimation noch in *einem* pädagogischen Diskurs zusammenfügen und eine rekonstruierbare Begründungsform moderner Pädagogik konstituieren? Oder etwas bana-

ler: Wieso gibt es uns eigentlich noch - sei es als Erziehungswissenschaftler, sei es als Pädagogen?
Einen hinreichenden Grund gibt freilich schon die Universalisierung der Pädagogik selbst, zumindest wenn man sich nicht mit dem Ausdruck 'Pädagogisierung' begnügen will (vgl. POLLAK 1991). Dieser läßt ja die objektive Dimension des Geschehens außer Betracht.[8] Doch die Universalisierung von Pädagogik ist kein Zufall, sondern gründet in Entwicklungen moderner Gesellschaften selbst, die allerdings im Blick auf die Stellung der Pädagogik unterschiedlich interpretiert werden können. So läßt sich die Ausdehnung der Pädagogik - je nach theoretischer Neigung - entweder als ein Element in jenem Prozeß der Universalisierung von Disziplinen sehen, den MICHEL FOUCAULT als für die neuzeitliche Gesellschaft bestimmend charakterisiert hat; das Verschwinden einer explizit pädagogischen Sprache würde die Deutung sogar noch bestätigen, weil die Mikrophysik der Macht durch die Körper geht, also eben sprachlos operiert. Oder aber man schließt an jene These von der systemischen Vereinnahmung der Lebenswelten an, die JÜRGEN HABERMAS in Weiterführung von MAX WEBERS Analysen zur Rationalisierungstendenz in neuzeitlichen Gesellschaften entworfen hat. Pädagogik wäre dann als eine jener Rationalisierungsinstanzen gedacht, welche nahezu unvermeidlich die modernen Gesellschaften überziehen.
Aber es lassen sich ja auch funktionale Notwendigkeiten denken, die eine Universalisierung von Pädagogik plausibel machen:
- Moderne Gesellschaften sind Medien- und Zeichengesellschaften, deren Funktionsfähigkeit davon abhängt, daß eine stets arbiträre, kollektiv konventionalisierte und daher über Sozialisationsprozesse vermittelte Bedeutung der Zeichen den Subjekten zugänglich und auch verbindlich wird; die seit der Erfindung des Buchdrucks ständig steigende Zeichendichte erzwingt geradezu eine systematische Vermittlung nicht nur der Bedeutung von Zeichen, sondern der Dispositionen, um Zeichen wahrzunehmen und sie mit vorhandenen Bedeutungen zu verknüpfen (vgl. höchst instruktiv GIESECKE 1991, S. 161, S. 217 ff., S. 284).
- Die Steigerung der Komplexität moderner Gesellschaften verlangt von den Subjekten eine generelle Kompetenz zur aktiven Anpassung an vielfältige, auch heterogene Handlungsbereiche. Sie fordert zugleich eine Pluralität von konkreten, oftmals aber heterogenen Verhaltensdispositionen für spezifische Systeme und Situationen. Beides läßt sich nur in einem methodisch gestalteten Lernen außerhalb der realen Lebenszusammenhänge aneignen, die diese Kompetenzen schon immer voraussetzen,
- denn die faktischen und ideellen Perfektionsansprüche sozialer Teilbereiche sind strukturell fehlerfeindlich, verlangen optimales Verhal-

ten - um es zuzuspitzen: die Steuerung eines Atomkraftwerkes verlangt den Trockenkursus, weil Fehler ziemlich tödlich wären. So müssen für alle Teilbereiche der Gesellschaft gleichsam vorgeschaltete pädagogische Bereiche, Zonen des Lernens, Übens, mithin auch eines Fehlermachens geschaffen werden.
- Mit einfacher Dressur läßt sich eine solche nichtdeterminierte Komplexität sozialer Systeme kaum bewältigen. So geht es weder um autoritäre, noch um angepaßte Individuen, sondern um die Konstitution flexibler Subjekte, die in reflexiver Steuerung autonom ihre Biographien gestalten.
- Dem kommt Brisanz in der Gegenwart zu, weil sich die in modernen Gesellschaften stets angelegte Enttraditionalisierung von Lebenszusammenhängen durch die Rücknahme sozialstaatlicher Regelungen und die Verstärkung marktwirtschaftlicher Impulse verstärkt hat.
- Damit gewinnen Überlegungen wieder an Gewicht, die schon zu Beginn der neuzeitlich-bürgerlichen Gesellschaften zunächst im Zusammenhang der Sozialvertragstheorie, dann in der ökonomischen Perspektive auf Marktgesellschaften aufgeworfen wurden: Individualistisch organisierte Gesellschaften setzen stets ein vorkontraktuelles Element, wenigstens ein 'moral sentiment' (ADAM SMITH) voraus, das die Bereitschaft begründet, überhaupt Verträge einzugehen und auch einzuhalten. Aber dieses vorkontraktuelle Element muß systematisch erzeugt werden, verlangt also moralische Erziehung. Die weltweite Revitalisierung des Liberalismus erzwingt somit einerseits eine konsequente Beschäftigung mit den moralischen Haltungen aller.[9] Andererseits sind nicht minder die Folgen einer solchen liberalistischen Gesellschaft zu bearbeiten, indem sich die Individuen so verändern, daß sie die in ihr entstehenden Lasten (und Leiden) ertragen können.

Vermittlungsbemühungen allein reichen allerdings in einer Gesellschaft nicht mehr hin, die von den Subjekten beides verlangt: Tätige Aneignung einer zunehmend diffus werdenden Realität und Konstitution eines eigenen verbindlichen Kulturzusammenhangs, der noch im individuellen Subjekt generiert und verschmolzen wird. Insofern wird das euphorische Programm der neuzeitlichen Pädagogik am Ausgang des zwanzigstens Jahrhunderts empirisch. Es gibt nicht nur eine objektive Notwendigkeit, immer mehr pädagogische Institutionen zu schaffen, vielmehr müssen diese auch in einem emphatischen Sinn des Ausdrucks pädagogisch wirken, wenn sie nicht funktionslos sein sollen. Sie müssen Anstoß zu einer Selbstschöpfung des Subjekts geben, die doch den sozialen Imperativen gehorcht.

Die Ausdehnung der Pädagogik kann daher prinzipiell nicht überraschen. Folgt man aber den klassischen Annahmen über die Entwicklung moderner Gesellschaften, dann lassen die genannten Bedingungen eine weitgehende Ausdifferenzierung und systemische Entwick-

lung des Erziehungs- und Bildungsbereiches erwarten; wie unterschiedlich ihre Akzentsetzungen sind, so lehren EMILE DURKHEIM, MAX WEBER, TALCOT PARSONS und auch NIKLAS LUHMANN als deren Grundgesetz, daß die für den Erhalt von Gesellschaften erforderliche soziale Arbeit zunehmend systemisch organisiert, zugleich in Leistungsrollen spezifiziert und durch die Ausbildung einer eigenen, an szientifischen Standards orientierten Semantik rationalisiert wird. In der Tat tritt beides ein - die der Bildungsreform folgende Entwicklung im Schulbereich, dann die Normalisierung der Sozialpädagogik belegen dies im Blick auf die empirische Ausdifferenzierung. Die vorfindliche pädagogische Mentalität ließe sich dann zunächst einfach als Sozialisationseffekt eines breit ausgebauten, lange biographische Abschnitte beanspruchenden Erziehungssystems erklären.
Wie alle plausiblen Erklärungen befriedigt dies allerdings nicht ganz, reicht vor allem nicht hin. Denn das entscheidende Charakteristikum der pädagogischen Denkform in der Moderne des ausgehenden 20. Jahrhunderts liegt darin, daß das 'Pädagogische' von Themen, Institutionen und Personen abgelöst ist, sich gleichsam freischwebend bewegt (vgl. auch KADE/LÜDERS/HORNSTEIN 1991). Erklärungsbedürftig wird also die Entdifferenzierung des Pädagogischen, mithin der Verlust seiner institutionellen und praktischen Referenzen.
Möglicherweise signalisiert dieser Referenzverlust des Pädagogischen auch nur jene "Ordnung im Zwielicht" (BERNHARD WALDENFELS), in welche die Rationalität in der Moderne gerät; auch und gerade die pädagogische Rationalität wird so im Alltag verstreut (vgl. WALDENFELS 1990, bes. S. 189 ff.). Diese Entwicklung läßt sich in ihrem Fall jedoch darauf zurückführen, daß drei Rationalisierungseffekte im pädagogischen Diskurs miteinander interferieren:
- Das szientifische Modell von Rationalität verlangt Generalisierung. Sie führt zu wachsender Abstraktion, macht damit die Semantik der Pädagogik *praktisch* untauglich; sie verliert den Bezug auf Handlungen, wie imaginär oder doktrinär (und damit normativ erfolgreich) dieser auch immer war. Zugleich verlangt der wissenschaftliche Kritikanspruch nicht nur Begründung, sondern verweist auf die Vielfalt möglicher Befunde und Interpretationen, löst damit aber nicht nur die Funktion als Ordnungs- und Sinnmacht in der Gesellschaft auf (vgl. grundlegend TENBRUCK 1975), sondern hebt die mögliche Orientierungsfunktion der Pädagogik auf; als Wissenschaft wirkt sie eher desorientierend.
- Dabei schlagen die prinzipiell unvermeidbaren Trivialisierungseffekte von Wissenschaft in besonderem Maße auf das Erziehungssystem durch. Denn die wissenschaftliche Reflexion läßt sich nicht auf dieses begrenzen, da dies die politisch gewünschte Ausdehnung des Erziehungssystems behindert; wer Ausbildung generalisiert und die ganze

Bevölkerung - wie in der Bildungsreform geschehen - unter dem Programm der 'Wissenschaftsorientierung' inkludiert, erzeugt notwendig die Dissemination wenigstens der pädagogischen Reflexion. Die Individuen beginnen sich selbst in pädagogischen Begrifflichkeiten zu thematisieren, dann schießt der wissenschaftlich aufgeladene, abstrakt und selbstkritisch gewordene pädagogische Diskurs über sich selbst und seinen professionellen Adressatenkreis hinaus und sickert in das Alltagswissen ein; der pädagogische Diskurs universalisiert sich wie das Erziehungssystem selbst (vgl. KRÜGER/ECARIUS/VON WENSIERSKI 1989).

- Mehr noch: Es gibt einen prinzipiellen Intentionalitätswechsel in der Pädagogik. Sie treibt weniger die Vorstellung voran, andere zu belehren und Kultur tradieren zu wollen, sondern sehr viel mehr das Gefühl der Subjekte, lernen und sich selbst verändern zu können und zu müssen. Die Universalisierung und Rationalisierung des 'Pädagogischen' gehen also einher mit einer Verschiebung in der motivationalen Dimension von Erziehung: Diese entzieht sich den faktischen und potentiellen Lehrern und Erziehern und wird auf die 'Konsumenten' von Erziehung als deren selbstinstrumentalisiertes Muster eigener Lebensführung verlagert (POLLACK 1989). Das aber führt dazu, daß eine Komplementärrolle zur funktional dominanten Rolle um den Preis verwandelt wird, daß der an die soziale Leistungsrolle gekoppelte Inhalt seine bestimmende Bedeutung verliert.

Als Konsequenz gerät das Erziehungssystem in eine fatale Situation. Weil die Differenz der Pädagogik als Korrelat des Erziehungssystems aufgelöst wird, kann dieses seinen sozialen Geltungsgewinn nicht mehr für sich selbst reflexiv verarbeiten, geschweige denn sich selbst zuschreiben; es wird außerstande, sich im pädagogischen Diskurs selbst zu bestimmen und festzuhalten. Damit überlagern sich der den gesellschaftlichen Notwendigkeiten folgende Universalisierungsvorgang und der Rationalisierungsprozeß und entgrenzen das Erziehungssystem, das seine Identität verliert. Genau dies wird aber im Delegitimationsprozeß thematisch, der polemisch oder affirmativ die Unmöglichkeit der Pädagogik fokussiert.[10]

Tatsächlich wird so ein sich selbst verstärkender Vorgang in Gang gebracht: Universalisierung und Rationalisierung von Pädagogik bedeuten, daß sich das Erziehungssystem weder intern über Leistungsdefinitionen noch extern über eine Systemumwelt bestimmen kann. Beide Defizite kompensiert der pädagogische Diskurs, indem er in sich selbst die Differenz zu sich konstituiert. Dies gelingt nur durch die Positivierung der eigenen Negation - es sind ja auch vornehmlich Lehrer und Erzieher, die die Antipädagogik aufnehmen.

Allgemeiner formuliert: Den pädagogischen Diskurs der Moderne am Ausgang des 20. Jahrhunderts zeichnet aus, daß er die Krise in sich

selbst aufgenommen hat. Darin gründet aber seine besondere Produktivität. Denn die Entgrenzung durch das Setzen einer internen Grenze führt zu einer Umstellung des pädagogischen Diskurses selbst. Es geht ihm nicht mehr um ein Anrennen gegen eine Wirklichkeit, sondern nur noch um das Anrennen selbst. Der Diskurs wird rein prozessualisiert, das heißt formal gesehen ein Code, eine Verarbeitungsform, material aber eben Mentalität (vgl. zum Problem FLUSSER 1990, bes. S. 57 ff.). Die Konjunktur von philosophisch akzentuierten Debatten in der Erziehungswissenschaft, auch das wachsende Interesse an Allgemeiner Pädagogik reagieren auf diese Entwicklung - wenngleich mit der falschen Absicht, Pädagogik erneut gegenstandstheoretisch erschließen und eingrenzen zu wollen. Auch Versuche, die klassischen Theoriekonstruktionen aufzugeben, dafür ihre inhaltlich moralischen Schematisierungen aufzunehmen (so der Vorschlag von OELKERS 1991), können die Situation nicht ändern; solche Schematisierungen etwa zwischen 'gut' und 'böse' haben nicht nur ihre universelle Tauglichkeit verloren, da sie im Gesellschaftssystem mit sektoraler Abhängigkeit konstituiert werden, sondern auch allein strukturell, aber nicht prozessual definiert sind. Der soziale Sinn des Phänomens einer gleichzeitig universalisierten und delegitimierten Pädagogik liegt jedoch vielmehr darin, daß das 'Pädagogische' als ein Modus, vielleicht auch als der generelle (und insofern auch inhaltsleere) Code wirksam wird, in welchem sich moderne Gesellschaften selbst thematisieren. Das 'Pädagogische' verwandelt sich somit in eine subtile Disziplinarmacht, die sich als Element unserer Zivilisation in uns versenkt. Damit tritt sie aus dem Bereich der politischen Auseinandersetzung heraus und wird zu einem Teil unserer Gesellschaftlichkeit.
So aber wird die Pädagogik eigentlich erst modern begründet, nämlich als nicht mehr begründungsfähiges Verarbeitungsprogramm. Es ist genau das, was uns die beiden Beispiele von den Olympischen Winterspielen lehren.

Anmerkungen:

1. Die Veröffentlichung erfolgt mit einigem Zögern und erst nach eindringlichen Mahnungen der Herausgeber; Besorgnis und eigene Vorbehalte gelten dem Mangel an literarischen, vor allem aber an empirischen Belegen. Der Text war als Diskussionsbeitrag für eine Arbeitsgruppe zu 'Begründungsformen moderner Pädagogik' und weniger als Abhandlung konzipiert, sollte und soll eine Auseinandersetzung anregen; daß ich den Vortragsduktus beibehalten habe, signalisiert daher seine Vorläufigkeit.
2. Folgt man einer jüngst von JÜRGEN MITTELSTRAß vorgeschlagenen Formulierung, müßte man eher von einem 'Dialog' sprechen, handelt es sich doch in

der Tat um ein "Gespräch, das sich mit der Unordnung abgefunden hat" (MITTELSTRAß 1992, S. 451).

3. Der Ausdruck 'Pädagogik' wird hier nicht terminologisch gebraucht, sondern als Index für Aktivitäten und Reflexionen, die von den kommunizierenden und agierenden Individuen zumindest dann potentiell selbst als 'pädagogisch' bezeichnet werden könnten, wenn diese auf Semantiken rekurrieren würden, die historisch explizit als 'pädagogische' angelegt und zur Verfügung gestellt wurden. Zum Problem der epistemologischen Struktur von 'Pädagogik' vgl. OELKERS/TENORTH 1991.
4. JÜRGEN OELKERS hat dies - in einem Brief - zurecht moniert, obwohl er ganz offensichtlich meine Intentionen auch im Blick auf die Allgemeine Pädagogik mit dem Hinweis teilt, daß möglicherweise der überkommene 'Theoriebau' für das Erziehungsdenken obsolet geworden sei. Seine im Sommersemester 1991 in Bern gehaltene Vorlesung 'Pädagogik der Gegenwart' führt dabei in faszinierender Weise über weite Strecken schon durch, was ich hier nur als Arbeitsprogrammatik einer theoretischen Vergewisserung über Pädagogik anzudeuten vermag.
5. In der Tat lernen ja Journalisten als eine ihrer ersten Regeln, daß sie gefälligst Informationen aufzubereiten und darzustellen haben; sorgfältig davon unterschieden dürfen sie kommentieren, was jedoch Meinungsbildung nur anregen, nicht selbst meinungsbildend wirken dürfe. Die Berufsethik verlangt, daß Journalisten sich jeglicher pädagogischer Intention enthalten - doch bleibt, wie stets bei moralischen Appellen, die bange Frage, ob sie sich auch an diese halten.
6. Instruktive Belege dazu finden sich in der Berichterstattung sowohl der Print-, wie auch der elektronischen Medien über den 8. Weltkinderschutzkongreß, der im September 1990 in Hamburg stattfand.
7. Aufschlußreich sind hier insbesondere die thematisch einschlägigen Beiträge in Frauenzeitschriften, besonders in 'Brigitte' und 'Für Sie'.
8. Abgesehen von fehlender Trennschärfe, liegt sein Nachteil nicht nur darin, daß er unterschiedliche Bewertungen des Vorganges undeutlich läßt - ERICH WENIGER hat beispielsweise eine Pädagogisierung der Gesellschaft als durchaus wünschenswert betrachtet -, sondern den Vorgang eher ontologisch, gar intentional von den Pädagogen bewirkt interpretiert.
9. Die wachsende Attraktivität ethischer Reflexionen nicht nur in der Philosophie, dann die intensive Beschäftigung mit LAWRENCE KOHLBERG, schließlich die jüngere Communitarismus-Debatte signalisieren dies sehr deutlich.
10. Dies hat vielleicht mit den beteiligten Personen zu tun, nämlich vorzugsweise mit jenen, denen die Überfüllungskrisen pädagogischer Berufe eine Zwangsdistanzierung abverlangten. Möglicherweise sind es die verhinderten Lehrer und Sozialpädagogen, die den pädagogischen Habitus verinnerlicht haben, aber sich semantisch gegenüber der Pädagogik abgrenzen, diese negieren. Vielleicht besteht also die Rache der verhinderten Lehrer darin, daß sie nun mit aller Gemeinheit allen alles lehren?

Literaturverzeichnis:

BECK-GERNSHEIM, E.: Die Kinderfrage. Frauen zwischen Kinderwunsch und Unabhängigkeit. München 1988.

FLUSSER, V.: Die Schrift. Göttingen ³1990.

GIESECKE, H.: Das Ende der Erziehung. Neue Chancen für Familie und Schule. Stuttgart 1985.

GIESECKE, H.: Über die Antiquiertheit des Begriffes 'Erziehung'. In: ZfPäd. 33 (1987), S. 401-406.

GIESECKE, M.: Der Buchdruck in der frühen Neuzeit. Eine historische Fallstudie über die Durchsetzung neuer Informations- und Kommunikationstechnologien. Frankfurt am Main 1991.

HEID, H.: Zur Paradoxie der bildungspolitischen Forderung nach Chancengleichheit. In: ZfPäd. 34 (1988), S. 1-18.

VON HENTIG, H.: Ende, Wandel oder Wiederherstellung der Erziehung? Über das Verschwinden der Erwachsenen. In: Neue Sammlung 25 (1985), S. 475-509.

HONIG, M.-S.: Kindheitsforschung: Abkehr von der Pädagogisierung. In: Soziologische Revue 11 (1988), S. 168-178.

KADE, J./LÜDERS, C./HORNSTEIN, W.: Die Gegenwart des Pädagogischen - Fallstudien zur Allgemeinheit der Bildungsgesellschaft. In: J. OELKERS/H.-E. TENORTH (Hrsg.): Pädagogisches Wissen. ZfPäd. 27. Beiheift. Weinheim 1991, S. 39-65.

KRÜGER, H.-H./ECARIUS, J./VON WENSIERSKI, H.-J.: Die Trivialisierung pädagogischen Wissens. Zum Wechselverhältnis von öffentlichem und wissenschaftlichem pädagogischem Wissen am Beispiel der Jugendzeitschrift Bravo. In: E. KÖNIG/P. ZEDLER (Hrsg.): Rezeption und Verwendung erziehungswissenschaftlichen Wissens in pädagogischen Handlungs- und Entscheidungsfeldern. Weinheim 1989, S. 185-203.

LOCH, W.: Die Erneuerung der Pädagogik aus dem Gespräch der Erwachsenen mit dem Kind. In: Bildung und Erziehung 42 (1989), S. 421-438.

MITTELSTRAß, J.: Dialogische Anthropologie. Variationen zu einem Thema von Hans Robert Jauß. In: Merkur. Deutsche Zeitschrift für europäisches Denken 46 (1992), S. 450-457.

OELKERS, J.: Erziehen und Unterrichten. Grundbegriffe der Pädagogik in analytischer Sicht. Darmstadt 1985.

OELKERS, J.: Pädagogik der Gegenwart. Vorlesung 1991 an der Universität Bern, Typoskript.

OELKERS, J./TENORTH, H.-E.: Pädagogisches Wissen als Orientierung und als Problem. In: DIES. (Hrsg.): Pädagogisches Wissen. ZfPäd. 27. Beiheft. Weinheim 1991, S. 13-35.

OPPITZ, G.: Kind oder Konsum? Eine ökonomisch-psychologische Studie zur Verhaltensrelevanz von Werthaltungen junger Ehepaare. Wiesbaden 1984.

POLLAK, G.: Pädagogische Wissensformen in der Lebensführung - 'Pädagogisierung der Lebensführung'? Zu Konzept und ersten Ergebnissen des DFG-Projekt

'Industrialisierung und Lebensführung'. In: E. KÖNIG/P. ZEDLER (Hrsg.): Rezeption und Verwendung erziehungswissenschaftlichen Wissens in pädagogischen Handlungs- und Entscheidungsfeldern. Weinheim 1989, S. 205-229.

POLLAK, G.: Der Begriff der 'Pädagogisierung' in der erziehungswissenschaftlichen Diskussion. Vorbereitende Untersuchungen zur 'Bilanz' der Erziehungswissenschaft. In: D. HOFFMANN/H. HEID (Hrsg.): Bilanzierungen erziehungswissenschaftlicher Theorieentwicklung. Erfolgskontrolle durch Wissenschaftsforschung. Weinheim 1991, S. 25-49.

RAUSCHENBACH, TH.: Sind nur Lehrer Pädagogen? Disziplinäre Selbstvergewisserungen im Horizont eines Wandels der Sozial- und Erziehungsberufe. In: ZfPäd. 38 (1992), S. 385-417.

RÖHRS, H.: Allgemeine Erziehungswissenschaft. Eine Einführung in die erziehungswissenschaftlichen Aufgaben und Methoden. Weinheim ³1973.

TENBRUCK, F.H.: Der Fortschritt der Wissenschaft als Trivialisierungsprozeß. In: N. STEHR/R. KÖNIG (Hrsg.): Wissenschaftssoziologie. Kölner Zeitschrift für Soziologie und Sozialpsychologie. Sonderheft 18. 1975, S. 19-47.

TIETZE, W.: Vom Kindergarten zur Oma und dann zur Nachbarin? Zum Betreuungsalltag von Kindern im Vorschulalter. In: Deutsches Jugendinstitut. Jahresbericht 1989. München 1990, S. 169-183.

THIERSCH, H.: Lebensweltorientierte Soziale Arbeit. Aufgaben der Praxis im sozialen Wandel. Weinheim 1992.

VOß, R.: Anpassung auf Rezept. Die fortschreitende Medizinisierung auffälligen Verhaltens von Kindern und Jugendlichen. Stuttgart 1987.

WALDENFELS, B.: Der Stachel des Fremden. Frankfurt am Main 1990.

WINKLER, M.: Jetzt erst recht: Pädagogik! Über die Dummheit der Erziehungskritiker in der Gegenwart. In: Unser Weg 47 (1992a), S. 1-8.

WINKLER, M.: Der Zwerg im Ei. Zur Ikonographie des postmodern Unwesentlichen im Kindesalter. In: Neue Sammlung 32 (1992b), S. 65-79.

WÜNSCHE, K.: Die Endlichkeit der pädagogischen Bewegung. In: Neue Sammlung 25 (1985), S. 432-449.

WÜNSCHE, K.: Was kann 'Endlichkeit' der Pädagogik heißen? In: T. JUNG/K.-D. SCHEER/W. SCHREIBER (Hrsg.): Vom Weiterlesen der Moderne. Beiträge zur aktuellen Aufklärungsdebatte. Bielefeld 1986, S. 34-53.

Recht so, Ordnung führt zu allen Tugenden! Aber was führt zur Ordnung?
Der große Kunstgriff, kleine Abweichungen von der Wahrheit für die Wahrheit selbst zu halten, worauf die ganze Differentialrechnung gebaut ist, ist auch zugleich der Grund unsrer witzigen Gedanken, wo oft das Ganze hinfällig würde, wenn wir die Abweichungen mit philosophischer Strenge nehmen würden.

Georg Christoph Lichtenberg

CHRISTIAN NIEMEYER

Der moderne Mensch und seine vormoderne Utopie: Zum Verhältnis von Autobiographie und literarischer Ausgestaltung bei Rousseau, dem Sozialpädagogen

I. Der moderne Mensch - einige Schlaglichter zur Einführung

Um 1800 wurde der moderne Mensch, FOUCAULT zufolge, erfunden (vgl. KITTLER 1988, S. 401), inzwischen wird sein Tod oder gar der "dreifache Tod des modernen Subjekts" (HÜBENER 1988) konstatiert - aber zwischenzeitlich gelang es doch noch, eines derartigen Wesens habhaft zu werden und es zumindest erst einmal zu definieren: Unter dem modernen Menschen, so CARNERI in seiner gleichnamigen Schrift, verstehe er den - von ihm skeptisch betrachteten - "vorherrschenden Menschentypus unserer Zeit, gekennzeichnet durch einen energischen Individualismus" (1901, S. V). Dies war noch, und zwar mit überaus großem Publikumserfolg, in jene Epoche hineingeschrieben, der die Sozialpädagogik ihren ersten Durchbruch verdankte. Als anti-individualistisches Programm war sie damals noch streng antimodernistisch.
Immerhin ist dies nur eine Lesart - eine andere hatte ROUSSEAU hinterlassen: "Der Weise braucht keine Gesetze" (1981, S. 69). ROUSSEAU-Anhänger waren es denn auch, die die sich auf SCHLEIERMACHER zurückführende kulturpädagogische Denktradition abmahnten: "Es ist die Bestimmung der nächsten Generation, die ältere zu überholen" (GURLITT 1909, S. 12). Aber: "Manche Leute können es nicht ertragen, daß man sie übertrifft" (STERNE 1983, S. 134). Und wenn schon überholen oder übertreffen: in welche Richtung? Eine Antwort auf beides versuchte LAWRENCE: "Aber die anderen sind moderner", läßt er seine Romanheldin Alvina in *The Lost Girl* resignierend feststellen, wobei mit 'den anderen' die gemeint sind, die nur noch das ganz Neue dieser Epoche wollen, die Stummfilme, nicht aber mehr das Alte, also leibhaftige Gaukler und Artisten. Begründung Alvinas: Die Modernen "wollen nichts bewundern, was sie nicht selber können ... Und darum gefällt ihnen der Film; sie sehen immer nur sich selbst darin" (1920, S. 122). Dies war schon, mit mäßigem Publikumserfolg, in jene Epoche hineingesprochen, in der sich die Psychoanalyse um Durchbruch bemühte. Als Programm, das nach den Mechanismen fragen half, die den einzelnen dazu brachten, sich einer entindividualisierenden Me-

dienkultur zu unterwerfen, war die Psychoanalyse so gesehen anti-modernistisch.
Inzwischen gilt Individualisierung wieder als modern, ja für manche ist sie Ergebnis des Diktats postmoderner Zeiten, und die Sozialpädagogik hat sich zu fügen. Ihr wird untersagt - bzw. besser: sie untersagt sich auch schon selbst einmal (vgl. BRUMLIK 1980) -, durch Verstehensakte in das Gehäuse der Fremdheit des Anderen einzudringen. Und erneut wird Widerspruch angemeldet: Der Diskurs um den Gemeinschaftsbegriff rotiert wieder, es darf verstärkt NATORP zitiert werden, TÖNNIES sowieso (vgl. MERTEN/OLK 1992). Der moderne Mensch, so scheint es, hat sich überschätzt: Er ist ja so allein. Und die Sozialpädagogik soll helfen.
Die modernen Menschen, so das Resümee, sind also jeweils die, denen die Aufgeweckten jeder Epoche nachzuahmen trachten - oder die sie, im Interesse, sich selbst als modern zu profilieren, zu überbieten suchen: An modernen Menschen arbeitet man sich ab, unmodern zu sein kann man sich immer weniger und können sich immer weniger leisten. Die Rede vom modernen Menschen unterliegt ebenso dem Epochenwandel wie die Erwartung an die Dienstleistung, die man sich von Einrichtungen wie der Sozialpädagogik verspricht, wobei in bestimmten Epochen differente Sozialpädagogikverständnisse und, vor allem, inkommensurable Begriffe des modernen Menschen vorliegen können oder jedenfalls doch nachträglich extrapolierbar sind. Letzteres gilt besonders für geistig bewegte Zeiten - also etwa für die Zeit ROUSSEAUS.

1. Der moderne Mensch - zwischen Empfindsamkeit und Aufklärung

Ein Jahr vor Erscheinen von ROUSSEAUs Briefroman *Julie ou La Nouvelle Héloise* (im folgenden: *Julie*), mit dem die Empfindsamkeit einen kräftigen Schub erhält, beginnt der Erfinder des Empfindsamkeitsslogans, STERNE, mit der Edition seines *Tristram Shandy*. Der moderne Mensch wird hiermit, wenn auch nicht expressis verbis, neu definiert: Das Subjektive, das Dafürhalten, das - wie STERNE (1983, S. 506) sagt - "Gefallen" wird zu Ungunsten des von der Aufklärung autorisierten Diskurses um das "Richtigsein" rehabilitiert. STERNEs Äußerung, er schriebe "ein Buch von strikter Moral und strenger Gedankenfolge" (S. 252), ist ironisch gemeint: STERNE kämpft gegen den Wissenschaftlerkult der "Großperücken, der ernsten Gesichter und anderen Zubehörs der Falschheit" (S. 233) und für den subversiven Humor und die Anarchie des Narren.

Der Wissenschaftskritik selbst hätte sich auch ROUSSEAU, obwohl mit seinem *Emile* Zielscheibe des STERNEschen Spotts, anschließen können. Denn daß die Impulse der Frühaufklärer versandet waren, stand (auch) für ROUSSEAU außer Frage. Anstelle eines Befreiungsschlages vom überkommenen Bücherwissen mittels Rekurses auf das sich selbst denkende Ich bestand infolge des Modernwerdens des Lesens, der Salons und der Geselligkeit die Gefahr, daß sich der moderne Mensch in der Variante eines von sich selbst entfremdeten Apologeten vermeintlich aufklärerischen Halbwissens zur Herrschaft aufschwang. St. Preux, der Held der *Julie*, lernt während seines Paris-Aufenthalts in der Hauptsache denn auch nur, "mit Hilfe der Philosophie alle Grundsätze der Tugend um(zu)stoßen, seine Leidenschaften und Vorteile durch spitzfindige Sophismen (zu) bemänteln und den Irrtum in neumodischer Gestalt (zu) zeigen, gemäß den Forderungen des Tages" (1988, S. 239). Auch PESTALOZZI kritisiert Ende des Jahrhunderts "das Lügen insinuierende und Wahrheit erstikkende Benehmen des guten Tons, und des geist- und weltlichen Diensts" (W 12, S. 133). Selbst ein so dezidierter Aufklärer wie NICOLAI übt in seinem 1799 erschienenen Briefroman *Vertraute Briefe* scharfe Kritik an dem Mißbrauch des Aufklärungsimpulses durch jene, die in Gesellschaften nicht der Versuchung zu widerstehen vermögen, sich "im voraus als ein Mann anzukündigen, der an Verstand und feinem Sinne über alle weit erhaben ist" (NICOLAI 1983, S. 83). Wenig später folgt dann aber doch: "Die Hauptsache ist, daß jeder Mensch darauf bedacht sei, daß in ihm selbst die Vernunft herrschend werde" (S. 89). Daß diesen Satz die Heldin spricht und an einen jungen, stürmischen Mann adressiert, macht die Sache apart: Wenige Jahre zuvor hätte man(n) mancherorts der Frau am liebsten die Empfindsamkeit als die ihr wesensgemäße Ausdrucksform reserviert; nun aber wird die Frau entdeckt als lebenserfahrenes Bollwerk im Kampf für die Aufklärung gegen jungmannhaftes Schwärmertum.

Letzteres beflügelt zu haben - dies darf man ROUSSEAU getrost ins Schuldbuch eintragen, aber eben auch STERNE: Daß ersterer seiner Epoche zunehmend als Narr galt (vgl. PROMIES 1966, S. 101), fand seine Adelung in der Aufwertung, die STERNE dem Narren als Lebensform zuerkannt hatte: Der Narr als Utopist, als Erfinder eines die Pferdekutsche erübrigenden Windwagens beispielsweise, im *Tristram Shandy* zunächst angepriesen, weil Winde "nichts kosten und weil sie nichts fressen" (STERNE 1983, S. 135) - und dann aber auch gleich wieder vorgeführt von unseres Helden Vater, denn es müsse doch, wie dieser anfügt, ein jeder heutzutage wissen, daß die Volkswirtschaft nicht vom Verbrauch von Wind leben könne, sondern nur vom "Verbrauch unserer Produkte" (ebenda). Immerhin: STERNE schlägt sich eindeutig auf die Seite des Narren, und indem er derart die Vernunft

als Unterdrückerin alles scheinbar Utopischen brandmarkt und die Intuition als Erkenntnisorgan rehabilitiert, treibt er ein Implikat des Empfindsamkeitstheorems voran: empfänglich zu sein für überraschende Problemlösungen, für Abseitiges, für Armut als solche, aber auch für die Armut des Herzens, des Lebensentwurfs, der Menschenkenntnis - für Themen also, die die Aufklärung nur nachrangig behandelte. Aus deren Perspektive ergab sich spätestens hier das Gebot, die von der Empfindsamkeit reklamierte neue Erkenntnisquelle, aus der auch einige Utopien mit gleichwohl vernunftverpflichtetem Duktus, wie etwa PESTALOZZIS *Lienhard und Gertrud*, entsprangen, auf ihre Triftigkeit zu befragen, zumal sich im literarischen Zusammenhang, selbst in GOETHEs *Werther*, Subversives anzubahnen begann: "Die qualitativ neuartige Individualisierung der empfindsamen Figur, ihr Anspruch auf ungehindertes Ausleben der Individualität, auf Konventionen brechende Selbstverwirklichung sprengt den bisher gültigen Konsens der Tugend-Moral" (HARTMANN/HARTMANN 1991, S. 20). ROUSSEAUs Formel vom Gewissen als sicherem "Führer eines unwissenden und beschränkten, aber verständigen und freien Wesens" (1981, S. 306) hatte hier Vorarbeit geleistet, PESTALOZZI folgte dem nach mit seinem Vertrauen auf den "Eindruck von Gegenständen", der "ans Herz geht" (W 12, S. 120) - und KANT sah sich zur Intervention veranlaßt: der "vorkantische[n] Periode des 'guten Herzens' (HEGEL 1986, S. 237) wurde ihr Urteil gesprochen.
KANT hatte sein Verdammungsurteil der vorkantischen Periode mit einem erstaunlich apodiktischen Satz eingeleitet: Die Tiefen des menschlichen Herzens sind "unergründlich" (KANT 1797/98, S. 583). Mit diesem Erkenntnisverzicht verlor STERNEs Polemik gegenüber den "Motivkrämer(n)" (1983, S. 527) ebensowenig an Geltung wie WEZELs Befürchtung, am Ende des "erleuchteten Jahrhunderts" werde man "anatomische Theater für die Seelen errichtet" haben (WEZEL 1990, S. 23). Denn KANT schloß nicht die Notwendigkeit empirischer Menschenkenntnis aus: Seine *Anthropologie in pragmatischer Hinsicht* (1798) beweist, daß ihm an einem durchgängigen Für-Opak-Erklären nicht gelegen war, im Gegenteil: Menschenkenntnis vermochte, den Intentionen der Aufklärer entsprechend, Normalisierungsarbeit zu fundieren, sofern dabei eines außer Frage stand: nämlich daß das dabei identifizierte Besondere unter keinen Umständen als Geltungsgrund für Moralität ausweisbar war und daß insbesondere das in dieser Epoche so intensiv beschworene menschliche Herz nicht als Gesinnungs- und Handlungsfundament in Frage kam.
Dieser Grundsatz entsprach der Logik der praktischen Philosophie KANTs: Ihrzufolge war die Rede vom moralischen Gefühl fragwürdig, weil sie immer nur auf "moralische Beschaffenheiten" zielte, "welche zu haben es keine Verbindlichkeit gibt; weil sie als subjektive Bedin-

gungen der Empfänglichkeit für den Pflichtbegriff, nicht als objektive Bedingungen der Moralität zugrunde liegen" (KANT 1797/98, S. 530). Indem KANT hiermit zugleich der "Empfindelei" (1790, S. 199), den "stürmischen Gemütsbewegungen" und dem Streben nach "Glückseligkeit" den Prozeß machte und an die "Achtung für die Würde der Menschheit in unserer Person und das Recht des Menschen" (S. 200) erinnerte, hatte er die klassische Position der Vernunftaufklärung auch gegenüber neu auftretenden geistesgeschichtlichen Strömungen fest markiert. Der einzelne blieb potentielles Objekt eines Normalisierungsstrebens, das durch den Geist des kategorischen Imperativs geprägt ist. Sozialpädagogen sind dem dort gefolgt, wo sie, wie etwa NOHL, ihrer Klientel versicherten, sie würden erst Achtung vor ihm haben bei hinreichend dokumentierter moralischer Selbstbestimmung (vgl. NIEMEYER 1990, S. 96).

Daß derartige Positionen für Sozialpädagogen hilfreich sind, belegt das Beispiel Heimerziehung: Man kann in Normalisierungsabsicht handeln, ohne sich der Frage des eigenen Beteiligtseins zuwenden zu müssen. Daß KANTs Verdikt für ihn, den Aufklärer, Typ Gelehrter, notwendig sein mochte, aber nicht auf Dauer durchsetzbar war, belegen die ROUSSEAU-Folgen: ROUSSEAUs Hohes Lied auf das Gewissen, das den Menschen "von dem ganzen abstoßenden Getriebe der Philosophie" befreien sollte ("Wir können Menschen sein, ohne Gelehrte sein zu müssen"; 1981, S. 306), erwies sich als attraktiv für das Selbstbild des modernen Menschen. WEZEL rehabilitierte denn auch, so, als spräche hier der POPPER-Kritiker FEYERABEND, jene, "die andre lehrten, was sie selbst gegenwärtig glaubten, und niemals, was andre glauben sollten" (1990, S. 23). Und selbst NICOLAI läßt plötzlich eine Figur auftreten mit der Frage, ob es nicht erlaubt sein solle, "Haare und Beinkleider so lang oder so kurz zu tragen, wie jeder will" (1983, S. 82).

In eben diese Zeit fällt dann auch NOVALIS' Diktum: "Alle Zufälle unsers Lebens sind Materialien, aus denen wir machen können, was wir wollen" (1989, S. 308). Zugleich erhält die Sprache der Empfindsamkeit nun neue Dignität: "Die Empfindsamen (annihilieren) ihren Verstand - die Leute von Verstand ihr Herz" (S. 393) - und der neue moderne Mensch, so könnte man NOVALIS verstehen, marschiert durch die Mitte und auch etwas zurück: "Schade (für die Aufklärer - C. N.) daß die Natur so wunderbar und unbegreiflich, so poetisch und unendlich blieb, allen Bemühungen sie zu modernisiren zum Trotz" (S. 355). "Die Welt muß romantisiert werden" (S. 389) - dies ist dann auch der Auftrag an die Utopie: "Die relative Enheitlichkeit der utopischen Werke im 18. Jahrhundert" (RUYER 1950, S. 231) hat ausgespielt: Anstelle der Utopie einer vernunftgeordneten Welt ist nun auch Märchenphantastik erlaubt. Damit ist die Empfindsamkeit nicht gänzlich aus dem Rennen: Wenn WEZEL in seiner *Wilhelmine Arendt*, STERNES Narren noch deutlich in Schutz nehmend, kritisiert, daß alles, "was von der gewöhnlichen Art zu handeln nur um einen Schritt abweicht ..., leicht für eine Unordnung oder Zerrüttung des Kopfes" erklärt werde (1783, S. 114), dann ist dies nicht mehr weit entfernt von einer Frage, die später NOVALIS aufwerfen wird: "Ist nicht jeder, auch der verworrenste Traum, eine sonderliche Erscheinung, die auch ohne noch an göttliche Schickung dabei zu denken, ein bedeutsamer Riß in dem geheimnisvollen Vorhang ist, der mit tausend Falten in unser Inneres hereinfällt?" (1989, S. 11). Rätselhaftigkeit, Eigentümlichkeit wird wieder modern, Nützlichkeit hat, vorübergehend jedenfalls, ausgespielt.

Sozialpädagogen haben dies später dahingehend variiert, daß sie das Interesse für die Rätselhaftigkeit ihrer Klientel zur Grundlage eines empfindsam strukturierten Hilfehandelns erhoben. ROUSSEAU, von Romantikern wegen angeblicher Mißachtung der Dignität von Rätseln, Phantasie, Geselligkeit und organischer Bildung ausrangiert (vgl. WINKEL 1971, S. 170ff.), war, was das Hilfehandeln angeht, immerhin zurückhaltend: "Mag ein anderer sich dieses Krüppels annehmen. Ich bin einverstanden und lobe seine Nächstenliebe; hier aber liegt nicht meine Stärke" (1981, S. 28). Vielleicht ist es gerade diese Selbstevaluation des Helfermotivs, die ROUSSEAU als einen modernen Sozialpädagogen charakterisiert. FREUD lobte ROUSSEAU denn auch für die Bereitschaft, mit der er dieser sich seinen eigenen "stillen Gedanken" (1915, S. 35) zugewandt habe. Und insoweit für eine *Philosophie nach Freud* (BÖHME 1986, S. 236) gefordert wird, sie habe die von FREUD nachgewiesene Enthronung des Ich gedanklich zu realisieren, darf geschlossen werden: Die Themata, die die empfindsamen Aufklärungskritiker schon im 18. Jahrhundert behandelt wissen wollten, sind wieder modern - inklusive des Narren, der wieder einmal betont, daß den Wind zu nutzen 'nichts kostet'. Für Narren neue Rechte zu fordern, scheint geboten in einer Epoche, die die Negativutopien von gestern zu überbieten im Begriff steht, weil sie denen Entscheidungen läßt, die Natur- wie Selbstbeherrschung immer nur als ein Zugleich denken können.

2. *Der moderne Mensch Rousseau - zwischen Empfindsamkeit und Aufklärung*

Damit ist zwar ROUSSEAUs Epoche ein wenig ausgeleuchtet, aber es steht noch, trotz einiger positiver Indikatoren, in Frage, ob und inwieweit er selbst als moderner Mensch gelten darf. NIETZSCHE (1889, S. 150) hatte hierzu die entschiedenste These: "Rousseau, dieser erste

moderne Mensch", heißt es bejahend und diesem damit zudem seine Grabrede haltend, da sich die moderne und zugleich für NIETZSCHE inakzeptable, weil gleichmachende Idee der Gleichheit auf ihn zurückführen lasse. Auch wenn damit eine wichtige Idee der (damaligen) *Moderne* angesprochen ist, erfüllt sich der Begriff des *modernen Menschen* doch in etwas anderem als *im Vertreten von etwas Neuem*; vielleicht: *im Stehen für etwas Neues.* In diesem Sinne steht ROUSSEAU, unberührt von dem Einwand NIETZSCHEs, für einen neuen Lebensentwurf, den es erst in das Repertoire des Akzeptablen einzuarbeiten galt und gilt.
In ROUSSEAUs Epoche wollte dies selbstredend nicht gelingen. Am 14. 11. 1757 schreibt DIDEROT an ROUSSEAU, es müsse nun genug sein mit den permanenten Verdächtigungen; in diesem Zusammenhang fiel auch das Stichwort vom "complot" (ROUSSEAU 1967 IV, S. 358), das ROUSSEAU, in paranoider Verkennung der wirklichen Verhältnisse, beständig gegen sich wittere - ein Stichwort, das in der Sekundärliteratur begierig aufgenommen wurde: "Verfolgungswahn" (KUNZE 1981, S. 650), "zwanghaftes Mißtrauen" (WOLFF 1988, S. 805) und im günstigsten Fall eine "empfindsame Seele" (STAROBINSKI 1988, S. 557) sind die zentralen Wesensmerkmale, die man bei ROUSSEAU bis heute diagnostiziert. Wer so ist, den darf man dann auch aus dem Aufklärungsdiskurs entlassen: "Pour dieu, mon ami, permettez á votre coeur de conduire votre tête ...; mais ne soufrez pas que votre tête fasse des sophismes a votre coeur" (ROUSSEAU 1967 IV, S. 359). Dieser Ausruf DIDEROTs im besagten Brief repräsentiert die äußerste Konzession, zu der diese Art Fremdverstehen bereit war: zwar zu tolerieren, daß jemand für sich selbst andere als Vernunftgründe handlungsleitend werden läßt, aber nicht zu tolerieren, daß über andere als vernünftige Handlungsmotive zu raisonieren jemals schicklich sein könne für einen Mann von Welt, für einen 'philosophe'. "Je sais qu'on a etabli dans le monde des régles à la place des sentimens" (S. 397), so ROUSSEAU denn auch, deutlich resignierend, im Dezember 1757 an SOPHIE D`HOUDETOT in einem Brief, den man wohl als Replik auf DIDEROT wird lesen dürfen. STERNE wird ROUSSEAUs Problem wenig später schon in die sehr viel weniger empfindsame und mithin 'männlichere' Frage aufnehmen: Hat "ein Mann Richtschnüren zu folgen - oder sie ihm, da er sie zieht?" (1983, S. 326). ROUSSEAU, dies folgt dann daraus, kann, insofern er seinem Gefühl oder seinen 'Richtschnüren' folgt, entweder als moderner Mensch oder als Nonkonformitst gesehen werden, wobei man sich mehrheitlich für das letztere entschied: Ausgehend von ROUSSEAUs Empfindsamkeit, so STAROBINSKI (1988, S. 557), schloß man auf "latente Homosexualität"; WOLFF bescheinigt ROUSSEAU "das soziale Außenseitertum des ewig Unangepaßten" (1988, S. 819); KUNZE redet von einem "den Normen konventioneller Moral so

gar nicht entsprechenden Leben" (1981, S. 652). Als Schlüsselszene gilt dabei jene, in der ROUSSEAU als 16jähriger nach einem längeren Spaziergang die Stadttore Genfs verschlossen fand und relativ spontan beschloß, auf Trebe zu gehen. ROUSSEAU schreibt hierzu: "Frei und Herr meiner selbst, glaubte ich alles tun, alles erreichen zu können" (1978, S. 48). SAKMANN urteilt: "Diese Stunde war die Geburtsstunde seines autonomen Individualismus" (1929, S. 7). Und aus heutiger Perspektive ergänzt GALLE, daß sich ROUSSEAU von dieser Stunde an konfrontiert sah mit dem Verlust "von institutionellen Absicherungen, die den Lebenshorizont zwar eingrenzen und abstecken, zugleich aber ... offensichtlich eine entlastende Funktion haben" (1983, S. 60). Namentlich mit GALLEs Einlassung wird deutlich: Ob jemand selbstbestimmt und institutionenentbunden sich zu handeln zutraut, ist nur die eine Frage, die andere, ob er dieses Fortschrittsmoment auch in seiner Ambivalenz zu erkennen vermag. Und hier nun, im Bejahen dieser letztgenannten Frage, weist GALLE ROUSSEAU als einen modernen Menschen aus: die Modernität der *Confessions*, so sein Argument, bezeuge sich in dem hier aufgedeckten Umstand, daß ROUSSEAU den "Zusammenbruch der Institutionen" nicht kompensieren konnte, sondern gleichsam verdoppelte, insoweit er an sich selbst erfahren mußte, daß das Konstrukt "autonomer Subjektivität" (1983, S. 63) uneinlösbar sei. Dieses Argument überzeugt sehr viel eher als der Einwand BOHRERS (1987, S. 201), Rousseaus *Confessions* kennzeichne noch nicht das 'Diskontinuitätsbewußtsein' der - den modernen Menschen vorbereitenden - ästhetischen Subjektivität der Romantik. Denn der romantische Brief thematisiert noch nicht die Krisenmomente eines von jedem Institutionenbezug freigesetzten einzelnen. Und im übrigen ließe sich, mit Blick auf die Autobiograhie als Gattung, die These riskieren, daß niemand nach ROUSSEAU dessen Versuch, das 'Andere der Vernunft' in der eigenen Person zum Sprechen zu bringen, im öffentlichen Kontext überboten hat. ROUSSEAUs Autobiographie war es, die "wesentliche Konturen moderner Lebens-, Welt- und Selbsterfahrung sichtbar und zugänglich" (GALLE 1983, S. 59) machte. Dies als modern gelten zu lassen, beweist zum einen - ex negativo - die ROUSSEAU-Kritik: "Hier verkündete er's selber einem jedem, der hören wollte: er war ein Jämmerling, lächerlich, obszön, ein armseliger, kranker, unappetitlicher Mensch" - so sucht FEUCHTWANGER (1984, S. 246) in seinem ROUSSEAU-Roman *Narrenweisheit* eine durchschnittliche Leserinnenerfahrung der ROUSSEAU-Epoche nachzubilden. Aber auch die Nachwelt weiß sich mit derartigen Fremdwahrnehmungen solidarisch. LAFORGUE etwa sieht in den *Confessions* "nichts anderes als die abstoßende, schmutzige Seite von Rousseaus psychischer Persönlichkeit" (1930, S. 117), und KUNZE etwa, der als Herausgeber der *Confessions* diese eigentlich gelesen haben müßte, bekennt, es hande-

le sich hier um "ungesittete(n) Exhibitionismus": "Die "Bekenntnisse" sind eine fortgesetzte Selbstentblößung mit dem Ziel, den einzelnen Leser als Gefährten und Vertrauten zu gewinnen" (1981, S. 660). Bei diesem Anschlag auf seine Affekte ist KUNZE offenbar unbeschädigt geblieben. ROUSSEAU habe, so KUNZE weiter, durch Hinausverlagerung der Verantwortung für sein Tun die Schuld "dem sozialen System und dessen unheilvollen Einflüssen" (S. 652) anlasten wollen. Noch heute also, so der einzige Kommentar zu derlei Exegese, wird die Nonkonformität ROUSSEAUs und die Modernität seiner Selbstoffenbarung offenbar als so skandalträchtig erlebt, daß die von FREUD (1900, S. 71) schon längst demaskierte "Wertschätzung der eigenen Sittlichkeit" nach wie vor eine vermeintlich akzeptable Basis einer Interpretation abgeben darf, die den eigenen ethischen Rigorismus ROUSSEAU zu oktroyieren sucht - und die sich gänzlich unbekümmert zeigt um die von diesem vorgelegten Motive: Ich "beschwöre Sie bei meinem Unglück, bei Ihrem Innersten und im Namen der ganzen menschlichen Art; zerstören Sie nicht ein einzigartiges und nützliches Werk, das als erstes Vergleichsstück beim Studium der Menschen dienen kann, einem Studium, welches erst beginnen muß" (1978, S. 7). Dies war eine Aufforderung zur Destillierung von Psychologien, nicht aber zur Destillierung von Moralen. Daß die Mehrheit dies zumeist umgekehrt zu lesen geneigt war, stattet sie nicht mit Geltung aus.
Fassen wir zusammen: Von den Enzyklopädisten wurde ROUSSEAU nicht als moderner Mensch und schon gar nicht als moderner Mann erlebt. Das Projekt der Aufklärung vertrug keine kulturkritischen Zögerlichkeiten; es vertrug keine Lebensentwürfe, die anstelle kultivierter Geselligkeit Natur und Einsamkeit setzten; es vertrug keine Überempfindlichkeiten dort, wo die Einsicht in die vermeintlich rauhe Wirklichkeit Bedingung der Möglichkeit war, sich in ihr klug und konsequent zu bewegen; es vertrug keine Menschen wie ROUSSEAU, die die vom Frühaufklärer DESCARTES betriebene Kultivierung des Zweifels auch noch gegenüber latenten Handlungsanlässen in Anwendung brachten. Zugleich galt ROUSSEAU aber doch, gemessen an den Parametern des Empfindsamkeitsdiskurses, als modern, und sei es zunächst nur, weil man die Aufklärung durch etwas noch Neueres zu überbieten trachtete: die Abgeltung des Mißverhältnisses zwischen der dezidiert betriebenen "Untersuchung des Verstandes" und der kaum in Angriff genommenen "Untersuchung des Herzens" (WEZEL 1990, S. 310). Hinsichtlich des letzteren hat ROUSSEAU, und sei es nur mit seiner Autobiographie, Vorleistungen erbracht: als moderner Mensch.

II. Die Modernität Rousseaus als Erziehungswissenschaftler

Doch bedarf auch die Erziehungswissenschaft heute dieses modernen Menschen? Man ist geneigt, dies zu verneinen: ROUSSEAUs autobiographische Schriften und vor allem deren Abspiegelung, die *Julie*, werden von Pädagogen nur am Rande und jedenfalls nicht in ihrer das Dilemma des modernen Menschen annoncierenden Botschaft wahrgenommen. Anders steht es schon mit dem übrigen Oeuvre: Wie kein anderer, so der allgemeine Konsens jedenfalls der Reformpädagogen, habe ROUSSEAU die Grundlagen des modernen Menschenbildes und Erziehungsverständnisses freigelegt. Und vermittelt über die im *Emile* enthaltenen Paradoxa suchte jüngst TENORTH "die Erziehungsreflexion der Aufklärung als pädagogische Denkform der Moderne gegen die Kritik in ihr Recht zu setzen" (1992, S. 118). Diese Art Modernität bekundet sich im *Emile* in der Variante eines, wie etwa OELKERS (1983) nachwies, Spiels mit Unwahrscheinlichkeiten, verkürzt gesagt und um den Test auf diesen Begriffsgebrauch zu erzeugen: als moderne Utopie.

1. Moderne Utopien?

Im *Contrat Social* nimmt ROUSSEAU die Menschen, "wie sie sind, und die Gesetze, wie sie sein können", d.h. er entwickelt das Modell einer "bürgerlichen Ordnung", die durch eine "rechtmäßige und sichere Regel für das Regieren" (ROUSSEAU 1977, S. 5) ausgewiesen ist. Dies Utopie zu nennen, hätte man sich im 18. Jahrhundert zwar unterstanden; aber der übertragenen Begriffsbedeutung dieser Epoche - ein "utopien" als "ein Mensch, der Pläne für ein zukünftiges Glück der Menschheit entwirft" (FALKE 1956, S. 2) - darf man ROUSSEAU zurechnen. Und der *Contrat Social* enthält derartige Pläne und erfüllt den Rang einer Schrift, an der sich jeder abzuarbeiten hatte, der in der Folge den Anspruch erhob, unverlierbare Impulse der Aufklärung in eine moderne Staatskonzeption zu überführen.
Einschlägiger freilich ist tatsächlich der *Emile*: 'Ich nehme die Gesetze, wie sie sind, und die Menschen, wie sie sein können' - so hätte ROUSSEAU einleitend auch formulieren können. Fast immer war es dann auch diese Schrift, die das Interesse von Pädagogen in Zeiten auf sich gezogen hat, in denen man dem modernen Menschen resp. dem Bild von diesem Geltung zu verleihen suchte. Gleichsam ex negativo läßt sich dies auch der Kritik an den Einleitungssätzen des *Emile* ("Alles ist gut, wie es aus den Händen des Schöpfers kommt; alles entartet unter den Händen des Menschen"; 1981, S. 9) entnehmen, wie sie et-

wa die theologisch gespeiste ROUSSEAU-Kritik des 19. Jahrhunderts vorträgt: "Welche entsetzliche Sünde und Verantwortung ladet er (ROUSSEAU - C.N.) so auf Eltern, Lehrer, Erzieher des Kindes, alle sind Verführer desselben" (v. RAUMER 1872, S. 173). Daß man den Eltern, im Sinne ROUSSEAUs, pädagogische Verantwortung zuwies, daß man sie ermahnte: Ihr "seid die Eltern eurer Kinder in jedem Verstande: Eltern ihres Körpers - Eltern ihres Charakters, ihres Glücks" (WEZEL 1990, S. 46), mochte einem Erziehungsverständnis nicht behagen, das, unter Verweis auf die Erbsünde, jede weitere Suche nach kritisch zu befragenden gesellschaftlichen, kulturellen oder erzieherischen Negativeinflüssen meinte einstellen zu dürfen. "Weil der Mensch erbsündig und auf Erden des Besseren nicht fähig sei, wird die Verbesserung der Welt selbst in die Sünde umgebogen", so ADORNO (1955, S. 319), das anti-utopische Element des Urprotestantismus umschreibend.

Diese Art christlicher Anthropologie blieb dann auch noch ein weiteres halbes Jahrhundert lang in weitgehend ungestörter Anwendung, und dies insbesondere dort, wo die Konfessionen über die Geschicke des Erziehungsgeschäftes, etwa im Rahmen der Fürsorgeerziehung, zu bestimmen hatten. In den 1920er Jahren, als die sozialpädagogische Bewegung diese letzte Enklave eines konfessionell geprägten Erziehungsverständnisses zu erobern trachtete (vgl. NIEMEYER 1992a), war denn auch eine Phase utopischen Denkens im pädagogischen Diskurs vorangegangen, wobei man sich wiederum ROUSSEAUs zu erinnern wußte. Er war es, der der zentralen Kampfschrift der Reformpädagogik, ELLEN KEYS *Das Jahrhundert des Kindes* (1900), die entscheidenden Impulse verlieh. Und da auch Antipädagogen der Gegenwart gerne auf ROUSSEAU rekurrieren, scheint epocheübergreifend außer Frage zu stehen, daß man im *Emile* eine moderne Utopien zu sehen hat; auf den *Emile* läßt sich gut verweisen im Gestus des Insistierens derer, die auf Einlösung des hier Vorgedachten drängen. Daß zugleich immer wieder die Abschwächer auftreten, scheint zum konstitutiven Merkmal des Utopischen zu gehören: wenn die Utopie in die Wirklichkeit hinüber träte, verlöre sie ihren Charakter und ihre regulative Funktion (vgl. auch FALKE 1956, S. 3).

In diesem Sinne sei die Kategorie der *Utopie* auf den *Emile* bezogen. In Frage aber steht, ob wir es mit einer modernen oder mit einer vormodernen Utopie zu tun haben, wobei dieses Begriffsdual nicht auf diachrone Unterscheidungen zuläuft - wie jene gängige zwischen modernen und antiken Utopien (vgl. KYTZLER 1971, S. 65ff.) -, sondern auf synchrone: derart, daß in einer Epoche und möglicherweise bei demselben Autor beide Utopieformen anzutreffen sind. Dabei sei vorerst unter 'modern' das noch nicht Realisierte, unter 'vormodern' das - möglicherweise in der Antike beheimatete - Verlorengegangene verstanden.

Für ROUSSEAU hat man wohl beide Gesichtspunkte in Rechnung zu stellen, was man mitunter, auch in theoriepolitischer Absicht, 'übersehen' hat. So wurde ROUSSEAU beispielsweise in der nämlichen Epoche, in der ihn Reformpädagogen als Urheber einer modernen Utopie stilisierten, von anderen, sich gleichfalls als 'fortschrittlich' verstehenden (Reform-)Pädagogen abgelehnt, als jemand, der zwar den noch nicht realisierten Perspektiven des einzelnen Tribut zolle, der aber um die verlorengegangenen Stiftungsmomente des Sozialen unbesorgt bleibe. Das Szenario des *Emile* schien derartige Annahmen zu bestätigen: ein einzelner Erzieher oder Mentor, ein einzelner Zögling, beide über gut zwei Jahrzehnte in gewollter Isolierung von der Gesellschaft, so daß selbst HERBART (1802, S. 287) gegen ROUSSEAU angefragt hatte, ob dieser denn verantworten könne, daß sich ein einzelner Mentor durch einen einzelnen Knaben fast sein Leben lang wie ein Sklave fesseln lasse. Das Dilemma eines bloß individualpädagogischen Tuns läßt sich also offenkundig auf keine trefflichere Art als am Beispiel des *Emile* studieren, und es liegt auf der Hand, daß dies, zumal aus heutiger Perspektive, als moderne Utopie mit regulativer Funktion nicht mehr von Belang sein kann: Es ist, so LUHMANN (1986), eine Selbstillusion der Pädagogenprofession, 'emilische Systeme' in öffentliche Erziehung implementieren zu wollen.

2. *Vormoderne Utopien?*

Gleichfalls um die Jahrhundertwende gab es allerdings auch Argumente, denenzufolge ROUSSEAU als Individualpädagoge mißverstanden worden und als Sozialpädagoge zu entdecken sei; ROUSSEAU wurde, so würden wir es nun reformulieren, nicht wegen seiner modernen Utopie angegriffen, sondern wegen seiner vormodernen Utopie rehabilitiert. In diesem Sinn resümierte etwa NATORP, ROUSSEAU habe "das reine Bild des gesunden sozialen Körpers" aufgestellt, "als Richtmaß für soziale Arbeit" (1917, S. 52). Soziale Arbeit oder Sozialpädagogik meinte hier noch ein Theorieangebot, das nach den "sozialen Bedingungen der Bildung ... und (den) Bildungsbedingungen des sozialen Lebens" (NATORP 1899, S. 94) fragt. Freilich: Daß diesem Theorieangebot eine Utopie, wenn auch nur eine vormoderne, inhäriert, vermochte die Kritik nicht zu erkennen. BRAUN etwa monierte, NATORPS Modell erscheine "realistischer als das Rousseaus", insofern gerade im Abschirmen Emiles "vom sozialen Bereich" die "utopistischen Züge" (1976, S. 887) dieses Werkes zu sehen seien - ein Argument, mit dem der *Emile* wiederum als moderne Utopie zur Geltung gebracht wurde. Dieser Streit wird sich nun nur lösen lassen, wenn man das werkinterpretatorische Argument durch ein systematisches ergänzt. MENNICKE etwa kondensiert aus dem *Emile* die "Gedanken zur Gemeinschaftserziehung" (1960, S. 149), und er ordnet diese den "sozialpädagogischen Utopien" (S. 159) der französischen Revolution zu. Auch wenn damit nur eine Teilbotschaft des *Emile* getroffen ist, darf man festhalten, daß der Gemeinschaftsbegriff als zentrales Merkmal einer wichtigen Phase utopischen Denkens zu sehen ist (vgl. OELKERS 1991; OELKERS 1992, S. 84 ff.). Diesem Bedeutungshof folgte auch NATORP: Gemeinschaft ist "Sein des Sollens" (1925, S. 532). NATORPs Begriffsverwendung gehorchte dabei dem Interesse, Widerspruch gegen Modernisierungsfolgen einlegen zu können, also der Zurüstung des einzelnen für den sich mit der sozialen Frage verschärfenden Kampf ums Dasein ebenso zu widerstehen wie der Indienstnahme der Sozialpädagogen im Rahmen kompensatorisch auftretender Erziehungsträger (vgl. NIEMEYER 1989). Die Frage, wie man "eine echte und wahrhafte menschliche *Gemeinschaft* aufbauen (könne), ohne damit den Übeln der konventionellen *Gesellschaft* zu verfallen", ist denn auch von CASSIRER (1932, S. 22) zum Leitmotiv des *Contrat Social* erhoben worden, und es handelt sich dabei zugleich um das Leitmotiv der Sozialpädagogik NATORPs, die darüber ihr utopisches Moment gewinnt: *Gemeinschaft* als Utopie, aber, da Gesellschaft das Modernere ist: als *vormoderne Utopie*. Für NATORP (1910, S. 121ff.) war dabei allerdings nicht primär ROUSSEAU von Belang, sondern PESTALOZZIs *Lienhard und Gertrud*. Ausgangspunkt dieses Volksromans ist das Szenario des Verfalls einer dörflichen Gemeinschaft, den ein guter Junker aufzuhalten vermag, indem er die zentralen Vergesellschaftungsmodi umstellt, also eine menschliche Staatsverfassung einführt, ebenso wie bewährte Ordnungsgaranten. Die antimodernistische Pointe des Werkes ist beabsichtigt: "Dieses Buch hätte 1611 ... wahrscheinlich weniger Aufmerksamkeit erregt" - so PESTALOZZI zum ersten Teil von *Lienhard und Gertrud* (W 8, S. 42), in dessen vierten Teil ein älterer Dorfbewohner äußert, "im Grunde sei alles alt, was der Junker machen wolle" (W 3, S. 497). Im Kern haben wir es hier also mit einer vormodernen Utopie zu tun (vgl. NIEMEYER 1992b), wobei PESTALOZZI auf durchaus radikal ansetzende Fragen reagierte - auf Fragen ROUSSEAUs. Letzterem war wie keinem anderen seiner Zeitgenossen bewußt, im "Jahrhundert der Revolutionen" zu leben: "Gibt es etwas Armseligeres als einen verarmten Reichen, der sich als der letzte der Menschen fühlt, weil er sich der Verachtung erinnert, mit der man den Armen betrachtet?" (ROUSSEAU 1981, S. 192). Mit derartigen Fragen lancierte ROUSSEAU die Notwendigkeit des Umdenkens: Umdenken einerseits im Sinne neuer Sensibilität für das Problem der Armut schlechthin; Umdenken andererseits aber auch im Sinne der Verdoppelung des Armutsbegriffs dahingehend, daß es auch eine psychische Verelendung gäbe, und sei es nur als Folge der Etikettierung, die man als Armer zu gewärtigen hat, und die man als Reicher besser antizipieren sollte, weil im Jahrhundert der Revolutionen die eigene Verarmung als eine politisch gewollte nicht mehr auszuschließen sei. PESTALOZZI machte die Brisanz dieses Themas überdeutlich: "Was ist in einem Staat das Verhältnis der Eigenthümer gegen die Nichteigenthümer?" (W 12, S. 11). In der Phase nach der französischen Revolution derart fragend, schiebt er gleich hinterher: "Fürchtet euch nicht, Besizzer der Erde, es ist hierin wahrlich mehr um Grundsäzze als um Allmosen, mehr um Rechtsgefühl, als um Spitäler - mehr um Selbständigkeit als um Gnaden zu thun" (S. 12). Und dennoch ist das, was hier, in der Lesart des Adels, beruhigend wirken könnte, zutiefst radikal: Wenn PESTALOZZI Spitäler und Gnadenerweise ablehnt, dann, weil er nicht beitragen möchte zu einer bloß reaktiv ansetzenden "armselige(n) Nothjagd gegen verwahrloste und verwilderte Thiermenschen" (W 3, S. 335). Ihm ist es vielmehr um "wahre Menschlichkeit" zu tun, und diese hänge "mit dem Grad der Menschlichkeit..., die (im) ganzen Geist der Staatsverfassung herrschet, zusammen" (W 8, S. 155). Diese Sätze annoncieren den politischen Kern der vormodernen Utopie, die PESTALOZZI in *Lienhard und Gertrud* entwickelt hat.

Wenn wir nun von diesem Volksroman ausgehend einen Blick auf das Ausgangsszenario der *Julie* werfen, dann wird unmittelbar einsichtig, warum NATORP die Rechtfertigung seiner Sozialpädagogik als einer vormodern-utopischen zwar über ROUSSEAU einleitete, aber mit PESTALOZZI fortführte: Ein, so die Story der *Julie*, bürgerlicher Hauslehrer (St. Preux) verliebt sich in seine adelige Schülerin (Julie), scheitert am Adelsstolz von Julies Vater und muß zusehen, wie Julie einen Standesgleichen (Wolmar) heiratet, mit dem sie, in einem Ort namens Clarens, scheinbar glücklich wird - dies ist nicht der Stoff, der die grundlegenden Fragen der Sozialpädagogik NATORPs resp. PESTALOZZIs aufnimmt oder der die Themen des *Emile* oder des *Contrat Social* zu exponieren verspricht. Im Unterschied zu diesen Werken, über deren Charakter als moderne Utopien man, wie gesehen, allerdings streiten kann, wirkt die Utopie der *Julie* eindeutig vormodern, sie löst jedenfalls die von COLLINS kurz benannten Gattungsmerkmale dieser Epoche - "ein Utopia (als) ein kleines, sich selbst versorgendes, ökonomisch primitives Gemeinwesen, in dem der einzelne unberührt vom unterschiedslos korrumpierenden Einfluß der gesellschaftlichen Institutionen seine angeborene Güte und Freundlichkeit verwirklichen konnte" im Sinne einer "idealen(n) Gemeinschaft" (1965/66, S. 337) - geradezu exemplarisch ein. Die Kritik ist denn auch, zumeist unter Anwendung derartiger Gattungsmerkmale (vgl. JONES 1977), mit der Julie hart ins Gericht gegangen: HOWELLS sah, zumal in der Idylle von Clarens, das Modell einer 'closed society', anfügend: "Like most utopias, it appears regimented and authoritarian" (1986, S. 39). Und

WOLFF meinte, ROUSSEAU skizziere (lediglich) "das utopische Bild ... einer idealen Welt humaner Gleichheit und Brüderlichkeit" (1988, S. 819), aber die Norm bleibe "unberührt, der Schlaf der Welt gewahrt" (S. 819), und überhaupt habe man zu fragen, ob ROUSSEAUs soziale Utopien nicht häufig nur "als gesellschaftskritisches Programm mißverstanden worden seien" (S. 808).
Auch Pädagogen haben sich mitunter über die *Julie* gewundert, aber davon wenig Aufhebens gemacht: Sie haben sich einfach den anderen Werken, vorzüglich dem *Emile*, gewidmet; oder sie haben Editionen der pädagogisch relevanten, auf den *Emile* vorwegweisenden Textstellen der *Julie* veranstaltet; oder sie haben, im besten Fall, das Werk selbst in den Gesamtkontext des Oeuvre zu rücken versucht, insofern in der *Julie* das Ideal der Familie, in *Emile* das Ideal des einzelnen und im *Contrat Social* das Ideal des Staates skizziert werde. Aber was für eine merkwürdige Familie es ist, die da gepriesen wird - und auf welchen Grundlagen sie fußt und wie lange sie Bestand hat, dies wurde nicht gefragt und wohl auch für belanglos gehalten. Dabei offeriert gerade die *Julie* im Verein mit den *Confessions* eine einmalige Chance: Man kann, unter Rückgriff auf das Selbstzeugnis eines modernen Menschen, den Begriff des Utopischen auch von der dunklen Seite angehen, von den lebensgeschichtlichen Prägungen her, die den einzelnen hindern können oder die ROUSSEAU gehindert haben, ein radikal anfragendes Grundmotiv weiterzudenken und in ein lebbares utopisches Modell zu überführen.

III. Die vormoderne Utopie der Julie - zwischen Selbsttherapie und Vision

Das Argument, es gäbe bei ROUSSEAU eine entspechend dunkle Seite, die in der *Julie* offenbar werde, meint zugleich, ROUSSEAU nutzte seinen Briefroman zur Selbsttherapie - und dies ist gleichsinnig mit: ROUSSEAU war bewußt gewesen, "d'avoir écrit une utopie" (DE FABRY 1977, S. 79). Ein selbsttherapeutisches Motiv, so ließe sich vielleicht auch sagen, verwandelt den Begriff des Utopischen. Es geht nicht, wie etwa in der vormodernen Variante eines PESTALOZZI, um die Bergung des sozial- oder gar menschheitsgeschichtlich gesehen Verlorengegangen, sondern es geht um die Bergung des in der Lebensgeschichte noch unbearbeitet Gebliebenen, des, wenn man so will, BLOCHschen "Nicht-Mehr-Bewußte(n)" (BLOCH 1965, S. 24). Dabei wird ROUSSEAUs Bergungsarbeit dem Utopiebegriff subsumiert, aber nicht im Sinne der BLOCHschen Vision eines 'Noch-Nicht', auch nicht im Sinne der von MILLER akzentuierten Vision eines "Nicht mehr" (1968, S. 349) als einer "rückwärts gewandte(n) Utopie" (S. 58), mit der der

Mensch sich - so wie etwa im Renaissance-Schäferroman - "ein vergangenes, zeitloses Vollkommenes" vorzugaukeln suchte, "zu dem kein Zugang mehr zu finden ist" (S. 349). Stattdessen steht die Julie für die durchaus schon moderne selbsttherapeutische Suche nach dem Zugang zu einem in der eigenen Lebensgeschichte durchschrittenen Stadium, dabei aber geprägt durch die vormoderne Imagination eines Noch-Einmal, d.h. die Sehnsucht dokumentierend nach einem nochmal - und diesmal richtig, d.h. widerspruchsfrei - gelebten Leben: ein Leben ohne Kindheitstraumen, ohne Beziehungsprobleme, ohne Ungewißheit, geliebt zu werden, ein Leben also im Gleichklang mit der natürlichen Ordnung. Diese Utopie ist *modern* in ihrer selbsttherapeutischen Instrumentalisierung, aber sie ist *vormodern* in ihrer Anrufung eines Noch-Einmal, und sie ist *vormodern* im Sinne des Verhaftetbleibens ihres Konstrukteurs in einem Entwicklungsstadium, das ihm keine Selbstbestimmung ermöglicht, sondern nur Zweifel läßt. Aus ROUSSEAU ist also zu lernen: Man kann an sich zweifeln - was uns als modern gilt -, und man kann gleichwohl noch der methodischen Kontrolle dieses Zweifels entbehren. Insoweit wird verständlich, daß ein moderner Mensch eine vormoderne Utopie zu entwickeln genötigt sein kann: Er braucht die Vision des noch nicht fraglich Gewordenen zur Abgeltung dessen, was ihm fraglich geworden ist.

1. Das methodische Problem

Diese These wird sich nur prüfen lassen, wenn man lebensgeschichtliche Besonderheiten einbezieht, also ROUSSEAU nicht nur, wie der Anmerkungsapparat der *Confessions* konzediert, als "Vorläufer der Psychoanalyse" (1978, S. 682) gelten läßt, sondern seine Texte als Gegenstände psychoanalytischen Reflektierens nimmt. Die methodischen Probleme sind dann allerdings beachtlich. Denn seitdem - um nur ein Beispiel zu geben - für FREUD fraglich wurde, ob die Berichte seiner ersten Patienten über sexuellen Mißbrauch im Kindesalter auf Tatsachen beruhen oder auf Fiktionen, konnte die psychoanalytische Therapie überhaupt erst als ein Geschäft Gestalt annehmen, in dem es nicht um die Decouvrierung der historischen Wahrheit geht, sondern um die Funktion, die eine bestimmte Art des Geschichtenerzählens, die der Patient bevorzugt, im Übertragungsgeschehen spielt. Damit ist eine Grenze unseres Vorhabens markiert: als Arbeit am Text - und nicht als Arbeit in unmittelbarer Interaktion - entbehrt es zweier zentraler Wahrheitskriterien, nämlich dem der Gegenübertragungskontrolle und dem der Widerstandsanalyse. Selbst bei gelungener Bearbeitung der eigenen Übertragungen wird nur eine Quasi-Fiktion resultieren, die

sich als konsistent erweisen mag und die darin dann ihren Wahrheitsersatz findet.
Die Fiktion ist aber auch Gegenstand und Vehikel des psychoanalytischen Prozesses sowie der Modus, den der Analysand konstruktiv nutzen kann zur Gestaltung und Abgeltung unbefriedigender Realität. "Ich habe ... sehr wenig besessen, aber trotzdem viel auf meine Art, d.h. in der Einbildung genossen" (S. 21) - so kommentiert ROUSSEAU eine Szene, die bei Interpreten für höchste Aufregung sorgte. Er war als (vermutlich) Elfjähriger von einer Art Pflegemutter, Mademoiselle Lambercier, gezüchtigt worden, wobei er "dem Schmerz, der Schande selbst, eine Sinnlichkeit beigemischt gefunden (hatte), die mir mehr Lust als Furcht gemacht hatte, sie abermals durch die gleiche Hand zu erfahren" (S. 19). Dieses Ereignis führte zu einer Art Triebfixierung mit Anteilen eines - wie HOLMSTEN, die bisherigen Forschungsergebnisse zusammenfassend, kolportiert - "juvenilen Masochismus" (1980, S. 18). Und LAFORGUE ergänzt, ROUSSEAUs Zerwürfnis mit nahezu allen wichtigen Zeitgenossen einbeziehend, "daß die zahlreichen Schläge, welche er im Leben erhalten hatte und gegen die er sich aufs tiefste empörte, nur das waren, was er so inbrünstig von der Hand von Fräulein Lambercier zu erhalten gewünscht hatte" (1974, S. 117).
Das methodische Problem besteht nicht darin, daß sich gar nicht mehr feststellen läßt, ob sich die Lambercier-Szene, wie geschildert, ereignet hat. Dies ist nach dem zuvor Gesagten auch im Therapiekontext nicht eindeutig klärbar, obwohl man hier immerhin schauen könnte, was nach einer entsprechenden Deutung passiert. Im übrigen wird es, etwa von Autoren wie ROTRY, immer weniger als Makel empfunden, daß es in der Logik der Psychoanalyse "auf die Frage 'Was ist mir früher wirklich widerfahren?' keine Antwort gibt, die als einzige richtig ist" (1986, S. 51). Wohingegen man sich vielmehr zu wenden hat, ist der Umstand, daß sich der Interpret LAFORGUE nicht bemüht hat, das gerade im literaturinterpretatorischen Kontext zentrale Geltungskriterium der Konsistenz zu aktivieren, etwa durch Suche nach und Ausdeutung von Komplementärszenen in der *Julie*. Im übrigen bleiben bei LAFORGUE widersprechende Befunde außer Betracht. Denn ROUSSEAU (1978, S. 22) wußte sehr wohl zu differenzieren zwischen Strafen, die er als lustvoll erlebte und solchen, die er als ungerecht empfand; vor allem aber: LAFORGUE hat nicht bedacht, daß ROUSSEAU selbst an der Lambercier-Szene weniger das Masochismus-Motiv denn der Umstand imponierte, daß er die einmal erlebte Befriedigung in der "Phantasie" (S. 20) immer wieder aufsuchen konnte. Es ist dieser Faktor, der Konsistenz aufweist in bezug auf andere Geschehnisse und der der Logik der literarischen Ausgestaltung seiner Biographie zugrundeliegt. Die Phantasie war es, der sich ROUSSEAU während seiner Arbeit an der *Julie* hingeben konnte, "ohne andre Gesellschaft als die der bei-

den Gouvernanten in Wirklichkeit und die der beiden Basen in der Phantasie" (S. 432), wobei mit den 'Gouvernanten' seine Lebensgefährtin THERESE und deren Mutter, mit den 'Basen' Julie und deren Base im Briefroman, Clara, gemeint sind. - Ein weiteres Beispiel für die Macht und Funktion der Phantasie: Julie steht in der Hauptsache für SOPHIE D'HOUTEDOT, in die sich ROUSSEAU während der Arbeit an seinem Roman (einseitig) verliebt hatte und an die die Briefe, die Julie von St. Preux erhält, eigentlich adressiert sind. In einem der Briefe ROUSSEAUs an SOPHIE heißt es, ihm falle das für sie vorgenommene Kopieren der jeweils fertigen Fassungen der *Julie* nicht so schwer: "Ainsi j'ai le plaisir de m'occupper de vous toute la journée" (Rousseau 1967 IV, S. 384).

Zwei Aufgaben sind es also, die die *Julie* erfüllt: Aussöhnen mit der Alltäglichkeit der frustrierenden Realbeziehung; Aussöhnen aber auch mit der Unerreichbarkeit SOPHIEs, indem sich ROUSSEAU ihrem Double, Julie, solange als möglich, und sei es nur qua Kopieren des Romans, widmet. Aus dieser Koppelung von Realität und Phantasie folgt, daß es nicht darum gehen kann, autobiographisch geschilderte Szenen vorweg als real zu unterstellen, um daran dann Aussagen über den Pathologiegrad des Autors zu koppeln. Vielmehr ist zu fragen, welche Art des Geschichtenerzählens eine bestimmte Szene, die sich so oder anders zugetragen haben mag, provoziert hat, wobei psychiatrisierende Etikettierungen wenig Erklärungswert aufweisen. Den Zugang zu ROUSSEAU bahnen, heißt entsprechend: auf eine isolierte Lektüre der *Confessions* zu verzichten und stattdessen die Komplementärszenen in der *Julie* einzubeziehen, die dann den ganzen Sinn verraten und die damit das Geltungskriterium der Konsistenz erfüllen.

2. *Rousseau und das Strafbedürfnis*

Das Vorgehen sei an einem beliebten - und für das folgende zentralen - Beispiel erläutert. In den *Confessions* berichtet ROUSSEAU: "Ich kostete meine Mutter das Leben, und meine Geburt war mein erstes Unglück. Ich habe nicht erfahren, wie mein Vater diesen Verlust ertrug; aber ich weiß, daß er sich nie darüber tröstete" (1978, S. 11). Und dann noch gar: "'Ach', sagte er (der Vater - C.N.) seufzend, "gib sie mir wieder, tröste mich über ihren Verlust, fülle die Leere, die sie in meiner Seele gelassen hat" (ebenda). KUNZE diagnostiziert hier nun vor allem fehlendes Urvertrauen (1981, S. 669) und stellt fest, "daß bereits mit dem durch die eigene Geburt verursachten Tod seiner Mutter die Weichen zu einer überwiegend qualvollen Außenseiterexistenz gestellt waren" (S. 666). In analoger Weise argumentierte bereits PESTALOZZI, daß ROUSSEAU sehr früh "die Grundlagen der Leiden seines

Lebens" (W 8, S. 296) gelegt habe, wenngleich PESTALOZZI hierfür ein etwas später eintretendes Ereignis namhaft machte: Die Liebesaffäre, die der 16jährige Abenteurer nach einigen Jahren einer Quasi-Pflegschaft mit Mme. VON WARENS einging, habe ihm "das Pflichtgefühl für ein ordentliches Leben und einen häuslichen Beruf in sich selber verdunkelt" (S. 296). Analog kommentierte SAKMANN: "Wer kann sagen, welchen Anteil das verhängnisvolle Tun (dieser) Frau an so manchem Peinlichem in ROUSSEAUs späterem Leben hat, an der Beflekkung durch unwürdige Verbindungen und an der bösen Fähigkeit, in unreinlicher Atmosphäre zu verweilen" (1923, S. 9). Niemand kann dies sagen, denn diese Frage ist nicht wissenschaftlich, sondern typisch männlich, was meint: Das Begehren des hurenhaften Weibes erscheint hier als Wechsel auf den Untergang des Mannes, der aber dennoch, so SAKMANN weiter, sofern er stark wie ROUSSEAU sei, "das sittliche Urteil ... unverwirrt und unbestochen aus solchen Zuständen" (S. 9) retten könne. Die zwei anderen männlichen Richter sind nicht ganz so nachsichtig: PESTALOZZI suggeriert, die Verfolgung, der sich ROUSSEAU ausgesetzt sah, sei gerechtfertigt im Sinne einer Strafe für den, der seinem sinnlichen Begehren nicht widerstand. Und KUNZE, der immerhin schon aus dem Fundus psychoanalytischen Wissens schöpfen kann, gelangt zum nämlichen, wenn nicht schlimmeren Ergebnis: ROUSSEAU habe die realen Verfolgungen, denen er sich nach dem Verbot seines *Emile* ausgesetzt sah, pathologisch verzehrt; sein fehlendes Urvertrauen erkläre im übrigen, "daß sein Verhältnis zur sozialen Umwelt von Mißtrauen und Aggressivität gekennzeichnet war" (1981, S. 669).

Urteilen wir etwas weniger rasch: Mit dem Ballast einer Liebe, die nicht eigentlich ihm galt, und mit der Zuweisung der Verantwortung für den Tod der Mutter trat ROUSSEAU den Weg ins Leben an, und sein sieben Jahre älterer Bruder FRANCOIS war das erste Opfer dieser schizophrenogenen Ausgangssituation: "Infolge der übermäßigen Liebe, die man mir bezeugte, wurde er ein wenig vernachlässigt, was ich keineswegs billige" (1978, S. 13). Dieser Nachsatz ist lahm für eine großen Erziehungstheoretiker, aber er ist konsequent innerhalb eines familialen Systems, in dem der Bruder als Sündenbock offenbar wohlfeil zu haben war als Ersatz für die Rolle, die ROUSSEAU immer wieder, die offiziell kommunizierte Liebesbotschaft unterlaufend, zugewiesen wurde.

Aufschlußreich für diese Ambivalenz ist der Vergleich zwischen einer in den *Confessions* geschilderten Strafszene mit einer in der *Julie* dargebotenen Komplementärszene, wobei, um auch die sprachliche Analogie deutlich zu machen, aus dem jeweiligen Original zitiert sei: "Je me souviens qu'une fois que mon pere le châtiot rudement et avec colére, je me jettai impétueusement entre deux l'embrassant étroitement.

Je le couvris ainsi de mon corps recevant les coups qui lui étoient portés" (1959 I, S. 9f.). Der hiermit nahelegte Schluß ist einfach: ROUSSEAU möchte dem Leser suggerieren, daß er FRANCOIS immer wieder beigestanden habe. Die Komplementärszene in der *Julie* lautet: "... il me maltraita sans ménagement, quoique ma mere se fut jetée entre deux, m'eut couverte de sons corps, et eut reçu quelques uns des coups qui m'étoient portés" (1959 II, S. 174f.) - so Julie an Clara, über den Umstand klagend, daß ihr Vater sie aus Zorn über die durch ihre Schwangerschaft veranlaßten Heiratspläne (mit St. Preux) geschlagen habe. Auch hier scheint der Schluß einfach: Dem Leser soll suggeriert werden, daß Julies Mutter ihr beistand. Auffällig ist freilich, daß es in beiden Szenen die nämliche Person ist, die von dem Hilfehandeln profitiert: ROUSSEAU resp. dessen "image idealisé" (DE FABRY 1977, S. 211), St. Preux. Denn letzterer ist einerseits nun zwar als (akzeptabler) Schwiegersohn aus dem Rennen; andererseits aber stürzt Julie infolge der Schläge ihres Vaters und erleidet eine Fehlgeburt, so daß eine Lesart auch lauten könnte: St. Preux bleibt der einzige, der das Anrecht auf Julies Liebe anmelden kann. Diese Lesart wird durch die reale Szene gestützt: FRANCOIS geriet bald nach dem in den *Confessions* geschilderten Vorfall auf Abwege und verließ das Vaterhaus, wobei ROUSSEAU seinen diesbezüglichen Bericht mit den erstaunlichen Worten schließt: "... und so bin ich der einzige Sohn geblieben" (1978, S. 14). In beiden Szenen, so also die hier bevorzugte Lesart, bleibt jemand auf der Strecke, der ROUSSEAUs resp. des Romanhelden Anspruch auf ungeteilte Liebe hätte gefährlich werden können.
Wenn wir ROUSSEAU eine derartige Interessenhaltung attribuieren, läßt sich also nicht mehr so ohne weiteres von einem altruistischen Motiv sprechen. Und tatsächlich nützte der Hilfeakt des kleinen JEAN-JACQUES vermutlich eher diesem als FRANCOIS, denn dem Vater dürfte derart die Diskrepanz zwischen dem guten und dem bösen Kind umso deutlicher geworden sein. Damit bestärkte sich bei ihm, so ließe sich weiter folgern, in einer für JEAN-JACQUES existentiellen Hinsicht der Eindruck, daß nicht der Sohn, der der Mutter das Leben gekostet hatte, Probleme machte, sondern der andere, der sich gleichsam als 'Fehlgeburt' erwies. Von hier ausgehend gewönne auch der Hilfeakt von Julies Mutter neue Bedeutung: Er intonierte dann das Altruismus-Thema in überarbeiteter Variation. Denn da Julies Mutter, die den Part des kleinen JEAN-JACQUES aus der realen Szene übernimmt, letzten Endes nicht beharrlich genug interveniert, um Julies Fehlgeburt verhindern zu können, sind die Schläge, die sie statt Julies von ihrem Mann erhält, möglicherweise jene, die sich ROUSSEAU als Strafe für sein Interesse an der Stilisierung seines Bruders als einer 'Fehlgeburt' diktiert. Es ließe sich darüberhinaus in Erwägung ziehen, ob nicht die Ambivalenz des mütterlichen Hilfehandelns das Interesse ROUSSEAUs bezeugt,

einerseits die Leibesfrucht als sichtbares Symbol für die Inbesitznahme Julies durch St. Preux zu bewahren; andererseits aber auch zu verhindern, daß der Fötus zur Welt kommt.
Damit mag an einem Beispiel deutlich geworden sein, welche Botschaft der von ROUSSEAU vorgenommenen Neukontextualisierung einer autobiographischen Szene im literarischen Zusammenhang zugrundeliegen mag. Um aber das hier unterstellte Zurückschrecken des Autors ROUSSEAU vor einer dauerhaften Inbesitznahme Julies durch St. Preux erklären zu können, ist die Aufmerksamkeit weniger auf szenische Merkmale, denn auf die Funktion zu richten, die namentlich Julie zu erfüllen hat.

3. *Rousseau und die Muttersurrogate*

Julie ist einerseits eine Art Chiffre für das Bild, das ROUSSEAU seitens seines Vaters über seine Mutter vermittelt wurde. "Elle dessinoit, elle chantoit, elle s'accompagnoit du Theorbe, elle avoit de la lecture et faisoit des vers passable" (1959 I, S. 6f.) - so äußert sich ROUSSEAU über seine Mutter, um sich dann über Sophie, in die er sich verliebte, weil er in ihr seine Romanheldin wiederzuerkennen meinte (1978, S. 434), mit analogen Worten auszulassen: "Elle avoit plusieurs talents agréables, jouoit du Clavecin, dansoit bien, faisoit d'assez jolis vers" (1959 I, S. 439). Gerade weil also in die Figur der Julie sowohl Anteile des Mutterbildes als auch Anteile des Bildes einfließen, das ROUSSEAU von SOPHIE gewonnen hat, wird man wohl schließen dürfen, daß ROUSSEAU bei der Schilderung des Fehltritts Julies mit St. Preux seiner auf SOPHIE abgestellten erotischen Phantasie freies Spiel ließ, um sich dann aber zugleich auch der mütterlichen Anteile Julies und mithin auch der inzestuösen Elemente dieses Fehltritts bewußt zu werden - und, vermittelt über die geschilderte Strafszene und die dadurch ausgelöste Fehlgeburt, gleichsam sein Über-Ich sprechen zu lassen.
Freilich ist dies noch nicht die ganze Erklärung. Denn seine erotische Phantasie hätte ROUSSEAU auch anders befriedigen können. Warum also kommt es überhaupt zu intimen Beziehungen zwischen St. Preux und Julie? Über FREUD läßt sich eine Erklärung beschaffen: "Wenn das Kind hört ..., daß ihm die Mutter "das Leben geschenkt" hat", so entsteht der Wunsch, "dies eigenartige Geschenk durch etwas Gleichwertiges zu ersetzen", was nur meinen kann: der Mutter "ein Kind schenken oder machen, natürlich ein Kind, wie man selbst ist" (1910a, S. 75). Dieser Wunsch nach Wiedergutmachung dürfte dann als besonders drängend erlebt werden, wenn man sich für den Tod der Mutter verantwortlich wähnt. Deswegen, so die Vermutung, gestaltet ROUSSEAU diesen Wunsch in der *Julie* literarisch aus - um doch so-

gleich wieder zurückzuschrecken: Die Fehlgeburt muß sein, um die eigene Mutter (Julie) nicht erneut der Geburtsgefahr auszusetzen - und um sich selbst (St. Preux) vor erneuter Schuld ebenso zu bewahren wie vor dem Verdacht der Blutschande.
Daß ROUSSEAU die letztgenannte Befürchtung hegt, gesteht er indirekt ein. Mit SOPHIE zu verkehren, hätte, so heißt es in den *Confessions*, "die Besudelung des göttlichen Bildes" (1978, S. 438) bedeutet. Freilich steht SOPHIE nicht allein da: Gegenüber ZULIETTA, einer venezianischen Schönheit, meint er in verfänglicher Situation plötzlich eine warzenlose Brust bemerkt zu haben - offenbar eine Fiktion, wenn man dem einschlägigen Bericht CASANOVAs über diese körperlich untadelige Dame vertrauen darf. ROUSSEAU jedenfalls wandelt der - in dieser Situation durchaus kontraproduktive - Gedanke an, daß ich "in meinen Armen nur eine Art Ungeheuer halte, den Abschaum der Natur, der Menschen und der Liebe" (S. 317). Nun scheint diese Art der Projektion mit der vorgenannten wenig zu tun zu haben - wäre da nicht der Hinweis FREUDs, wonach "der Unterschied zwischen der Mutter und der Hure doch nicht so groß sei", da sich in der ödipalen Phase der Verkehr der Mutter mit dem Vater aus der Perspektive des Sohnes notwendig als (hurenhafte) Untreue der Mutter darstelle, da "sie die Gunst des sexuellen Verkehrs nicht ihm, sondern dem Vater geschenkt hat" (1910a, S. 73). Die Projektion des Hurenhaft-Mütterlichen auf ZULIETTA erfüllte für ROUSSEAU so gesehen die gleiche Funktion wie die Projektion des Heilig-Mütterlichen auf SOPHIE - sie ermöglichte ihm Liebesverzicht als Folge der Suggestion eines unmittelbar bevorstehenden Inzests.
Im Umkehrschluß folgt daraus, daß man ROUSSEAUs Liebesvollzug unter dem Stichwort der überschrittenen Grenze abspeichern muß: "Mir war, als hätte ich Blutschande begangen" (1978, S. 196), so ROUSSEAU zu seiner ersten Liebesnacht mit Mme. DE WARENS, von ihm 'Maman' geheißen, deutlich bekundend, daß er sich hier so fühlte, wie der Vater: "in den Armen einer zweiten Frau" (S. 11) - und 'mit dem Bild der leiblichen Mutter im Grunde des Herzens'. THERESE, ROUSSEAUs Geliebte (seit 1745) und spätere Frau (seit 1768), erlebt im Vergleich zu 'Maman' eine noch weitere Abstufung: 'Gouvernante' darf sie sich nennen lassen, wobei ROUSSEAU ihre Funktion sehr deutlich beschreibt: "Mit einem Wort: ich bedurfte einer Nachfolgerin für Mama. Da ich nicht mehr mit ihr leben durfte, brauchte ich jemand, der mit ihrem Zögling lebte und bei dem ich die Einfalt und Gelehrigkeit des Herzens fand, die sie bei mir gefunden hatte" (S. 327). Mit anderen Worten: Der 'Zögling' konvertiert zum 'Hauslehrer' und unterwirft sich, der damals geläufigen Hierarchie folgend, zunächst einmal die 'Gouvernante'. Mit dieser nun aber zeugt man recht eigentlich keine Kinder, und wenn doch, dann gilt es, diesen Umstand zu kaschie-

ren. ROUSSEAUs Kinder mit THERESE, wenn es sie denn gab - was man bei seinem eigenen Kindheitstrauma fast ausschließen darf, zumal Kinder ein zu beredtes Zeugnis gegen die Treue gewesen wären, die ROUSSEAU meinte seiner eigenen Mutter schuldig zu sein -, landen dort, wo sie, dem zeitgenössischen Usus bei Verbindungen unter Ungleichen folgend, zu landen hatten: im Findelhaus. Und nicht zuletzt in Reaktion auf diesen von VOLTAIRE öffentlich gemachten Umstand gelobt ROUSSEAU Enthaltsamkeit - aber wie: "Ich verfiel demselben Unbehagen, dessen Wirkung ich bei Mama gefühlt hatte, und diese Wirkung war die nämliche bei Therèse" (S. 584). 'In den Armen der dritten Frau', so darf man also folgern, greift etwas der Blutschande Analoges.

Die näheren Umstände dieses Liebesverzichts sind instruktiv. Unmittelbar zuvor, als THERESE, zu dieser Zeit (1754) "weder schön noch jung" (S. 385), auf einer Reise zu dritt von ROUSSEAUs Bekanntem GAUFFECOURT, der beschrieben wird wie ein Mann außerhalb jeder Konkurrenz, "mehr als sechzig Jahre alt, an Gicht leidend, impotent, durch Vergnügungen und Genüsse erschöpft" (S. 385), beinahe verführt wird, gewinnt sie auch für ROUSSEAU den Status einer vorübergehend begehrenswerten Frau. Dies hat dann Folgen für den unmittelbar anschließenden (letzten) Besuch bei 'Maman', der, inzwischen 55 Jahre alt, nicht mehr viel "von ihrer früheren Tugend geblieben" (S. 386) ist, kurz: ROUSSEAU als einstiger Geliebter 'Mamans' beginnt sich zu verachten - so wie er unterschwellig THERESE dafür verachtet, sich mit so einem wie GAUFFECOURT eingelassen zu haben. Die Folgen sind beachtlich: "Ich hätte alles verlassen müssen, um ihr ('Maman' - C.N.) zu folgen, mich an sie zu ketten bis zu ihrer letzten Stunde und ihr Los teilen, welches es auch sein mochte. Ich tat nichts davon. Durch ein andres Verhältnis abgehalten, fühlte ich meine Neigung für sie nachlassen" (S. 386). KUNZE urteilt, ROUSSEAU beweise sich hiermit als Kind, denn dieses "sieht in der mütterlichen Fürsorge und Liebe eine selbstverständliche Gegebenheit", das umgekehrte Verhalten sei nicht erwartbar (1981, S. 668) - eine oberflächliche, im Kern moralisierende 'Erklärung', die im übrigen ohne weitere Begründung das altruistische Motiv aus dem kindlichen Verhaltensspektrum ausgrenzt.

Stärkere Konsistenz in bezug auf die Daten sichert eine andere Deutung. ROUSSEAU kann sich, wenn auch unter dem Diktat der von GAUFFECOURT aktualisierten ödipalen Dreieckskonstellation, von einem Liebesobjekt lossagen, das sein Begehren zu früheren Zeiten mittels analoger Institute, etwa im Rahmen ihrer gleichzeitigen Liebschaft mit ANET, zu stimulieren wußte. ROUSSEAU lernt also die Verneinung: 'Maman' ist nicht die Mutter, denn sie wird nicht mehr durch Dritte erkennbar begehrt; und THERESE ist nicht mehr bloß die 'Gouvernante', sondern das - durch das Intermezzo mit GAUFFECOURT - vor-

übergehend begehrenswerte 'andre Verhältnis', aus dem heraus die Ausschließlichkeit gegenüber anderen, namentlich früheren Beziehungen erwartet werden kann. 'Maman' muß diese Bedeutung durchaus erkannt haben, denn ROUSSEAU berichtet: "Als letztes Kleinod war ihr nur ein kleiner Ring geblieben. Sie nahm ihn von ihrem Finger, um ihn an Theresens zu stecken, die ihn ihr sofort wiedergab, indem sie die edle Hand küßte und mit ihren Tränen benetzte" (1978, S. 386). Die Szene, die auf Freisetzung zuläuft, ist gleichwohl ambivalent: 'Maman' ist doch 'Maman', denn sie stiftet das Glück der 'Tochter' THERESE, die im übrigen durchaus bzw. gerade dann ihrer Funktion, 'Nachfolgerin für Mama' zu sein, recht eigentlich erst nachkam, wenn sie von Dritten begehrt wurde. Insoweit gehören beide Frauen der Reihe zu, der man gemeinhin die reale Mutter zurechnet: sie waren achtens-, aber nicht (mehr) begehrenswert.
Zwar scheint SOPHIE dieser Reihe nicht subsumierbar, wenn man den Worten ROUSSEAUs trauen darf: "Und man wähne nicht, daß mich hier meine Sinne so ruhig ließen wie bei THERESE und Mama" (S. 439). Aber auch SOPHIE war, eben weil sie nicht dem 'göttlichen Bild' Julies entsprach, mit negativen Attributen behaftet, die ROUSSEAU geradezu dankbar aufzählt: "Ihr Teint war unrein, sie war kurzsichtig" (S. 433) - ebenso kurzsichtig wie ROUSSEAU und ebenso pockennarbig wie St. Preux, der von einer mehrjährigen Weltreise zurückkommt, deren Skript den *Confessions* entnommen sein könnte: "Das Schicksal, das sich ihrer Leidenschaft entgegenzustellen schien, belebte sie nur; da der junge Liebende seine Geliebte nicht gewinnen konnte, verzehrte er sich vor Schmerz; sie riet ihm zum Reisen, damit er sie vergesse. Er reiste vergeblich und kam verliebter als je heim. Er fand seine Geliebte zärtlich und treu wieder" (1978, S. 10). Derartig glückliche - unter Absehung vom tragischen Finale - Stories kennt aber offenkundig nur das Leben, nicht die Fiktion: ROUSSEAU berichtet hier über die Geschichte seiner Eltern, komplettiert um den Hinweis: "Meine Mutter ... war wohlhabender; sie war klug und schön: Nicht ohne Mühe hatte mein Vater ihre Hand erhalten" (ebenda). St. Preux ist weniger erfolgreich: Nach seiner Rückkehr findet er Julie als zärtliche und treue Gattin des sehr viel älteren Barons Wolmar vor, den Julies Vater als adäquaten Schwiegersohn akzeptiert hatte, auch weil er ihm verpflichtet war. Und St. Preux kann weder dessen Vorzüge noch die Julies abgelten, im Gegenteil: Julie wird allmählich zur persona non grata, zur 'Schwester', zur 'Mutter'; St. Preux hingegen kommt von seiner Reise "schwarz wie ein Mohr und stark mit Pockennarben gezeichnet" (1988, S. 447) zurück, so daß Clara Julie Entwarnung signalisieren kann: St. Preux habe "Spuren seiner Krankheit behalten ..., um Dich in der Tugend zu üben" (S. 453).

St. Preux, den wohlgestalteten jugendlichen Held, mit Pockennarben zu versehen, die in der Realität Sophie eigen waren und die er sich in der Fiktion, durch bewußt herbeigeführte Ansteckung bei Julie, gleichsam als Liebesunterpfand auf die Reise mitnimmt; ihn als 'Mohr' auftreten zu lassen zu einer Zeit, in der weiße Schminke modisch war und in der Grimm, 'der weiße Tyrann', "Ansprüche auf Glück bei Frauen" zu machen suchte, indem er sich, wie ROUSSEAU (1978, S. 461) genüßlich kolportiert, selbst "die Falten seiner Haut mit Weiß zu füllen" beginnt - dieses Szenario kann, so darf man folgern, nur Sinn machen, weil ROUSSEAU seines Vaters Erfolg als Zufallsprodukt und seinen eigenen Mißerfolg bei SOPHIE als Pech rationalisieren muß. St. Preux, als pockennarbiger Mohr, sichert auf vergleichbare Art die Tugend Julies, wie ROUSSEAUs "Alter" und "Äußeres" (S. 438) SOPHIE schützte.
ROUSSEAUs Dilemma ist hiermit vollständig zur Anzeige gebracht: Einerseits fühlt er sich gepeinigt von dem Gebot, des Vaters Eroberung der Qualität nach möglichst zu überbieten; andererseits sieht er sich heimgesucht von der empirischen Erfahrung, bei Frauen wie SOPHIE kläglich zu scheitern. Diese Erfahrung weist allerdings ihre eigenen Apriori auf. Nicht in dem Sinne, daß ROUSSEAU in die Keuschheit flüchtete und so wurde, "wic sich das Kind die Mutter im Himmel vorstellt" (LAFORGUE 1930, S. 127), um auf diese Weise dem Vater die Frau zu ersetzen, "deren Tod er unfreiwillig verursacht hatte" (S. 126). Derart mag es zwar gelingen, ROUSSEAU als "Fall von latenter Homosexualität" (S. 149) vorzuführen. Aber bei dieser Deutung werden die feindlichen Regungen, die ROUSSEAU gegenüber seinem Vater hegte, ausgeblendet. Im übrigen übersieht LAFORGUE zugunsten der Manipulationen, die ROUSSEAU an sich selbst vornahm, jene, die er im Zuge der Wahrnehmung der Objekte seines Begehrens bestimmend werden ließ. Ein diesbezüglicher Hinweis findet sich in den *Confessions*. Als ROUSSEAU SOPHIE erstmals kennenlernte, so erzählt er im unbefangenen Plauderton, war sie ihm nur "sehr liebenswürdig" (1978, S. 341) vorgekommen - kein Wunder, war sie doch noch unverheiratet gewesen; kein Wunder deshalb, weil sich die Liebesunfähigkeit von Menschen resp. die "infantile ... Fixierung der Zärtlichkeit an die Mutter" (FREUD 1910a, S. 70) gerade darin dokumentiert, daß sie erst dann zu lieben wähnen, wenn sie einem Dritten schaden können. Der "geschädigte Dritte" ist dabei, so FREUD weiter, "kein anderer als der Vater selbst", wohingegen den "gewählten Liebesobjekten die mütterlichen Charaktere eingeprägt bleiben", kurz: sie werden zu "Muttersurrogaten" und es kommt zur Abfolge gleichartiger Liebesobjekte, d.h. zur "Reihenbildung" (S. 71), "weil jedes Surrogat doch die erstrebte Befriedigung vermissen läßt" (S. 72). Daß von Muttersurrogaten und Reihenbildung bei ROUSSEAU gesprochen werden kann,

meinen wir gezeigt zu haben. Wenden wir uns also dem Typus des geschädigten Dritten zu.

4. Rousseau und der 'geschädigte Dritte'

Auch hier könnte man von einer Reihenbildung sprechen. ANET, GAUFFECOURT - und im Falle SOPHIEs nun allerdings nicht notwendig deren Mann, mit dem sie 1748 "sehr jung und wider ihren Willen" (ROUSSEAU 1978, S. 434) verheiratet worden war. Nicht diesem "sehr wenig liebenswürdigen Mann, den sie nie geliebt hat" (S. 434) und der ohnehin noch ein außereheliches Verhältnis hatte, kommt ROUSSEAU in die Quere, sondern SOPHIEs Liebhaber, SAINT-LAMBERT. Dieser wiederum hatte 1749, zwei Jahre bevor er eine Beziehung mit SOPHIE aufnahm, einen handfesten Skandal provoziert, als er EMILIE DU CHATELET schwängerte - und diese im Wochenbett verstarb (vgl. BADINTER 1983), also den nämlichen Tod wie ROUSSEAUs Mutter erlitt. Dabei schädigte SAINT-LAMBERT indirekt auch den eigentlichen, langjährigen Freund EMILIEs, nämlich VOLTAIRE, den ROUSSEAU zunehmend nur nur noch als einen "anmaßenden, reichen Mann" (1978, S. 392) wahrnahm - also mit Worten umschrieb, die er auch zur Charakterisierung von SOPHIEs Mann verwendete. Die Parallele ist offensichtlich: Indem SAINT-LAMBERT SOPHIE erobert, also sich der Frau eines Mannes, der ROUSSEAU an VOLTAIRE erinnert haben dürfte, bemächtigt, wiederholt er, in Grenzen, die Logik seiner Eroberung der Freundin VOLTAIREs; und indem diese im Wochenbett stirbt, wiederholt sie den Tod der Mutter ROUSSEAUs. ROUSSEAU hat sich also, so dürfen wir bilanzieren, während seiner Arbeit an der *Julie* in eine Frau verliebt, die ihrerseits einen Mann begehrte, der nur zwei Jahre zuvor sehr nachhaltig demonstriert hatte, wie aktuell das Thema war, dem sich ROUSSEAUs Kindheitstrauma zurechnen läßt - eine Frau im übrigen, auf die die Beschreibung FREUDs zu passen scheint: Auf ihrem Ruf lastete der "leise Schatten ... einer dem Flirt nicht abgeneigten Ehefrau" (1910a, S. 68), und sie erfüllte damit die Bedingung der Konservierung von Eifersucht ohne Bedürfnis nach wirklicher Erfüllung in neuer Zweisamkeit.

Möglicherweise hat erst diese Konstellation dem Handlungsverlauf der *Julie* sein eigentümliches Gepräge gegeben - und ROUSSEAU der Nötigung ausgesetzt, SOPHIE und damit zugleich Julie als Muttersurrogat zu figurieren. Die Eingebung unmittelbar vor dem als "Blutschande" erlebten Akt mit 'Maman' ("Enfin je l'aimois trop pour la convoiter"; 1959 I, S. 197) findet sich denn auch gut zwanzig Jahre später in einem Brief an SOPHIE: Je "t'aime trop pour te posseder jamais" (1967 IV, S. 277). Diesem Eid inhäriert auch, daß ROUSSEAU SAINT-LAM-

BERT den Vortritt lassen wollte bei einem Unterfangen, für das, wie nun beide höchstpersönlich erlebt hatten, ein tragischer Ausgang beständig ins Kalkül zu ziehen war. Im übrigen: Über SAINT-LAMBERT konnte sich ROUSSEAU in die Rolle dessen hineinfingieren, der VOLTAIRE als geschädigten Dritten vorgeführt hatte. Was ROUSSEAU dem Paar VOLTAIRE/EMILIE vermutlich, auch wegen des "sehr üblen Ruf(s)" (BADINTER 1983, S. 112) EMILIEs, verweigert hätte, nämlich das Für-Sakrosankt-Erklären dieser Beziehung - dies konzediert er dem Paar SAINT-LAMBERT/SOPHIE: "Wenn man etwas den Sitten des Jahrhunderts verzeihen muß, so ist es gewiß eine solche Verbindung" (1978, S. 434). Diese Konzession bleibt freilich brüchig: ROUSSEAU, dem SOPHIE die Vision eines "vertrauten und angenehmen Umgang(s), den wir unter uns dreien pflegen könnten, wenn ich vernünftig geworden wäre" (S. 435), entfaltet, teilt damit zugleich mit, daß er nicht eigentlich vernünftig geworden war. Ein "abscheuliche(s) Zusammenleben zu Dritt", ruft SAKMANN (1923, S. 9) entsetzt aus, sich hierbei auf den gleichsinnigen Vorschlag Mme. DE WARENS beziehend, ROUSSEAU möge doch mit ihr und ANET zusammenleben, und auch hier bevorzugen wir eine andere, bereits angedeutete Lesart: ROUSSEAU sinnt darauf, die Anwesenheit des Dritten, mit dem sich dann trefflich ödipal konkurrieren läßt, auf Dauer zu stellen. "In grellen Fällen zeigt der Liebende keinen Wunsch, das Weib für sich allein zu besitzen, und scheint sich in dem dreieckigen Verhältnis durchaus wohl zu fühlen" (FREUD 1910a, S. 68 f.) - so, wie sich dann St. Preux, von seiner Weltreise zurückgekommen, behaglich einzurichten beginnt in der Vision, die ihm Wolmar entfaltet: zusammen mit ihm und Julie als Hauslehrer von deren zwei Söhnen auf dem Lande zu leben.

Dabei korrigiert ROUSSEAU in der Figur des aufgeklärten und verständigen Wolmar die Tragik im Leben SOPHIEs, insofern sich bei jenem die negativen Anteile von SOPHIEs Mann getilgt finden zugunsten der positiven Züge von SAINT-LAMBERT. Trotzdem: Daß Wolmar, diese etwas merkwürdige Variante eines modernen Menschen resp. eines neuen Mannes, auf zeitgenössische Leser etwas befremdlich wirken mußte, war ROUSSEAU durchaus bewußt: Wolmar konnte auch gelesen werden als ein - wie es der Opponent ROUSSEAUs in der zweiten Vorrede nicht ohne bittere Ironie umschreibt - "gute(r) und gastfreie(r) Ehemann, der eifrig bemüht ist, den früheren Liebhaber seiner Frau zu sich in sein Haus zu nehmen" (1988, S. 9). Indem ROUSSEAU diese denkbare Leseerfahrung referiert, bekundet er sein eigenes Unbehagen angesichts seiner Figurierung eines beständigen - und beständig zu schädigenden - Dritten. Dem folgt dann auch gleich die Selbstberuhigung: Wolmar wird vorgeführt als ein guter Psychologe, der alles daransetzt, seine Ehe nicht auf einem Selbstbetrug aufzubauen. Aus diesem Grund weicht er dem Risiko nicht aus, sondern prüft Julie wie St.

Preux im Hinblick auf das Ausmaß der ihnen noch verbliebenen wechselseitigen Gefühle. Dabei arrangiert er sogar Begegnungen zwischen beiden an Orten, an denen sich die Liebenden dereinst begegnet waren. Und erst nachdem sich zu zeigen scheint, daß beide gegen die Wiederkehr alter Gefühle gefeit sind und 'Deckerinnerungen' im Sinne der Psychoanalyse auszubilden vermögen, ist sich Wolmar seiner Liebe gewiß und vermag jener - wie sich dann zeigen wird: brüchigen - Utopie eines Lebens zu dritt zuzustimmen.
Mit dieser Konstruktion gelingt es ROUSSEAU, ein kurzschlüssiges Plädoyer für eine die Standesunterschiede negierende Liebesehe zu unterlaufen zugunsten einer Hommage an eine aufgeklärte, glückliche Standesehe, die sich sogar noch als Dreieckskonstellation zu behaupten vermag. Der bürgerliche Philosoph ROUSSEAU, der mit seiner öffentlich gewordenen Passion für die adelige SOPHIE "das unterhaltende Schauspiel des verliebten Bürgers" (1978, S. 441) vorgeführt hatte, wollte vermeiden, daß seine *Julie* zum Rührstück für jene verkam, die Anteil nehmen wollten an der peinlichen Sehnsucht eines zurückgewiesenen Aufsteigers, dem man die aus den Standesgrenzen ableitbaren Gebote des Taktes wohl noch nicht gehörig vermittelt hatte. Daß es wohl Wahnsinn sein müsse, "in so hohen Kreisen als Nebenbuhler" (S. 535) auftreten zu wollen - dies war noch die gängige Erfahrung des aufstrebenden Seelenadels. Daß aber, wie in ROUSSEAUs Briefroman, dem Adel Liebesehen möglich werden, an denen der (verliebte) Bürger teilhaben darf und die zugleich als wesentliches Fundament aufgeklärter Erziehung und Haushaltsführung zu gelten hatten - dies war eine neue Position, die man als absurd verwerfen kann, die zugleich aber Momente einer vormodernen Utopie aufweist, und sei es nur, weil der Konstrukteur dieses Modells noch nicht seiner selbst als Subjekt habhaft geworden war. SOPHIEs Liebe zu SAINT-LAMBERT repräsentierte vor diesem Hintergrund eine erlaubte Form des noch nicht institutionalisierten modus vivendi, dem ROUSSEAU in seinem Briefroman dann die ihn tragende Lebensform zuzuweisen suchte.

5. *Rousseau als Selbsttherapeut*

Dabei ist das in der *Julie* entwickelte utopische Panorama eines verständigeren Lebens nur der Schwur auf ein Modell, das für sich selbst zu realisieren ROUSSEAU gänzlich unmöglich gewesen wäre. Denn drängender als der Erhalt eines ödipalen Szenarios war für ROUSSEAU die Notwendigkeit, Julie sterben zu lassen. CHARVET erklärt dieses tragische Finale leichthin, nämlich mit Eifersucht: "He (St. Preux - C.N.) desires Julie's death. Her life and happines mean his death" (1982, S. 145). Auch JONES (1977, S. 79) verbleibt in diesem Erklärungsmuster, wenn er mitteilt, Julies Tod sei der einzige Ausweg aus dem Dilemma gewesen, in das St. Preux geraten war, nachdem er festgestellt hatte, daß seine fortbestehende Liebe zu der unerreichbaren, weil gebundenen Julie ihm keine alternative Verbindung, etwa mit Clara, erlaubte. Beide Erklärungen hätten zu plausibilisieren, warum ein Mann wie ROUSSEAU einer derart (trivialen) 'love story' (CHARVET) ein so umfangreiches Werk gewidmet haben soll. STAROBINSKI kommt dem Rätsel schon etwas näher, wenn er schreibt, daß ROUSSEAU seinen Romanhelden vor dem "erneuten verheerenden Hereinbrechen des fleischlichen Verlangens" schützen mußte und deshalb eine Zuflucht dort suchte, wo "gleichermaßen unwiderrufliche Trennung und innigste Vereinigung winken: im Tode" (1988, S. 521). Damit ist aber weder die Notwendigkeit dieses Schutzes erklärt noch auch nur die Todesart selbst berücksichtigt, über die wir nun einen Einstieg für die Begründung unserer These suchen.

Julie rettet ihren Sohn Marcellin aus dem Wasser und stirbt - mit diesen dürren Worten könnte man in das Finale des Briefromans einleiten. "Wenn eine Frau" - so FREUD unter Auswertung entsprechender Träume - "einen anderen (ein Kind) aus dem Wasser rettet, so bekennt sie sich damit ... als seine Mutter, die ihn geboren hat" (1910a, S. 76). Fast ein Skript für Julies Tod, mag man konzedieren, aber immerhin auch eine typisch psychoanalytische Spekulation, die im übrigen für den hier zur Diskussion stehenden Fall nichts besagt. Denn Julie *ist* ja Marcellins Mutter - warum soll sie sich dann noch zu seiner Geburt bekennen. Und doch: FREUDs Argument inhäriert, daß diese Art der Rettungsphantasie der Weg ist, auf dem die Frau ihrer Mutter dafür danken will, daß diese sie aus der Gefahr der Geburt gerettet hat. Und insofern Julie infolge ihrer Rettungstat stirbt, könnte man durchaus von einer symbolischen Szene sprechen, in der ROUSSEAU diesen Akt intuitiv zugleich auch noch einmal als Geburtsakt figuriert, damit die Parallele zu seinem Kindheitstrauma unterstreichend. Wir begnügen uns hier allerdings mit der offenkundigeren, auch ohne Einsatz spekulativer Deutungen evidenten Parallele: ROUSSEAUs Mutter starb nach etwa achtjähriger Ehe unmittelbar im Wochenbett nach der Geburt ihres zweiten Sohnes namens JEAN-JACQUES. Julie stirbt nach etwa achtjähriger Ehe infolge einer Unterkühlung, die sie sich zuzog, als sie einem ihrer beiden Söhne, der in einen Fluß gefallen war, nachspringt und das Leben rettet. Es ist, so die abschließende These, die Nachbildung dieses Kindheitstraumas, die ROUSSEAU als ein Weg erschien, die Quelle zu verstopfen, aus der sich seine Fixierung auf Muttersurrogate speiste. In diesem Sinne markiert Julies Tod den Höhepunkt der Selbsttherapie ROUSSEAUs.

Zunächst einmal ist Julies Tod für ROUSSEAU selbsttherapeutisch relevant in dem Sinne, daß er, und dies liegt in der Konsequenz seines

ödipalen Konkurrierens, seines eigenen Vaters Trauerarbeit noch einmal neu aufarbeiten kann. Über den Vater heißt es, er sei 40 Jahre nach dem Tod der Mutter "in den Armen einer zweiten Frau gestorben, aber mit dem Namen der ersten auf den Lippen und mit ihrem Bilde im Grunde des Herzens" (1978, S. 11). Es ist also das Bild, das der Vater liebte und das ihn hinderte (oder hindern sollte), den realen Gegenstand, die 'Nachfolgerin für Mama', zu lieben. Trauer um die Mutter war also des Vaters Quelle für seine rückwärtsgewandte Liebesgewißheit und seine vorwärtsgewandte Unfähigkeit zu lieben. Und aus der Perspektive des Sohnes: Man trauert nicht echt, wenn man dann doch wieder liebt, und man liebt nicht echt, wenn man so getrauert hat - und signalisiert, daß man dem Sohn nie verzeihen werde, daß er sie einem "genommen hatte" (ebenda). ROUSSEAU, so will es scheinen, beschließt denn auch, dem Vater zu zeigen, daß man es besser macht - vielleicht getreu des FREUDschen Diktums: "Wer als Kind die Mutter begehrt, der kann es nicht vermeiden, sich an die Stelle des Vaters setzen zu wollen, sich in seiner Phantasie mit ihm zu identifizieren und später seine Überwindung zur Lebensaufgabe zu machen" (FREUD 1910b, S. 192). Es ist ein Stück dieser Überwindung, wenn ROUSSEAU betreffs SOPHIE überzeugt ist, daß "sie in meinem Herzen nichts mehr ersetzen könnte", folgernd: Ich "sagte der Liebe für den Rest meines Daseins Lebewohl" (ROUSSEAU 1978, S. 535). Vergleichbares gibt Clara nach Julies Tod dem Mann zu bedenken, den sie selbst vorübergehend zu lieben wähnte, nämlich St. Preux alias ROUSSEAU: "Ein Mann, den Julie ... geliebt hat und der sich entschließen könnte, eine andere zu heiraten, ist in meinen Augen nur ein Unwürdiger, eine Memme, die zum Freunde zu haben ich mich schämen würde" (1988, S. 781). Derartige Verbalinjurien entsprechen vermutlich jenen inneren Vorwürfen, die ROUSSEAU in Richtung seines Vaters adressiert hat: der Vater also als jene Memme, und der Sohn nun, vermittelt über St. Preux, als jemand, der sich zutraut, das Andenken an die Mutter besser zu verwalten als es dem Vater gelingen wollte. Darin antizipiert er die Aufforderung Mathildes, die ihrem *Heinrich von Ofterdingen*, so, als habe NOVALIS ROUSSEAUs Thema intonieren wollen, zu bedenken gibt: "Welches selige Geschöpf wäre ich, wenn du so treu wärst, wie mein Vater. Meine Mutter starb kurz nach meiner Geburt; mein Vater weint fast alle Tage noch um sie" (1989, S. 101).
Hilfreich zur Seite steht ROUSSEAU (St. Preux) bei seiner Art des Treuebeweises einerseits Clara mit ihrer Verzichtserklärung. Zum anderen aber - und wichtiger - wird Julie nun präzise. Sie dementiert die Lehre des *Emile*, die lautete: "Man liebt viel mehr das Bild, das man sich macht, als den Gegenstand, auf den man es bezieht" (ROUSSEAU 1981, S. 354). Das Bild, das ROUSSEAU sich machte, war das seiner Mutter; Julie ist deren Kopie. Diese schrieb St. Preux, einige Jahre vor

ihrem Tod, als habe sie den *Emile* gelesen: "Ich liebte an Ihnen weniger, was ich sah, als das, was ich in mir selbst zu empfinden glaubte" (1988, S. 354). Julie, als Bild, erschafft also Bilder, nämlich St. Preux. Diese verdoppelte Fiktion entspricht Rousseaus existentiellem Trauma: "Würde ich dich so lieben, wenn du nur mein Sohn wärest?" (1978, S. 11), so ROUSSEAUs Vater, was meint: nicht sagen zu können, ob in ROUSSEAU mehr als nur ein Bild zu lieben war und ihm nur ein Bild der Mutter vermitteln zu können, das er zu lieben aufgefordert ist. Des Autors Lösung ist konsequent. ROUSSEAU läßt sich vom Bild seiner Mutter bescheinigen, daß er doch der Gegenstand ist, den sie liebt und immer lieben wird - indem er Julie in eine Situation führt, in der es keiner Bilder mehr bedarf: auf das Sterbebett. Hier erst gesteht Julie St. Preux ihre wahren Gefühle. Ihr Immunsein gegenüber diesem beruhte nur auf Selbsttäuschung, die ihr heilsam war: "Nun, in dem Augenblicke, da ich Ihrer nicht mehr bedarf, verfliegt sie" (1988, S. 777) Diese auf den ersten Blick paradoxe Konstruktion - eine Frau (Clara), die im Leben steht, verliert ihre Gewißheit zu lieben in dem Moment, wo die andere (Julie), im Sterben liegend, sich dieser Gewißheit inne wird - eröffnet ROUSSEAU die Möglichkeit, eine auf Ewigkeit gestellte Vereinigung mit dem Muttersurrogat zu denken: "Nein, ich verlasse Dich nicht; ich werde Dich erwarten. Die Tugend, die uns auf der Erde trennte, wird uns in der Ewigkeit vereinen" (1988, S. 780) - so Julie in ihrem letzten Brief an St. Preux, der damit, komplementär zum Vater, Trauer als Test auf seine Gefühle nutzt; der zugleich aber, anders als der Vater, Liebesgewißheit im Jenseitigen visioniert und sich damit der weltlichen Versuchung endgültig entziehen kann.

Das damit angedeutete Ideal einer metaphysischen Liebe ist Bestandteil einer utopischen Vision, die denen anempfohlen wird, die im Weltlichen noch nach Vertrauen suchen. Dies ist die radikalste Konsequenz aus der sozialpsychologisch begründbaren Skepsis - von ROUSSEAU-Skeptikern, wie wir gesehen haben, 'Paranoia' geheißen -, die ROUSSEAU immer stärker gegenüber den Lebenden einnahm, denen nicht zu vertrauen ist, weil sie Selbsttäuschungen unterliegen und im übrigen Zwecke zu verfolgen sich bemüßigen, was ihnen eine Klugheit aufnötigt, die mit Redlichkeit nichts mehr zu tun hat. Nur diese derart begründete Idealisierung metaphysischer Liebe eröffnet ROUSSEAU die Perspektive, den treulosen eigenen Vater zu überbieten - und hinter sich zu lassen in seiner weltlichen Unbestimmtheit.

Diese grundlegende Abkehr vom Weltlichen erinnert an GOETHES *Werther*, in dem es dann - mit einiger Analogie zu Julies letzten Worten - heißen wird: "Nahe am Grabe wird mir es heller. Wir werden sein! Wir werden uns wieder sehen!" (GOETHE 1985, S. 107). Und auch Werther wird um die 'heilsame Täuschung' gebracht: "Sie liebt mich!" - aber im Anschluß an diese Gewißheit kann er sterben, er muß sterben, weil nun die Differenz zur Wirklichkeit unerträglich geworden ist. Daß ROUSSEAU für seinen Helden von einer entsprechenden Lösung, trotz deutlich artikulierter Selbstmordphantasien, absieht, liegt an der für ihn viel dringenderen Notwendigkeit, sich Geliebtwerden bescheinigen zu lassen und den Tod seiner Mutter in der Fiktion nachzubilden, um sich von seinem Kindheitstrauma befreien zu können. ROUSSEAUs zweiter selbsttherapeutischer Zweck geht nicht auf Selbstmordverhütung, sondern auf Stillstellung von Tötungsverantwortlichkeit.

Den Schlüssel zu dieser These liefert vor allem die Sterbeszene. ROUSSEAU gestaltet sie so aus, daß sie keine traumatisierenden Wirkungen mehr abzuwerfen in der Lage ist. Hierzu gehört, daß Julie auf dem Sterbebett ihren Sohn, Marcellin, "der sie das Leben kostete, häufiger und noch leidenschaftlicher umarmte, als wäre er ihr um diesen Preis teurer geworden" (1988, S. 747). Mit dieser Szene erteilt sich ROUSSEAU, der seiner Mutter "das Leben kostete" (1978, S. 11), jene Absolution für die damit verknüpfte Schuld, die ihm seine Mutter vorenthalten mußte, die er sich aber zumindest von seinem Vater erhofft hatte. Freilich: Dieser "glaubte sie in mir wiederzusehen, ohne vergessen zu können, daß ich sie ihm genommen hatte" (ebenda). In der Fiktion muß auch Marcellin mit vergleichbarer Ablehnung rechnen: "Sie (Clara - C.N.) erzitterte bei seinem Anblick. Ich (Wolmar - C.N.) sah sie erblassen, ihre Blicke mit einer Art Entsetzen abwenden und ihre Arme starr anspannen, um ihn von sich zu stoßen" (1988, S. 771). Diesem überaus drastischen Bericht an St. Preux fügt Wolmar die Information an, daß auch eine Belehrung Claras über die Unschuld Marcellins wenig zu ändern vermochte: "Sie sieht auch noch jetzt den Knaben mit geringerer Freude als seinen Bruder" (ebenda), eine Formulierung, die deutlich macht, daß ROUSSEAU genau wußte, daß eher sein Bruder denn er die Liebe des Vaters verdient hätte - wäre da nicht der für ihn an sich hilfreiche, aber ihn in Unklarheit über den Wert seiner eigenen Person lassende Umstand gewesen, daß er den Vater an die Mutter erinnerte.

Genau an dieser Stelle setzt ROUSSEAUs Selbsttherapie in der Hauptsache ein. Es ist nicht Marcellin, der die Überlebenden an Julie erinnert, sondern es ist Henriette, Claras Tochter, die sich so wie Julie zu kleiden und zu sprechen versteht, eine Fähigkeit, die sie dann gezielt nutzt im Rahmen einer paradoxen Intervention, die Wolmar arrangiert, um Clara aus ihrer schweren Depression zu befreien. Im Bericht des Barons liest sich das dann wie folgt: "Ich ließ also Henrietten Julien so ähnlich als möglich kleiden, und nachdem ich sie genau darauf vorbereitet hatte, ließ ich bei Tische wie tags zuvor ein drittes Gedeck auflegen und sie an diesen Platz setzen. Clara verstand beim ersten Blikke meine Absicht, war dadurch gerührt und warf mir einen zärtlichen, dankbaren Blick zu" (1988, S. 776). Da Wolmar freilich trotz dieses Teilerfolges 'etwas Verstörtes' in Claras Augen bemerkt, folgert er: "Da man von Trübsal eher genesen kann als vom Wahnsinn, so ist es besser, sie noch länger ihrem Schmerz zu überlassen, als ihre Vernunft in Gefahr zu bringen" (S. 777). Damit ist dieses Thema denn auch erledigt, Clara findet sich nach und nach mit der schmerzlichen Realität ab.

ROUSSEAUs Arrangement ist geschickt. Er teilt einfach die schizophrenogene Botschaft, die ihm sein Vater adressiert hatte, auf, indem er im Briefroman zwei Rollenträger fingiert: Henriette einerseits, die sich frei von Schuld an Julies Tod weiß und die insofern die Übertragung ihrer Mutter, die in ihr Julie wiederzuerkennen glaubt, handhaben kann; und Marcellin andererseits, der die Schuldgefühle, die ihm Clara macht, vor dem Hintergrund der Absolution, die ihm Julie auf dem Sterbebett erteilte, zu relativieren versteht. Ergänzend hierzu teilt ROUSSEAU in der Fiktion auch die Rolle des eigenen Vaters auf: Clara repräsentiert die passiven, weiblichen Anteile des Vaters; Wolmar hingegen spielt den klugen, lebenserfahrenen Witwer, der seine Affekte zu kontrollieren und sogar die Rolle des Therapeuten einzunehmen vermag - eine Reflektiertheit, die ROUSSEAU von seinem eigenen Vater erwartet hätte, über den es in den *Confessions* auf geradezu beklemmende Art heißt: "Wenn er zu mir sagte: 'JEAN-JACQUES, wir wollen von deiner Mutter sprechen', so antwortete ich ihm: 'Dann wollen wir also weinen, Vater', und dies Wort allein entlockte ihm schon Tränen" (1978, S. 11). Durch die Art der Fingierung Wolmars als seines Idealvaters, Marcellins als seines Kindheits-Ichs und natürlich Julies in der Rolle seiner Mutter erfüllt der Briefroman also die Funktion, ROUSSEAU teilhaben zu lassen an einem positiven Ausgang aus seinem Kindheitstrauma. Und die Art, in der ROUSSEAU hier vorgeht, weist ihn als einen Vorläufer der Psychoanalyse aus.

Ein Blick zurück

Einer der größten Anreger utopischen Denkens der Weltgeschichte, ROUSSEAU, hat mit seiner *Julie* eine vormoderne Utopie skizziert, die heutzutage einlösen zu wollen geradezu grotesk wäre. Wenn man einmal, was hier weitgehend geschehen ist, von den zahlreichen exkursartigen 'Kühnheiten' dieses Werkes absieht, die wie ROUSSEAU sehr zu Recht anmerkt, viele wichtige Passagen des *Emile* vorwegnehmen, muß festgehalten werden: Die *Julie* bleibt in ihrer Hauptbotschaft weit hinter den beiden anderen Utopien, jener des *Emile* und jener des *Contrat Social*, zurück. STAROBINSKI moniert vornehm: "Die Unterschiede sind gravierend und gestatten, die Frage nach der Verbundenheit ROUSSEAUs mit dem Ideal demokratischer Gleichheit zu stellen" (1988, S. 149). Wir waren weniger vornehm und haben die Frage nach der Verbundenheit ROUSSEAUs mit seinem frühkindlichen Trauma gestellt. Die Antwort ist eindeutig. Die bis hin zu Julies Tod zielstrebig entwickelte Utopie einer idealen Gemeinschaft, die sich zugleich als Aufhebung abstrakter Gesellschaftskritik weiß, erfüllt die Funktion, moralisierende Imperative unter der Losung der Redlichkeit zu vermeiden zugunsten des Versuchs, "den Zustand lieben (zu lehren), der uns antreibt, redlich zu sein" (1988, S. 18). Dieser Zweck kann von ROUSSEAU nicht auf Dauer gestellt werden, weil das eine Leitmotiv, das der literarischen Paraphrasierung seiner Sozialphilosophie, immer wieder mit dem anderen kollidiert: dem der literarischen Ausgestaltung seiner Autobiographie. Deswegen muß er den Handlungsverlauf soweit vorantreiben, bis die Komplementärszene zur Urszene gefunden ist. Und deswegen weist er schließlich seinem alter ego, St. Preux, jene pathologischen Selbsttäuschungen zu, die unserem Autor, ROUSSEAU, eigen waren. *Julie* ist beides: die Voraussetzung zur Neubearbeitung des Kindheitstraumas als auch die Erzählfolie zur Rationalisierung jener Liebesunfähigkeit, die sich in ROUSSEAUs Suche nach Muttersurrogaten dokumentiert. Sozialpädagogen, die Ausschau nach vormodernen Utopien halten, sollte man dabei besser fernhalten; und Sozialpädagogen, die helfen wollen, sind überfordert. Anders steht es mit Psychoanalytikern: Sie können studieren, wie weit einer kommt, der so tut, als wäre es nicht mehr weit bis zu ihnen. Insofern sollte man nicht die *Julie* in ihrer Vormodernität ernstnehmen, wohl aber ROUSSEAU als Modellfall für einen Menschen, der modern ist, weil er um sich ringt.

Literaturverzeichnis:

ADORNO, TH.W.: Aldous Huxley und die Utopie (1955). In: R. VILLGRADTER/F. KREY (Hrsg.): Der utopische Roman. Darmstadt 1973, S. 298-320.

BADINTER, E.: Emilie Emilie - Weiblicher Lebensentwurf im 18. Jahrhundert. München 1983.

BLOCH, E.: (1965): Antizipierte Realität - Wie geschieht und was leistet utopisches Denken? In: R. VILLGRADTER/F. KREY (Hrsg.): Der utopische Roman. Darmstadt 1973, S. 18-29.

BÖHME, G.: Philosophieren mit Kant. Frankfurt am Main 1986.

BOHRER, K.H.: Der romantische Brief. Die Entstehung ästhetischer Subjektivität. München 1987.

BRAUN, W.: Rousseau und die moderne Sozialpädagogik - Versuch einer Theorie. In: Pädagogische Rundschau. 30 (1976), S. 873-894.

BRUMLIK, M.: Fremdheit und Konflikt. Programmatische Überlegungen zu einer Kritik der verstehenden Vernunft in der Sozialpädagogik. In: Kriminologisches Journal. 12 (1980), S. 310-320.

CARNERI, B.: Der moderne Mensch. Versuche über Lebensführung. Stuttgart [5]1901.

CASSIRER, E.: Das Problem Jean Jacques Rousseau (1932). In: E. CASSIRER/J. STAROBINSKI/R. DARNTON: Drei Vorschläge, Rousseau zu lesen. Frankfurt am Main 1989, S. 7-78.

CHARVET, J.: The idea of love in La Nouvelle Héloise. In: P.A. LEIGH (Hrsg.): Rousseau after two hundred years. Cambridge 1982, S. 133-146.

CLEMENT, P.-P.: Jean Jacques Rousseau et l'Origine du Mal. Culpabilité de Innocence. In: J.-L. LEUBA et al.: Jean Jacques Rousseau et la Crise Contemporaine de la Conscience. Paris 1980, S. 133-146.

COLLINS, CH.: Samjatin, Wells und die Tradition der literarischen Utopie (1965/66). In: R. VILLGRADTER/F. KREY (Hrsg.): Der utopische Roman. Darmstadt 1973, S. 330-343.

FABRY, A.S. DE: Etudes Autour de La Nouvelle Héloise. Quebec 1977.

FALKE, R.: Utopie - logische Konstruktion und chimére (1956). In: R. VILLGRADTER/F. KREY (Hrsg.): Der utopische Roman. Darmstadt 1973, S. 1-8.

FEUCHTWANGER, L.: Narrenweisheit oder Tod und Verklärung des Jean-Jacques Rousseau. Frankfurt am Main 1984.

FREUD, S.: Die Traumdeutung (1906). GW II/III.

FREUD, S.: Über einen besonderen Typus der Objektwahl beim Manne (1910a). GW VIII, S. 65-77.

FREUD, S.: Eine Kindheitserinnerung des Leonardo da Vinci (1910b). GW VIII, S. 127-211.

FREUD, S.: Zeitgemäßes über Krieg und Tod (1915). GW X, S. 324-355.

GALLE, R.: Der erste moderne Mensch. Sozialpsychologische Überlegungen zu Rousseaus Autobiographie. In: Merkur. 37 (1983), S.58-66.

GOETHE, J. W.: Die Leiden des jungen Werther. Dortmund 1985.

GURLITT, L.: Erziehungslehre. Berlin 1909.

HARTMANN, H./HARTMANN, R.: Populäre Romane und Dramen im 18. Jahrhundert. Obertshausen 1991.

HEGEL, G.W.F.: Grundlinien der Philosophie des Rechts. Werke VII. Frankfurt am Main 1986.

HERBART, J.F.: Zwei Vorlesungen über Pädagogik (1802). In: Sämtliche Werke I. Langensalza 1887, S. 279-290.

HOLMSTEN, G.: Jean-Jacques Rousseau. Reinbek 1980.

HOWELLS, R. J.: Julie, ou La Nouvelle Héloise. London 1986.

HÜBENER, W.: Der dreifache Tod des modernen Subjekts. In: M. FRANK et al. (Hrsg.): Die Frage nach dem Subjekt. Frankfurt am Main 1988, S. 101-127.

JONES, J.F.: La Nouvelle Héloise: Rousseau and Utopia. Genf 1977.

KANT, I.: Kritik der Urteilskraft (1790). In: Werkausgabe. Bd. X. Frankfurt am Main 1974, S. 73-456.

KANT, I.: Die Metaphysik der Sitten (1797/98). In: Werkausgabe. Bd. VIII. Frankfurt am Main 1982, S. 309-634.

KITTELER, F.: Das Subjekt als Beamter. In: M. FRANK et al. (Hrsg.): Die Frage nach dem Subjekt. Frankfurt am Main 1988, S. 401-420.

KUNZE, CH.: Jean-Jacques Rousseaus autobiographische Schriften als Waffe im Kampf gegen das 'Werk der Finsternis'. In: J.-J. ROUSSEAU: Die Bekenntnisse. München 1981, S. 649-669.

KYTZER, B.: Utopisches Denken und Handeln in der klassischen Antike (1971). In: R. VILLGRADTER/F. KREY (Hrsg.): Der utopische Roman. Darmstadt 1973, S. 45-68.

LAFORGUE, R.: Jean-Jacques Rousseau (1930). In: J. CREMERIUS (Hrsg.): Neurose und Genialität. Frankfurt am Main 1971, S. 111-149.

LAWRENCE, D.H.: Das verlorene Mädchen. Reinbek 1962.

MENNICKE, C.: Gedanken zur Gemeinschaftserziehung im Zeitalter der Französischen Revolution. In: ZfPäd. 6 (1960), S. 149-159.

MERTEN, R./OLK, TH.: Die sozialpädagogische Thematisierung von Gemeinschaft und Gesellschaft: Zwischen Sozialromantizismus und Fortschrittsoptimismus. Ms. 1992.

MILLER, N.: Der empfindsame Erzähler. Untersuchungen an Romananfängen des 18. Jahrhunderts. München 1968.

NATORP, P.: Sozialpädagogik (1899). Stuttgart [4]1920.

NATORP, P.: Rousseaus Sozialphilosophie (1917). In: DERS.: Gesammelte Abhandlungen zur Sozialpädagogik. Erstes Heft. Stuttgart [2]1922, S. 43-70.

NATORP, P.: Vorlesungen über praktische Philosophie. Erlangen 1925.

NICOLAI, CH.F.: Vertraute Briefe von Adelheid B. an ihre Freundin Julie S. (1799). Frankfurt am Main 1983.

NIEMEYER, CH.: Zur Systematik und Aktualität der Sozialpädagogik Natorps vor dem Hintergrund ihrer ideengeschichtlichen Einlagerung. In: J. OELKERS/W.K. SCHULZ/H.-E. TENORTH (Hrsg.): Neukantianismus. Weinheim 1989, S. 241-260.

NIEMEYER, CH.: Zum Verhältnis von Berufsethik und Adressatenethik in der Sozialpädagogik - unter besonderer Berücksichtigung des Beitrages von Herman Nohl. In: B. MÜLLER/H. THIERSCH (Hrsg.): Gerechtigkeit und Selbstverwirklichung. Freiburg 1990, S. 85-109.

NIEMEYER, CH.: Entstehung und Krise der Weimarer Sozialpädagogik. In: ZfPäd. 38 (1992a), S. 437-453.

NIEMEYER, CH.: Sozialpädagogik zwischen Aufklärung und Empfindsamkeit - am Beispiel von Pestalozzis 'Lienhard und Gertrud'. In: W. MAROTZKI/H. SÜNKER (Hrsg.): Kritische Erziehungswissenschaft - Moderne - Postmoderne. Band 2. Weinheim 1992b (im Druck).

NIETZSCHE, F.: Götzen-Dämmerung (1889). In: Sämtliche Werke VI. München 1988, S. 55-161.

NOVALIS: Dichtungen und Fragmente. Leipzig 1989.

OELKERS, J.: Rousseau und die Entwicklung des Unwahrscheinlichen im pädagogischen Denken. In: ZfPäd. 29 (1983), S. 801-816.

OELKERS, J.: Das Ende der sozialistischen Erziehung? Bemerkungen zum Verhältnis von Utopie und Wirklichkeit in der Pädagogik. In: ZfPäd. 37 (1991), S. 431-452.

OELKERS, J.: Bürgerliche Gesellschaft und pädagogische Utopie. In: ZfPäd. 28. Beiheft (1992), S. 77-96.

PESTALOZZI, J.-H.: Sämtliche Werke. Hg. v. A. BUCHENAU/E. SPRANGER/E. STETTBACHER. Berlin 1927ff. (zit. als: W).

PROMIES, W.: Der Bürger und der Narr oder das Risiko der Phantasie (1966). Frankfurt am Main 1987.

RAUMER, K.v.: Geschichte der Pädagogik. Zweiter Teil. Gütersloh 1872.

ROTRY, R.: Freud und die moralische Reflexion. In: Solidarität oder Objektivität. Drei philosophische Essays. 1986, S. 38-81.

ROUSSEAU, J.-J.: Die Bekenntnisse, München 1978.

ROUSSEAU, J.-J.: Correspondance Complete. Edition critique etablie et annotée par R.A. LEIGH. Genève 1967ff.

ROUSSEAU, J.-J.: Gesellschaftsvertrag oder Grundsätze des Staatsrechts. Stuttgart 1977.

ROUSSEAU, J.-J.: Emil oder Über die Erziehung. Paderborn 1981.

ROUSSEAU, J.-J.: Julie oder Die neue Héloise. München 1988.

ROUSSEAU, J.-J.: Oeuvres Complètes. Bibliothèque de La Pléiade. Editions Gallimard 1959ff.

RUYER, R.: Die Utopien in der ersten Hälfte des 19. Jahrhunderts (1950). In: R. VILLGRADTER/F. KREY (Hrsg.): Der utopische Roman. Darmstadt 1973, S. 231-240.

SAKMANN, P.: Jean-Jacques Rousseau. Leipzig [2]1923.

STAROBINSKI, J.: Rousseau - Eine Welt von Widerständen. München 1988.

STERNE, L.: Leben und Meinungen von Tristram Shandy, Gentleman (1760-1767). Stuttgart 1978.

TENORTH, H.-E.: Paradoxa, Widersprüche und die Aufklärungspädagogik. In: ZfPäd., 28. Beiheft (1992), S. 117-134.

WEZEL, J. K.: Lebensgeschichte Tobias Knauts, des Weisen, sonst der Stammler genannt. Berlin 1990.

WINKEL, H.-P.: Rousseau in Deutschland. Eine Studie zur Pädagogik der Goethezeit. In: Vierteljahrsschrift für wissenschaftliche Pädagogik. 47 (1971), S. 161-176.

WOLFF, R.: Rousseaus 'Neue Héloise'. In: J.-J. ROUSSEAU: Julie oder Die neue Héloise. München 1988, S.799-827.

Die wachsende Fähigkeit der Menschheit, das Universum zu verstehen, hat einen kleinen Winkel der Ordnung in einem zunehmend der Unordnung verfallenden Universum geschaffen. Wenn Sie sich an jedes Wort in diesem Buch erinnern, sind in Ihrem Gedächtnis etwa zwei Millionen Informationseinheiten gespeichert: Die Ordnung in Ihrem Gehirn ist um zwei Millionen Einheiten angewachsen. Doch während Sie das Buch gelesen haben, sind mindestens tausend Kalorien geordneter Energie - in Form von Nahrung - in ungeordnete Energie umgewandelt worden ... Dies wird die Unordnung des Universums um ungefähr zwanzig Millionen Millionen Millionen Millionen Einheiten erhöhen - also ungefähr um das Zehnmillionenmillionenmillionenfache der Ordnungszunahme in Ihrem Gehirn.

Stephen W. Hawking

GERHARD DE HAAN

Über pädagogische Neuanfänge in der Moderne

I. Niedergangsgewißheiten

"Wenn die Welt fortfährt, die Erziehung auf dem gegenwärtigen Niveau festzuhalten, wird das Niveau der Menschheit immer tiefer sinken."[1] Prognosen dieser Art - hier von MONTESSORI - haben in der Pädagogik der Moderne[2] Tradition. Sie rechnen zu ihrem Basisbestand, in dem die Diagnose nicht ohne Heilsplan gestellt wird. "Alles am Menschen ist verkehrt, und alles muß von vorn begonnen werden"[3], heißt es bei MONTESSORI. Man darf die Frage nicht stellen, wer denn sagen kann, an allen sei alles verkehrt und alles müsse noch einmal anfangen, will man die damit vorgetragene reformpädagogische Euphorie nicht sogleich unterlaufen. Kampfansagen, die auf *Niedergangsgewißheiten* basieren, passen nicht zu Theoretikern und Schulpraktikern wie CAMPE, HERBART und den Herbartianer, SCHLEIERMACHER, PAULSEN und den geisteswissenschaftlichen Pädagogen dieses Jahrhunderts. Einen neuen Anfang zu machen, das läuft diesen pädagogischen Denkern zuwider. Ihr Zukunftsprojekt war auf Kontinuität bedacht, auf Verbesserung, auf die Annahme der Erbschaft durch die nachwachsende Generation. Man wird sie eher - in die Rubrizierungen MARQUARDs einsortiert - zu den Vertretern einer "nüchterne(n) Aufklärungstradition"[4] rechnen müssen, als zu jenen Apologeten des "futurisierten Antimodernismus"[5], deren Schar unter dem Dach reformpädagogisch Bewegter zahlreich zusammenkommt. Ein 'futurisierter Antimodernismus' findet sich dort, wo die Gegenwart negiert und die bessere Welt in der Zukunft gesehen wird. Zukunft wird zur absoluten Hoffnung gegenüber einer im Verfall oder in Stagnation erstickenden gegenwärtigen Welt. Eine gewisse Ungeduld geht mit diesem Futurismus einher - und unweigerlich ist er mit der Frage aufgeladen, wer denn diese bessere Welt schafft und wie sie aussehen mag. Die pädagogische Antworten auf die Frage, wer die Revolution machen soll, sind so eindeutig, daß die Frage gar nicht mehr gestellt werden muß: *das Kind.*

Wo Kontinuität nicht sein soll und das Kind einen Neuanfang machen soll, da ist die Diagnose des Niedergangs, des Absterbens, des falschen und fatalen Weges, auf dem sich alles befinde, *Voraussetzung.* Solche Diagnosen rechnen ebenso zum Zentralbestand pädagogisch bewegter Gemüter wie das Angebot einer Anthropologie und der damit verknüpften Didaktik, die das Ganze wieder auf den rechten Weg bringen, es wiederbeleben und ihm aufhelfen soll. Ja, man wird die

These riskieren dürfen, daß jene pädagogischen Konzepte, die mit einer gewissen Emphase vorgetragen werden und eine begeisterte Anhängerschaft nach sich gezogen haben, geradezu abhängig sind von Diagnosen des Niedergangs.
COMENIUS sprach vom Menschen, der sich vom "stumpfen Triebe leiten" lasse. Die Folge davon sei, "daß Unentschlossenheit, Straucheln, Fallen und endgültiger Untergang kein Ende nehmen".[6] Es mußte ein Neuanfang gemacht werden: *Alle* sollten *alles* so lernen, daß sie sich in die göttliche Ordnung fügen und selbst gottähnlich werden konnten.
ROUSSEAUs Formel ist ebenso prägnant. In der Abhandlung über die Ungleichheit unter den Menschen wird das Leben der Vorfahren gelobt, das gegenwärtige kritisiert; "Schrecken" aber bereitet der Gedanke an künftige Generationen, weil sie "das Unglück haben werden", in Zukunft zu leben.[7] Nicht anders denkt PESTALOZZI. Zwar war für ihn auch der Mensch des Anfangs bloß ein Wilder, doch ist, was sich um ihn herum abspielt, ärger als dieser Zustand. Weil der Mensch es versäumt, seine Fähigkeiten zur Herbeiführung besserer Zustände zu nutzen, kann er überall nur eine "verwahrloste Menschennatur" erblikken.[8] Das provoziert Revolutionen und nötigt zur Umschaffung des Ganzen durch eine Volksbildung, für die PESTALOZZI Programmschriften entwirft und vorbildliche Anstalten gründen will.
Nicht minder von einer allseitigen Dekadenz umstellt sieht sich noch die jüngste reformpädagogische Bemühung[9] unter dem Terminus 'Community Education'. Mit überraschenden Anklängen an den 'achtzigtausendjährigen Menschen' NIETZSCHEs heißt es: "If you had lived for a thousand years, you might never have found a time more exciting than our twentieth century - an era of continuing confusion, turmoil, and crisis throughout the entire world. Everywhere on this planet there are people who are troubled and fearful, bewildered and cynical, yearning blindly for a better tomorrow but sceptical of its coming."[10]
Daß pädagogische Reformbewegungen sich von gesamtgesellschaftlichen *Verfallsprozessen* umstellt sehen, wo doch das Fortschreiten zum Besseren mit der Aufklärung Gewißheit und Maxime sein sollte, muß zunächst verwundern. Denn Erziehung ist doch der Garant, daß eben dieser Fortschritt sich von Generation zu Generation verstetigt, nicht abbricht und keine Rückschritte erleidet. Und da müßte allemal von den emphatischen Erzählungen und praktischen Versuchen erwartet werden können, daß gerade *sie* es sind, die zeigen, wie denn das geht: die jüngere Generation in die Spur zu setzen, die die ältere bereitet hat, damit alles vorangetrieben wird. Man wird sich die Verfallsvorstellungen genauer ansehen müssen, um zu begreifen, was die Reformpädagogik an ihnen in einer sich fortschreitend dünkenden Gesellschaft hat.

Wenn hier dem Reiz widerstanden wird, das Verfallskonzept des COMENIUS dafür zum Ausgangspunkt zu nehmen, so ist dies einzig dem Vorbehalt geschuldet, daß sich bei ihm der Verfall noch religiös begründet. Die Apokalypse mußte für ihn schließlich wahr werden, damit das Tausendjährige Reich Gottes auf Erden beginnen konnte. Sein innerweltliches Heilsmodell zielt weniger auf eine von Menschen erdachte und gemachte bessere Weltordnung ab, als auf das Leben nach einer gottgegebenen Weltordnung, auf die Angleichung an den Archetypus. Alle sollten Gott ähnlich werden und mithin erfüllen, was von Anfang an im Buch der Bücher festgelegt war.

II. Rousseaus Verfallslehre

Ganz anders hingegen ROUSSEAU. Seine Verfallslehre trägt innerweltliche Züge. Er denkt erstmals[11], was seither durchgehalten wird: Der Verfall hat im Fortschritt selbst Platz, ist notwendiger Teil von ihm; Verfall und Fortschritt verhalten sich komplementär zueinander. Wer einen Niedergang feststellt, der muß eine Norm vorweisen können, auf die bezogen ein Verfall sich als solcher bestimmen läßt.[12] Benötigt wird cinc Ausgangssituation, von der im Laufe der Zeit sich entfernt zu haben den Prozeß der Dekadenz anzeigt. Insofern ist die Rede vom Niedergang immer doppelt gebunden: an eine Zeit- und eine Wertdifferenz.

ROUSSEAUs Norm, von der her seine Kritik an den gesellschaftlichen Verhältnissen sich konzipiert, ist die des Anfangs als goldenes Zeitalter, in dem die ersten Menschen sich befanden. Weil der Mensch des Anfangs ein natürlicher Mensch war, war er gleichzeitig gut und lebte zufrieden.[13] Als in die Prozesse der Natur eingebetteter Mensch war dieser Teil ihres Kreislaufes, hatte er teil an den ihr eigenen zyklischen Zeiten. Nicht ein Gott hat den natürlichen Menschen aus dem Paradies des Anfangs vertrieben, und auch er selbst ist für den Austritt aus ihm nicht verantwortlich zu machen. "Viele äußerliche Ursachen (haben) zufälligerweise ... zusammenstoßen müssen, die wirklich hätten ausbleiben können"[14], damit aus der ursprünglichen Harmonie hat Dissens werden können. Es dürfte die Sorge um die eigene Existenz bei zunehmender Weltbevölkerung und es dürften ungünstige klimatische Verhältnisse gewesen sein - so spekuliert ROUSSEAU -, die schließlich dazu führten, daß zunächst wenige Menschen, schließlich aber alle sich einen bestimmten Besitz zu sichern suchten - sei es nun an Nahrungsmitteln oder Terrain.[15]

Allein, auf die *Idee* zu verfallen, anderen etwas vorzuenthalten, dies setzt ein Vermögen voraus, das zu nutzen dem Menschen, obschon zu seinem anthropologischen Grundbestand gehörend, gar nicht in den

Sinn gekommen wäre, hätten sich die widrigen Umstände nicht ins Paradies eingeschlichen: Es ist dies die 'perfectibilité', "das Vermögen, sich vollkommener zu machen".[16] Dieses genuin menschliche Vermögen, so ROUSSEAU, machte es erst möglich, daß sich die Menschheit auf die Spur der Geschichte setzte, daß sie den natürlichen, paradiesischen Zustand verließ und sich so "ihr eigenes Unglück selber" schuf.[17]

Neid, Diebstahl, Lüge und Betrug, Verstellung und Unsittlichkeit kamen damit in die Welt: reine Produkte des äußeren Zufalls und der inneren perfectibilité. Gleichzeitig aber, und das ist die andere Seite der Vervollkommnungsfähigkeit, waren und sind die Menschen ungeheuer erfinderisch geworden. Sie haben Techniken des Ackerbaus und der Viehzucht entwickelt, Maschinen erfunden und wissenschaftliche Erkenntnisse hervorgebracht, also die Naturkräfte zu beherrschen gelernt.

Einem Satz STAROBINSKIS zufolge weiß ROUSSEAU zumindest dann, wenn "er sein Denken ganz offensichtlich unter Kontrolle hält"[18], daß jener von ihm idealisierte Naturzustand des Menschen, daß jenes Paradies vielleicht nie gegeben war. Über die glückliche Welt des Anfangs gibt keine Quelle Auskunft, hier ist alles Spekulation. Doch nicht nur am Anfang der Phylogenese befand sich der Mensch im natürlichen Zustand. Dieser ist bei jedem Menschen wieder aufzufinden, denn der Mensch kommt als natürlicher auf die Welt. Da bedarf es dann keiner Spekulation mehr, da kann man sich sicher sein. Es gibt für ROUSSEAU einen Beweis: seine eigene Biographie.[19] Als kleines Kind war er, ebenso wie jedes Neugeborene, unschuldig, unverdorben. Das Kind denkt nichts Böses, hat keine Leidenschaften, sinnt nicht auf den eigenen Vorteil. Symbiotisch lebt es mit den Seinen, befindet sich im Einklang mit seiner Umgebung. Zumindest stellt ROUSSEAU seinen Lebensanfang dem Leser aus der Erinnerung so vor.

Aber auch die glückliche Welt der Kindheit ist vom Verfall geprägt. Es ist eine Verkettung von Unglücken, die das Kind aus dem Paradies vertreibt. Entlang der Kindheitserinnerungen ROUSSEAUS hat STAROBINSKI dies herausgearbeitet: Ein zerbrochener Kamm wird gefunden, und der kleine JEAN-JACQUES gerät in den Verdacht, dafür verantwortlich zu sein.[20] Das Kind beteuert seine Unschuld, aber ihm wird nicht geglaubt. Alle Indizien sprechen gegen JEAN-JACQUES. Als Lügner bezichtigt, wird er bestraft. Beim Kind bricht das bis dato gültige Muster der Weltinterpretation zusammen. "Von nun an ist das Paradies verloren: denn das Paradies war die wechselseitige Transparenz der Bewußtseine, die völlige und vertrauensvolle Mitteilung. Die ganze Welt verändert ihr Aussehen und verdunkelt sich."[21] Das ursprüngliche Vertrauen ist zerbrochen, das Böse ist in die Welt der Kindheit eingedrungen. JEAN-JACQUES gerät unter den Zwang der perfectibilité; die anthropologische, metahistorische Konstante wird an ihm wirksam: Er übt sich im Lügen, in Auflehnung und Täuschung, er eignet sich Fertigkeiten und Wissen an, um bestehen zu können und seinen Vorteil zu erlangen.[22] Mit dem Riß zwischen Sein und Schein als einschneidendes Ereignis zerfällt das kindliche Paradies des Anfangs, wie der gute Anfang der Menschheit zerfiel. So braucht man um den *Zerfall des Paradieses* des Anfangs der *Phylogenese* nicht mehr zu spekulieren, findet er sich doch ebenso in jeder *Ontogenese* wieder ein.

Den Niedergang der Phylogenese in der Ontogenese wieder aufzufinden ist von unschätzbarem Vorteil, denn dies liefert den einzigen Ansatzpunkt, ja, macht es überhaupt möglich, einen Gedanken darauf zu verwenden, dem Zerfall entgegenzuwirken. Mit dem Rekurs auf die eigene Biographie und deren Ausweitung auf die Ontogenese eines jeden Menschen erst läßt sich Hoffnung für die Zukunft gewinnen. Der natürliche, gute Mensch zeigt sich in *jedem* Fall im *Einzelfall*. Wie aber läßt sich dieser gute Zustand bewahren, wie lassen sich die widrigen Umstände ausschalten, die zum Zerfall führen?

Eine, ja *die* Hoffnung ist für den verfallsgewissen Pädagogen mit und seit ROUSSEAU in der ontogenetisch gedachten unverdorbenen Natur begründet. Sie bringt bei ROUSSEAU und in seiner Spur die Erziehung zur Chance - und in die Not, sich dem Verfall entgegenstemmen zu können und zu müssen.[23] Die Erziehung kann beim einzelnen *zwischen* das elementare ursprüngliche Paradies der Menschheit und dessen unweigerlichen Verfall treten. Mit ROUSSEAUs Lehre vom Verfall gewinnt so manche Pädagogik gleich zwei fundamentale Stützen: die, mit jedem Kind einen neuen Anfang machen zu können, und jene, sich dabei auf die Natur des Kindes verlassen zu dürfen, die, wenn schon *nicht gut*, so doch - in *diesem* Strang des pädagogischen Denkens[24] - von Natur aus *nicht schlecht* ist. Den Schrecken des Niedergangs im Geschichtsverlauf zu stoppen, und die beste aller denkbaren Welten auf einen Schlag zu initiieren, dies wird unversehens zur Aufgabe von Erziehung. Sie rückt, wo die Dekadenz plausibel erscheint, in die Position der Retterin ein. Und Retterin kann sie nur sein, wo sie die Vorstellung vom Nachkommen, vom Erben demontiert. Nur dies kann dem Menschen und der Menschheit die Chance bieten, sich zu erneuern. WÜNSCHE hat dies genau beschrieben: Das Kind ist ein Anfang, es ist freigesetzt und soll aus sich heraus die Neuschöpfung der Welt leisten. Radikal gedacht heißt das, die Brücke zur Vergangenheit abzubrechen.[25] Wer ein Fortschreiten auf das Unmenschliche hin wahrnimmt, der muß die Erbschaftsfolge als zyklische Generationenfolge, in der sich alles spiralförmig ins Desaster hineinwindet, *außer Kraft setzen*. Das heißt aber noch nicht, daß mit den reformpädagogischen Bemühungen sogleich *jegliche* Zyklizität preisgegeben würde.

An ROUSSEAUS Erziehungsroman läßt sich dies ablesen. Emile ist der erste Präsentant des neuen Geschlechts. Mit ihm kann alles wieder in einen neuen Zyklus eintreten, der sich gerade nicht mehr spiralförmig im Sinne der Emporbildung des Menschen in die Höhe windet. Am Ende des Emile heißt es nämlich: "Nach einigen Monaten kommt Emile eines Morgens in mein Zimmer, umarmt mich und sagt: 'Mein Lehrer, beglückwünschen Sie Ihr Kind; es hofft auf die Ehre, bald Vater zu sein. Ach, welche Mühen werden unserem Eifer auferlegt werden, und wie sehr werden wir Ihrer bedürfen! Gott verhüte, daß ich Sie auch den Sohn aufziehen lasse, nachdem Sie den Vater aufgezogen haben. Gott verhüte, daß eine so heilige und so süße Pflicht jemals durch einen anderen als mich erfüllt werde ... Aber bleiben Sie der Lehrer der jungen Lehrer.'" [26]
Sein und werden wie der Lehrer, dies erlaubt es, als leiblicher Vater das Kind zu erziehen. Nach der Finalisierung des Verfalls, nach der Wiedereinsetzung in den guten Naturzustand bei gleichzeitig erlangter höchster Sittlichkeit ist es wieder erlaubt, in den archetypischen Zyklus zurückzukehren: Der Vater erzieht den Sohn.

III. Orte des Neubeginns

Die Rückkehr in die archetypische Zyklizität macht Aus- und Abgrenzungen notwendig. Das Landhaus als Lebensmittelpunkt Emiles[27], das Kloster von Stanz[28], die Kolonie Makarenkos[29], der umzäunte Kindergarten Montessoris[30], das versteckte Summerhill[31] - immer handelt es sich um Enklaven, in denen der Schöpfungsakt vollzogen werden soll, in denen der neue Mensch gewonnen wird. Das folgt alles streng dem schon mythisch zu nennenden Paradigma archaischer Neuschöpfung: Die Welt wird in ihrem vorhandenen Zustand als Chaos begriffen, dem unweigerlichen Verfall anheimgegeben, nachdem alles irgendwann einen guten Anfang genommen hatte. Um die Welt nun zu regenerieren, ist es nötig, den Neubeginn an einem Ort zu organisieren. Man fängt dabei immer leer an, definiert ein neues Zentrum, einen neuen Mittelpunkt der Welt, nachdem der alte sich verbraucht hat oder verloren ist.[32] Einen Neubeginn zu vollziehen, erfordert also eine 'Selektion' des Ortes, der sich dadurch, daß er sinnbildlich oder real als *Kreis* figuriert, von der übrigen Welt abgrenzt und als geschlossen gedachtes Ganzes eine *neue*, ebenso *vollständige* Welt symbolisiert.[33]
Der Kreis als Metapher jedes Auswegs aus dem Verfall macht erst sichtbar, was das Ziel sein muß: die wirre Welt des Niedergangs auszugrenzen gegenüber der neu zu gründenden Weltordnung. "Durch die Kreislinie wird der Raum in ein 'Drinnen' und ein 'Draußen' geteilt; das umschlossene Drinnen ist eine eigene Macht- und Wirkungssphäre."[34] Außerhalb des Kreises ist das Nichts im Sinne einer unge-

ordneten Welt; innerhalb des Kreises ist das 'All' im Sinne der geordneten Welt. Das heißt, nur was im Kreis ist, ist 'wirklich'. Die im Kreis gebildete und von ihm umschlossene Wirklichkeit ist Ursprung und Einheit zugleich. Darin liegt die traditionelle Macht der Metapher des Kreises: einen Ursprung in Form einer neugestalteten Welt zu bezeichnen und ihre Einheit in Form des Zusammenhalts von Innen- und Außenwelt zu meinen; im Kreis als geschlossenes System fällt dies zusammen.
Mit dem abgegrenzten Territorium einer Wohnstube, eines Klosters, einer Kolonie oder eines Kinderhauses folgt die Reformpädagogik diesen traditionellen Mustern der Kreisformation: Man errichtet einen abgegrenzten Bereich, der insofern zur Neuschöpfung der Welt wird, als sich darin das Kind zum Präsentanten einer besseren Wirklichkeit heraus- und heranbilden soll.[35] Läßt man dabei zunächst die Betrachtung des Bildungskanons außer acht, der seit der Antike (und besonders deutlich bei COMENIUS) auch immer als enkyklios paideia (als Kreis der Bildung, Umkreis des Wissens) beschrieben wird[36], so ist die soziale Komponente der Kreisformation an dieser Stelle zentral. Der Kreis ist (zunächst) nicht hierarchisch strukturiert. Alles bewegt sich an seiner Peripherie wie im Innern im gleichen Abstand zur Mitte; Bevorzugung und Benachteiligung scheinen im Kreis keinen Raum zu haben. Kreisformationen bieten das Bild einer Gemeinschaft der Gleichen - ein Anspruch, der als zum Kern der Reformpädagogik gehörend angesehen werden darf.

IV. Heroische Erzieher

Allein, der Kreis ist nur der *Ort* der Neuschöpfung der besseren Welt. Die in ihm wirksam werdenden Orientierungsmuster erst machen den leeren Ort zu einem, in dem die neue Welt Gestalt gewinnen kann. Die 'Reformpädagogik' ist angetreten, das Kind sich selbst entwickeln zu lassen. Es soll alles aus sich selbst sein - dafür steht seit ROUSSEAU die 'negative Erziehung'.
"'Man selbst sein', 'durch sich selbst sein', 'sich durch sich selbst machen': dies kann als Ausdruck der Immanenz nur bedeuten, sich in allem und durch alles für 'göttlich' und stark genug halten, sich zu schaffen und allein aus eigener Tüchtigkeit zu sein; vollständig von der Gemeinschaft Abstand zu nehmen."[37] Aber das Kind kann nicht ohne ein 'hetero', ein 'Anderes' gedacht werden, solange es als göttlich nur im Zusammenhang mit Erziehung gedacht wird.
Das Kind wird seine Erfahrungen, seine Entwicklung an und durch etwas machen müssen, das es nicht selbst ist; es kann nur werden, soweit es sich entäußert, soweit es Kontakt mit dem aufnimmt, was es

umgibt. Die Umgebung muß auch und gerade im Kreis eine spezifische Struktur annehmen, damit sich das in ihm Befindliche unterscheidet vom ausgeschlossenen Chaos, von der verfallenden Welt. Dringt man tiefer in die Symbolik des Kreises ein, so wird man in seinem Mittelpunkt einen *Heroen*, *Archetypen* oder *Urstifter* finden.[38] Nach ihm als dem Urbild wird der neue Mensch 'gemacht'. Der Mensch "macht sich nicht selbst. Es sind die alten Eingeweihten, die geistigen Meister, die ihn 'machen'. Aber sie wenden nur an, was ihnen zu Beginn der Zeiten von den übernatürlichen Wesen offenbart worden ist. Sie sind nur ihre Stellvertreter; und in zahllosen Fällen verkörpern sie sie auch. Das heißt, daß man, um wirklich Mensch zu werden, einem mythischen Vorbild ähneln muß. Der Mensch erkennt sich als Mensch nur ... gemäß einer exemplarischen und außermenschlichen Norm."[39]
Das scheint nun einem Neuanfang sogleich zu widersprechen - aber die Paradoxie ist nicht zu eliminieren. Wenn die Geschichtszeit als kontinuierliche Zeit des Niedergangs vernichtet werden soll, muß im Neuanfang wieder ein Orientierungsmuster vorhanden sein, soweit man einer 'reinen Immanenz' nicht folgen kann. Diese Vorstellung aber ist mit der aufgeklärten Ansicht, der Mensch könne zum Menschen nur durch Erziehung werden, obsolet. Nur zu wachsen, das genügt nicht zur Menschwerdung. Der Kreis braucht also auch unter pädagogisch Bewegten einen Mittelpunkt, und das Kind als neuer Mensch wird nur in dem Maße 'wirklich', wie es sich diesem Mittelpunkt ähnlich macht oder an ihm partizipiert. Man darf der Reformpädagogik nicht trauen, wenn sie mit der Erziehung 'vom Kinde aus'[40] den Mittelpunkt schon gefunden zu haben scheint. Das Kind bringt allein seine unverdorbene Natur in den Kreis ein, seine Erziehung aber muß einem Urmuster folgen, das schon präformiert ist: dem Erzieher.
Ein Erzieher, der den neuen Menschen heranbilden, ihm aufhelfen soll, muß, so heißt es bei ROUSSEAU, "entweder selber Vater oder ein Übermensch sein".[41] Der *Übermensch*, der *Vater* ist der Heros, der Urstifter des Neuen. Denn es heißt bei ROUSSEAU weiter: "Je mehr man darüber nachdenkt, um so mehr Schwierigkeiten entdeckt man. Der Erzieher müßte eigens für seinen Schüler erzogen worden sein ... - alle, die mit ihm zu tun haben, dürften nur solche Eindrücke empfangen haben, die sie ihm vermitteln sollen. Man müßte von Erziehung zu Erziehung bis wer weiß wohin zurückgehen. Denn wie könnte ein Kind von jemandem gut erzogen werden, der selbst nicht gut erzogen worden ist?"[42]
Das ist konsequent gedacht. Wer den Ursprung der Fehlentwicklung in weit zurückliegenden Zeiten ansiedelt, wird nur immer schon verdorbene Erzieher ausmachen können. Wo soll sich der dem Verfall nicht verfallene Erzieher ausmachen lassen? "Ist dieses seltene Wesen

denn nirgends zu finden? Ich weiß es nicht. Weiß man denn, zu welchem Grad an Rechtschaffenheit eine menschliche Seele in diesen Zeiten der Würdelosigkeit noch in der Lage ist?" Mit dem folgenden Satz beginnt, was nur ein *Roman* werden kann: "Nehmen wir an, wir hätten dieses Wunder gefunden".[43] Nur im Roman, nur indem man 'nicht Hand ans Werk, sondern an die Feder' legt[44], kann gelingen, was ROUSSEAU vordenkt: die Schöpfung des neuen Menschen *nach dem* und *durch den* Heroen.

Jegliche praktische Umsetzung dieses Romans wie jedes anderen reformpädagogischen Konzepts muß in einer Gesellschaft des Verfalls notwendig scheitern. Die so banal scheinende Frage, wer die Erzieher, Lehrer und Väter erzog, wird in der Antwort mitschleppen, daß sie nicht die Ahnen, Heroen oder Archetypen sein können, es sei denn, es geschähe ein 'Wunder', das den 'Übermenschen' unvermittelt in den Kreis stellt. Da hilft auch die immer weiter getriebene Dekonstruktion des Kindes nicht. Wer es ausforscht, analysiert, Entwicklungsstufen, unterschiedliche Erkenntnis-, Handlungs- und Moralitätsformen an ihm ausmacht, kann es zwar immer wieder auf dieser Basis neu konstruieren[45], kann sich nach einem dem Kind zuträglicheren Milieu umschauen, wird aber immer nur ein schon in die Welt eingelassenes Kind finden und erfinden können. Das Kind kann nicht Geschichte machen ohne den Halt am Erzieher. Es bliebe in seinem Kreis immer nur das wilde Kind. Auch ein Bemühen, die Inhalte von Erziehung nicht aus der Tradition, aus der zerfallenden Gesellschaft zu gewinnen, sondern den Unterricht nach einem Lehrplan zu gestalten, der "vom Kinde aus gedacht ist"[46], hilft nicht weiter. Denn das vergißt, daß der Lehrplan noch kein vom Kinde *aus*gedachter ist. Die Erzieher werden immer wieder konstruieren müssen, was für den Neuanfang zuhanden sein soll. So freigelassen das Kind auch immer verstanden und interpretiert werden mag, so sehr wird es doch nur Sohn oder Tochter dessen sein können, der selbst ein 'Übermensch' sein müßte, wollte er leisten, was die Reformpädagogik ihm aufgetragen hat: eine Urschöpfung.

Aus diesem Dilemma gibt es für die Verfallspädagogik kein Entrinnen, solange sie den Akt der Neuschöpfung, den Anfang dualistisch denkt: als initiiert von Erzieher *und* Zögling. Im Zentrum des Kreises steht die erziehende Person und das Kind bzw. die Kinder bilden die egalitäre Gemeinschaft, die sie umringt.[47] Die 'Führerschaft' durch die erziehende Person wird durch die Konzentration auf das Kind eher verdeckt als offengelegt.

Ein anderes Medium der Darstellung der 'neuen' Erziehung präsentiert diese raum-zeitliche Figuration hingegen in aller Deutlichkeit: Man muß sich die Bilder vergegenwärtigen, die Zeugnis ablegen sollen von der durch reformerische Bewegungen ins Leben gerufenen neuen

Welt. Schon emblematisch sind jene Stiche und Zeichnungen, die PESTALOZZI inmitten der Schar seiner Waisen und Verwahrlosten in Stanz zeigen.[48] Er ist der Mittelpunkt des Lebenskreises - axis mundi. Was die Kinder sein werden, werden sie durch ihn sein; er präsentiert die Wirklichkeit des liebenden Vaters und ist gleichzeitig ihre Mutter[49] - der Heros des Anfangs.

Noch jede Reformpädagogik im Namen der Kinder lebt von diesem Bild. Es ist streng oppositionell zur auf stetige Bewahrung und Verbesserung setzenden Pädagogik konzipiert. Ein Schulhaus mit seinen Bankreihen und Fluchtlinien, das Hintereinander der Körper, insgesamt die geradlinigen Formationen zeigen ein krasses Gegenbild zu den Gruppierungen, die zur formativen Typik der Reformpädagogik, der *Bewegung vom Kinde aus* wurden. Immer wieder bilden die Schüler einen Kreis, der die verfallende, dekadente Welt *ausgrenzt*: Die Kinder wenden den Blick der *Mitte* zu. In der Mitte des Kreises aber befindet sich die erziehende Person: Sie erklärt, liest vor, belehrt. Inmitten der Bilder, die Gefühle religiöser und romantischer Gestimmtheit provozieren, ist der 'Übermensch' präsent. Nur ist es kein *Roman*, der lediglich in Szene gesetzt wurde[50]; der Mittelpunkt wird von jemandem gebildet, der selbst aus dem Chaos kommt, durch die verkommene Welt erzogen wurde. Mit dem Erzieher oder seinem weiblichen Pendant zieht dann aber auch das Ärgernis des 'Barbarentums' unweigerlich in die neue Welt ein. Der zweite Halbsatz am Anfang des ersten Buches des Emile hat noch für jeden praktischen Versuch der Neuschöpfung Geltung, solange der Erzieher nicht den Kreis verläßt oder an ihm ein 'Wunder' geschieht: "alles entartet unter den Händen des Menschen."[51]

Der Dualismus von Zögling und Erzieher verhindert den gewollten Neuanfang in einer dem Niedergang anheimgefallenen Welt. Nur ein *fiktiver* Erzieher kann die Voraussetzungen eines rein immanenten Archetypen mitbringen. Es gibt keinen Weg von der 'Feder' ROUSSEAUs zum 'Hand anlegen' PESTALOZZIs und seiner Nachfolger. Man wird den Dualismus auflösen müssen, um zu einem tatsächlichen Neuanfang übergehen zu können.

V. Ein Versuch, ohne den Heroen auszukommen

In einem Sektor der *neueste*n Reformpädagogik scheint eben dies eingelöst: in der Nachbarschaftschule. Neben der eingangs zitierten Passage, daß in den letzten eintausend Jahren kein Jahrhundert so verrückt war wie dieses, sei eine etwas bescheidenere Niedergangsdiagnose von ZIMMER erwähnt. Die *Nachbarschaftsschule* soll speziell den Jugendlichen eine lebendige Schule sein, sie aus ihrer Lethargie zurückholen: "Speziell die Walkmanbrüder, die mit sinnvoller Tätigkeit unterversorgten Langeweiler, die Pantoffelkinokinder, die neuen Institutionstypen, die wir von der Liegekrippe bis zur Dauerexistenz auf der Universität auf den langen Marsch durch die pädagogischen Einrichtungen schicken. Die Erfindung von Kindheit und Jugend, früher ein Fortschritt, zeigt sich heute janusköpfig, bedeutet Unproduktivität und Entfremdung für eine immer längere Zeit".[52] Das Lehrer-Schüler-Verhältnis traditioneller Art soll dort zugunsten einer Selbsterziehung aufgegeben werden oder doch zumindest so porös gestaltet sein, daß alle Schüler *und* Lehrer sein können. Man bildet eine 'communitas'. Man begreift sich kollektiv als *Kreis*, der gegenüber der Entfremdung und dem Verfall eine neue Welt zu kreieren versucht. Das darf niemanden ausschließen, alle sind aufgefordert mitzutun, wo der Archetypus nicht mehr gefunden werden kann und eine singuläre Neuschöpfung schon an der mitgeschleppten Bürde des Wissens scheitern muß. Und man darf nicht nur das Alter der diese 'kommunikative' Schule Besuchenden nicht begrenzen, man wird auch die (Selbst-)Erziehung zu einem lebenslangen Prozeß machen müssen: "The community school ... may be viewed as ... a human development laboratory serving the learning needs of the people from their prenatal stage to their expiration."[53]

Wie sieht eine solche Schule in ihrem Inneren aus? Riskiert man es, sich dieser Schule anhand des Bildbandes von ZIMMER und NIGGEMEYER zu nähern, so liest man auf dem Umschlag ganz programmatisch: "Macht die Schule auf, laßt das Leben rein". Ein Blick auf Bilder aus den Nachbarschaftsschulen und die Begleittexte besagen: Nachbarschaftschule heißt, daß das Café aus der Nachbarschaft mit der Cafeteria eingeholt wird, - und die Kneipe nicht minder fehlt. Die Handwerksbetriebe der Umgebung sind ebenso vertreten wie der Musiksaal und das Gerät zum Gärtnern. Den 'entfremdenden' 'Walkman' abzustreifen bedeutet, die gehörte Musik selbst zu machen; das 'Pantoffelkino' aufzugeben heißt, die Filme mit der Videokamera eigenhändig zu produzieren, und wer gern segelt oder rudert, baut sich erst einmal ein Boot.[54]

Die Nachbarschaftsschule oder 'Community Education' folgt nach dem von ihr immer wieder erklärten Schiffbruch des Regelschulsystems oder der gewöhnlichen Erziehung dem Modell der Robinsonaden.[55]

Der Archetypus dafür läßt sich an CAMPEs Umbildung des Buches von DEFOE[56] gewinnen. In der Heimat wollte der Sohn nicht recht nach den Wünschen des Vaters gelingen; ein Schiffbruch verschlägt Robinson auf eine einsame Insel, in den Kreis, den er jetzt selbst gestalten kann - ohne Erzieher. Woran aber orientiert sich der Schiffbrüchige? Nach welchem Vorbild überführt er die reine Potentialität des leeren

Lebenskreises in die neue Welt? Er folgt dem, was ihm aus seiner Erziehung, seinem *vorherigen* Leben noch bekannt ist: Eine Wohnung wird benötigt, ein Zaun ist zu setzen, es muß gepflanzt werden und geerntet, Tierzucht ist zu probieren, und die Handwerkskünste sind zu üben. Da wird nichts neu erfunden, da wird alles *wiederholt*. Robinsons Welt nimmt Gestalt an, soweit sie durch die *Nachbildung* der *Urbilder* erzeugt wird. Die äußere Welt wird im inneren Kreis noch einmal geschaffen. Im Modell der Community Education stellt sich nun eine merkwürdige Form dieser Robinsonade ein. Alle können jederzeit das sinkende Schiff der entfremdeten Welt verlassen und in die Nachbarschaftsschule als Insel und Kreis eines anderen Umgangs und des Lernens eintreten. Freilich ist dabei jener Robinson wieder in sein Recht gesetzt, den DEFOE sich ausdachte und den CAMPE um das Strandgut betrog. Aus der entfremdeten Welt wird nicht nur die Memoria hinübergerettet, auch die Instrumente bleiben erhalten. Die Nachbarschaftsschule ist porös hin zur Alltagswelt der Umgebung - bis hin zum Weltkreis: alle Geräte, Wissenschaften, Handwerke, Rituale und Betätigungen, alle Kulturen haben Zugang, sie müssen nur in den Kreis der Gemeinschaft eintreten.

VI. Zum Schluß: Ein ewiges Beginnen

Es ist das vertrackte Problem der *Geschichtszeit*, die immer wieder einen radikalen Wandel verhindern wird. Seit mit ROUSSEAU der Verfall *im* Fortschritt gesehen wird, kann über die phylogenetischen Anfänge von beidem, von Desaster und Fortschritt, nur noch spekuliert werden. Zu den Anfängen zurückzukehren ist selbst dem, der mit ROUSSEAU "die Menschen lieber auf dem Felde Gras fressen (sähe), als daß sie sich in den Städten gegenseitig verschlingen"[57], nicht möglich; es fehlt die Memoria. Einen Neuanfang um der Vernichtung des Verfalls willen zu realisieren, diese Möglichkeit hat ROUSSEAU allein in einem Roman gesehen. Und wenn dann, um aus der Falle des Verfalls zu entkommen, nur zur Feder gegriffen werden kann, so schreibt ROUSSEAU doch von einem - ganz und gar 'antipädagogischen' - Ausweg. Das Kind ist am Anfang dem guten (Natur-)Zustand noch verbunden; die Kindheit zu verlängern, das mußte selbst im Roman mit dem 'Übermenschen' als Erzieher Ziel sein[58]; so ließ sich über das Älterwerden der Sog der Dekadenz gering halten. Man kann nun, dies bedenkend, versuchen, für sich - bis in den Tod hinein - die Attribute zu retten, die nach allen Ausforschungen das Kind in seinem Kindsein auszeichnen sollen. Wem es gelingt, älter zu werden und Kind zu bleiben, der kann sich wenigstens in der Nähe dessen halten, dem noch alles möglich ist.

Es ist dies eine Figur, die die Wiederkehr der Möglichkeit des Neuanfangs dergestalt neu faßt, daß - da ein gänzlicher Neuanfang in einer Gesellschaft der Geschichtszeit nicht möglich ist - der Versuch des Neuanfangs auf Dauer gestellt wird. Die Zyklizität der Zeit, in die hineinzukommen wegen notwendig fehlender Archetypen und unausweichlicher Memoria nicht recht gelingen will, schnellt zusammen zu einem permanenten Beginnen.

Anmerkungen:

1. MONTESSORI, M.: Das kreative Kind. Der absorbierte Geist. Hg. u. eingel. v. P. OSWALD u. G. SCHULZ-BENESCH. Freiburg 1972, S. 191.
2. Für den vorliegenden Text ist es unerheblich, wo der Beginn der Moderne verortet wird. Ob man die Moderne zeitlich synchron zur Säkularisation setzen möchte oder aber erst mit dem Beginn der modernen Kunst und Architektur parallelisiert, und damit das 20. Jahrhundert als Jahrhundert der Moderne identifiziert, muß hier nicht entschieden werden. Denn das Interesse gilt Niedergangs-Diagnosen und daraus resultierenden Neuanfangs-Hoffnungen in der pädagogischen Literatur. Diese, das wird zu zeigen sein, lassen sich zumindest von COMENIUS bis heute identifizieren. Insofern trifft - gleichgültig, wie man den zeitlichen Schnitt legt -, immer zu, daß *Niedergänge* und *Neuanfänge* in der pädagogischen Literatur im Zeitalter der Moderne gedacht wurden - und zwar gerade von jenen, die im ganz *konventionellen* Sinne in ihrer Zeit modern waren oder sind.
3. MONTESSORI, M.: Kinder sind anders, Stuttgart 1952, S. 198.
4. MARQUARD, O.: Die Erziehung des Menschengeschlechts - Eine Bilanz. In: Der Traum der Vernunft. Vom Elend der Aufklärung, 1. Folge. Darmstadt 1985, S. 130.
5. A.a.O., S. 132.
6. COMENIUS, J.A.: Pampaedia, lat. Text u. dt. Übers. Hg. v. D. TSCHIZEWSKIJ in Gemeinschaft mit H. GEISSLER u. K. SCHALLER. Heidelberg 1960, S. 19.
7. Vgl. ROUSSEAU, J.-J.: Abhandlung über den Ursprung und die Grundlagen der Ungleichheit unter den Menschen (1755). In: J.-J. ROUSSEAU: Schriften. Hg. v. H. RITTER, Bd. 1. München 1978, S. 194.
8. PESTALOZZI, J.H.: Über den Aufenthalt in Stanz. Brief Pestalozzi's an einen Freund (1799). In: J.H. PESTALOZZI: Sämtliche Werke. Hg. v. A. BUCHENAU/ E. SPRANGER/H. STETTBACHER. Bd. 13. Berlin 1932, S. 3. Zur Differenz in den Ansichten ROUSSEAUs und PESTALOZZIs über den Menschen des Anfangs vgl. OELKERS, J.: Wie kann der Mensch erzogen werden? Pestalozzis 'Nachforschungen' als ein Hauptstück der modernen Pädagogik. In: J. GRUNTZ-STOLL (Hrsg.): Pestalozzis Erbe - Verteidigung gegen seine Verehrer. Bad Heilbrunn 1987, S. 27ff., bes. S. 36f.

9. Die 'Reformpädagogik' oder auch 'pädagogische Bewegung' wird nicht auf die vom ausgehenden 19. Jahrhundert bis in die 1930er Jahre reichende 'Reformpädagogik' beschränkt gesehen. Ich verstehe darunter jegliche Bestrebung, durch Wort und Tat der jeweils überkommenen Erziehung ein Konzept entgegenzusetzen, das primär von Kinde auszugehen bemüht ist und/oder in ihm den Beginn einer neuen Zeit sieht. Insofern gehören auch J.A. COMENIUS, J.-J. ROUSSEAU, J.H. PESTALOZZI reformpädagogischen Bewegungen an.
10. OLSEN, E.G./CLARK, PH.A.: Life-Centering Education, Midland, Michigan 1977, S. 21. Vgl. ähnlich auch das einleitende Kapitel: 'The Community Education Concept - A Definition'. In: M.A. SEAY and Associates: Community Education: A Developing Concept (1974). Midland, Michigan ^{2}1977, S. 9f. J. ZIMMER weiß den Niedergang der Kultur recht lebensnah zu beschreiben. Der erste Grund für die Einrichtung von Nachbarschaftsschulen ist für ihn, daß "diese Schulen weniger ausgrenzen, sondern Jugendliche in unser (?) Leben ein Stück weit zurück(!)holen". ZIMMER, J./NIGGEMEYER, E.: Macht die Schule auf, laßt das Leben rein. Von der Schule zur Nachbarschaftsschule. Weinheim 1986, S. 13, vgl. Abschnitt V. in diesem Aufsatz.
11. Vgl. KOSELLECK, R.: 'Fortschritt' und 'Niedergang' - Nachtrag zur Geschichte zweier Begriffe. In: R. KOSELLECK/P. WIDMER (Hrsg.): Niedergang. Studien zu einem geschichtlichen Thema. Stuttgart 1980, S. 222. Vgl. auch: STAROBINSKI, J.: Rousseau und die Niedergangsthematik. In: R. KOSELLECK/P. WIDMER (Hrsg.): Niedergang, a.a.O., S. 172ff.
12. Vgl. zum Normhorizont von Verfallstheorien: WIDMER, P.: Niedergangskonzeptionen zwischen Erfahrung und Erwartung. In: R. KOSELLECK/P. WIDMER (Hrsg.): Niedergang, a.a.O., S. 12ff.
13. Vgl. ROUSSEAU, J.-J.: Abhandlung über die Wissenschaften und Künste (1751). In: J.-J. ROUSSEAU: Schriften, Bd. 1, a.a.O., bes. S. 39ff. Ferner: ROUSSEAU, J.-J.: Letzte Antwort. An Bordes (1752). In: J.-J. ROUSSEAU: Schriften, Bd. 1, a.a.O., bes. S. 112ff. Außerdem: ROUSSEAU, J.-J.: Abhandlung über den Ursprung ..., a.a.O., bes. S. 196ff.
14. A.a.O., S. 228.
15. Vgl. a.a.O., S. 230ff.
16. A.a.O., S. 204. Vgl. auch a.a.O., S. 228.
17. A.a.O., S. 317. Vgl. zum folgenden ebenfalls die 'Abhandlung über den Ursprung' etc.
18. STAROBINSKI, J.: Rousseau. Eine Welt von Widerständen (1971). München 1988, S. 27.
19. Vgl. ROUSSEAU, J.-J.: Bekenntnisse (1781). Frankfurt am Main 1985, S. 37ff.
20. Vgl. STAROBINSKI, J.: Rousseau, a.a.O., S. 16ff. Ferner: ROUSSEAU, J.-J.: Bekenntnisse, a.a.O., S. 54ff.
21. STAROBINSKI, J.: Rousseau, a.a.O., S. 19.
22. ROUSSEAU, J.-J.: Bekenntnisse, a.a.O., S. 57ff.
23. Vgl. ROUSSEAU, J.-J.: Emile, a.a.O., bes. IV. Buch, S. 479f.

24. Für den anderen Strang, insbesondere die Philanthropen betreffend, vgl. die Quellensammlung von K. RUTSCHKY (Hrsg.): Schwarze Pädagogik. Quellen zur Naturgeschichte der bürgerlichen Erziehung. Frankfurt am Main 1977.
25. Vgl. WÜNSCHE, K.: Die Bemühungen um einen anthropomorphen Menschen. In: G. GEBAUER u.a.: Historische Anthropologie, Reinbek 1989, S. 182ff. Vgl. auch: WÜNSCHE, K.: Die Endlichkeit der pädagogischen Bewegung. In: D. KAMPER/CHR. WULF (Hrsg.): Die sterbende Zeit, Darmstadt 1987, S. 108ff.
26. ROUSSEAU, J.-J.: Emile, a.a.O., S. 954.
27. Vgl. a.a.O., S. 151: "Die Stadt ist der Schlund, der das Menschengeschlecht verschlingt." Die 'Rasse' muß sich erneuern, und immer ist es das 'Land', das dazu beiträgt. Vgl. a.a.O., S. 217.
28. Stanz war für PESTALOZZI nicht der Ort erster Wahl, aber er "gieng gern" dorthin. Die Macht der Phantasie eines Neuanfangs greift bei ihm räumlich wie zeitlich weit in die Ferne: "Mein Eifer, einmal an den großen Traum meines Lebens Hand anlegen zu können, hätte mich dahin gebracht, in den höchsten Alpen, ich möchte sagen, ohne Feuer und Wasser anzufangen, wenn man mich nur einmal hätte anfangen lassen." PESTALOZZI, J.H.: Über den Aufenthalt in Stanz, a.a.O., S. 4.
29. "Sechs Kilometer von Poltawa steht auf sandigen Hügeln ein Kiefernwald ... Im Walde ist eine Lichtung von etwa vierzig Hektar, und in einer Ecke dieser Lichtung stehen fünf Ziegelbauten, geometrisch abgezirkelte Steinkästen ... Das ist alles." MAKARENKO, A.S.: Ein pädagogisches Poem. In: A.S. MAKARENKO: Werke. Bd. 1. Berlin 1972, S. 21f.
30. Auf einem Photo des Kinderheims der Arbeiterwohnungen der humanitären Gesellschaft in Mailand (einer der ersten Kindergärten MONTESSORIS) ist eine massive Einzäunung zu sehen, hinter der weiß beschürzte Kinder sich beschäftigen. Entlang dem Zaun sind die Anwohner (in dunklerer Kleidung) aufgereiht. Bildunterschrift: "Die Eltern schauen von den Fenstern und im Hof den Übungen zu, welche die Kinder in einem für sie abgegrenzten Raum anstellen."
31. Die Schule 'Summerhill' ist in einem Dorf gelegen, allerdings ist sie "im Grunde ... nicht ein Bestandteil der Gemeinde." NEILL, A.S.: Theorie und Praxis der antiautoritären Erziehung. Das Beispiel Summerhill. Reinbek 1969, S. 40.
32. Vgl. ELIADE, M.: Kosmos und Geschichte, als instruktives Kaleidoskop der Ubiquität dieses Phänomens. Vgl. auch ELIADE, M.: Ewige Bilder und Sinnbilder. Über die magisch-religiöse Symbolik (1952). Frankfurt am Main 1986. Kapitel I: 'Die Symbolik des 'Zentrums'', S. 29ff.
33. Vgl. ZUR LIPPE, R.: Das Heilige und der Raum. In: D. KAMPER/CHR. WULF (Hrsg.): Das Heilige. Seine Spur in der Moderne. Frankfurt am Main 1987, S. 413ff.

34. LURKER, M.: Der Kreis als Symbol im Denken, Glauben und künstlerischen Gestalten der Menschheit. Tübingen 1981, S. 163. Vgl. ebd. auch zu den folgenden Passagen.
35. Weniges dürfte dies deutlicher machen als die Gestaltung des Buchdeckels von OLSEN, E.G./CLARK, PH.A.: Life-Centering Education, a.a.O. Den ganzen Umschlag markieren folgende, in Kreisform angeordnete Worte: "Freedom, Wisdom, Truth, Empathy, Common, Unity, Beauty, Plenty, Peace, Love, Harmony, Equality, Justice".
36. Das klingt noch in ADORNOs Analysen zur 'Halbbildung' nach. Mit der 'Allgegenwart des entfremdeten Geistes' ist das einst vom Begriff her 'Ganze' und mithin Abgerundete destruiert. Im Verfall ist das Ganze nur noch im abstrakten Begriff zu retten. ADORNO, TH.W.: Theorie der Halbbildung. In: TH.W. ADORNO: Soziologische Schriften I. Frankfurt am Main 1979, S. 93ff., Zitate S. 93 u. 104.
37. MANACORDA, G.: Kreis, Treppe und Kreuz. Immanenz und Transzendenz. In: M. ELIADE/E. JÜNGER (Hrsg.): Antaios. Bd. 3. Stuttgart 1962, S. 576f.
38. Vgl. VAN SCHELTEMA, F.A.: Die geistige Wiederholung. Der Weg des Einzelnen und seiner Ahnen. Bern 1954, S. 107ff. Vgl. ferner: LURKER, M.: Der Kreis als Symbol, a.a.O., S. 145ff. Außerdem: ELIADE, M.: Kosmos und Geschichte.
39. ELIADE, M.: Das Mysterium der Wiedergeburt. Versuch über einige Initiationstypen (1958). Frankfurt am Main 1988, S. 17.
40. Seit E. KEYs Schrift 'Das Jahrhundert des Kindes' (1900). Berlin ^{4}1904 bewegt sich die Reformpädagogik auf die Erfüllung ihrer Prophezeiung zu: "Die Zeit wird kommen, in der das Kind als heilig angesehen werden wird", a.a.O., S. 42.
41. ROUSSEAU, J.-J.: Emile, a.a.O., S. 132.
42. Ebenda.
43. Ebenda.
44. A.a.O., S. 134.
45. Vgl. zum Zusammenhang zwischen Entdeckung, Destruktion und (Neu-) Konstruktion des Kindes im pädagogischen Feld WÜNSCHE, K.: Die Endlichkeit der pädagogischen Bewegung, a.a.O., S. 105ff.
46. A.a.O., S. 109.
47. Zur Kreisformation als Ausdruck von Egalität vgl. LURKER, M.: Der Kreis als Symbol, a.a.O., S. 159.
48. Vgl. die ähnlichen Gruppierungen von Erzieher und Zöglingen bei ALT, R.: Bilderatlas zur Schul- und Erziehungsgeschichte. Bd. 2. Berlin 1965, S. 96, S. 159, S. 270, S. 304, S. 381, S. 525, S. 566.
49. Zur Realisierung von Vater-, Mutter- und Erzieherfunktion in einer Person bei PESTALOZZI vgl. die Analyse von BERNFELD, S.: Der Irrtum des Pestalozzi. In: S. BERNFELD: Ausgewählte Schriften. Bd. 2: Antiautoritäre Erziehung und Psychoanalyse. Darmstadt 1969, S. 469ff., bes. S. 474. Vgl. auch DE

HAAN, G./HEGER, R.-J./SCHOLZ, G.: Herzblut - Fundstücke. In: Emile. Zeitschrift für Erziehungskultur 1 (1988). H. 1, S. 11ff.

50. Erinnert sei daran, daß die Photographien zeigen, wie es gewesen ist. Vgl. BARTHES, R.: Die helle Kammer. Bemerkungen zur Photographie. Frankfurt am Main 1985. Ob sich der tägliche Unterricht tatsächlich in der Bildung dieser Figurationen abspielt oder die Szene jeweils gestellt wurde, läßt sich nicht rekonstruieren, ist aber für ihre Bedeutung gleichgültig, denn mit den Photographien sollte das Anliegen und das Konzept der Reformbemühungen Ausdruck finden. Daß die Kreisbildung als organisierendes Moment des Unterrichts wesentlich war, läßt sich auch nachlesen bei: SCHEIBNER, O.: Zwanzig Jahre Arbeitsschule.

51. ROUSSEAU, J.-J.: Emile, a.a.O., S. 107.

52. ZIMMER, J./NIGGEMEYER, E.: Macht die Schule auf, laßt das Leben rein. Von der Schule zur Nachbarschaftsschule. A.a.O., S. 13.

53. TOTTEN, W.F.: The Power of Community Education. Midland, Michigan 1970, S. 6.

54. Die Beispiele stammen aus dem Band von ZIMMER, J./NIGGEMEIER, E.: Macht die Schule auf ..., a.a.O. Unter dem Leitsatz 'What people need' werden in der 'Community Education' in der Regel die 'Curricula' zusammengestellt. Erwachsene brauchen demnach etwa Wissen über das Reparieren eines Snowmobils und Selbstverteidigungskurse, ferner Näh- und Golflehrgänge, Wissen über das richtige Verzieren eines Kuchens und vieles mehr. Vgl. das Kapitel 'Programming the Community Education Concept'. In: M.F. SEAY and Associates: Community Education, a.a.O., S. 196f.

55. Zu den Robinsonaden als konstitutives Element von reformerischen Bildungs- und Erziehungsprozessen vgl. WÜNSCHE, K.: Vater Piaget. In: Emile. Zeitschrift für Erziehungskultur 1 (1988), H. 3, S. 49ff. Zum Insel-Motiv als Enklave des Neuen, des Paradieses, der Innerlichkeit etc. vgl. BRUNNER, H.: Die poetische Insel. Inseln und Inselvorstellungen in der deutschen Literatur, Stuttgart 1967.

56. CAMPE, J.H.: Die Abenteuer Robinson Krusoe's. Eine lehrreiche und unterhaltende Erzählung für die Jugend (1779), neu bearb. v. G. HÖCKER, fünfte, verb. Aufl., Reutlingen o.J. (1901).

57. ROUSSEAU, J.-J.: Letzte Antwort. An Bordes, a.a.O., S. 130.

58. Vgl. ROUSSEAU, J.-J.: Emile, a.a.O., S. 212ff.

Die Naturgesetze machen keinen Unterschied zwischen der Vorwärts- und Rückwärtsrichtung der Zeit. Es gibt jedoch mindestens drei Zeitpfeile, die die Vergangenheit von der Zukunft unterscheiden: den thermodynamischen Pfeil, die Zeitrichtung, in der die Unordnung zunimmt; den psychologischen Pfeil, die Zeitrichtung, in der wir die Vergangenheit und nicht die Zukunft erinnern; und den kosmologischen Pfeil, die Zeitrichtung, in der das Universum sich ausdehnt und nicht zusammenzieht.

Stephen W. Hawking

ALFRED SCHÄFER

Rousseau - oder: Die 'halbierte Moderne' als pädagogischer Reflexionshorizont

I. Zur Explikation der Problemstellung

BECKs These von der 'halbierten Moderne' scheint zumindest für Pädagogen Bekanntes zu signalisieren: daß für die Sozialisation oder das Heranwachsen des Kindes nicht die Bedingungen des kapitalistischen Produktionsprozesses konstitutiv sein können, wenn deren strukturell-subjektive Voraussetzungen gelingen sollen, ist schließlich Ausgangspunkt der Autonomisierung und Ausdifferenzierung von Bereichen wie Familien- oder Schulerziehung - auch wenn man immer darauf hinweisen kann, daß Erziehungsinstitutionen nicht frei von der Tauschwertorientierung einer Arbeitskraftverwertung sein können, auf die sie schließlich vorbereiten. Die Gleichzeitigkeit des Ungleichzeitigen (BLOCH), von moderner Industriegesellschaft und quasi-feudalen Abhängigkeitsverhältnissen, scheint sich am Beispiel der Erziehung und dem für sie juristisch verbrieften 'besonderen Gewaltverhältnis' besonders deutlich illustrieren zu lassen. Auch die präzise Formulierung der BECKschen These scheint für Pädagogen und Sozialisationstheoretiker auf Bekanntes hinzudeuten, wenn auf das wechselseitige konstitutive Voraussetzungsverhältnis des Ungleichzeitigen (gegen die naive Fortschrittsideologie) verwiesen wird: "Die Industriegesellschaft war und ist *nie* als Nurindustriegesellschaft möglich, sondern immer nur als halb Industrie-, halb Ständegesellschaft, deren ständische Seite kein traditionales Relikt, sondern industriegesellschaftliches *Produkt* und *Fundament* ist, eingebaut in die industrielle Schematik von Arbeit und Leben" (BECK 1986, S. 179). Eine solche Präzisierung scheint sich mit jenen Analysen des Schulsystems zu berühren, die die gesellschaftliche Funktion dieses Systems in den Bereichen der Qualifikation, Integration und Selektion festmachen - also im Wechselspiel von Eigenlogik und gesamtgesellschaftlicher Funktionalität, in der eben diese mit vormodernen Mitteln operierende Eigenlogik gefordert erscheint (vgl. etwa HURRELMANN 1975).
Die These von der 'halbierten Moderne' ließe sich wohl für die institutionalisierte Erziehung dahingehend fassen, daß gerade die vormoderne Struktur des juristisch abgestützten 'pädagogischen Verhältnisses' (und seiner strukturellen wie didaktischen Folgeerscheinungen) den modernen Charakter von Erziehung ausmacht, insofern gerade vermittelt über diese Voraussetzungen jene der Moderne in Gestalt eines vertragsautonomen Subjekts, das verantwortlich qua Selbst- und

Fremdzuschreibungen fungiert, konstituiert werden. Diese Perspektive, die sich in unterschiedlichen theoretischen Zugriffsweisen vorführen ließe - beispielsweise aktuell in der FOUCAULTschen Sicht der Disziplinierung qua Normalisierung -, soll allerdings hier nicht weiter verfolgt werden. Die Frage, die hier interessieren soll, ist vielmehr diejenige, ob sich diese These der 'halbierten Moderne' in ihrer für die Analyse pädagogischer Praxis in ausdifferenzierten Institutionen ad hoc einleuchtenden Relevanz auch auf der Ebene der theoretischen Beobachtung dieser Praxis, auf der der theoretischen Pädagogik, ausmachen läßt - sei es als Problem, Dilemma, Inkonsistenz oder gar als paradigmatisch in der Art und Weise, Fragen zu stellen. Die Frage also, ob sich in der pädagogischen Gegenstandskonzipierung Momente vormoderner Abhängigkeitsverhältnisse und Konstitutionsperspektiven des Subjekts als diejenigen eines modernen, d.h. autonom vorgestellten Subjekts verflechten und ob dies konstitutiv für die Möglichkeit einer modernen pädagogischen Gegenstandskonstitution ist, möchte ich im folgenden unter Verweis auf ROUSSEAU bejahen, der sich dieser Problematik m.E. als erster auf einem problemadäquaten Niveau gestellt hat.

Eine solche These ist zum einen weitergehend als die bekannten Versuche, ROUSSEAU über die Orientierung am formalen Identitätskonzept (vgl. BLANKERTZ 1982) oder am Konzept der individuellen Autonomisierung (vgl. BUCK 1984) zum Stammvater der modernen Pädagogik zu machen, weil sie deren Aussage ernst nimmt, um zugleich auf deren Grundlegung in ihrem Gegenteil, also vormodernen Strukturen, zu verweisen - als auf etwas, das für die Stammvaterschaft der modernen Pädagogik ebenso konstitutiv ist. Zum anderen aber verlangt eine solche These auch, daß zunächst einmal expliziert wird, was als Kriterium der Moderne und mithin jener Periodisierung, aus der sich erst die Gleichzeitigkeit des Ungleichzeitigen einsehen läßt, genommen wird.

Auf der Ebene der pädagogischen Praxis lassen sich so etwa am Beispiel des Schulsystems Kriterien einer Ausdifferenzierung festlegen, die von der gesetzlichen Verordnung allgemeinen Schulbesuchs bis hin zu seiner Durchsetzung, der Inklusion aller Gesellschaftsmitglieder in ein für alle verbindliches Schulsystem, reichen, die Fragen der Säkularisierung, der staatlichen Monopolisierung der Verantwortung sowie die zu vermittelnden Inhalte ebenso wie diejenigen der Professionalisierung oder Akademisierung der Lehrerbildung betreffen, ihrer staatlich-finanziellen Anerkennung usw. Letzteres mag zugleich bedeutsam sein für den Versuch einer Periodisierung der Disziplin als einer modernen Wissenschaft. Auch hier lassen sich weitere Kriterien denken: von der Einrichtung des ersten Lehrstuhls, dem Einsatz moderner wissenschaftlicher Forschungsmethoden bis hin zur (auch institutionell deutlich werdenden) Abgrenzung von Theologie und Philosophie. Demgegenüber soll hier eher auf ein internes, die Spezifität der pädagogischen Reflexion steuerndes Kriterium hingewiesen werden, das zugleich als praktische Zumutung den Institutionalisierungsprozeß mitsteuert, wenn auch zunächst vielleicht nur als selbstreflexiv-kritisches Korrektiv: Es ist dies die Vorstellung eines seine Maßstäbe nur noch in sich selbst findenden Subjekts, dem theoretisch wie praktisch die selbstverantwortliche Gestaltung seiner Beziehung zu sich, zu anderen und zur natürlichen Umwelt auf der Basis einer Vernunft zugemutet wird, die immer schon Sichselbstdurchsichtigkeit und das Begreifen von Welt voraussetzt. 'Vernunft' bildet damit als Begründungsmöglichkeit zugleich die Perspektive permanenter Kritisierbarkeit, von Begründungsbedürftigkeit, der zunehmend die subjekttranszendenten Bezugspunkte entgleiten.

Modern in einem engeren Sinne wird diese Vorstellung allerdings erst dann, wenn sie selbstkritisch wird, wenn systematisch nicht mehr ausgeschlossen werden kann, daß die theoretische und praktische Selbstkonstitution des Vernunftsubjekts auch dann als gescheitert oder 'falsch' anzusehen ist, wenn sie als durchgeführt behauptet werden kann. Wenn die gelingende Selbstbehauptung des autonomen Subjekts, wie sie sich in gelingender Naturbeherrschung und in der theoretischen Durchführung der Selbstbegründung einer objektiven Vernunftsubjektivität äußern mag, dennoch an ihren Ansprüchen zu scheitern vermag, wenn - um eine traditionelle Terminologie zu wählen - Selbstbehauptung in Selbstverlust umschlagen kann bzw. wenn dies zumindest empirisch nicht auszuschließen ist, dann verweist dies auf eine Ambivalenz des individualisierenden Autonomisierungsprozesses, auf ein 'zweites Reflexivwerden der Aufklärung', das - wie HABERMAS, der diesen Terminus einführt (vgl. HABERMAS 1985), betont - einhergeht mit einer Selbstproblematisierung des dieses feststellenden Beobachters. Auch dieser kann nicht systematisch ausschließen, daß die Ambivalenz der als (theoretisch wie praktisch) konstitutiv erachteten Subjektivität nicht auch ihn selbst eingeholt hat.

Erst dieses 'zweite Reflexivwerden der Aufklärung', diese Perspektive auf die Ambivalenz der Vernunft eines Subjekts, dem diese als Verantwortung theoretisch wie praktisch zugemutet wird, eröffnet den Blick auf die Bedingungen gelingender Bildung eines konstitutiv für die Selbst- und Weltdeutung gedachten Subjekts als empirische, als von differenten Gegebenheiten abhängige. Für die Konstitution der pädagogischen Reflexion ist nun gerade nicht die radikale Problematisierung der Möglichkeit der Implikationen des Vernunftsubjekts bedeutsam geworden, wie sie etwa heute im Umkreis der Diskussion um den Modernebegriff des Poststrukturalismus thematisiert wird. Die Spezifizierung der obigen These vor dem Hintergrund des skizzierten Problemhorizontes der Moderne lautet vielmehr, daß es gerade die

Kritik an der Aufklärung ist, die an deren Leitvorstellung oder Subjektmodell festhält, ohne deren Selbstlegitimationen zu glauben, die sie als empirisch fragwürdig, ihr Gegenteil bewirkend durchschaut hat, daß es gerade diese 'immanente' Kritik ist, die für die moderne pädagogische Reflexion, wie man sie bei ROUSSEAU findet, konstitutiv geworden ist.
Dies bedeutet konkret, daß
1. die Bedingungen einer gelingenden Konstitution des Vernunftsubjekts wie auch die ihres Scheiterns, seines Selbstverlustes oder seiner Entfremdung, als empirische vorgestellt werden.
2. Diese Bedingungen werden aber gemäß der Voraussetzung der immanenten Kritik - derjenigen der (empirischen) Möglichkeit eines konstitutiven Vernunftsubjekts - als damit zumindest potentiell für ein solches verfügbare gedacht, d.h. als pädagogisch handhabbar.
3. Da aber der kritische Theoretiker um die Ambivalenz behaupteter Vernunftansprüche weiß und diese auch für seinen eigenen Entwurf verfügbarer empirischer Bedingungen nicht ausschließen kann, er sich mithin nicht jenseits der Ambivalenz von Perfektibilität situieren kann, ohne hinter sein kritisches Ausgangsniveau zurückzufallen, kann seine Explikation einer verfügbaren Realität des gelingenden Bildungsprozesses allenfalls hypothetisch behauptet bzw. imaginiert werden. Möglich erscheint nur die Angabe kontrafaktischer Bedingungen der empirischen Möglichkeit einer gelingenden und verantworteten Konstitution des Kontrafaktischen, die zugleich die Legitimation des Entwurfs selbst und damit des Kritikers mitleistet.
4. Um aber das gelingende Vernunftsubjekt denken zu können, welches nicht der empirischen Ambivalenz verfällt, obwohl es ihr unterliegt, muß allerdings hinter eben jenes 'zweite Reflexivwerden der Aufklärung' zurückgegangen werden etwa auf transsubjektive Bezugspunkte von Objektivität, auf die reibungslose Einheit von Disziplinierung und Autonomisierung, auf die Einheit von Selbstpräsenz und Objektpräsenz - kurz auf *vormoderne* Muster, die ein pädagogisches, an der Leitvorstellung des Kritisierten festhaltendes und sich darüber legitimierendes Denken der Problemstellung der Moderne erst ermöglichen.
In dieser Konfiguration läßt sich die These von der 'halbierten Moderne' auf der Ebene pädagogischer Reflexion lesbar machen - zuerst und wenn man so will: paradigmatisch bei ROUSSEAU (vgl. zum folgenden SCHÄFER 1990).

II. Rousseau - oder vom gebrochenen Verhältnis der Pädagogik zur Moderne um der Moderne willen

Zunächst wußte ROUSSEAU wohl kaum um die Tragweite seiner Kritik an der Aufklärung, die ihn zur Verneinung der These führte, daß Wissenschaften und Künste etwas zur Läuterung der Sitten beigetragen hätten. Erst der Hinweis der Kritisierten auf das, was man heute einen performativen Selbstwiderspruch zu nennen pflegt, also auf die Problematik, daß der Kritiker der Aufklärung sich selbst ihrer Mittel, der argumentativen Überzeugung eines potentiell als vernünftig unterstellten Gegenübers, bedient, brachte ihn in die Bedrängnis, einerseits die Bedingungen der Möglichkeit seiner Kritik zu explizieren und dies andererseits so tun zu müssen, daß damit nicht zugleich auch die kritisierten Wissenschaften und Künste eine Grundlage erhalten. Dies würde die eigene radikal ansetzende Kritik an diesen Wissenschaften relativieren hin auf einen metatheoretischen Verbesserungsvorschlag - und damit konstruktiv wenden. Die Schwierigkeiten dieser Situation zeigen sich bei ROUSSEAU in einem Schwanken zwischen einer fundamentalistischen Option für die Unschuld des Nicht-Wissens und in der Entschuldigung dafür, daß er doch etwas weiß (vgl. ROUSSEAU 1981 I, S. 122), und der gleichzeitigen Perspektive auf eine Ambivalenz des Wissens, das einerseits zur Kritik der Unwissenheit und des Aberglaubens notwendig ist (vgl. S. 89), andererseits aber auch den Menschen seiner Natur entfremden kann. Als Kriterium des Umgangs mit dieser Ambivalenz bietet sich nur der Rekurs auf eine 'innere Stimme' als intuitiven Fluchtpunkt an (vgl. S. 76).

Demgegenüber versucht ROUSSEAU im Zweiten Diskurs eine objekttheoretische Grundlegung des Kritik-Kriteriums, die von der gleichen Zwiespältigkeit gekennzeichnet ist. In einer radikalen und fundamentalistischen Perspektive stellt sich der Naturzustand als jenes Kriterium dar, dessen Erfassung es dem Kritiker zu erlauben scheint, sich außerhalb des Kritisierten zu stellen und adäquat über es zu urteilen. Andererseits droht ROUSSEAU mit seiner radikalen Abstraktion von allen Vergesellschaftungsformen ein vormoralisches, an die tierische Unmittelbarkeit gebundenes Wesen zum Maßstab des Menschen zu machen. Daher gibt es zum zweiten eine Perspektive, die den vergesellschafteten Menschen in die Perfektibilität und damit in die nie ausschließbaren Möglichkeiten der Vervollkommnung und des Scheiterns stellt. Diese Ambivalenz scheint für den Menschen, seine Vernunft und seine Freiheit konstitutiv. Damit aber wird auf einen transzendenten Bezugspunkt von Kritik, der nicht dieser Ambivalenz unterliegt, verzichtet und es stellt sich erneut das Problem der Möglichkeit einer Begründung von Kritik, die selbst dem Kritisierten nicht verfällt.

Eher systematisch läßt sich die gleiche Fragestellung verdeutlichen, wenn man den immanenten Bezugspunkt der Aufklärungskritik ROUSSEAUs betrachtet: das Festhalten an jener (tendenziell unmittelbar gedachten) Einheit von theoretischer Vernunft, praktisch-moralischer Einsicht und Handeln. Es ist deren Auseinanderfallen, bedingt durch Herrschaftsinteressen und Eitelkeit, die ROUSSEAU im Ersten Diskurs kritisiert - und es ist deren unmittelbare Einheit, die in den radikalen Begründungsversuchen der Kritik über die unmittelbar verbleibende Unschuld des Nicht-Wissens oder über den instinktgebundenen Kurzschluß des Naturzustandes als Kriterium einer Kritik dienen soll, der der Kritiker nicht selbst unterliegt. Auch wenn ROUSSEAU für diese Anmaßung in jene eigentümliche Mischung aus paranoiden Tendenzen und Größen-Phantasien gedrängt wurde, so kommt doch bezeichnenderweise eine weitere fundamentalistische Perspektive nicht vor: die des Standpunkts einer reinen Vernunft. Dies zeigt die für die immanente Theorieentwicklung ROUSSEAUs bedeutsamere Funktion jener zurückhaltenden Begründungsvariante von Kritik, die letztlich nicht beantworten kann, ob der Kritiker nicht selbst dem Kritisierten unterliegt. Zwar unterscheidet ROUSSEAU einmal zwischen einer reinen Wissenschaft, deren Motive und Zwecke lobenswert seien (vgl. S. 70), betont aber zugleich, daß eine solche Wissenschaft keine dem empirischen Menschen mögliche sei. Für den Menschen - also auch für den Kritiker - gilt, "daß die Vernunft kein gut bestimmtes Maß hat und daß es keinem Menschen ansteht, seine Vernunft zum Maßstab der Vernunft anderer zu machen" (S. 343, Anmerkung). Auch was die angeborene Stimme des Gewissens angeht, kann man für ROUSSEAU nie ausschließen, daß man sie nicht richtig wahrnimmt, weil eben diese Wahrnehmung von subjektiv-empirischen Bedingungen abhängt.

Eine solche Relativierung des Geltungsanspruchs (theoretisch wie praktisch) der eigenen Kritik verweist auf die Notwendigkeit der diskursiven Prüfung, bei der ein Irrtum niemals auszuschließen ist (vgl. ROUSSEAU 1981 II, S. 12f), für die allerdings die Täuschungsabsicht oder die Selbsttäuschung (etwa aus Eitelkeit) so weit als möglich reduziert werden muß. Die Möglichkeiten einer Geltungsbegründung hängen damit von subjektiven Voraussetzungen, von der Authentizität der Beteiligten ab, wobei diese nur eine notwendige, niemals aber eine hinreichende Bedingung für Geltung sein kann, da deren Gelingen durch die konstitutive Ambivalenz des Menschen nie als ungebrochene vorgestellt und daher der Irrtum nie mit Sicherheit ausgeschlossen werden kann.

Diese Verpflichtung auf den endlichen Menschen ist es auch, die für ROUSSEAU einen apriorischen Lösungsversuch ausschließt und eine Perspektive nahelegt, die die empirischen Möglichkeitsbedingungen eines weitgehend authentischen Subjekts unter ihm entgegenstehen-

den Verhältnissen zu untersuchen beabsichtigt. Ein solcher Entwurf muß dabei einerseits zur Rechtfertigung des Kritikers beitragen und andererseits aber diese Bedingungen als systematische, d.h. zugleich als für den um sie Wissenden verfügbare und damit nicht nur theoretisch, sondern auch praktisch verallgemeinerbare explizieren. Eben diese Bedingungen als empirische und verfügbare versucht ROUSSEAU im 'Emile' in Form eines gelingenden und zugleich pädagogisch verantworteten Selbstbildungsprozesses aufzuzeigen.
Beide Implikationen, die Empirie wie die Verfügbarkeit in pädagogischer Verantwortung, werden von ROUSSEAU in ihrer Problematik gesehen. Beide sind fingiert und werden als Fiktion eingestanden. Wenn die gegebene Realität systematisch die Entfremdung des Subjekts, dessen Scheitern an seinen Möglichkeiten bewirkt, so kann eine gelingende Bildung, die das Menschenmögliche, wenn auch nicht das Absolute erreicht, nicht über reformierende Aktivitäten innerhalb dieser Realität gewährleistet werden, sondern nur außerhalb ihrer, fiktiv durch das Vorstellen einer alternativen Realität. Diese kann legitimerweise nicht durch das Bestehende kritisiert werden - wie ROUSSEAU in der Einleitung des *Emile* schreibt -, sondern es geht um die Einsichtigkeit ihrer argumentativ in Bedingungs- und Wirkungskonstellationen dargelegten Möglichkeit. Diese Konstellationen verdanken sich zum einen der Annahme von der ursprünglichen Güte des Menschen, zum anderen aber gerade auch der systematischen Ausschaltung der diese möglicherweise pervertierenden Realität. Die Transzendierung der gegebenen Realität, der Entwurf eines fiktiven Szenarios, erlaubt die Annahme der Verfügbarkeit des Educanden und komplementär: der Wirkungssicherheit des Erziehers, die beide in ihrer Identität zu funktionalen Momenten des vorgestellten Prozesses werden. Sie sind immer schon mit den Eigenschaften, Reaktionsweisen und Vorstellungen ausgestattet vorzustellen, deren der Prozeß in seinem jeweiligen Stadium bedarf (vgl. ROUSSEAU 1963, S. 134f.). Beide - auch der Erzieher - werden als unvermittelt durch die soziale Umwelt vorgestellt.
ROUSSEAU aber radikalisiert diese soziale Unvermitteltheit noch einmal, und dies macht den eigentlich strategischen Punkt der Argumentation aus. Vor dem Hintergrund der These des Gegensatzes von Naturzustand und Gesellschaft, nach der die Gesellschaft als solche zumindest die Gefahr der Entfremdung birgt (wenn nicht gar im fundamentalistischen Verständnis deren Notwendigkeit), schließt ROUSSEAU die soziale Vermittlung auch aus dem pädagogischen Verhältnis aus. Das Verhältnis von Erzieher und Zögling, ohnehin jenseits der sozialen Realität angesiedelt, darf selbst nicht als soziales vorgestellt werden - zumindest nicht durch den Educanden, der seinen Selbstbildungsprozeß als sozial unvermittelt auch durch den Erzieher begreifen muß. Daran hängt alles: die Möglichkeit des Ausschlusses der Macht-

und Legitimationsproblematik wie auch diejenige einer indirekten, aber deterministisch vorgestellten Wirkung. Erst diese Radikalisierung des Konzepts der sozialen Unmittelbarkeit erlaubt die Vorstellung universeller Verfügbarkeit wie damit zugleich universaler Verantwortung des Erziehers für den Selbstbildungsprozeß des Emile, der als derjenige eines authentischen, eines mit sich in Übereinstimmung urteilenden und handelnden Subjekts verstanden wird.

Authentizität wird dabei konsequent modern gedacht: als formales Gleichgewichtsmodell von (theoretisch eingesehenem) Wollen und (praktisch umgesetztem) Können, deren Inhaltlichkeit nicht apriori, normativ oder sozial vorgegeben ist. Als solches erlaubt dieses Konzept sowohl die Einteilung in Altersstufen (durch eine stufenspezifische Relationierung beider Komponenten) wie auch die für ROUSSEAU typische Betonung der Eigenwertigkeit jeder Phase, deren Gegenwart nicht einer ungewissen Zukunft aufgeopfert werden darf, sondern deren Erfüllung zugleich die notwendige Voraussetzung für das Gelingen des ganzen Prozesses ist.

Es ist nun nicht das formale Authentizitätskonzept und auch nicht die Fiktionalität des Entwurfs, die zu Inkonsistenzen führen, sondern die Problematik einer *vermittelten Unmittelbarkeit*, der zumindest bewußtseinsmäßigen Ausschließung des sozialen Charakters des pädagogischen Verhältnisses. Gegeben ist damit das Problem, daß jene Authentizität, die zu vernünftigem Urteil und Handeln befähigen soll, als selbstgebildete zugleich als eine verliehene zu denken ist, als in Abhängigkeit konstituiert. Zum zweiten aber sind damit Annahmen über die phasenspezifische Konstitution des Subjekts verbunden, die als objektive Richtschnur für die indirekte Einwirkung dienen und somit bloße Willkür ausschließen sollen.

Dieser Zusammenhang läßt sich besonders an jenem Konzept zeigen, das häufig und zudem verfälscht für das Zentrum des ROUSSEAUschen Ansatzes genommen wird: dem der *negativen Erziehung*. Als indirekte Lenkung, die ihre Möglichkeit einer vollständigen pädagogischen Verfügbarkeit der Umgebung des Kindes verdankt, bildet sie eine Form des Ausschlusses der Sozialität des pädagogischen Verhältnisses, die sich der altersspezifisch begrenzten Möglichkeit der Vorstellungsbildung wie der Unfähigkeit des Kindes zu moralisch-sozialer Interessiertheit anpaßt. Die Aufgabenstellung an den Erzieher lautet, dem Educanden das Glück der Authentizität zu verleihen, ohne daß dies von jenem als Verleihen, als Gewähren oder Verbieten begriffen werden kann. Der Weg besteht in der Inszenierung von Situationen der Art, daß in ihnen Notwendigkeit und Möglichkeit durch Gegenstände oder natürliche Notwendigkeiten definiert erscheinen. Erfahren werden vom Erzieher definierte Gesetze des Möglichen und Unmöglichen als Naturgesetze. Inszenierter Schein und die Verdinglichung

von Sozialbeziehungen werden zur altersspezifizierten Voraussetzung der Selbstkonstitution des authentischen Subjekts.
Zugleich aber läßt sich an den Beispielen ROUSSEAUs leicht nachweisen, daß die gewählte Vorgehensweise auf der Seite des Erziehers immer einen über die Legitimation durch das Aufnahmevermögen des Kindes hinausgehenden, und zwar sozialen Sinnüberschuß enthält und daß genau dieser zu einer Authentizität führt, die auf Borniertheit beruht.
So zielt die Erklärung eines beobachteten Wutausbruchs als Krankheit nicht nur dahin, den für das Kind unverständlichen sozialen Kontext oder Fragen von Gerechtigkeit und Leidenschaft auszuschalten, sondern zugleich darauf, Bestrafungsaktionen gegen den wütenden Zögling zu rechtfertigen, die dessen entmündigende Pathologisierung bedeuten (vgl. ROUSSEAU 1963, S. 218f.) - ohne daß dies vom Kind als Unterdrückung oder soziale Machtausübung durchschaut werden könnte.
An dem berühmten Beispiel der zerbrochenen Fensterscheibe wird dies noch deutlicher. Das Zerbrechen der Fensterscheibe führt dazu, daß der Educandus über eine Zeit hinweg der Witterung ausgesetzt bleibt. Sollte er aber die schließlich erneuerte Fensterscheibe ein zweites Mal zerbrechen, so wird der Erzieher auf diese als seinen Besitz hinweisen und Emile in einen fensterlosen Raum einsperren, aus dem er trotz aller Angst und Verzweiflung nicht befreit wird. "Endlich, nachdem das Kind mehrere Stunden so verbracht und Zeit genug gehabt hat, sich zu langweilen und es nie wieder zu vergessen, schlägt ihm jemand vor, einen Vergleich mit euch abzuschließen: Ihr werdet ihm seine Freiheit wiedergeben, wenn es nie mehr Fensterscheiben zerbrechen wird. Nichts wird ihm willkommener sein; es wird euch bitten lassen, zu ihm zu kommen, und ihr kommt. Es wird euch seinen Entschluß mitteilen und ihr werdet ihn sofort annehmen, wobei ihr ihm sagt: Das ist vernünftig, wir werden alle beide Vorteile davon haben ... Welchen Begriff, glaubt ihr, wird es sich durch dieses Verfahren von der Heilighaltung von Versprechen und ihrem Nutzen machen" (S. 226f.)? Hier wird nicht nur mit sozialen und moralischen Kategorien gearbeitet (Besitz und Versprechen), die beide das pädagogische Verhältnis als soziales definieren und beide vom Kind nicht verstanden werden können, sondern es findet auch ein darüber definierter, d.h. sozialer Sanktionsakt statt. Hier wird die vollkommene Unterwerfung, der man den Anschein von Freiheit gibt (vgl. S. 265f.) als Schein durchsichtig, aber die Annahme des vorsozialen Wesens 'Kind' hilft, diese soziale Dimension dennoch nicht zum Thema werden zu lassen und die Utopie der vollkommenen Verfügbarkeit aufrechtzuerhalten. Die Verdinglichung sozialer Beziehungen ist nicht nur altersgemäß, sondern hat zugleich ideologische Funktion.

Eine solche Konzeption wird sich bewähren müssen in jenem Alter, in dem das Kind als soziales und moralisches Wesen definiert wird. Dies ist für ROUSSEAU mit dem Eintritt in die Pubertät der Fall. Damit ergeben sich zwei Konsequenzen. Zum ersten ist es nun nach der auch noch vormoralischen Phase, in der das Nützlichkeitsprinzip dem Kind bei der Selbst- und Weltdefinition in gestalteten Kontexten zur Verfügung stand, die Aufgabe, nach dem moralischen Kriterium der Pflichtgemäßheit eigenständig für das Gleichgewicht von Wollen und Können, von (interpretierten) Bedürfnissen und (realisierten) Fähigkeiten zu sorgen. Zum zweiten wird nun das pädagogische Verhältnis auch als soziales sichtbar. Es muß daher auf eine neue und zwar soziale Grundlage gestellt werden, die auch eine Revision der Methode erfordert. Die Grundlage bildet ein Vertrag, in dem sich Emile aus Dankbarkeit für das vom Erzieher Geleistete freiwillig zum Gehorsam verpflichtet (vgl. S. 662f.). Die Methode ist - gemäß dem Verhältnis der Gleichrangigkeit von Vertragspartnern - die der Aufklärung, die jedoch nie nur an Vernunft, sondern auch an die Empfindung, an die Rührung appelliert.

Was dabei aussieht wie eine Problematisierung der bisherigen Beziehung und freiwillige Einigung unter Gleichen, ist nun allerdings im *Emile* so angelegt, daß die Problematisierung selbst schon pädagogisch inszeniert ist: Sie erfolgt gemäß der Methode der Aufklärung, für die die Differenz von Freundschaft und Lenkung als undurchschaute konstitutiv ist. Der Pädagoge inszeniert die Bedingungen seiner eigenen universellen Legitimation. Der Educandus hat dabei nie die Möglichkeit, aus der pädagogischen Inszenierung auszubrechen, was allererst eine Problematisierung des Verhältnisses zum Erzieher als eines sozialen Verhältnisses erlauben würde, das nach den Maßstäben von Macht und Moral zu beurteilen wäre. Er erkauft seine Authentizität nur durch die Perpetuierung des pädagogischen Verhältnisses, die dann konsequent auch noch die Schlußperspektive des Buches bildet.

Auf diesen Punkt ist in der Kritik an ROUSSEAU immer wieder hingewiesen worden derart, daß hier Autonomie immer noch eine in Abhängigkeit sei. Dabei wird allerdings häufig jenes Autonomiekonzept eines reinen Vernunftsubjekts zugrundegelegt, gegen das ROUSSEAU sich immer gewehrt hatte. In seinen Augen bleibt der Mensch - und das ist auch für die Aufklärung des jugendlichen Emile konstitutiv - immer in der Gefahr des Irrtums. Daß diese bei einem endlichen Wesen niemals auszuschließen ist, verpflichtet Emile zum Verzicht auf Selbstüberheblichkeit (auch er macht Fehler, die der Erzieher gerade aus diesem Grunde geschehen läßt) und beschränkt ihn auf eine bloße Negativität seiner Kritik. Das kritische Urteil Emiles gewinnt mit der Authentizität als dem Ergebnis seines Bildungsprozesses zwar eine

Qualität, die es erlaubt, von der Möglichkeit gezielter Täuschung, Selbstbetrug oder Eitelkeit abzusehen; aber dies bedeutet eben noch nicht Irrtumsfreiheit sowohl im Gebrauch der Vernunft wie auch im Vernehmen der Stimme des Gewissens. Negativ bleibende Kritik, die keinen Anspruch auf verbindliche Orientierung anderer erhebt, die aber auch nicht einer bloß leeren Autonomie verpflichtet ist und damit unverbindlich bleibt - dies ist die Form eines endlichen Vernunftgebrauchs und einer bis auf begründeten Widerruf legitimierten Lebenspraxis.

Damit schließt sich der Kreis einer Begründung der Möglichkeit einer Kritik, die selbst nicht mit Sicherheit davon ausgehen kann, daß sie als Kritik dem Kritisierten entzogen ist. Die Authentizität, die Übereinstimmung von Denken, Wollen und Handeln, als notwendige Voraussetzung für einen aufrechten Gebrauch der Vernunft und für die Aufnahme der Stimme des untrüglichen Gewissens ist alles, was erreicht werden kann - und damit zugleich auch alles, was mit Sicherheit kritisiert werden kann. Die Kritik an Wahrheit und Richtigkeit muß so sein, daß sie einerseits radikal deren dogmatische Behauptung in Frage stellt, ohne andererseits selbst diesem Dogmatismus zu verfallen.

Eine solche Perspektive auf das *kritische*, aber *endliche Subjekt*, das sich der Dialektik der Aufklärung bewußt ist, mutet modern an: Es gibt keine subjekttranszendenten Maßstäbe für die Gültigkeit seines Urteils, und wenn es sie geben sollte, dann könnte es wiederum nur am Subjekt liegen, die Übereinstimmung seines Urteils mit diesen festzustellen, was dann wiederum ein Urteil wäre und so weiter ad infinitum.

Wenn man nun darauf hinweist, daß die systematischen Konstitutionsbedingungen dieses Subjekts solche einer undurchschauten Abhängigkeit sind, Ausdruck einer gelungenen Legitimation eines quasifeudalen Abhängigkeitsverhältnisses, so thematisiert man nur den praktischen Oberflächenaspekt des pädagogischen Verhältnisses. Theoretisch entscheidender ist, daß damit in die Qualifikationsbedingungen des modernen Subjekts, das dem zweiten Reflexivwerden der Aufklärung genügen soll, in die Authentizität Vorstellungen eingehen, die selbst als 'vormodern' zu betrachten sind. Authentizität gründet sich nicht wie in der Theorie des Naturzustandes auf die instinkthafte Unmittelbarkeit, sondern die durch die pädagogische Vermittlung hindurchgegangene Unmittelbarkeit von Denken, Wollen und Handeln bleibt letztlich gebunden an die Einheit von Selbsttransparenz und Weltbegriff, an die Einheit von Selbstpräsenz und Weltpräsenz (vgl. auch DERRIDA 1983, S. 507ff.). Diese Einheit hält ROUSSEAU für möglich vor dem Hintergrund eines Repräsentationsmodells der Sprache, in dem sich der Sinn und die Bedeutung der Worte mit der Objektivität der Welt vermittelt über sinnlich-praktische Erfahrungen zusammenschließen. Emiles Sprache und Bewußtsein sind von vornherein auf eine ein-eindeutige Relationierung von Wort und Gegenstand abgestellt; Emile weiß immer relativ zu seinen normalen Altersgenossen wenig, aber dies gewiß und eindeutig, so daß er nie auf die Idee kommt, mit der Sprache zu spielen, sie zu funktionalisieren. Es ist diese Eindeutigkeit der Repräsentation von Welt in der Sprache, die nur eine Motivation zuläßt, nur eine Bedürfnisinterpretation und Befriedigungsperspektive, deren Möglichkeit wiederum in der das Repräsentationsmodell sinnfällig machenden Praxis bereits erprobt ist.

Das Repräsentationsmodell von Sprache verweist zugleich auf den Verbindungspunkt zur traditionellen Metaphysik. Das, was in der eingeführten Sprache repräsentiert wird, ist eine universale Ordnung des Seins. Ausgeschaltet wird - wie FOUCAULT das am Repräsentationsmodell des 'klassischen Zeitalters' zu zeigen versucht (vgl. FOUCAULT 1974) - der Mensch als transzendentale Quelle von Bedeutung, als konstitutiver Faktor für die Welt- und Selbstinterpretation, die damit (gemäß der Endlichkeit der Vernunft) plural und offen würde. Dies bedeutet zugleich, daß für das Subjekt seine Fähigkeit zur Repräsentation selbst nicht thematisch werden kann. Emile weiß sich nicht als denjenigen, der die Welt repräsentiert, er stellt keine erkenntniskritischen Überlegungen an. Diese Lücke schließt ROUSSEAU gerade mit jenem kosmologischen Gottesbeweis im *Bekenntnis des savoyischen Vikars*, der nicht nur die Theodizeeproblematik traditionell über die menschliche Freiheit auflösen soll, sondern zugleich jene Grundlage inhaltlich spezifiziert, der zu gehorchen die Stimme des Gewissens gebietet, die damit ihrerseits wiederum das Kriterium für Vernunfteinsichten abgibt.

Der Schritt zur modernen Subjektvorstellung, die zwar an Repräsentation festhält, aber zugleich deren Möglichkeitsbedingungen und Geltungsgrundlagen (spätestens seit KANT) in den Menschen verlegt, wird bei ROUSSEAU nicht vollzogen. Und es ist genau dieser kantische Schritt, der HERBART dazu bringt festzustellen, daß sich unter der Prämisse eines transzendentalen Subjekts keine Pädagogik begründen ließe. Vielleicht liegt demnach das Verdienst und eine paradigmatische Bedeutung ROUSSEAUs gerade darin, sich nicht nur (in Leben und Werk) dem Problem einer sich selbst aufklärenden Aufklärung gestellt zu haben, sondern auch einen Lösungsweg als pädagogischen ausgewiesen zu haben, der systematische Bedingungen eines endlichen Vernunftsubjekts expliziert - aber auf *vormoderner* Grundlage und mit *vormoderner* Perspektive. Die Orientierung an einem kantisch geprägten Begriff der Mündigkeit muß vielleicht deshalb leer bleiben bzw. sich in Paradoxierungen verlieren, weil ihr der Rückgriff auf eben jene vormoderne Vorstellung des Subjekts abgeht. Vielleicht sind Rückgriffe wie die auf ein Entelechiekonzept (bei HUMBOLDT), eine Teleo-

logie des Seelenlebens (DILTHEY) oder Letztbegründungen über regulative Ideen (im Neukantianismus) und praxeologische Ontologien von daher zu begreifen.
Wenn man das so angedeutete Szenario einmal als Hypothese akzeptiert, dann ergibt sich eine paradoxe Ausgangssituation für die Beantwortung der Frage nach der Bedeutung einer 'halbierten Moderne' für die gegenwärtige pädagogische Theoriebildung. Wenn man deshalb davon ausgeht, daß die Einheit von moderner Subjektvorstellung und deren vormoderner Einbettung und Möglichkeitsbedingung in Verfügung für die pädagogische Reflexion der Moderne paradigmatisch bei ROUSSEAU entfaltet wird und daß eine Radikalisierung der modernen Vorstellung konstitutiver und autonomer Vernunftsubjektivität mit pädagogischer Reflexion unvereinbar zu sein scheint, dann ergibt sich gerade im Kontext der gegenwärtigen Problematisierungen des Stellenwerts eines metaphysischen Vernunftsubjekts die paradoxe Situation, daß ROUSSEAUs Betonung der Endlichkeit anscheinend 'moderner' ist als jene Radikalisierung der modernen Subjektvorstellung, die in diesem die Möglichkeitsbedingungen und Geltungsgrundlagen von Selbst- und Weltdeutungen objektiv festzulegen suchte. Andererseits aber betrifft die gegenwärtige Radikalisierung des Gedankens der Endlichkeit gerade auch die pädagogische Wendung des Problems der Möglichkeit eines kritischen, aber endlichen Subjekts, jenen Schritt von der Frage nach den empirischen Bedingungen eines endlichen Vernunftsubjekts zur Vorstellung der pädagogischen Verfügung über diese Bedingungen und das Gelingen des Bildungsprozesses.
Denn die gegenwärtige Radikalisierung des Problems der Endlichkeit betrifft nicht nur den Geltungsbereich transzendentaler Begründungsmöglichkeiten und die Problematisierung von Letztbegründungen, sondern damit ist zugleich die Unüberschreitbarkeit von Interpretation angezeigt, die Unmöglichkeit, über den Sinn der Sprache, der immer schon die subjektive Bedeutungsgebung fundiert und überschreitet, zu verfügen. Dies aber bedeutet nicht nur, daß man nicht mehr von einem metaphysisch abgestützten Repräsentationsmodell der Sprache ausgehen kann, sondern daß auch die subjektive Konstruktion von Selbst und Welt deren Präsenz letztlich nicht gerecht zu werden vermag. Es bedeutet die Unmöglichkeit dessen, worauf ROUSSEAU setzte: der Selbsttransparenz als Bedingung einer Authentizität, die selbst wiederum die einzig verfügbare Grundlage für Vernunftgebrauch und moralisches Urteil abgeben sollte. Problematisch wird genau jene Prämisse der Aufklärung, die ROUSSEAU auch ihrer Kritik zugrundelegt und empirisch-genetisch explizieren zu können hofft: das konstitutive, sich selbst durchsichtige und mit sich identische Subjekt. Dies aber bedeutet für den pädagogischen Entwurf des Ermöglichungsprozesses, daß auch die fiktive Personalisierung der transzendentalen Möglichkeits-

bedingungen dieses Subjekts im Erzieher problematisch wird. Wie für den Educanden ist die Unmöglichkeit der Selbsttransparenz oder gar der Einheit von Selbst- und Weltpräsenz im Begriff auch für den Erzieher anzunehmen. In Frage steht damit nicht nur die inhaltliche Ausgestaltung der Fiktion des Erziehers bzw. des pädagogisch verantworteten Bildungsprozesses, zu dem er in Funktion gedacht wird, sondern die Möglichkeit einer solchen Fiktion überhaupt, die daran gebunden ist, daß sie (um mit NIETZSCHE zu sprechen) den Tod Gottes nicht wahrhaben will. In Frage steht also die Möglichkeit einer pädagogischen Reflexion, die die Möglichkeiten einer verantworteten Selbstbildung des endlichen Vernunftsubjekts handlungsorientierend reflektiert. In Frage steht, ob es eine pädagogische Reflexion geben kann, für die nicht eine 'halbierte Moderne' konstitutiv ist.

Literaturverzeichnis:

BECK, U.: Risikogesellschaft. Auf dem Weg in eine andere Moderne. Frankfurt am Main 1986.

BLANKERTZ, H.: Die Geschichte der Pädagogik. Wetzlar 1982.

BUCK, G.: Rückwege aus der Entfremdung, München 1984.

DERRIDA, J.: Grammatologie. Frankfurt am Main 1983.

FOUCAULT, M.: Die Ordnung der Dinge. Frankfurt am Main 1974.

HABERMAS, J.: Der philosophische Diskurs der Moderne. Frankfurt am Main 1985.

HURRELMANN, K.: Erziehungssystem und Gesellschaft. Reinbek 1975.

ROUSSEAU, J.-J.: Abhandlung über die Wissenschaften und Künste. In: Schriften (Hg. von H. RITTER). Band I. Frankfurt am Main 1981, S. 27-60.

ROUSSEAU, J.-J.: Brief an Raynal. In: Schriften (Hg. von H. RITTER). Band I. Frankfurt am Main 1981 S. 67-92.

ROUSSEAU, J.-J.: Letzte Antwort an Bordes. In: Schriften (Hg. von H. RITTER). Band I. Frankfurt am Main 1981, S. 107-136.

ROUSSEAU, J.-J.: Abhandlung über den Ursprung und die Grundlagen der Ungleichheit. In: Schriften (Hg. von H. RITTER). Band I. Frankfurt am Main 1981, S. 165-302.

ROUSSEAU, J.-J.: Brief an d'Alembert über das Schauspiel. In: Schriften (Hg. von H. RITTER). Band I. Frankfurt am Main 1981, S. 333-474.

ROUSSEAU, J.-J.: Briefe vom Berge. In: Schriften (Hg. von H. RITTER). Band II. Frankfurt am Main 1981, S. 7-252.

ROUSSEAU, J.-J.: Emile oder über die Erziehung. Stuttgart 1963.

SCHÄFER, A.: Rousseau - Pädagogik und Kritik, Ms. Köln 1990.

ALFRED LANGEWAND

Pädagogische Moderne? Überlegungen zur religionsphilosophischen Querele der klassischen deutschen Pädagogik.

Am Ende des 18.Jahrhunderts ist die pädagogische Theorie zum ersten Mal in der Lage, im Nachdenken über Erziehung ihre eigene Modernität zu begreifen. Dafür sind zwei zunächst unabhängig voneinander entwickelte, aber gleichwohl aufeinander weisende und sich dann auch bedingende begriffliche Verfahren verantwortlich.
Zunächst hatte ROUSSEAU für die Pädagogik (freilich unbeabsichtigt) nachgeholt, was etwa in Politik (HOBBES), Physik (NEWTON) und Ethik (SPINOZA) an begrifflicher Revolution[1] bereits vollzogen war: die Umstellung der zentralen Kategorien des menschlichen Welt- und Selbstverständnisses von Teleologie auf *Selbsterhaltung oder Beharrung*. Inbegriff von ROUSSEAUs 'amour de soi' ist die conservatio sui, der amour de soi aber zu bewahrendes Prinzip des negativ zu erziehenden Emile. Dann entdeckt (zunächst) der pädagogische Kantianismus, daß diese inhaltliche Festlegung des Erziehungsbegriffs eine Differenzierung des Verständnisses von 'Theorie' fördert und schließlich sogar verlangt, die mehr als bloß methodologische Bedeutung hat. Neben die alten, immer wieder aufgeworfenen Fragen, was das Ziel der Erziehung sei, wie es erreicht werden könne usw. usw., tritt jetzt die andere, neue: wie Erziehung möglich sei. Ab jetzt gibt es *Pädagogik* als praktische Handlungsreflexion und *Erziehungswissenschaft* als theoretische Reflexion der Bedingungen der Möglichkeit von Erziehung. Beide Vorgänge, die Umstellung auf Selbsterhaltung/Beharrung und die neue, gedoppelte Form von Theorie sind nicht aufeinander reduzierbar, aber sie stehen in einem inneren Zusammenhang.
Im folgenden werden diese Vorgänge und ihr Zusammenhang kurz skizziert, um aus ihnen Bestimmungstücke der pädagogischen Moderne zu folgern (1). Sodann werde ich zu zeigen versuchen, daß die in dieser doppelten Weise, substantiell wie methodologisch, so bezeichnete begriffliche Grundstruktur der pädagogischen Moderne in der klassischen deutschen Pädagogik und Erziehungswissenschaft nochmals in das Schwerefeld vormoderner Theorien gerät (2). Daran anschließend werden Überlegungen angestellt, warum das so war (3).

I. Notwendige Bestimmungsstücke der pädagogischen Moderne

Unter 'Moderne' soll hier mehr verstanden werden als nur ein Name für den zeitlichen Rahmen der letzten zweihundertfünfzig bis dreihundert Jahre. Mit diesem Ausdruck sind vielmehr im folgenden inhaltliche Prinzipien verbunden, die das neue Nachdenken über Erziehung deutlich von seinen 'Vorgängern' unterscheidet. Negativ lassen sich mindestens vier Ausschließungen vornehmen:

- Die pädagogische Moderne ist anti-teleologisch, sofern unter Teleologie hier eine durch Natur oder Gott objektiv verhängte Zweckgerichtetheit des Menschen verstanden wird;
- die pädagogische Moderne schließt die Mitwirkung nicht-innerweltlicher fremder Erhaltungsleistungen in der Erziehung aus;
- sie bestreitet die alteuropäische, augustinische wie lutherische, Lehre von der Erbsünde;
- sie entwickelt die Vorstellung von der qualitativen Differenz zwischen dem Kind und dem Erwachsenen, hinter der die andere Differenz von 'Unmittelbarkeit und Reflexibilität' steht.

Hält man diese Ausschließungen für gemacht, muß man, um ein Beispiel zu geben,die Pädagogik des COMENIUS für vormodern erklären: Seine Bildungslehre ruht auf der Triplizität der von Gott eingerichteten Phasen des jeweiligen menschlichen *Vor*lebens, welcher sich die Erziehung anpassen muß und von der sie ihren Sinn erhält. Das Leben ist eine einzige Folge von transitorischen Zuständen. Was es jeweils bedeutet, erlangt es stets erst von dem, was es selbst noch nicht ist. So auch die Kindheit; daß sie mit dem Stand von Erwachsensein schlechthin inkommensurabel sein könnte, liegt außerhalb der comenianischen Begrifflichkeit. Ob die Erziehung freilich überhaupt in der Lage ist, von sich aus dem ihr übertragenen Sinn zu entsprechen, dies zu beurteilen bemüht COMENIUS mehr die Rhetorik der Überredung, als daß er eine begrifflich zufriedenstellende Auskunft bereithält. Didaktik ist wohl die Kunst, allen alles zu lehren, aber unter dem Aspekt der Bestimmung des Menschen gilt trotz dieses pansophisch gewirkten Rationalismus und Optimismus: Aus eigener Kraft ist der Mensch gerade *nicht* fähig, seinen Status als eines gefallenen Geschöpfes aufzuheben. Durch den Sündenfall Adams ist jeder Mensch in eine 'Verkehrung' geraten. 'Rückkehr' soll wohl sein, Erziehung und Unterrichtung sollen ihr vorarbeiten, aber so sehr es dem Menschen als gottesebenbildlichem Geschöpf auch 'natürlich' ist, weise, rechtschaffen und heilig zu werden, - ohne göttlichen Gnadenakt gelingt es der Erziehung nicht, den Sinn des Menschen zu bewähren. Erziehung bleibt letztlich abhängig von diesem dem Menschen nicht verfügbaren Ge-

schick. Die Frage 'Wie ist Erziehung möglich?' könnte in den Theoremen des COMENIUS allenfalls unter einem göttlichen Vorbehalt Beantwortung finden, und das heißt für den Menschen: also gar nicht!
ROUSSEAUs Theorieprogramm formuliert als erstes und folgenreichstes zu jeder der vier genannten Bestimmungsstücke die Alternative.
- Entgegen der Vorstellung einer Erziehung fallweise oder kontinuierlich begleitenden gratia dei entwirft er den 'amour de soi' als Wurzel des neuzeitlichen Selbst- und Weltverständnisses. In ihm ist es dem Menschen allein um sich zu tun, das heißt um seine Selbsterhaltung. Die natürlichen Leidenschaften dienen dieser Selbsterhaltung, ihre Quelle ist der amour de soi. Er ist auf nichts anderes aus als auf "propre conservation" (ROUSSEAU 1969, S.491).
- Ein dem natürlichen Menschen eigenes telos, das noch erst erreicht werden müßte und des Menschen 'Bestimmung' ausmachte, gibt es daher für ROUSSEAU nicht mehr. "Il faut donc que nous nous aimions pour nous conserver" (S. 492). Das 'Wesen' des Menschen wird daher (zirkulär) stets durch das definiert, was er tut respektive getan hat. Damit eröffnet sich für die pädagogische Reflexion zum ersten Mal in ihrer Geschichte von sich aus die Möglichkeit, Anschluß an den Gedanken der *Geschichtlichkeit* der pädagogischen Praxis zu finden. Wenn keine vorherbestimmte, objektive Zweckordnung festlegt, was der Mensch ist, dann ist er für sich nur, als was er sich versteht und was er tut. Da es aber zwischen dieser nur noch mundanen Selbst*definition* 'in Eigenregie' und den *Erfahrungen* des Selbst keine prästabilierte Harmonie gibt, entspringt aus dieser Differenz von *sich wandelnder* Selbstbestimmung und Selbsterfahrung die Möglichkeit der Thematisierung von Geschichtlichkeit.
- Ebenso wie LOCKE antwortet ROUSSEAU auf die Frage 'Unde malum'? nicht mehr mit der augustinisch-lutherischen Vorstellung der Erbsünde. Der erste Satz des *Emile* distanziert sich von dieser Fragestellung und deutet zugleich an, wo der Ursprung des Übels in der Welt zu suchen ist: beim Menschen, sofern er nämlich den 'amour de soi' zum 'amour propre' pervertieren läßt.
- Die Differenz von (stets guter) Selbstliebe (amour de soi), die unmittelbar und selbstgenügsam das Selbst- und Weltverhältnis des Menschen regelt, und (pervertierter) Eigenliebe (amour propre), die das Prinzip der 'Sozialisation' des Menschen ist und durch die er eine komparative Existenz führt, wird bei ROUSSEAU grundsätzlich von *Reflexion* aufgebracht. Da nun aber das Projekt des *Emile* eine Erziehung ist, die die Selbstbezüglichkeit des amour de soi als Grundlage der Handlungen Emiles gewahrt wissen will, folgt zweierlei: Erstens wird ROUSSEAUs neuer Begriff des Kindes in Abhängigkeit von der vorhergehenden Unterscheidung von 'Unmittelbarkeit und Reflexion' gesetzt. Was das Kind auszeichnet, und was die Erziehung nicht tan-

gieren sollte, seine Spontaneität, seine präsentische Bewußtseinstellung, seine Direktheit, seine Offenheit usw., haben ihr gemeinsames darin, allesamt Gestalten der *Unmittelbarkeit* zu sein. Diese gilt es zu achten, so daß zum Beispiel die Aufopferung der Gegenwart des Kindes für eine vermeinte gute Zukunft pädagogisch illegitim wird, nicht, weil das 'unsittlich' (so SCHLEIERMACHER) wäre, sondern weil es die rationalen, weil selbstgenügsamen Selbsterhaltungsleistungen Emiles außer Kraft setzte. Alle Charakteristika des Kindes werden auf der Folie der ihnen entgegengesetzten Gestalt der *Reflexion*, die gesellschaftlich zum 'amour propre' führt, als unmittelbare erkannt. Daraus ergibt sich nun zweitens, daß dort, wo man an ROUSSEAUS Bild der Kindheit als eines Standes eigener Dignität festhält, und dies ist vielleicht die Neuerung ROUSSEAUS, die bis heute am wenigsten als Merkmal der pädagogischen Moderne bestritten wird, die pädagogische Begrifflichkeit, ob man es will oder nicht, in den Gegensatz von 'Unmittelbarkeit *versus* Reflexion' getrieben wird. Die pädagogische Moderne entsteht also bei ROUSSEAU nicht dadurch, daß die 'schlechte' Unmittelbarkeit der Vormoderne durch die Reflexion einfach ersetzt wird. Das wäre allenfalls die Sichtweise simpler Geschichtsphilosophie. Die pädagogische Moderne entfaltet vielmehr ihren Begriff vom Kind, indem sie auf der Folie des Begriffs der Reflexibilität die Unmittelbarkeit des Kindes entdeckt. Die Unmittelbarkeit wird selber nicht unmittelbar gefunden, sondern hängt von der sie bedingenden Erfahrung der Reflexibilität des Selbst- und Weltverhältnisses des modernen Menschen ab. Von ihr hat die pädagogische Moderne historisch ihren Ausgang genommen. Eine Folge davon ist, daß der post-ROUSSEAUsche Kult der Unmittelbarkeit und die Verleugnung der pädagogischen Reflexibilität in den *pädagogischen Fundamentalismus* führen, der insofern allein ein Kind der Moderne ist (vgl. hierzu LANGEWAND 1992).

Die Signatur der pädagogischen Moderne läßt sich somit schematisch so charakterisieren: Sie setzt auf Selbsterhaltung und die Abwesenheit von Fremdbestimmung. Sie ermöglicht auf dieser Basis die Entdekkung der Geschichtlichkeit; sie findet das 'Kind' (statt den 'kleinen Erwachsenen') auf dem Hintergrund der auch Entfremdung möglich wie begreiflich machenden Differenz von 'Unmittelbarkeit und Reflexion'. Solange die Hinwendung zu Gott Bestimmung des menschlichen Lebens ist und die Erziehung die Hinführung des Kindes zu dieser Bestimmung unternimmt, indem sie zugleich weiß, daß beide, Demut und ihre Vorbereitung, ihrerseits nicht in der Verfügung des Menschen liegen, sondern eines zumindest begleitenden Aktes göttlicher Gnade bedürfen - solange ist das Erziehungsgeschäft nicht primär durch seine ihm eigenen Widrigkeiten gestört, sondern durch die dem Menschen unergründlichen, eintretenden oder ausbleibenden, Akte Gottes bedingt. Unter solchen Bedingungen nach der *Möglichkeit* der

Erziehung zu fragen, käme entweder immer wieder einer Einladung ins Reich der theologischen Streitigkeiten und Unentscheidbarkeiten gleich oder mündete in eine erneute Anweisung zum frommen Leben, also gerade nicht in 'Theorie'. Anders gesagt, die Frage 'Wie ist Erziehung möglich?' läßt sich mit einiger Aussicht auf Beantwortung erst dann aufwerfen, wenn sich 'Erziehung' von Leistungen unergründlicher Fremderhaltung und Fremdbestimmung freigemacht hat, Überlegungen etwa zur Ökonomie der Gnadenmittel also weder in der Bestimmung des Ziels noch der Art des richtigen Umgangs der Erziehung eine Rolle spielen. In der Frage nach der *Möglichkeit der Erziehung* steckt somit, vielleicht auch nur untergründig, *eine 'heidnische' Tendenz*. Sie konnte daher auch erst systematisch aufgeworfen werden zu einem Zeitpunkt, zu dem das *inhaltliche* Nachdenken über den Umgang der Generationen miteinander bereits in die Bahnen des modernen Begriffs der Selbsterhaltung (statt der Fremderhaltung) getreten war, also seit ROUSSEAU. Am Ende des 18.Jahrhunderts scheint dieser Prozeß nicht mehr umkehrbar zu sein. Es ist daher auch nicht ein Zeichen besonderer Nähe oder gar Vorliebe für Theologie, wenn in Beantwortung der Frage, wie Erziehung möglich sei, in dieser Zeit häufig eine mehr oder weniger strenge Parallelisierung von erziehungswissenschaftlichen und theologischen Positionen vorgenommen wird (vgl. RITTER 1798): Nur so kann man ihre Differenz bewußthalten.

Die Differenz von Pädagogik und Erziehungswissenschaft, von praktischer Reflexion und theoretischer 'Deduktion' (wie KANT und die Kantianer das nannten), hat zwar ihren Anschub von KANTs kritischer Philosophie erhalten. Seit ihr ist eine grundlegende Theorie eines Gegenstandes 'x' Beantwortung der Frage: 'Wie ist x möglich?', d.h. welche Denkvoraussetzungen müssen wir machen, um das vorausgesetzte Phänomen 'x' in seiner Möglichkeit zu begreifen, und sind diese Denkvoraussetzungen zu Recht erhoben? Damit bleibt Pädagogik, aber gerade *nicht* Erziehungswissenschaft, auf 'Praxis' verpflichtet. So wenig der Naturwissenschaftler der transzendentalen Analytik von KANTs erster Kritik Winke für seine Forschungspraxis entnehmen kann, so wenig kann der Erziehungswissenschaftler dem Pädagogen Regeln an die Hand geben, was zu tun und wie es zu tun sei: Die Deduktion der Kausalität der Naturphänomene wie die Deduktion der Selbstbezüglichkeit des Ich bleiben diesseits jener Forschungs- oder Erziehungspraxis.

Die Frage, wie Erziehung möglich sei, ist nun aber nicht an den begrifflichen Rahmen der KANTischen Transzendentalphilosophie gefesselt. Man kann sie in einer (dann 'transzendental' interpretierten) medizinischen Theorie der Erregungskunst (BROWN, NOVALIS, WAGNER) reformulieren, in einer (später zum Teil nicht mehr transzendental genannten) Psychologie (HERBART, SCHLEIERMACHER), in der Naturrechtstheorie (SAUER) usw. usw. Wo immer diese Frage disziplinär plaziert wird - es bleibt die eine Gemeinsamkeit, nämlich die Differenz von 'Pädagogik und Erziehungswissenschaft' als solche. Sie läßt sich angemessen nur verstehen, wenn sie auch in ihrem bloßen formellen Dual als Ausdruck einer bewußten Reflexion auf die historische Erfahrung ausgelegt wird, daß im 'Gott' der alten Erziehung es die pädagogische Theorie in Wirklichkeit mit sich selbst und ihren undurchschauten Selbsttäuschungen zu tun hatte. Hat man diesen Zusammenhang zwischen der neuen Bauform der Theorie und der ihr vorausliegenden historischen Erfahrung eingesehen, dann ist das Festhalten an der Differenz von 'Pädagogik und Erziehungswissenschaft' selbst eine Art therapeutischer Akt gegen die Wiederkehr wie gegen das Vergessen jenes alten Zusammenhangs. Zugespitzt: Die moderne Pädagogik legt sich in dieser Unterscheidung auf eine pagane Weltsicht fest; die pädagogische Moderne basiert nicht nur auf einer inhaltlichen Alternative (Selbsterhaltung) zur Vormoderne, sondern sie gibt sich auch eine ihr ganz eigene, doppelte Bauform der Theorie, um, was sie nun praktisch will oder soll, auch *wissenschaftlich* begreifen und gegebenenfalls kritisieren zu können.

II. Pädagogische Moderne? Exemplarische Überlegungen zur Wiederkehr und Dominanz vormoderner Theoreme in der klassischen deutschen Pädagogik

Daß es in der klassischen deutschen Pädagogik und Erziehungswissenschaft einen engen Zusammenhang zwischen, kantisch gesprochen, 'religionsphilosophischen' Spekulationen und pädagogischen und erziehungswissenschaftlichen Reflexionen gibt, ist seit langem bekannt. Bisweilen ist es gerade dieser Zusammenhang, der, mit kritischen oder affirmativen Folgen, die Aufmerksamkeit auf sich zieht und bei einem durch diese angetragene Erwartungshaltung dann 'klassisch' werdenden Autor Antworten auf Fragen vermuten läßt, derer der Interpret selbst auch immer schon habhaft sein wollte. Das ist auch durchaus in der Ordnung, wenn es zunächst allein um die Aneignung eines Oeuvres geht.
Einen anderen Aspekt erhält dieser Zusammenhang freilich, wenn, wie es hier geschieht, die klassische deutsche Pädagogik und Erziehungswissenschaft in Hinblick auf ihre Modernität betrachtet wird, und wenn man die oben angegebenen Charakteristika dieses Begriffs der pädagogischen Moderne für zutreffend erachtet.
Ich möchte im folgenden an zwei Theorieprogrammen zeigen, wie die Entfaltung des Begriffs der Erziehung trotz vorausgesetzter Ausschlie-

ßung transzendenter Bezüge zuletzt auf religionsphilosophische Theoreme zurückkommt, und zwar nicht zufällig oder ornamental, sondern aufgrund *theorieimmanenter* Widrigkeiten.
Die Beispiele sind so gewählt, daß man nicht einwenden kann, in ihnen sei der Bezug des Erziehungsbegriffs auf Spekulationen über Transzendenz schon *von Anfang an* gesetzt (gewesen, wie es vermutlich für GRASER, SAILER, FRÖBEL usw. gelten dürfte). Vielmehr sind beide Theorieprogramme dadurch gekennzeichnet, daß sie in ihrer pädagogischen und erziehungswissenschaftlichen Intention wie in ihren begrifflichen Anstrengungen den Ansatzpunkt der pädagogischen Moderne in der gedoppelten Weise aufnehmen, wie sie im ersten Teil meiner Überlegungen beschrieben worden ist: im *Inhalt* orientiert am Konzept der Selbsterhaltung/Beharrung, im *Aufbau der Theorie* der Differenz von Pädagogik *und* Erziehungswissenschaft verpflichtet.

1. Von der Selbsterhaltung zum moralischen Weltschöpfer: Johann Christoph Greiling.

KANTs kategorischer Imperativ konstituiert Freiheit und ermöglicht die widerspruchsfreie Kontinuierung der moralischen Person. Als praktische Identitätsregel sichert er die humane Selbstbehauptung des Menschen und in ihrem Gefolge Sozialität. Das Sittengesetz ist rationales Prinzip der Selbsterhaltung.
Die ersten Kantianer, die sich daran machten, das Werk des 'Alleszermalmers' auf das Problem der Erziehung anzuwenden, haben an dieses zentrale Lehrstück ihres philosophischen Lehrers angeknüpft. Erst nachdem der erste Schwung und die geschichtsphilosophische Euphorie einem erneuten Nachdenken über 'kritische' Pädagogik Platz machte, sah man, daß KANTs praktische Philosophie auch mit anderen Optionen aufwartete bzw. solche anderen Optionen ermöglichte, als nur mit derjenigen für Moralität; man entdeckte nun - in dieser Reihenfolge - Legalität, Liebe, Kunst. Trotzdem: Am Anfang steht die pädagogische und erziehungswissenschaftliche Rezeption der 'kritischen' Moralphilosophie mit ihrem höchsten Zweck, der Moralität.
Zu diesen ersten kantianisierenden Pädagogen gehört, nach SCHUDEROFF, JOHANN CHRISTOPH GREILING, wenn man KARL CHRISTIAN ERHARD SCHMID und seine pädagogischen Bemerkungen in der *Empirischen Psychologie* von 1791 einmal ausspart. GREILING hat, wie SCHUDEROFF, um 1790 in Jena studiert und ist dort von dem damals bekannten (und berüchtigten) Kantianer SCHMID nicht nur in KANTs Werk eingewiesen worden, sondern er hat von seinem Lehrer auch den Anstoß und die Ermutigung erfahren, es mit der neuen Philosophie doch auch einmal auf erzieherischem Boden zu versuchen. Bei

SCHUDEROFF ist derselbe Werdegang im übrigen durch REINHOLD vermittelt: Die interessantesten Vermittler zwischen KANT und dem deutschen Frühidealismus waren auch die entscheidenen Anreger der kantianischen Pädagogik und Erziehungswissenschaft.
GREILING argumentiert in seinem 1793 erschienenen Buch *Über den Endzweck der Erziehung und den ersten Grundsatz einer Wissenschaft derselben* folgendermaßen: Ohne Zwecksetzung sind Wissenschaften und Künste nicht systematisch zu entwickeln. Das erste, was daher in der Grundlegung einer Wissenschaft wie auch jeglicher Handlungslehre zu geschehen hat, ist, dieser einen Zweck zu geben, der vor der menschlichen Vernunft als rational zu bestehen vermag. Die Leistungsfähigkeit der Methode, einen solchen Zweck zu finden, bemißt sich, bezogen auf die Erziehung und die Pädagogik, an der Konsistenz des Beurteilungsprinzips des moralisch Guten. Der Mensch ist Zweck an sich selbst, er hat in sich selbst die Menschheit zu würdigen, und dies ist auch Zweck der Erziehung. Nachdem sich GREILING so an KANT angenähert hat, durchkämmt er ihm wichtige 'vorkritische' Lehren von dem Zweck des Menschen, Glückseligkeitskonzepte am Beispiel von GARVE und CAMPE, das Vollkommenheitsprinzip der deutschen Schulphilosophie, MONTAIGNES These der Gewöhnung, MANDEVILLES Lehre vom intérêt publique, die schottische Moralphilosophie des moralischen Gefühls (SHAFTESBURY und HUTCHESON) usw. usw. Das Ergebnis freilich war absehbar: Allein KANTS Lehre vom Sittengesetz erlaubt ein widerspruchsfreies, praktisch realisierbares Verständnis von Moralität. Sie definiert daher auch den höchsten Zweck der Erziehung, dem die "gesellschaftliche Brauchbarkeit" als weiterer Zweck untergeordnet ist (vgl. GREILING 1793, S.45). Beides zusammengenommen, in einem harmonischen Verhältnis gedacht, bildet für GREILING den ganzen Zweck der Erziehung. Ihr Imperativ lautet daher: "Bilde deinen Zögling, daß er nach solchen Maximen handeln lerne, die in eine allgemeine Gesetzgebung der Sitten passen ... oder bilde deinen Zögling als einen Selbstzweck, und erniedrige in ihm die Menschheit nicht zu einem bloßen Mittel (z.B. des Staates) herab" (S. 72f). Auffällig bei diesen ganzen Kantvariationen ist, daß in ihnen KANTS für den Moralitätsbegriff entscheidene Lehre von der Achtung fürs Gesetz keine Rolle spielt. Das 'Triebfederkapitel' der *Kritik der praktischen Vernunft* ist wie nicht geschrieben, damit aber die grundlegende Frage, wie das *Beurteilungs*prinzip des Guten auch ausführungsrelevant werden kann, gar nicht zu stellen. Das kann, gerade in einer Abhandlung über Erziehung zur Moralität, nicht gutgehen.
Berücksichtigt man den Aspekt der 'gesellschaftlichen Brauchbarkeit' und die zu entfaltenden 'Kräfte' des Menschen, ergibt sich die folgende Maxime: "Kultiviere alle Kräfte des Menschen in natürlicher Ordnung und harmonisch unter und zu dem höchsten Zweck der Men-

schen überhaupt, insbesondere an solchen Objekten und gemäß den Verhältnissen, in welchen der Erzogene einst brauchbar für andere werden kann" (S. 75).

So ähnlich konnte man das schon bei CAMPE (1785) lesen, nur wird jetzt bei GREILING der Bedarf an präzisen Beschreibungsmitteln inflationär, an denen nachvollziehbar wird, *wie* eine solche Erziehungsvorstellung unter den bei CAMPE ja nicht gesetzten Bedingungen reiner, selbstbezüglicher moralischer Zweckbestimmung realisierbar ist. Wie stellt man die Reinheit des guten Willens pädagogisch her? Sieht man auf die 'Antwort' GREILINGS, zeigt sich begriffliche Hilflosigkeit: Die Erziehung muß jedenfalls "unmerklich" vonstatten gehen (vgl. S. 94), ihr großes Vehikel ist die moralische Güte des Erziehers (!), die "gleich einem Zauberstabe" wirkt (ebenda) und mittels derer er, um den Preis des "Todes der Erziehung", seine Gefühle und Gesinnungen in die Kinder "hinübergießen" kann (ebenda). Wenn auch jetzt angesichts solcher Einladungen zum Metaphernrealismus die Verzweiflung noch nicht überhandnimmt, stellt sie sich spätestens dann ein, wenn GREILING über die 'Kluft' zwischen Theorie und Praxis räsonniert und die Realisierbarkeit seines Erziehungsprogrammes an die wissenschaftlich angeleitete Erziehungskunst bindet, "ein Kind bei seiner natürlichen Freiheit dennoch methodisch zu regieren, ohne daß es die Fessel fühlet, es nach unseren durch den Erziehungsendzweck bestimmten Willen lenken, indem das Kind glaubt seinen eigenen Willen zu tun ..." (S.97). Der Autor selbst ahnt: Hier beginnt das Reich der "Wünsche" (ebenda).

GREILINGS Buch ist mit Interesse aufgenommen worden, zahlreiche Rezensionen belegen das ebenso wie die genaue Interpretation und Kritik durch RITTER in NIETHAMMERS und FICHTES *Philosophischem Journal*, für das GREILING selber mehrere Beiträge geliefert hat. RITTERS Haupteinwand: GREILING zeige nicht, *wie* Erziehung zur Moralität möglich sei, das Buch stellte eine Art Formularpädagogik dar. Es ist aber zu vermuten, daß GREILING selbst dieses Manko seines ersten Versuchs eingesehen hat. Bereits ein Jahr nach dem Buch über den *Endzweck* legt er dem durchaus interessierten Publikum *Philosophische Briefe über das Prinzip und die ersten Grundsätze der sittlich-religiösen Erziehung* vor. Der Titel läßt eine thematisch eng eingegrenzte Abhandlung erwarten. Aber der Sache und dem Anspruch nach verhandelt GREILING in diesen 24 Briefen, die er seinem akademischen Lehrer SCHMID widmet, einen veränderten, erweiterten Erziehungsbegriff, der die bloß formalen Bestimmungen seines ersten Buches hinter sich zu lassen trachtet. Ausdrücklich stellt GREILING fest, es handele sich hierbei um einen Beitrag zur *allgemeinen* Erziehungslehre (vgl. GREILING 1794, S.XI). Dieser veränderte Erziehungsbegriff kommt nun aber, um die Defizite des ersten Versuchs auszugleichen, *durch Theologie* ins Spiel. GREILINGS pädagogischer Kantianismus begründet, nach Einsicht in das Scheitern des 'Endzweckansatzes', den Erziehungsbegriff religionsphilosophisch - das ist die hier vertretene These.

GREILING greift bei diesem zweiten Versuch, die Theorie KANTS mit einer Theorie der Erziehung zu vermitteln, auf die Postulatenlehre der Kritik der praktischen Vernunft zurück. Moralität ist wohl Vernunftzweck des Menschen, aber daneben gibt es noch einen dem Menschen 'von Natur aus' eigenen Zweck, nämlich den, ein möglichst angenehmes Leben zu führen. Wenn die Vernunft dieses Interesse totalisiert, ergibt sich der Begriff der Glückseligkeit. Im Begriff des 'höchsten Gutes' harmonieren beide Gedanken. Bei KANT heißt es: "Das moralische Gesetz ist der alleinige Bestimmungsgrund des reinen Willens. Da dieses aber bloß formal ist ..., so abstrahiert es, als Bestimmungsgrund, von aller Materie, mithin von allem Objekte, des Wollens ... Es versteht sich aber von selbst, daß, wenn im Begriffe des höchsten Guts das moralische Gesetz, als oberste Bedingung, schon mit eingeschlossen ist, alsdenn das höchste Gut nicht bloß Objekt, sondern auch sein Begriff, und die Vorstellung der durch unsere praktische Vernunft möglichen Existenz desselben zugleich der Bestimmungsgrund des reinen Willens sei ..." (KANT 1983, S. 237). Es ist nun aber nur sinnvoll, dieses höchste Gut anzustreben, wenn die moralische Ordnung (Sittengesetz) und die natürliche Ordnung (Naturgesetz) zusammenstehen können. Daher postuliert die Vernunft eine Ursache "der gesamten Natur", welche den Grund dieses Zusammenhangs, nämlich der "genauen Übereinstimmung der Glückseligkeit mit der Sittlichkeit, enthält" (S. 255). Diese Ursache ist Gott.

KANTS Postulatenlehre war seit ihrem Erscheinen Anlaß heftiger Kontroversen gewesen. Die lutherische Orthodoxie hatte, in Verbindung mit der Ethicotheologie der *Kritik der reinen Vernunft*, aus ihr Argumente für eine Abhängigkeit der Morallehre KANTS von der Theologie zu ziehen gesucht. Repräsentativ für dieses Unternehmen waren GOTTLOB CHRISTIAN STORRS *Bemerkungen über Kants philosophische Religionslehre* von 1794. Die Abweisung dieses religionsphilosophischen Versuchs der Unterwerfung der kritischen Philosophie unter eine theologische Dogmatik war eines der treibenden Motive des deutschen Idealismus (vgl. HENRICH 1975, S.41 ff.). Ob GREILING die lutherisch-orthodoxe theologische Kantexegese kannte, geht aus seinem Buch nicht hervor, auf jeden Fall aber ist seine Position im Ansatz nicht die von STORR, nähert sich aber in ihren Konsequenzen dessen These an: keine Moralität ohne Religion. Abgesehen davon teilt GREILINGS Abhandlung alle ihre Widrigkeiten mit der Postulatenlehre von KANTS zweiter Kritik. Seine Überlegungen bleiben zunächst, in den ersten beiden Briefen, in der Spur des kantischen Gedankengangs: Religion ist nicht Grund, sondern Resultat des Sittengesetzes. Aber da wir auch unsere Glückseligkeit erstreben, ohne jedoch über die Mittel zu verfügen, sie im Reich der Natur bewerkstelligen zu können, ist die "Vereinigung der theoretischen mit der praktischen Vernunft ... nur möglich, wenn wir eine *moralische* Welt annehmen, in welcher *moralische Vernunft* gesetzgebend für die physische Welt ist, und so die physische der moralischen, gemäß dem Endzwecke der Vernunft, untergeordnet ist" (GREILING 1794, S. 9f.). Dies erfordert den Gedanken einer höchsten moralischen Weltursache: "Es ist ein Gott" (ebenda). Damit bereits kann GREILING nun seine 'Deduktion' des neuen, umfassenden Erziehungsbegriffs beschließen: "Wenn nun die Erziehung nichts anders ist als harmonische Entwickelung und Bildung aller Kräfte des Menschen zum Endzweck der Sittlichkeit, wenn Bildung des Herzens und moralische Vervollkommnung, nicht etwa ein Unter- oder Mittel-, sondern der oberste und Hauptzweck oder der Endzweck aller Erziehung ist, zu welchem alles andere als Mittel sich verhalten muß, so ist in voriger Deduktion zugleich die Notwendigkeit der Erziehung zur Religion deduziert worden. Denn wenn die praktische wirksame Vernunft der Religion nicht entbehren kann, und praktisch moralisch-wirksame Vernunft, oder ein guter Wille, Endzweck der Erziehung ist, so ist Bildung zur Religion um der Bildung zur Tugend willen notwendig, mit dem Endzwecke der Erziehung zugleich aufgegeben, ebenso notwendig und wesentlich, als der Endzweck der Erziehung selbst" (S. 14). Unter der Hand wird damit das Sittengesetz als Grundsatz praktischer Selbsterhaltung von in der Tendenz eudämonistischen und religiösen Überzeugungen abhängig gemacht, und der Gedanke humaner Selbstbehauptung seiner Möglichkeit nach durch den Glauben an transzendente Akte Gottes (Errichtung einer moralischen Welt) mediatisiert: "Das moralische Gesetz muß aber dem Menschen, wenn es seine völlige Kraft an ihm äußern soll, nicht nur ein Gegenstand der höchsten Achtung, sondern auch der Liebe sein. Wenn es in der einen Rücksicht die Neigungen niederschlägt und Kampf und Verläugnung gebietet, so muß es in der anderen Rücksicht, seiner Reinheit und Würde unbeschadet, mit den Neigungen einigermaßen ausgesöhnt, und als Genuß verheißend dargestellt werden. Dies geschieht vermittelst der Idee der moralischen Welt, und eines Sittlichkeit zum Endzweck habenden Weltschöpfers ..." (S. 18f.). Lag das Problem des ersten Buchs von GREILING darin, daß sein nur formeller Begriff von Moralität keinen Bezug zur pädagogischen Praxis fand, liegt das Problem dieser 'Deduktion' nun darin, daß der Zusammenhang von Beurteilungs- *und* Ausführungsprinzip des moralisch Guten von vornherein religionsphilosophisch überwölbt, und so *zum zweiten Mal* das Konzept rationaler Selbsterhaltung verfehlt wird. So dementiert GREILING im Prinzip den epochalen Wandel, der durch

ROUSSEAUs Fundierung der Erziehung auf den die Selbsterhaltung aufbringenden amour de soi vollzogen war. Und so hintertreibt er den durch KANT vorgebrachten Gedanken humaner Selbstbehauptung durch ein Identität und Kontinuität der Person sicherndes Sittengesetz, das die Bedingungen humaner Selbstbehauptung allein in subjektiven Leistungen des Menschen verankert sah, durch ein Gemisch aus Eudämonismus und religiöser Abhängigkeit.

2. *Von der Selbsterhaltung zur Theodizee durch Erziehung: Johann Friedrich Herbart.*

Das Reale beharrt; auf Störungen reagiert es allein mit Akten der Selbsterhaltung; es ist auf nichts weiteres aus als eben auf die Erhaltung seiner selbst. So auch die menschlichen Vorstellungen. Ihren Mechanismus zu erklären, ist Voraussetzung zur Beantwortung der Frage: 'Wie ist Erziehung möglich?' Der neuzeitliche Begriff der Beharrung oder Selbsterhaltung ist daher Grundkategorie moderner Erziehungswissenschaft, sofern sie nach den Bedingungen der Möglichkeit des Erziehungsgeschäftes fragt. Allgemeine Pädagogik beantwortet die Fragen von Sinn und Zweck der Erziehung, von Weg, Methoden und Inhalt. Sie ist nicht strenge Wissenschaft, sondern Kunstlehre, denn sie beruht nicht auf prinzipieller Beweisführung und Argumentation, sondern auf der topologischen Ordnung des für das *praktische* Erziehungsgeschäft wichtigen Wissens. Psychologie als Wissenschaft, die 'theoretische' Seite der Pädagogik, hingegen erklärt diese praktische Kunst *theoretisch*: In dieser Weise nimmt JOHANN FRIEDRICH HERBART die Prinzipien der pädagogischen Moderne, wie sie gegen Ende des 18.Jahrhundert reflektiert wurden, auf. Selbsterhaltung oder Selbstbeharrung ist Grund*begriff* der pädagogischen Moderne, wie zu ihr das gedoppelte 'methodologische' Verständnis von Theorie gehört. Sie ist *praktisch* und antwortet auf die Frage 'Was soll ich tun?', sie ist theoretisch und beantwortet die Frage 'Wie ist Erziehung möglich?'. *Darin* stimmt HERBART mit KANT und insbesondere mit FICHTE und den Fichteanern überein. Im übrigen ist sein 'Werk' wie wenige andere durchzogen von kontinuierlicher Kritik der idealistischen Philosophie. Es ist diese Kritik mit ihren begrifflichen Standards, die dazu führt, daß HERBART trotz der überragenden Rolle seines zentralen Selbsterhaltungstheorems die pädagogische Moderne in ganz unvergleichlicher Weise unter religionsphilosophischen Druck und das alltägliche Erziehungsgeschäft in atemberaubender Weise unter einen Anspruch setzt, der so seinesgleichen sucht.

Ich werde im folgenden den Zugzwang, in den sich HERBARTs Theoretisieren setzt, von seiner Kritik des KANTischen praktischen Selbsterhaltungstheorems her erläutern. Historisch betrachtet ist diese Kritik übrigens wiederum vermittelt durch HERBARTs Option für die 'personalistische' Seite des Pantheismusstreits, also schon hier, sehr früh (1796), von einer religionsphilosophischen 'Entscheidung' abhängig; aber sie kann und soll hier auch unabhängig von dieser Vorgeschichte analysiert werden.

Für KANT wie für FICHTE impliziert der Begriff der moralischen Verbindlichkeit eine doppelte Bewegung von Selbstdistanzierung und Selbstidentifikation: Der Mensch kann sich selbst als frei begreifen (subjektiv, ideal), wenn er, was er ist, als abhängig betrachtet von dem, was er tut (objektiv, real), also sich eine "Tendenz zur Selbsttätigkeit" zumißt; diese Tendenz zur Selbsttätigkeit kann umgekehrt nur begriffen werden als unter einem Gesetz stehend, das eines der Freiheit ist (vgl. FICHTE 1963, S.40ff.). Moralische Verbindlichkeit entspringt so einem Akt der Selbstgesetzgebung, 'kategorischer Imperativ' und 'transzendentale Freiheit' werden im Menschen voneinander unterschieden und aufeinander bezogen.

Gegen diese Auslegung moralischer Verbindlichkeit erhebt HERBART scharfen Protest: Im Begriff der transzendentalen Freiheit soll die Einheit von Einsicht (subjektiv) und Willen (objektiv) selbst als real gedacht werden, so daß beispielsweise "das Wohlwollen *aus* Einsicht und *in der Einsicht* das wahre tugendhafte Wohlwollen" wäre (HERBART 1887, S.411). Zudem wäre, da den idealen Bestimmungen in der Moralität absolute Gültigkeit zukomme, absolute Güte *und* absolute Stärke ihre Eigenschaft. Dann aber wäre unerklärlich, warum bisweilen moralische Gesinnungen und Handlungen, bisweilen aber ihr Gegenteil oder anderes eintritt. Da die Vernunft hier mit absoluter Unbedingtheit handelte, wäre sie so beeinflußbar wie das Fatum oder die moira der Alten, nämlich gar nicht: "Beide, das absolute Schicksal und die absolute Freiheit sind gleich alte Reste der Rohheit und gleich arge Skandale ..." (HERBART 1964, S.120).

Wie immer man zu HERBARTs 'Exegese' der 'kritischen' Moralphilosophie steht, die Konsequenz, mit der er ihre Fehler zu vermeiden trachtet, ist bemerkenswert: Wenn in der Moralphilosophie der Gedanke der realen Einheit von Einsicht (kategorischer Imperativ) und (reinem) Willen fatalistische Folgen nach sich zieht, kann sie nur eine Lehre von den *idealen* Bestimmungsstücken des moralischen *Urteilens* sein, also Ideenlehre: "Das Reelle, worin Einsicht und Wille Eins sein sollen, kann als Prinzip der Tugend nur gedacht werden, indem wiederum Einsicht und Wille geschieden ... werden. ... Möchte nun die innere Möglichkeit der Tugend für die Theorie noch so rätselhaft sein, die gegenwärtige Untersuchung ignoriert das Rätsel ganz und gar. Hier kommt es nur darauf an, das Ideal der Tugend zu beschreiben ..." (HERBART 1887, S. 411).

Läßt man das paradoxe Ergebnis dieser Argumentation beiseite, daß nämlich die HERBARTsche Moralphilosophie ihren eigenen Grundbegriff, Moralität als Einheit von Einsicht und Willen, nicht verständlich machen kann, schließt sich hier die Frage an, wie denn nun das Ideale und das Reale zusammenfinden? Vergleicht man HERBARTs Ethik unter diesem Aspekt mit derjenigen KANTs oder FICHTEs, so fällt auf, daß bei HERBART, mit KANT zu reden, das Triebfederkapitel der *Kritik der praktischen Vernunft* kein entsprechendes Gegenstück hat, ohne welches ja im übrigen KANT seinen Begriff der Moralität gar nicht hätte bestimmen können. Die Frage, wie das als moralisch gut Eingesehene Triebfeder sein kann, beantwortet HERBART mit der Auskunft, hier sei der Eingang zur Pädagogik (vgl. S. 423). Pädagogik soll moralische Verbindlichkeit real stiften, weil Ethik ihren eigenen Grundbegriff nicht formulieren kann! Was der Mensch moralisch tut, verdankt er allein der Erziehung. So weit, so gut, möchte man sagen. Aber die Lehre, daß die sittlichen Beurteilungen nur in ihrer Idealität aufgefaßt werden können, gilt, nach HERBART, nur für den Menschen. 'An sich' haben sie sehr wohl Realität und fungieren sehr wohl als 'Triebfeder', nämlich in Gott. Gott ist "das reelle Zentrum aller praktischen Ideen und ihrer schrankenlosen Wirksamkeit" (HERBART 1964, S. 116). So versucht HERBART, den motivierenden Charakter der sittlichen Urteile mit einer religionsphilosophischen Spekulation plausibel zu machen: Was bei KANT und FICHTE im Begriff der moralischen Verbindlichkeit für den Menschen gedacht wurde, die Verknüpfung idealer und realer Momente, verlagert HERBART in den Himmel. Nur so, dies mag sein Motiv gewesen sein, wird das Problem einer Konvergenz von moralischem Freiheitsbegriff, der bei HERBART natürlich nur 'innere (ideale) Freiheit' meint, und Fatalismus vermieden, ohne daß der unbestreitbar anzunehmende Bezug von 'Vernunft' und 'Willen' in der Idee der Moralität gänzlich getilgt würde; er ist sozusagen platonisch sublimiert und doch 'reell'.

Überblickt man den hier skizzierten Gang von HERBARTs Idealismusinterpretation über seine entsprechende Kritik und seinen Entwurf einer eigenen ethischen Ideenlehre bis zur zuletzt bezeichneten religionsphilosophischen Spekulation, die ja einer Art von praktischer Stärkung der Ideenlehre den Weg ebnen soll, so kann man dieser Gedankenfolge Folgerichtigkeit wohl nicht absprechen (um so mehr muß der Startpunkt dieser Gedankenfolge, HERBARTs Idealismuslektüre, sorgfältig analysiert werden - wozu hier nicht der Ort ist).

Es reicht aber nur wenig Vertrautheit mit der idealistischen Philosophie wie mit HERBARTs Kritik an ihr aus, um zu sehen, daß sich jetzt, zum Schluß, für HERBART selbst jenes Problem erneut stellt, um dessentwillen er seine neue, 'ideale' Ethik entworfen hatte. Denn wenn HERBART schreibt, Gott sei das reelle Zentrum der praktischen Ideen und ihrer schrankenlosen Wirksamkeit, wiederholt sich HERBARTS fatalismusdiagnostische Frage, die er an KANT und FICHTE gerichtet hatte: Unde bonum, unde malum? Nur ist der Adressat jetzt nicht die, wie HERBART stets meinte, anonyme Vernunft der idealistischen Systemphilosophie, sondern das 'reelle Zentrum' seiner eigenen Ethicotheologie! HERBART hat oft und gerne von JOCOBIS Polemik gegen die Systemphilosophie (SPINOZA, KANT, FICHTE, SCHELLING usw.) Gebrauch gemacht, sie alle konstruierten sich einen 'Himmel im Verstande'. Aber es ist sein eigenes Plädoyer für einen 'Verstand im Himmel', das den Legitimationsdruck, unter den der tätige Mensch steht, ins Unermeßliche verstärkt: "Unter einer Theodizee", schreibt KANT in seinem Aufsatz *Über das Mißlingen aller philosophischen Versuche in der Theodizee*, "versteht man die Verteidigung der höchsten Weisheit des Welturhebers gegen die Anklage, welche die Vernunft aus dem Zweckwidrigen in der Welt gegen jene erhebt" (KANT 1964, S. 105). Nach KANT müssen solche Versuche mißlingen. "Die Theodizee", schreibt HERBART in seiner Frühschrift *Über die ästhetische Darstellung der Welt als das Hauptgeschäft der Erziehung*, "sei der *Tat* des Menschen überlassen" (HERBART 1964, S. 120), und *das* ist, so muß man fürchten, ganz konsequent: Wie sollte, wenn nicht auf diese 'augustinische' Weise, Gottes 'schrankenlose Wirksamkeit' in den Angelegenheiten der praktischen Ideen einhergehen mit der Erfahrung der 'Not' des Menschen und seiner Beschränktheit in seiner je individuellen Lage? Im Unterschied zum Kirchenvater ist HERBARTS Mensch aber *nicht frei*, dies zu tun oder anderes zu lassen; was er tut, ist Ergebnis der *pädagogischen Determination*. Deren gegenneuzeitliche Aufgabe ist: Theodizee durch Erziehung. Kein Satz der klassischen deutschen Pädagogik ist härter als dieser.

III. Überlegungen zum religionsphilosophischen Gravitationsfeld der klassischen deutschen Pädagogik

Nennt man als repräsentative Vertreter der klassischen deutschen Pädagogik beispielsweise HERBART und SCHLEIERMACHER, so ist der Zusammenhang von pädagogischen und theologischen Fragen durch einen theoriegeschichtlichen Sachverhalt wie selbstverständlich gegeben, der mit 'Gegenwirken und Unterstützen', 'Regierung und Unterricht und Zucht' usw. *direkt* gar nichts zu tun hat: Ebenso wie die Entwicklung der deutschen idealistischen (und antiidealistischen) Philosophie ist, sehr grob und schematisch gesagt, die Entwicklung der pädagogischen Systeme des frühen 19. Jahrhunderts (auch) davon abhängig, welche Seite man im erneuerten Pantheismusstreit einnahm, diejenige LESSINGS, dessen *Erziehung des Menschengeschlechts* in der

Generation der in den siebziger Jahren des 18. Jahrhunderts Geborenen stets präsent war, oder diejenige JACOBIS, dessen *Briefe über die Lehre des Spinoza* eifrig exzerpiert wurden. So findet man dann SCHLEIERMACHER dort, HERBART aber hier. Und so wäre es eine theoriehistorische Aufgabe, die Konstellation der pädagogischen Grundbegrifflichkeiten bei HERBART und SCHLEIERMACHER auf ihre möglichen Dependenzen von der religionsphilosophischen querelle zu analysieren.

Ein anderer Zugang zum Zusammenhang von Theologie und Pädagogik ergäbe sich aus der Erwägung, daß moderne Pädagogik Alternative und Konkurrenzmodell zur modernen Geschichtsphilosophie ist: Beide bearbeiten ja, formal gesprochen, die Vermittlung oder Kombinierbarkeit von Positionen der Unmittelbarkeit und solchen der Reflexibilität. Daher könnte nun für die *Pädagogik* der Frage nachgegangen werden, die MARQUARDT für die Geschichtsphilosophie formuliert und positiv beantwortet hat: Ob die Geschichtsphilosophie der Moderne Theodizee sei (vgl. MARQUARDT 1973, S. 52ff.; BLUMENBERG 1974, S.64 ff.). Zumindest das Theorieprogramm HERBARTS, gerade weil es, erziehungswissenschaftlich, den modernen Begriff der Selbsterhaltung als zentrale Kategorie herausstellt, könnte hier Anlaß umfangreicher modernediagnostischer wie modernekritischer Studien sein.

Zu einem kurzen Abschluß meiner Überlegungen zur pädagogischen Moderne möchte ich indes einen anderen Weg gehen. Wenn die hier behauptete These nämlich richtig ist, daß ROUSSEAU es war, der das moderne Theorem der Selbsterhaltung zum Fundament neuzeitlicher Pädagogik machte, gibt vielleicht der Umbau der auf ROUSSEAUs Entdeckung des Kindes verpflichteten pädagogischen Konzepte der Folgezeit Aufschluß über den Zugzwang, in den Zusammenhang von 'Selbsterhaltung' und 'Erziehung zur Moralität' theologische Sicherungen einzubauen.

- Die kritisch gehandhabte und bewertete Differenz von amour de soi und amour propre fundiert bei ROUSSEAU das Konzept der negativen Erziehung des Kindes, das dessen Entwicklung als kontinuierlichen Aufbau von Selbsterhaltungsleistungen begreiflich macht. Da hinter dieser Differenz aber die andere, grundlegendere (und jene erste in ihrer Bewertung festlegende) von Unmittelbarkeit und Reflexion steht, stellt sich für jeden ROUSSEAU-Interpreten, der, bei Beibehaltung von ROUSSEAUs Konzept des Kindes, der gesellschaftsabgewandten Erziehung des Emile nicht folgen will, die doppelte Nötigung ein, erstens einen theoretischen Ersatz für den amour de soi zu formulieren, und zweitens damit fertigzuwerden, daß durch die Zulassung des den amour propre aufbringenden 'Sich-auf-sich-Zurückbeugens' (Reflexion) sich genau das in der pädagogischen Interaktion einnistet, das ROUSSEAU gerade zu vermeiden getrachtet hatte: Reflexibilität.[2]

Die folgenreichste Antwort auf die erste Nötigung ist die KANTs: Die humanen Leistungen des Selbsterhaltung erbringenden amour de soi, in denen sich die natürliche Güte des Menschen ausdrückt, werden von ihm dem moralischen Selbsterhaltungsgrundsatz des Sittengesetzes übertragen. KANT schreibt, unter *diesem* Aspekt, ROUSSEAUs 'nature' in 'reine praktische Vernunft' um, aber so, daß diese theoretische Differenz gleichwohl praktisch identische Selbstbeschreibungen des Menschen erlaubt. Die unmittelbare (!) Stimme des guten Gewissens ist bei ROUSSEAU wie bei KANT letzte Regelungsinstanz humaner Selbstbehauptung. An *dieser* Überzeugung hängt Beschreibung wie Selbstbeschreibung (nicht nur) der pädagogischen Moderne.
- Die Koppelung von Pädagogik und Ethik ist also, von ROUSSEAU aus betrachtet, das durchaus paradoxe Ergebnis der Bemühung, an seinen Intentionen bei veränderter Begrifflichkeit festhalten zu wollen; "er hat mich zurecht gebracht" (KANT). Diese Koppelung ist lange Zeit dominant geblieben, wobei der historischen Korrektheit halber daran erinnert werden soll, daß 'ethisch' nicht immer 'moralisch' beinhaltet, aus jener Koppelung also nicht auf eine notwendige Bindung von Erziehung an Moralität geschlossen werden darf.
Auffallend ist nun, wendet man den Blick von dieser skizzierten theoriegeschichtlichen Umbesetzung auf die klassische deutsche Pädagogik, daß diese durchweg mit einer *begrifflich schwachen*, aber in ihren *Ansprüchen starken* Ethik verknüpft wird. Begrifflich schwach nenne ich Ethiken, die in dem hier verhandelten historischen Zeitraum die Intentionen des KANTischen Moralbegriffs teilen, aber die theorietechnischen Minimalbedingungen, die nach KANT für das Verständnis von Moralität zu erfüllen sind, unterlaufen.[3] Diese Minimalbedingungen lauten, sehr einfach formuliert, daß in der Moralphilosophie erstens ein Beurteilungsprinzip des Guten ausgewiesen werden muß, das einen widerspruchfreien Gebrauch ermöglicht; daß in ihr in der Auszeichnung eines Ausführungsprinzips gezeigt werden muß, wie das als moralisch gut Eingesehene handlungsrelevant wird; und daß schließlich in ihr beide Prinzipien gerechtfertigt respektive begründet werden müssen. In der Philosophie KANTs werden diese Minimalbedingungen durch die Lehren vom kategorischen Imperativ oder Sittengesetz (Beurteilungsprinzip), von der Achtung für das Sittengesetz (Ausführungsprinzip) und vom Faktum der Vernunft (Rechtfertigung) als erfüllt behauptet. Sieht man von hier aus auf die Theorieprogramme GREILINGs und HERBARTs, zeigt sich ihr Gemeinsames nun genau darin, daß sie die Frage nach den Ausführungsprinzipien des moralisch Guten zunächst nicht (GREILING 1793) oder grundsätzlich nicht beantworten (HERBART). Bei GREILING fehlt dieser überaus wichtige Standard - an ihm hängt ja die Differenz von Moralität und Legalität (!) - in seinem ersten Ansatz völlig, für Herbart habe ich gezeigt, warum er

fehlen *muß*. Eine Ethik rückt aber sehr in die Nähe einer Rhetorik des bloßen Überredens, wenn sie ihrem Geschäft ohne Auskunft über die mögliche motivierende Rolle des moralisch Guten selbst nachzugehen sich erlaubt. Die zweite Gemeinsamkeit zwischen GREILING und HERBART besteht, wie gezeigt, nun darin, daß beide zunächst geneigt sind, die Stelle der *Ausführungsregeln durch Pädagogik zu ersetzen*. Aber was immer sie dem pädagogischen Geschäft zutrauen, bei beiden bleibt der Stachel der Frage, wieso die Erziehung eher und priviligiert fähig ist, zu *stiften*, was 'das Gute' von sich aus gerade nicht vermögen soll: moralische Verbindlichkeit.

- Es ist deshalb kein Zufall, daß beide dann doch noch (einmal) diese Frage aufwerfen; und nun, da, um den Preis zirkulärer Schlüsse, es eine ethische Antwort sowenig geben kann wie eine erziehungswissenschaftliche, erfolgt der Rückgriff auf Theologie: In GREILINGs zweitem Ansatz, der ja KANTs Lehre von der Achtung fürs Gesetz durchaus kennt, aber ihm nicht mehr zutraut, was KANT ihm noch zutraute, löst die religionsphilosophische Spekulation alle Zweifel an der motivierenden Kraft des Guten, da es doch Teil des die Glückseligkeit umfassenden höchsten Gutes ist, für deren proportionierliche Zuteilung Gott zuständig wird. Und HERBART verlegt, aus Furcht von dem Fatalismussyndrom, die Beantwortung der unausweichlichen Frage, wie das Gute antreibend zu sein vermag, in einen Begriff von Gott, den zu verifizieren die Erziehung die Theodizee aufgeschultert bekommt. Allgemein gesagt: Wer, aus welchen Gründen auch immer, der Ethik die Lösung des Problems der moralischen Verbindlichkeit bestreitet, und an Moralität gleichwohl festhält, bekommt zuerst eine schwache Ethik, dann eine überforderte Erziehung, und schließlich, damit alles gut geht, eine religionsphilosophische Notlösung. Mit ihr aber wird der Begriff der moralischen Verbindlichkeit problematisiert; bleibt Pädagogik trotzdem der Intention nach an diesen Begriff gekoppelt, ist sie gezwungen, auf der Basis moderner Grundbegrifflichkeit immer wieder *gegenmodern* zu agieren. Vielleicht sollte man unter solchen begrifflichen Zumutungen *pädagogisch* die Unwägbarkeiten der alten göttlichen Gnade nicht zu sehr geißeln, aber *erziehungswissenschaftlich* auf der Differenz sowohl zur Pädagogik als auch zur Religionsphilosophie beharren. Aber auch das ist, wie gesehen, keine Garantie.

Anmerkungen:

1. Vgl. hierzu die 'Beiträge zur Diagnose der Moderne' in 'Subjektivität und Selbsterhaltung' (1976).
2. Zu den Folgeproblemen und Bearbeitungsversuchen dieser zweiten Nötigung, die den modernen pädagogischen Fundamentalismus ermöglicht, vgl. LANGEWAND 1992; im folgenden werde ich nur einige Konsequenzen der ersten Nötigung behandeln.
3. Für SCHLEIERMACHER, auf den ich hier nicht weiter eingehe, zeigt das SÜNKEL 1964.

Literaturverzeichnis:

BLUMENBERG, H.: Säkularisierung und Selbstbehauptung. Erweiterte und überarbeitete Neuausgabe von 'Die Legitimität der Neuzeit', 1. und 2. Teil. Frankfurt am Main 1974.

CAMPE, J.H.: Von der nötigen Sorge für die Erhaltung des Gleichgewichts unter den menschlichen Kräften. In: Allgemeine Revision des gesamten Schul- und Erziehungswesens von einer Gesellschaft praktischer Erzieher. Bd. 3. Hamburg 1785, S. 291ff.

FICHTE, J.G.: System der Sittenlehre. Nach den Prinzipien der Wissenschaftslehre. Hamburg 1963.

GREILING, J.CHR.: Über den Endzweck der Erziehung und den ersten Grundsatz einer Wissenschaft derselben. Schneeberg 1793.

GREILING, J.CHR.: Philosophische Briefe über das Prinzip und die ersten Grundsätze der sittlich-religiösen Erziehung. Leipzig 1794.

HENRICH, D.: Hegel im Kontext. Frankfurt am Main ^{2}1975.

HERBART, J.F.: Allgemeine practische Philosophie. In: DERS.: Sämtliche Werke in chronologischer Reihenfolge. Hrsg. von H. KEHRBACH/O. FLÜGEL. Bd.2. Langensalza 1887, S. 329 ff.

HERBART, J.F.: Über die ästhetische Darstellung der Welt als das Hauptgeschäft der Erziehung. In: DERS.: Pädagogische Schriften. Bd.1. Kleinere pädagogische Schriften. Hrsg. von W. ASMUS. Düsseldorf 1964, S. 105 ff.

KANT, I.: Kritik der praktischen Vernunft. In: DERS.: Werke in 6 Bänden. Hrsg. von W. WEISCHEDEL. Bd.4. Darmstadt 1983, S. 103 ff.

KANT, I.: Über das Mißlingen aller philosophischen Versuche in der Theodizee. In: DERS.: Werke in 6 Bänden. Hrsg. von W. WEISCHEDEL. Bd.6. Darmstadt 1964, S. 105 ff.

LANGEWAND, A.: Immediacy and reflection. A contradiction in modern pedagogical thinking. University of Leuven 1992.

MARQUARD, O.: Schwierigkeiten mit der Geschichtsphilosophie. Frankfurt am Main 1973.

RITTER, CHR.G.W.: Kritik der Pädagogik. Zum Beweis der Notwendigkeit einer allgemeinen Erziehungswissenschaft. In: Philosophisches Journal einer Gesellschaft teutscher Gelehrten. Bd.8. 1798. Heft 1, S. 47ff.

ROUSSEAU, J.-J.: Emile ou de l'éducation. In: DERS.: Oeuvres complètes. Bd.4. Paris 1969, S. 239ff.

STORR, G.CHR.: Bemerkungen über Kants philosophische Religionslehre. Tübingen 1794.

SÜNKEL, W.: Friedrich Schleiermachers Begründung der Pädagogik als Wissenschaft. Ratingen 1964.

Subjektivität und Selbsterhaltung. Beiträge zur Diagnose der Moderne. Hrsg. von H. EBELING. Frankfurt am Main 1976.

REINHARD UHLE

Zum Bildungsverständnis in der Moderne und der Moderne-Kritik

In SHARPEs Roman 'Schwanenschmaus im Porterhouse' fragt der neue Rektor des fiktiven Cambridger College 'Porterhouse' den Schatzmeister dieser alt-ehrwürdigen Einrichtung: "Einen kleinen Madeira? Oder möchten Sie lieber etwas Modernes? ... Einen Campari z.B.?" (SHARPE 1987). Wer im Porterhouse modern sein will, muß zum Campari greifen. Zwar toleriert die Institution Unmodernes wie Madeira, aber dem Rektor signalisiert die Wahl, mit wem er es zu tun hat: mit einem Verfechter des Alten oder einem Vertreter des Neuen.
Im Gegensatz zu dieser Welt von Cambridge ist unsere Bildungswelt etwas komplizierter geworden. Denn selbst wenn man zu Modernem greift, signalisiert man eine Vorliebe für Altes, für Vorhergehendes. Man partizipiert an der 'Antiquiertheit der Moderne' (NEUMANN 1990), ist vielleicht nicht 'Auf dem Weg in eine andere Moderne' (BECK 1986) oder findet keine 'Wege aus der Moderne' (WELSCH 1988), wie Buchtitel lauten.
Meine Frage in den folgenden Ausführungen richtet sich zunächst darauf, innerhalb *welcher* Moderne-Diskussionen eigentlich *was* am Bildungsverständnis der Moderne so unmodern, so überholt, so zum Antiquum geworden ist, obwohl sich ja immer Modernum als Gegenbegriff zum Antiquum begriffen hat.
Dazu wähle ich drei Diskussionszusammenhänge, in denen 'Moderne' je spezifisch in die Kritik geraten ist und mit ihr das Problem der Bildung des Subjekts. Es handelt sich dabei um die Problemkontexte von Bildung in ästhetischer, in philosophischer und in soziologischer Moderne-Diskussion. Mit der Unterstellung, daß es sinnvoll sei, am Gedanken der Bildung des Subjekts festzuhalten, suche ich zu bestimmen, wie weit eine Moderne-Kritik gehen kann, soll nicht dieser Gedanke ad absurdum geführt werden. Die Unterstellung kann man kritisieren. Nur ist daran zu erinnern, daß die Moderne - wenn wir sie soziologisch als Aufklärung fassen - als Projekt, als Aufgegebensein, als Sollensaufforderung beginnt, wie es in KANTs 'sapere aude!' als Beschreibung von Aufklärung anklingt. In diesem Sinne unterstelle ich ein Bildungsaufgegebensein, welches mir einleuchtend PETZELT so formuliert: "Die Iche müssen sich verstehen wollen, also müssen sie lernen, sich zu verständigen" (PETZELT 1953, S. 99). Welche Moderne-Akzentuierung nicht zum Antiquum werden darf, um so zu denken, ist also das Thema meiner Überlegungen.

I. Zum Bildungsproblem in ästhetischer Moderne und Moderne-Kritik

Soll nicht Madeira oder Campari den Gegensatz von Antiquum und Modernum darstellen, dann ist das Aufgreifen des Begriffs Moderne nach JAUß (1970, S. 11) von zwei wortgeschichtlichen Rezeptionen im deutschsprachigen Raum abhängig: zum einen von den lateinischen Ausdrücken 'modernus', 'modernitas' und zum andern vom französischen Begriff 'modernité.
Die lateinischen Termini verweisen auf differente 'moderne' Zeiten seit dem 5. Jahrhundert, in denen je Vorhergehendes seine allgemeine Akzeptanz verliert. Dabei kann es sich um altes Reichsverständnis, altes Erkenntnissystem, 'heidnisches' Altertum usw. handeln. Modernum ist jeweils das Neue, das Gewandelte und Veränderte. Präziser und eingegrenzter wird erst der Begriffsgebrauch, der sich vom französischen 'modernité' ableitet. Wenn WOLFF - und ich folge immer noch den Gedanken von JAUß - 1887 die Kunst seiner Zeit als Kunst der 'Moderne' bezeichnet, dann liegt dem eine Tradition zugrunde, die 1687, also zwei Jahrhunderte zuvor, PERRAULT mit der 'Querelles des Anciens et des Modernes' eingeleitet hat. In dieser Diskussion geht es um die Frage des Vorbildcharakters bzw. des Übergangs von der Kunstauffassung der Antike zu einem neuen Kunstverständnis. Es geht um Fragen des Geschmacks, um Kunst als imitatio naturae oder Poetisierung der Wirklichkeit und um das Problem von Veränderung als Geschichtlichkeit. Hundert Jahre später wird diese Diskussion in Deutschland unter Begriffspaaren wie 'natürliche' versus 'künstliche' Bildung (SCHLEGEL) oder 'naive' versus 'sentimentale' (SCHILLER) oder 'romantische' (HEGEL) Dichtung geführt.
Das Gegensatzpaar von 'anciens' und 'modern' führt zur theoretischen Konstruktion eines 'neuen Lebensideals', zum "Ideal ästhetischer Geisteshaltung, persönlicher Kultur", wie PAULSEN (1921, S. 193) sagt. Neue und d.h. moderne Bildung wird von HERDER im Gefühl, Geschmack, Enthusiasmus für geisteswissenschaftliche Betätigung gesucht, vergleichbar der pietistischen Suche nach Gottesnähe in der Emotivität. Der Gedanke des unwiederbringlichen Verlustes vollendeten Geschmacks und Darstellung der Natur führen SCHLEGEL wie SCHILLER - wenn auch unterschiedlich - zur Bestimmung einer speziellen, modernen Urteilskraft, einer modernen Poetik, die vor allem auf 'Empfindung' begründet wird. HEGEL nennt die neue heraufziehende Zeit die Zeit, in der Kunst ihr Ende findet, ihr Ende nämlich eine Form des Wahren im Begreifen von Wirklichkeit zu sein. Denn für ihn ist Kunst nun an die Innerlichkeit des Subjekts gebunden, das mit Formen, Stilen und Tendenzen spielt, experimentiert und konstruiert (vgl. OELMÜLLER 1969, S. 240ff.). Kunst wird in den Worten von HA-

BERMAS (1981, S. 324) 'expressiv', artikuliert die Subjektivität des privaten Erlebens und der nicht-sprachlichen Potentiale des Lebens.
Das theoretische Problem dieser ästhetischen Moderne als Moderne des Widerstreits von 'anciens et modernes' ist das Problem, wie diese Expressivität des Ich an die Gemeinsamkeit des Geschmackerlebens zurückgebunden werden kann. Dies Problem verschärft sich, weil - wie GADAMER (1972, S. 7ff.) zeigt -, in erkenntnistheoretischer Philosophie sichtbar wird, daß sozial-kulturell-historische Wirklichkeit nicht mehr als durch ein naturwissenschaftliches Methodenideal erfahrbar angesehen wird. Ästhetische Kategorien wie Takt, Urteilskraft, Gefühl und Empathie werden Voraussetzungen einer historisch-geisteswissenschaftlichen Erfahrung. Gerade die aber unterliegen dem Problem der Innerlichkeit des Erlebens in Stimmungen, Wünschen, Idiosynkrasien usw. Gesucht wird dafür neue Intersubjektivität des Geschmacksurteils in Theorien des sensus communis, der Urteilskraft, des Erhabenen usw. Es geht, wie in KANTs Kritik der Urteilskraft zu lesen, um 'Zusammenstimmung' für Schönheitsurteile angesichts der Dissoziierungen expressiver Subjektivität, was sich als Bildungsproblem etwa in SCHILLERs Gedanken der 'schönen Seele' (vgl. KÜNZLI 1986, S. 65) findet, mit der er die allgemeinbildende Bestimmung des Menschen beschreibt.
Dieser Reflexionszusammenhang der 'Querelles des Anciens et des Modernes' ändert sich nach Auskunft von JAUß (1970, S. 52ff.) mit STENDHAL und BAUDELAIRE, bei denen 'modernité' eine Bedeutung erhält, die sich nicht mehr dem Gegensatz von Antiquum und Modernum verdankt, sondern dem permanenten Umschlag, der Veränderung des Novum zum Antiquum. Moderne Kunst in diesem Sinne bezieht sich auf Ideale des Neuen, des Wechsels und der Moden - mit der Aufgabe an das gestaltende wie verstehende ästhetische Subjekt, Veränderliches, Wechselhaftes, Momentanes auf Dauer zu stellen. Modernität des ästhetischen Bewußtseins ist Aufgabe und Suche nicht nach vertrautem, sondern unvertrautem Geschmack. Wenn wir viele Diskussionen um diese Modernität übergehen und die 'Phänomene der Postmoderne' als Kritik der dargestellten ästhetischen Moderne lesen, dann läßt sich sagen, daß diese Kritik den Ansatz der ästhetischen modernité radikalisiert. Denn das Programm der Postmoderne setzt nach dem Literaturbericht von RITTELMEYER (1990, S. 410ff.) auf 'Fremdheit, Collage, historische Reminiszens und Rätselhaftigkeit', betont 'Irritationen' und 'Verunsicherungen', um 'Vertrauenskrisen' zu inszenieren und "neue Sichtweisen auf die Dinge der Welt" zu eröffnen. Das Zentralmotiv der ästhetischen Moderne, die Suche nach intersubjektiven Bindungen expressiver Subjektivität, scheint zugunsten von Offenheit, "Erschließung von kombinatorischem Neuland" und idiosynkratischer Aktivität aufgegeben zu sein.

Und MOLLENHAUER (1990, S. 492f.) zieht daraus die Konsequenz für ästhetische Bildung, Egoität verstanden als 'Ich-Selbst-Verhältnis' und d.h. nicht die KANTsche ästhetische 'Zusammenstimmung' zum Zentrum bildungstheoretischer Reflexion zu machen. Zu Recht versteht er dies als (noch auszuhandelnde) 'ehrenhafte Kapitulation' von Bildungstheorie, sind Idiosynkrasien doch nicht bildbar, sondern gegeben.
Dies trifft sich zum Teil mit der ästhetischen Auffassung LYOTARDS, bei dem ästhetische Erfahrung 'ursprüngliche Empfänglichkeit' ist. Diese allerdings ist nicht solipsistisch, sondern gründet sich auf eine unterstellte 'ideale Gefühlsgemeinschaft' (REESE-SCHÄFER 1989, S. 84), einer allerdings nicht durch gemeinsame Vernunft, sondern spontan von Kulturen hergestellten quasi Geburtsstätte für 'Energieumwandlungen' (WELLMER 1985, S. 52), für die Verwandlung von Gefühlen in Formen. Dieses Subjekt des Geschmacksurteils kann sich weder an Vernunft noch an Evidenz orientieren, sondern wird Objekt 'passiver Synthesen', Partizipant vorgängiger Gefühlszusammenstimmung.
Auch wenn hier das expressive Ich an vorgängige Inter-Subjektivität des Gefühls gebunden wird, findet der Bildungsgedanke der Moderne keine Anschlußmöglichkeit, weil diese Gemeinsamkeit widersprüchlich, widerspruchsvoll und spontan erstellt wird. Ursprüngliche Empfänglichkeit in Gefühlsgemeinschaften ist nicht auf Intersubjektivität der Urteilskraft hin steigerbar.
Damit ist das Bildungsproblem der ästhetischen Moderne nur fortsetzbar, wenn es sich an die Artikulation und Manifestation des ästhetischen Verstehens anschließt, nämlich "Erklärung, Kritik und Kommentar, ... Reproduktion, Aufführung oder Rezitation, ... produktive Umsetzung ästhetischer Erfahrung" (S. 65) zu sein, bei denen es sich um veröffentlichte Expressivität handelt, mit dem Geltungsanspruch auf Gelingen und Mißlingen der Artikulation von Expressionen. Dafür aber müssen selbst bei Anerkennung der Gefühlsbasis von ästhetischen Urteilen auch öffentliche und d.h. allgemeine, nicht idiosynkratische Berufungen auf die Legitimität von Gefühlszuständen möglich sein. Das Projekt der ästhetischen Moderne und ihrer Bildungsfrage der Gemeinsamkeit des Geschmacksurteils hat sich dann in der Orientierung an öffentlicher Manifestation seit der Diskussion um die modernité vielleicht verschärft, aber nicht verabschiedet.

II. Zum Bildungsproblem in philosophischer Moderne und Moderne-Kritik

'Der philosophische Diskurs der Moderne' ist eine Vorlesungszusammenstellung von HABERMAS betitelt. Er überträgt den von M. WEBER vorgestellten Gedanken der 'Entzauberung' der Welt durch okzidentale Reflexionsmuster und den soziologischen Terminus der 'Modernisierung' auf den Problemhorizont, der traditionell als 'Aufklärung' oder 'Neuzeit' bezeichnet wird. HEGEL wird dann "der erste Philosoph, der einen klaren Begriff der Moderne" (HABERMAS 1985, S. 13) entwikkelt hat, weil HABERMAS postmoderne und poststrukturalistische Subjektivitätskritik auf den WEBERschen Gedanken der europäischen Rationalisierung von Lebensformen bezieht. Moderne wird dann 'neueste Zeit' in der neuen Zeit des beginnenden 19. Jahrhunderts.
Modernes Bewußtsein in diesem Sinne ist 'Erneuerungssuche' nach der Aufklärung und der französischen Revolution. Und für dieses Bewußtsein liefert HEGEL in der HABERMASschen Gedankenführung die zutreffenden Beschreibungskategorien, nämlich 'Individualismus', 'Recht der Kritik', 'Autonomie des Handelns' und 'idealistische Philosophie'. Sie verkörpern das Prinzip der Subjektivität als Kennzeichen der Moderne, in der das Ich nicht mehr Teil einer ordo ist, Wahrheit nicht mehr durch Berufung auf Autoritäten und moralisches Handeln nicht mehr durch außersubjektive Instanzen legitimiert werden kann. An HEGEL ist für HABERMAS jedoch im Unterschied zu anderen Philosophen der neuen Zeit zu bemerken, wie er das Zentralproblem der modernen Subjektivität angeht und damit erfaßt: subjektzentrierte Vernunft löst die Bindungen von Ich und Gattung, von Arbeit und Zweck, von Bürger und Staat, von Wissenschaft und Leben. In der bürgerlichen Gesellschaft verfolgt das Ich 'selbstsüchtige' Interessen und ist gleichzeitig in ein 'System allseitiger Abhängigkeit' eingebunden, deren Probleme HEGEL philosophisch zu begreifen und zu versöhnen sucht.
Bildungsphilosophisch führt dies zu dem HEGELschen Versuch, Subjektivität als Besonderheit und Allgemeinheit zu kennzeichnen und als Ziel von praktischer und theoretischer Bildung zu begreifen. Das Ich muß lernen, seine privat-diffuse Erlebniswelt mit seiner 'Begierlichkeit' in Trieben, Stimmungen, Vorlieben, Erinnerungen usw. abzustreifen und doch eigentümlich zu bleiben. Und es muß lernen, Nicht-Ich nicht nur zu 'begehren' oder zu 'verzehren', d.h. das Ich muß sich als begrenztes erfahren. GADAMER formuliert dieses HEGELsche Bildungsverständnis mit den einfachen Worten: "Indem der Mensch ein Können, eine Geschicklichkeit erwirbt, gewinnt er darin ein eigenes Selbstgefühl" (GADAMER 1972, S. 10).Und dies heißt für theoretische Bildung etwa: "Jedes einzelne Individuum, das sich aus seinem Natur-

wesen ins Geistige erhebt, findet in Sprache, Sitte, Einrichtungen seines Volkes eine vorgegebene Substanz, die es, wie im Sprechenlernen, zur seinigen zu machen hat." Das antagonistische, tendenziell Gemeinschaftsbildungen destruierende Ich hat sich in Bildungsprozessen in ein höherstufiges, allgemeines geistiges Ich, das sich in Ordnungen von Institutionen manifestiert, einzubinden. Denn im Unterschied zur kantischen Moralauffassung von der Selbstbindung des Ich an die Verallgemeinerbarkeit des Einzelwillens geht HEGEL von der "Sittlichkeit" als einem "gesellschaftlichen Zustand (sc. aus), in dem alle Glieder zu ihrem Recht kommen und ihre Bedürfnisse befriedigen, ohne die Interessen anderer zu verletzen" (HABERMAS 1985, S. 40).

Für HABERMAS ist HEGEL Philosoph der Moderne, d.h. der neuesten Zeit der Nachaufklärung, weil er noch einmal mit den Mitteln der Subjektphilosophie Kritik an eben dieser Subjektivität übt, um das Kennzeichen der Moderne: den Antagonismus von Gesellschaft aufgrund von Subjektbetonung, zu versöhnen. Ist solche Philosophie hinfällig, ist auch der traditionelle Gedanke von Bildung als Vermittlung von subjektivem und objektivem Geist, von Steigerung und Entwicklung auf ein Allgemeines hin, von Entpartikularisierung des privatdiffusen Ich hin auf das, was z.B. MEAD ein 'geistiges Selbst' nennt, nicht denkbar.

Genau dies aber geschieht in der Vernunft- und Subjektivitätskritik einer wie immer bezeichneten nach-modernen Philosophie. Das 'Andere der Vernunft' (BÖHME 1985) steht einer reglementierten Vernunft gegenüber, Versöhnung wird Vergewaltigung. So beschreibt FOUCAULT (1976), wie die Innerlichkeit der Subjektivität durch 'Abrichtungsmittel', durch erpreßte Autonomie gewonnen wird. Solche Bestimmungen radikalisieren das, was schon FREUD am sozialkulturellen Allgemeinen als Über-Ich kritisiert hat, MARCUSE (1967) als Subjektwerdung durch 'repressive Entsublimierung' zu beschreiben sucht und HORKHEIMER/ADORNO (1955) als Umschlag einer auf Naturbeherrschung ausgerichteten Subjektivität in ein Beherrschtwerden durch 'zweite Natur' begreifen.

Radikalisiert wird in dieser nach-modernen Diskussion auch die bereits von WITTGENSTEIN inaugurierte sprachkritische Kritik an der Möglichkeit von Verständigung, wonach Subjekte nicht als Produzenten ihrer Sprache begriffen werden, sondern als Partizipanten von Lebensformen.

In der post-modernen Kritik weiß das Subjekt nicht mehr, woran es partizipiert, weil das Sprachspiel als Lebensform unkontrollierbar wird, unabsehbare Möglichkeiten von Erweiterungen und Veränderungen enthält (vgl. WELLMER 1985, S. 72ff.).

Die Radikalisierung der Subjektkritik problematisiert nun auch den Bildungsgedanken der philosophisch gefaßten Moderne. Dieser Gedanke hat m.E. sein Leben nur in der Negation, in der Kritik, in der nicht-affirmativen Betrachtung sozial-politischer Welt. Für Schulbildung diente er HUMBOLDT dazu, bildungspolitische Ansprüche auf Spezial-Bildungen abzuwehren und den Anspruch an Bildungsinstitutionen einzuklagen, Möglichkeiten der Hilfestellung für das Werden des Subjekts zu eigener Selbstbezüglichkeit bereit zu stellen. HERBART konnte aus erziehungsphilosophischer Perspektive Bildungsmöglichkeiten in öffentlicher Erziehung eigentlich nicht sehen. Für SCHLEIERMACHER war der Bildungsgedanke das theoretisch einzuklagende Korrektiv gegen Absolutheitsansprüche von Kulturinstitutionen wie Kirche, Staat und Geselligkeit. Als solche Instanz des Widerspruchs gegen Zumutungen und des Einklagens von Berücksichtigung einer der Subjektivität angemessenen Einbildung in Außer-Subjektives fungiert der Bildungsbegriff von geisteswissenschaftlicher Pädagogik bis zu Kritischer Theorie, wenn er z.B. ADORNO als Folie dient, gegenwärtige Halbbildung zu entlarven. Und er dient als solche Folie, obwohl ADORNO gleichzeitig herausstellt, daß er bereits in seiner Genese keinen Wahrheitsanspruch, geschweige denn einen sozial-politischen Anspruch darstellen konnte.

Diese Funktion konnte und kann der Bildungsgedanke nur übernehmen, weil er trotz aller Nicht-Affirmation eine Affirmation zu leisten hatte und leistete. In ihm ist der Gedanke enthalten, daß es sinnvoll sei, Bildungsinstitutionen auf ihren Beitrag zur Subjektwerdung zu verpflichten, daß es sinnvoll sei, sich in Bildungsinstitutionen der Anstrengung von Arbeit, vor allem von Begriffsarbeit zu stellen. Und dieser Sinn ergibt sich nicht aus dem Problem des Steigens und Fallens von Staaten, wie es SCHLEIERMACHER formuliert, ergibt sich nicht aus eudämonistischen und utilitaristischen Grundüberzeugungen von Wirtschaft, Organisation, Verwaltung usw., sondern aus dem Wissen, daß das Subjekt von den Bedingungen seiner Selbstwerdung als autonomes Ich hat. Damit legitimierte das Bildungsverständnis der Moderne im HEGELschen Sinne das, was DILTHEY später für das Verstehen, für geisteswissenschaftliche Bildung reklamiert: ein 'Wiederfinden des Ich im Du' findet nur über Einarbeitung in kulturelle Objektivationen statt. Das affirmative Moment in allen Negationen der Realisierung von Bildung durch Entwicklungs- oder Verarbeitungsprozesse ist der Gedanke des Strebens von Subjektivität auf Selbstreflexivität durch Einarbeitung in Außersubjektives, wozu der Gymnasialdirektor HEGEL das 'Paradies des Menschengeschlechts', das Perikleische Athen wählt. Lassen wir diese neuhumanistische Besonderheit von Bildungsauffassung beiseite und machen wir uns klar, wogegen sich dieses affirmative Moment im Bildungsgedanken der neuesten Zeit wendet, dann ist dies vor allem ein besonderer Akzent des Bewußtseins der neuen Zeit bei ROUSSEAU. Wird bei ihm die eigene Selbstbezüglichkeit so erreicht, daß das natürliche und gute Wohlwollen der Menschen, ihre Sympathie- und Fürsorgegefühle, also der Einklang von Ich und Mitwelt, von vorhandenen Vergesellschafts- und Kulturprozessen ferngehalten und im Modus von Können und Wollen neu erworben wird, so ist jetzt bei HEGEL Bildung als durchaus harte und schmerzliche Initiation in Objektivationen zu begreifen. Bildung wird eine Spezifikation dessen, was KANT noch als erziehende Disziplinierung, Kultivierung und Moralisierung auffaßt.

Sowohl solcher Gedanke der neuen Zeit bei KANT wie der der neuesten Zeit als Moderne bei HEGEL ist - wie gesagt - durch den Diskurs der Nach-Moderne zentral außer Kraft gesetzt, wenn das Werden der Selbstbezüglichkeit des Subjekts entweder nur als Aufbau eines verinnerlichten übersubjektiven Machtapparates im Ich oder als Möglichkeitsgrund der Partizipation an regellosen agonalen Sprachspielen gesehen wird. Denn der Gedanke des Bildungsstrebens kann höchstens als masochistische Grundstruktur des Subjekts oder als Totalität eines Über-Ichs begriffen werden. In dem einen Fall will irgendetwas Körperempfindungen und Natürlichkeit brutalisieren. Bei der anderen, der sprachkritischen Radikalisierung der Subjektkritik ist kein Aufgegebensein des Subjekts mehr formulierbar, - es sei denn ich beziehe mich willkürlich auf irgendwelche beliebige Erzählungen. In dem ersten Fall habe ich zu Aspekten von ROUSSEAU zurückzukehren, im zweiten Fall gar zu dem Heraklitischen 'panta rei', weil nach LYOTARD selbst Trauerzählungen über das Aufgegebensein von Subjektivität schon erzählt sind.

Beide Formen des Nachdenkens über Bildung finden wir heute vor. Die ROUSSEAUsche Tradition des Bildungsdenkens der Rückkehr zu sich selbst durch Abstreifung einer entfremdeten Vergesellschaftung wird pikanterweise in einer neuen 'humanistischen' Version, in der Humanistischen Psychologie versucht. Sie beschreibt Vergesellschaftung in HEIDEGGERschen Kategorien der 'man-Verfallenheit' und interpretiert Bildung als Wachstum von Körpergefühlen in ein transpersonales Selbst, das nur gelingen kann, wenn Verfallenheiten weggeräumt werden (vgl. ENGELEN 1990).

In der sprachkritischen Version wird Bildungsreflexion nur zu einem der vielen möglichen und damit kontingenten Sprachspiele der Pädagogik, ja bei LENZEN (1985; 1987) zu einem mythischen Diskurs, in dem nur noch Sehnsüchte wie der z.B. nach selbstbezüglicher Bildung wachgehalten werden können.

Will man nicht einem erneuten unfruchtbaren Streit wie dem Positivismusstreit und ähnlichem in der Form eines Moderne-Postmoderne-Streit das Wort reden, die Argumente einer Theorie kommunikativer

Vernunft gegen poststrukturalistische Sprachauffassungen zu Felde führen, so kann man sich auf den Gedanken des Bildungsstrebens der Moderne selbst beziehen. In der Form von Entwicklung und Steigerung impliziert er in seinen verschiedenen heutigen Versionen den Gedanken einer zunehmenden Partizipation des Subjekts an Idealen des Subjektseins in Bezugsgruppen über Angehörige eines sozialen Verbandes und einer Rechts- sowie Kulturgemeinschaft bis hin zu moderner Moralität. Daß dieses Einbilden in zunehmende Allgemeinheit allerdings nicht mehr wie bei HEGEL als Erfahrung der Substantialität der Subjektivität begriffen werden kann, darauf macht die Subjektkritik aufmerksam. Der Bildungsgedanke heute als Entwicklung und Steigerung muß die 'Unkosten', die notwendigen Ausgrenzungen und Vernachlässigungen dessen reflektieren, was noch bei HERBART Bildung zum Charakter-Ich hieß. Und Bildungsphilosophie kann nicht mehr mit dem HEGELschen Gedanken der Versöhnung operieren. Um dies zu erläutern: BUCK übersetzt den HEGELschen und HERBARTschen Gedanken der Bildung mit den einsichtigen Worten, hierbei ginge es um die Frage, daß und wie das Subjekt "sich sehen lassen könne" (BUCK 1981, S. 143). Damit sind zwei Probleme verbunden: 1., daß das Subjekt sich in kulturellen Vermittlungen Anderen zeigt und anerkannt wird und 2., daß diese Anerkennung aufgrund der Beschaffenheit der Vermittlung von Anderen in Öffentlichkeit, Gemeinschaft oder Geselligkeit stattfinden kann. HERBART brauchte deshalb für seine Bildungstheorie als Theorie der Bildsamkeit das Korrelat der 'beseelten Gesellschaft' und SCHLEIERMACHER die 'freie Geselligkeit'. Über die Bildung des Subjekts lesen wir bei beiden vieles, aber fast nichts über das Korrelat des Sich-sehen-lassen-könnens, über das, was HEGEL die Sittlichkeit nennt. Mit SCHLEIERMACHER ist nur noch zu fragen, an welchen Stellen lebendige Entwicklung oder Steigerung des Subjekts durch kulturelle Angebote - wie es bei ihm heißt - 'mitbestimmt' werden kann, damit das Subjekt 'mitwirken' kann (vgl. SCHLEIERMACHER 1966, S. 10).

III. Zum Bildungsproblem in der soziologischen Moderne und Moderne-Kritik

Den Gedanken der Bildung des Subjekts in der soziologischen Diskussion der Moderne zu verfolgen, enthält zwei Schwierigkeiten.
Erstens erfährt das, was Moderne heißen soll, unterschiedliche Bestimmungen. Wenn sie wie bei soziologischen Klassikern, etwa bei DURKHEIM oder M. WEBER, aus der Entgegensetzung zu Vor-Moderne bestimmt wird, führt dies zu Zeit- und Gesellschaftsschematisierungen in polaren Kategorien wie agrarisch und industriell, überschaubar und

komplex, rationalisiert und traditional usw. Wenn sozialhistorische Differenzierungen von Moderne, Modernisierung, modernization oder westernization verwendet werden, führt dies zu Kategorien von Mentalitäts- oder Produktionsveränderungen, zu Problemen sozialer Differenzierungen, sozialen Wandels usw. Damit differiert die zeitliche Einordnung dessen, worauf der Begriff der Moderne verweisen soll. Die Überlegungen konzentrieren sich jedoch auf das 17./18. Jahrhundert in westlichen Staaten, sobald mit PARSONS (1972, S. 73) auf kulturelle, staatstheoretische und ökonomische Innovationen abgehoben wird.

Soziologisch verstandene Moderne impliziert für den Gedanken der Bildung des Subjekts darüber hinaus ein zweites Problem. Unterschiedslos wird Subjektivität hier seit DESCARTES' Gedanken vom 'Cogito' in verschiedensten Versionen als Autonomiegedanke behandelt. Operiert der klassische Bildungsgedanke mit der Suche nach Außersubjektivem, das das Subjekt trägt und in dem es sich wiedererkennt, so geht es im soziologischen Verständnis von Moderne zunächst um ein Ich, das sich aus Bindungen löst, Handlungssicherheiten verliert und zwar neue Sozialbindungen sucht, aber vor allem für Unabhängigkeit optiert. Denn in der Optik von Modernisierung beginnt mit Moderne der Prozeß der Eigenverantwortung, des Eigeninteresses, der Eigenleistung und des Eigenerfolges in einer bürgerlichen Gesellschaft. Damit wird der Begriff der Subjektivität vielfältig variierbar, wie er heute als Selbstbestimmung, Selbstfindung, Selbstverwirklichung, Selbstbehauptung, Selbstentfaltung, als Ich-Identität, Ich-Stärke, persönliche Identität, als Person und Individualität übersetzt wird. Subjektphilosophie wird nämlich kultureller Überbau für das, was WAHL (1988, S. 94 ff.) den 'Mythos der Moderne' nennt, nämlich eine sicherheitsverbürgende Weltdeutung von Autonomie und Individualität, von Glücksfortschritt und Familienideal zu liefern. Sie ist allerdings in sozialwissenschaftlicher Betrachtung nur Ausdruck von sozialen Prozessen wie Arbeitsteilung, Ausdifferenzierung von gesellschaftlichen Subsystemen, neuen Kommunikations- und Interaktionserfordernissen.

In solchem Beschreibungssystem von Moderne als Trias von Autonomie, Fortschritt und Familienideal können *alle* auf Trieb- und Affektbeherrschung, auf Selbsttätigkeit oder eudämonistische Ethik setzende Aufklärungspädagogiken ebenso als am 'Kult der Person, der individuellen Würde' (DURKHEIM) beteiligt angesehen werden wie HERBARTsche Pädagogik oder die neuhumanistischer Bildungstheoretiker. Denn immer handelt es sich nur um Codes oder - wie LUHMANN sagt - 'Inklusionsformeln' für soziale Prozesse. Sie umschreiben die für und im sozialen System der Moderne notwendige kulturanthropologische Formung des Menschen zum Selbst. Und schon bei DURKHEIM, WE-

BER und PARSONS ist das entscheidende Moment von Bildung die Institutionalisierung, Differenzierung und Standardisierung von Ausbildungsgängen, die zu Habitualisierungen, Lebensstilen und Lebenschancen als Formungen des Menschen führen.
Zum Antiquum wird der Gedanke einer so verstandenen Bildung des 'vergesellschafteten Subjekts' (GEULEN 1977) aus der Betrachtung des 'Preises' für den Kult der Individualität, von dem DURKHEIM spricht. In Theoremen zur Individualisierung z.B. bei BECK (1986), BECK/BECK-GERNSHEIM (1990) wird das Problem der Überforderung des Individuums der Moderne durch Modernisierungsprozesse sowie der Wandel der Gesellschaft zu einer 'Risikogesellschaft' in den Vordergrund gerückt. Ist bei MEAD der generalisierte Andere der Möglichkeitsgrund der Selbstwerdung, insofern sie sich in der Relation zu typischen relevanten Anderen und typischen Sozialbeziehungen konstituiert, so werden durch das Individualisierungstheorem Typik und Normalität problematisiert. Als generalisierten Anderen hat man sich eine Art der 'kollektiven Trance' der Suche nach Nicht-Typischem und Nicht-Normalität vorzustellen, die Relationen zu relevanten Anderen sind durch Dauerproblematisierungen und diskursive Aushandlungsprozesse gekennzeichnet und Abhängigkeiten von standardisierten Rechts-, Sozialregelungen und Konsumangeboten werden undurchschaubar.
Solche 'Unübersichtlichkeiten' thematisieren auch Lebensstilforschungen, wenn, wie bei ZAPF u.a. (1987) herausgestellt wird, das Individuum immer mehr 'zum Regisseur der eigenen Lebensgestaltung' werden muß, immer mehr Selbstentscheidungen, -steuerungen und individuelle Problemlösungsstrategien verlangt werden, ohne daß es sich auf die Konstanz von Verhaltenserwartungen, Wertmaßstäbe und Sinnorientierungen verlassen kann.
Die Möglichkeit von selbstbewußter Individualität, verstanden als Ich-Identität, wird von Narzißmus-Theorien problematisiert, in denen darauf verwiesen wird, daß die Vielfalt und Heterogenität von Verhaltenserwartungen die Gefahren von 'Identitätsdiffusion' und 'Identitätsschwäche' (RECK 1981) eher wahrscheinlich machen als den Erwerb von 'Kontinuität und Konsistenz' des Ich.
Insgesamt wird in sozialpsychologischen Überlegungen das Projekt der Moderne, ein innengesteuertes, selbstbewußtes und autonomes Individuum in und durch Sozialformationen zu konstituieren und theoretisch auszuformulieren, als eher hypotroph angesehen, weil eine modernisierte Moderne aufgrund eines "ständig wechselnde(n) Paradigma(s) von Zumutungen, Erwartungen und Versprechungen" (WAHL 1989, S. 135) Individualität überfordere. Dies führt dazu, daß in amerikanischer politischer Philosophie davon gesprochen wird, das Projekt der Moderne als gescheitert zu betrachten, weil soziale Bindun-

gen von Individuen auf dem Boden von autonomer Selbstbindung nicht mehr konstituierbar seien (vgl. BRUNKHORST 1991, S. 9).
Für das Bildungsproblem erinnert solche Moderne-Kritik an Diskussionen innerhalb der Reformpädagogik. So sah PETERSEN die Institutionalisierung von Unterricht auf der Basis der Idee von Bildung im 19. Jahrhundert als verhangnisvollen Irrtum an, weil diese Idee auf die Singularität des Ich gerichtet ist und nicht auf vorindividuell Gemeinschaftliches, auf freiheitliche Selbstbindung und nicht auf das Erleben von Wir-Gefühlen, die er als 'geistiges Sein' von Personen beschreibt, mit Aspekten der Zugehörigkeit, der Sympathie und des Mitgefühls (vgl. PETERSEN 1962, S. 1ff.).
Auch im Individualisierungstheorem finden wir eine solche Bildungskritik, wenn auch nicht aus der Reflexion auf den Bildungsgedanken als einen, der auf die Subjekthaftigkeit des Subjekts setzt, sondern indem auf die durch Ausbildung gegebene Aufhebung von Herkunftmilieus, auf das Lernen von universalisierender Argumentation und kulturelle Selbstreflexionsmöglichkeiten durch Bildungsprozesse verwiesen wird und damit auf die Destabilisierung von gelebten Wir-Beziehungen (vgl. BECK 1986, S. 127ff.).
Es ist wohl richtig, den Gedanken gelingender Ich-Identität als Bildungsbegriff so zu lesen, daß es mit ihm noch einmal möglich wird, die Unvereinbarkeit von persönlichem Ich und sozialer Abhängigkeit und dem damit implizierten Überforderungsproblem reflektorisch zu bewältigen (vgl. SCHWEITZER 1988). Doch gelingt diese Reflexion nur, wenn erstens nur der Erwerb von sozialen Grundqualifikationen wie Rollendistanz, Empathie, Ambiguitätstoleranz und Identitätsdarstellung (KRAPPMANN 1973) als empirisch möglich entwickelt und wenn zweitens die Idealisierung mitbedacht wird, daß es rationale Intersubjektivitätsstrukturen einer universalen kommunikativen Vernunft geben muß, innerhalb derer sich die Kontinuität und Konsistenz eines selbstreflexiven Ich entfalten kann (vgl. DÖBERT/HABERMAS/NUNNER-WINKLER 1980, S. 9). Wenn man dagegen Ich-Identität nicht in solchem Horizont denkt, kann man solches Denken eher als 'Symptom' (SCHWEITZER 1988, S. 67ff.) für die Krise des 'Kults der Person' ansehen.
In eher empirischer und pragmatischer Thematisierung des Bildungsproblems kann man nicht umhin, den Gedanken des Werdens autonomer Individualität zwar nicht aufzugeben, aber zurückzunehmen. Nicht zufällig will BÖHME (1985, S. 286ff.) in seiner 'Anthropologie in pragmatischer Absicht', die der KANTschen Anthropologie und Pädagogik verpflichtet ist, statt von Autonomie als Kombination von 'Selbstdisziplin, Selbstbeherrschung und Bewußtsein' von 'Souveränität' als Aufgabe des Menschseins sprechen. Souveränität impliziert kulturelle Sozialisation mit dem Wissen um die 'Unkosten' kultureller

Habitualisierungen, impliziert das Wissen um die Begrenztheit der eigenen Wissensformen, impliziert die Absage an kosmische Begegnungssuche zugunsten diesseitiger Erlebenssuche, impliziert eine Kultur der Erfahrung und Zulassung von Fremdheit usw. Gerade ein solcher Gedanke macht Bildungsprozesse als Steigerung kulturellen Vorwissens unumgänglich, liegt ihm doch der hermeneutische Gedanke des Erwerbs von Selbstreflexivität sowie von Anpassung und Widerstand im freundschaftlichen und feindschaftlichen Verstehen von Geistesobjektivationen zugrunde.

Im Anschluß an PIAGETs Lerntheorie als Wechselwirkung von Assimilation und Akkommodation formuliert HABERMAS (1981, S. 106ff.) Postulate an kulturelle Überlieferung, die m.E. im Sinne materialer Schulbildungstheorien gelesen werden können, um solchen Souveränitätsforderungen an das Ich Chancen zu bieten, wirksam werden zu können. Kulturelle Objektivationen, die Bildungsansprüche implizieren, müssen dann 1. objektivierende, normenkonforme und expressive Grundeinstellungen des Ich zur Welt anregen, 2. Chancen der Selbstreflexivität und Kritik zulassen, 3. an verwissenschaftlichte und institutionalisierte Argumentationszusammenhänge gekoppelt sein und dürfen 4. Lebenswelt nicht eindimensional interpretieren. Zwar nicht identitätstheoretisch, wohl aber lebensweltlich ist dann vorstellbar, daß es eine "Bemühung um eine Form des Lebens (sc. gibt), bei der zwanglose Identität der Individuen mit zwangloser Reziprozität zwischen den Individuen zu einer erfahrbaren Realität wird" (WELLMER 1979, S. 53; zit. n. HABERMAS 1981, S. 112). Diese Vorstellung von Bildung als Initiation in Kulturzusammenhänge, die gleichzeitig die Bedingungen des Erwerbs von hermeneutisch-selbstreflexivem Vorverständnis und Kritikmöglichkeiten an Standardisierungserfahrung bieten soll, ist natürlich an eine Gesellschaftstheorie kommunikativer Rationalität gekoppelt. Aber eine solche ist notwendig. Denn Bildung aus der Perspektive soziologischer Moderne-Thematisierung anzusprechen, heißt bildungspolitische Optionen vorzunehmen. Vor allem das Individualisierungstheorem verlangt, wie FEND (1988, S. 287ff.) zu Recht hervorhebt, entweder konservativ den Überforderungscharakter von Eigenverantwortlichkeit des Ich hervorzuheben und auf Bindungen zu setzen oder unter Stichworten wie Selbstverwirklichung, Authentizität des Ich usw. auf Selbstreflexivität als Therapie oder Sozialkritik. Der Gedanke des Werdens einer Souveränität des Ich und des 'Bemühens' um zwanglose Identität dagegen sucht den Anspruch der Moderne als Aufklärung zu bewahren, ohne die im dort entfalteten Autonomiegedanken implizierte Ausgrenzungsüberlegungen des 'Anderen' der Vernunft und den auch mythologischen Aspekt der Moderne zu übersehen. Bildungstheoretisch gilt es, den Postulatscharakter der Moderne wieder lebendig werden zu lassen, aber ebenso deren Gefährdung, der in der Begründung von Gemeinsamkeit über freiheitliche Selbstbindung liegt.

IV. Zusammenfassung

Auf dem Hintergrund der obigen Überlegungen möchte ich die These vertreten, daß es drei Bedingungen sind, in denen der Bildungsgedanke der Moderne auch in der Moderne-Kritik noch bestehen kann.
1. Der Gedanke ästhetischer Bildung als Bildung des Geschmacks muß im Horizont von ästhetischer Öffentlichkeit und Kritik gedacht werden, in der es um die KANTsche Frage der 'Zusammenstimmung' von Urteilskraft geht.
2. Der philosophische Gedanke der Emporbildung kann dann als Gedanke der Einbildung in größere Allgemeinheit aufrecht erhalten werden, wenn er nicht als Einbindung in die Substantialität des Subjekts verstanden wird, sondern als Entwicklung und Steigerung durch kulturelle Angebote, um - wie es schon SCHLEIERMACHER sagte - in Kulturzusammenhängen subjektiv mitwirken zu können. Soll dieser Mitwirkungsgedanke nicht bloß formal sein, bedarf es einer Gesellschaftstheorie des Ausgleichs von Subjektivität und Sozialität.
3. Die Moderne-Diskussion führt zwangsläufig zu einer Bildungstheorie der Initiation in das Werden der Moderne, ihre Bedingtheiten und Gefährdungen, vor allem aber ihren Aufforderungscharakter zu einer Lebensführung. Empirisch-pragmatische Argumentationen führen zu bildungspolitischen Optionen für eine eingeschränkte Autonomie des Ich, wie sie etwa in kognitiven Entwicklungstheorien formuliert werden.

Literaturverzeichnis:

BECK, U.: Risikogesellschaft. Auf dem Weg in eine andere Moderne. Frankfurt am Main 1986.

BECK, U./BECK-GERNSHEIM, E.: Das ganz normale Chaos der Liebe. Frankfurt am Main 1990.

BÖHME, G.: Anthropologie in pragmatischer Absicht. Darmstädter Vorlesungen. Frankfurt am Main 1985.

BÖHME, H. U. G.: Das Andere der Vernunft. Frankfurt am Main 1983.

BRUNKHORST, H.: Metaphysik im Rücken des Liberalismus. In: Frankfurter Rundschau v. 8.1.1991, S. 9.

BUCK, G.: Hermeneutik und Bildung. Elemente einer verstehenden Bildungslehre. München 1981.

ENGELEN, N.: Das innere Selbst. Die Geburt der Selbstverwirklichung aus dem Geist der Erlösung. Darmstadt 1991.

FEND, H.: Sozialgeschichte des Aufwachsens. Frankfurt am Main 1988.

FOUCAULT, M.: Überwachen und Strafen. Die Geburt des Gefängnisses. Frankfurt am Main 1975.

GADAMER, H.G.: Wahrheit und Methode. Tübingen ³1972.

GEULEN, D.: Das vergesellschaftete Subjekt. Zur Grundlegung der Sozialisationstheorie. Frankfurt am Main 1977.

HABERMAS, J.: Theorie des kommunikativen Handelns. Bd. 1: Handlungsrationalität und gesellschaftliche Rationalisierung. Frankfurt am Main 1981.

HABERMAS, J.: Der philosophische Diskurs der Moderne. Zwölf Vorlesungen. Frankfurt am Main 1985.

HORKHEIMER, M./ADORNO, TH.W.: Dialektik der Aufklärung. Amsterdam 1955.

JAUß, H.R.: Literaturgeschichte als Provokation. Frankfurt am Main 1970.

KRAPPMANN, L.: Soziologische Dimensionen der Identität. Strukturelle Bedingungen für die Teilnahme an Interaktionsprozessen. Stuttgart 1973.

KÜNZLI, R.: Die pädagogische Rede vom Allgemeinen. In: H.-E. TENORTH (Hrsg.): Allgemeine Bildung. Analysen zu ihrer Wirklichkeit, Versuche über ihre Zukunft. Weinheim 1986, S. 56-75.

LENZEN, D.: Mythologie der Kindheit. Reinbek 1985.

LENZEN, D.: Mythos, Metapher und Simulation. Zu den Aussichten Systematischer Pädagogik in der Postmoderne. In: ZfPäd. 33 (1987), S. 41-60.

MARCUSE, H.: Der eindimensionale Mensch. Neuwied 1967.

MOLLENHAUER, K.: Die ästhetische Dimension der Bildung - Zur Einführung in den Themenkreis. In: ZfPäd. 36 (1990), S. 465-468.

NEUMANN, W.G.: Die Antiquiertheit der Moderne. Frankfurt am Main 1990.

OELMÜLLER, W.: Die unbefriedigte Aufklärung. Beiträge zu einer Theorie der Moderne von Lessing, Kant und Hegel. Frankfurt am Main 1969.

PARSONS, T.: Das System moderner Gesellschaften. München 1972.

PAULSEN, F.: Geschichte des gelehrten Unterrichts. Bd. 2. Berlin 1921.

PETERSEN, P.: Allgemeine Erziehungswissenschaft. Berlin ²1962.

RECK, S.: Identität, Rationalität und Verantwortung. Grundbegriffe und Grundzüge einer soziologischen Identitätstheorie. Frankfurt am Main 1981.

REESE-SCHÄFER, W.: Lyotard zur Einführung. Hamburg 1989.

RITTELMEYER, C.: Die entmachtete Aufklärung. Pluralität und Intuition in der postmodernen Schule. In: DDS 4 (1990), S. 408-425.

SCHLEIERMACHER, F.: Pädagogische Schriften. Bd. 1: Die Vorlesungen aus dem Jahre 1826. Hg. v. TH. SCHULZE/E. WENIGER. Düsseldorf ²1966.

SCHWEITZER, F.: Identität statt Bildung? Zum Wandel pädagogischer Leitbegriffe. In: O. HANSMANN/W. MAROTZKI (Hrsg.): Diskurs Bildungstheorie I.: Systematische Markierungen. Weinheim 1988, S. 55-76.

SHARPE, F.: Schwanenschmaus im Porterhouse. München 1987.

WAHL, K.: Die Modernisierungsfalle. Gesellschaft, Selbstbewußtsein und Gewalt. Frankfurt am Main 1988.

WELLMER, A.: Zur Dialektik von Moderne und Postmoderne. Frankfurt am Main 1985.

WELSCH, W. (Hrsg.): Wege aus der Moderne. Schlüsseltexte der Post-Moderne-Diskussion. Weinheim 1988.

ZAPF, W. u.a.: Individualisierung und Sicherheit. Untersuchungen zur Lebensqualität in der Bundesrepublik Deutschland. München 1987.

ANNETTE M. STROß

Ich-Identität - eine pädagogische Fiktion der Moderne?

Bei Pädagogen, und nicht nur dort, muß die Frage nach Ich-Identität als 'Fiktion' zwangsläufig auf Verwunderung oder Ablehnung stoßen - vorausgesetzt, diese legitimieren ihre Tätigkeit, nämlich die des Erziehens beziehungsweise des Schreibens über Erziehung, immer noch über die Annahme einer möglichen 'Erziehung zur Ich-Identität'. Doch genau das scheint heute nicht mehr selbstverständlich zu sein. In der Beschäftigung mit pädagogischen Identitätstheorien kristallisiert sich vielmehr ein anderer Sachverhalt heraus: daß es Anfang der achtziger Jahre einen Wandel gegeben haben muß hinsichtlich der Frage nach der *empirischen Einlösbarkeit* pädagogischer Identitätstheorien. Ich-Identität wurde seit dieser Zeit nicht mehr durchgängig als umsetzbar, - sie wurde also nicht mehr im Sinne einer empirisch einlösbaren pädagogischen Kategorie begriffen -, sondern wurde vielmehr als *Fiktion* betrachtet.[1]

Führt man diese von Pädagogen selbst geäußerten Überlegungen weiter, so stellt sich die Frage, ob der fiktive Gehalt identitätsorientierter pädagogischer Theorien möglicherweise gerade darin besteht, daß eine Autonomie und Subjekthaftigkeit von Individuen in Aussicht gestellt wird, die aber nicht eingelöst wird und auch nicht eingelöst werden *soll*, weil mit dem Identitätsbegriff - implizit - ganz andere Vorstellungen verbunden sind, wie zum Beispiel Vorstellungen über die von Individuen zu erbringenden Identifikations-, Organisations- und Reduktionsleistungen.

Wie diese Leistungen im einzelnen aussehen und welche Folgen eine als Fiktion erkannte 'Ich-Identität' für pädagogische Theorien haben könnte, dürfte für die Frage nach dem weiteren Umgang mit dem Thema Ich-Identität immerhin von einiger Bedeutung sein. Damit wäre zugleich folgende 'Beweislast' zu übernehmen: Ich hätte den fiktionalen Gehalt identitätsorientierter pädagogischer Theorieansätze aufzuzeigen, hätte eine damit verbundene qualitativ neue Haltung bezüglich des pädagogischen Identitätsbegriffs[2] herauszustellen; und ich hätte den Zusammenhang zwischen der als Fiktion erkannten Ich-Identität und der von mir angenommenen *modernen* Einstellung zu klären.

Im ersten Teil der folgenden Überlegungen werde ich mich deshalb mit der Entwicklung und den Eigenarten einzelner pädagogischer Identitätstheorien beschäftigen. Die im Mittelpunkt stehende Frage lautet, ob und inwieweit pädagogischen Identitätstheorien ein fiktiona-

ler Gehalt zugrundeliegt. Im zweiten Teil werde ich die Problemlage umreißen, die meines Erachtens aus den Ergebnissen von Teil 1 deutlich wird. Die Frage lautet dann, welche Konsequenzen aus der Fiktivitätsannahme zu ziehen wären, - sofern Ich-Identität denn plausibel als Fiktion betrachtet werden kann.
Bevor ich mich dem stelle, noch zwei Bemerkungen am Rande:
Zum einen werde ich mich im folgenden auf den *Begriff* der Ich-Identität beschränken, da ich mir mit einem ideen- oder problemgeschichtlich orientierten Zugang eine Fülle von Schwierigkeiten einhandeln würde, die sich im Rahmen dieses Beitrages nicht einmal ansatzweise klären ließen.[3] Zum anderen: Wenn ich von Ich-Identität als einer 'pädagogischen Fiktion der Moderne' spreche, tue ich dies innerhalb eines sehr begrenzten Zeitraums innerhalb der Moderne, den manch einer gar nicht mehr als modern bezeichnen möchte: ich spreche nämlich von den vergangenen gut zwei Jahrzehnten dieses Jahrhunderts. Der Begriff der Ich-Identität hat in diesem Zeitraum, und zwar im Anschluß an JÜRGEN HABERMAS' 'Thesen zur Theorie der Sozialisation'[4] von 1968, in pädagogischen Theorien einen systematischen Stellenwert erhalten. Die darin entwickelten - genauer: aus Soziologie und Psychologie rezipierten[5] - Vorstellungen einer 'Ich-Identität' von Menschen sind nämlich durchaus als modern zu betrachten, obgleich heute Ich-Identität keineswegs mehr durchgängig als empirisch einlösbare Kategorie bezeichnet werden kann. - 'Modern' scheint mir hingegen das Festhalten an der Identitätsorientierung als solcher zu sein.

I.

Betrachtet man die Identitätstheorien, die in der Pädagogik in den letzten rund zwanzig Jahren entwickelt worden sind, so lassen sich zunächst drei strukturelle Schwerpunkte herausarbeiten, die in den einzelnen Denkansätzen vorherrschen.[6]
Erstens gibt es Theorieansätze, deren Hauptaugenmerk auf ein kritisch gesellschaftstheoretisches Verständnis gerichtet ist und die interaktionistische Identitätsvorstellungen mit der Vorstellung einer 'Emanzipation von Subjekten' verknüpfen. Hierzu gehören vor allem theoretische Arbeiten KLAUS MOLLENHAUERS aus den frühen siebziger Jahren, aber auch einige Dissertationen aus den achtziger Jahren, die in der Regel im Gefolge der Kritischen Theorie argumentieren.[7]
Zweitens finden wir Theorieansätze, denen die Theoriebildung als 'Mittel zum Zweck' einer möglichst stabilen Identitätsfindung in pädagogischen Handlungsfeldern dient. Die Möglichkeiten einer Erlangung von Ich-Identität werden hier durch institutionelle Rahmenbe-

dingungen in der Regel als gefährdet, prinzipiell jedoch als empirisch einlösbar betrachtet. Die Arbeiten von FRANZ WELLENDORF, HORST RUMPF und URSULA PEUKERT sowie zahlreiche Dissertationen aus den achtziger Jahren gehören in diesen Rahmen.[8]

Drittens finden wir, und zwar seit Anfang der achtziger Jahre, sehr heterogene Theorieansätze, die den Identitätsbegriff in pädagogischen Theorien einer kritischen Betrachtung unterzogen haben und die gleichwohl eine neue Qualität in der Diskussion um diesen Begriff ankündigen. Die Argumentation dieser Theorieansätze weist, sehr verkürzt gesprochen, in zwei Richtungen: Entweder wird die Unzeitgemäßheit interaktionistischer Identitätskonzepte diagnostiziert, oder von einer prinzipiellen empirischen Nichteinlösbarkeit des Identitätspostulats und damit von dem fiktionalen Charakter eines pädagogischen Konzeptes gesprochen. Trotz allem wird, und das ist wichtig, in diesen Ansätzen an der notwendigen Identitätsorientierung weiterhin, und zwar nahezu durchgängig, festgehalten. Damit kommt eine Auffassung, die ich - trotz der qualitativ neuen Fiktivitätsannahme - als 'modern' bezeichnen würde, zum Tragen. In diesen Rahmen gehören unter anderem Untersuchungen von DIETER BAACKE, ROLF HANUSCH, ein jüngerer, gegenüber der älteren Position modifizierter Ansatz MOLLENHAUERS, und einiges mehr.[9]

Etwas dürfte deutlich geworden sein, daß nämlich im Rahmen des Nachdenkens über Identität Anfang der achtziger Jahre eine neue Qualität aufgetaucht ist, während die Mehrzahl der praxisorientierten pädagogischen Identitätstheorien auch in den achtziger Jahren offenbar unbeirrt weiterverfolgt worden sind. So habe ich für die Jahre 1986-1989, also noch *nach* dem Erscheinen identitätskritischer pädagogischer Literatur, allein 21 in der Bundesrepublik erschienene Arbeiten, hauptsächlich Dissertationen, gezählt.[10]

Angesichts der Fülle an vorhandener praxisorientierter Literatur mag die auf der anderen Seite, also seitens der Identitätskritiker, aufgestellte These von der Nichteinlösbarkeit oder auch der Unzeitgemäßheit pädagogischer Identitätstheorien umso mehr verwundern. Ich möchte deshalb, gewissermaßen rückblickend, einige Aspekte herausgreifen, die für die praxisorientierte pädagogische Literatur der 70er Jahre selbst noch kennzeichnend waren.

So wurde die Errichtung einer Ich-Identität - auch hier - nicht als problemlos, sondern als 'stets gefährdet' betrachtet. Entsprechend heißt es bei WELLENDORF: "Die Schule kann nur dann positiv zur Konstitution der Identitätsbalance auf einem der lebensgeschichtlichen Entwicklung der Schüler entsprechenden Niveau beitragen, wenn sie den Schülern die Chance bietet, auch ihre frühkindlichen Erfahrungen mit Triebimpulsen und Affekten in den schulischen Kommunikations- und Handlungszusammenhang einzubringen."[11]

Des weiteren geriet die innerhalb der Psychopathologie gängige Unterscheidung zwischen 'Identitätsfindung' und 'Identitätsverlust' in den Blick. Ich-Identität wurde hier, und zwar im Anschluß an HABERMAS, in der Regel an der Kontinuität der je eigenen Lebensgeschichte festgemacht. So heißt es bei HABERMAS: "Die gelungene Ich-Identität bedeutet jene eigentümliche Fähigkeit sprach- und handlungsfähiger Subjekte, auch noch in tiefgreifenden Veränderungen der Persönlichkeitsstruktur, mit denen sie auf widersprüchliche Situationen antwortet, mit sich identisch zu bleiben."[12]
Schließlich wurde - im Kontext kommunikationstheoretischer Kompetenzforderungen - die Herstellung von Ich-Identität als Voraussetzung für die Mündigkeit von Heranwachsenden betrachtet. Und vor dem Hintergrund einer gesellschaftskritischen Theorie schien Ich-Identität schließlich die tatsächliche Subjektwerdung des einzelnen und die 'Aneignung menschlicher Natur' erst zu ermöglichen.
Mit anderen Worten: Das Erlangen von Ich-Identität galt als Maßstab für eine - über Interaktionsbezüge sich konstituierende - gesunde, symptomfreie und flexible Persönlichkeit, ausgestattet mit den Merkmalen, die LOTHAR KRAPPMANN wie folgt formuliert hatte: Fähigkeit zur Rollenübernahme, kommunikative Kompetenz, Empathie, Ambiguitätstoleranz, Rollendistanz sowie eine angemessene Selbstdarstellung.[13] Der in Praxisfeldern arbeitende Pädagoge konnte sich, häufig schon aus moralischen Gründen sowie angesichts der Selbstverständlichkeit, mit der die Kategorie der Ich-Identität im Anschluß an die 'sozialwissenschaftliche Wende' in den Wortschatz von Pädagogen eingegangen war, dem solchermaßen (vor-)gegebenen Anspruch einer 'Erziehung zur Ich-Identität' kaum mehr entziehen.
Mit den praxisorientierten Identitätstheorien der achtziger Jahre verhielt es sich übrigens ähnlich. Es wurden 'Identitätsgefährdungen' diagnostiziert - und das in der Regel, wie gehabt, in Anlehnung an die Arbeiten KRAPPMANNs und WELLENDORFs -, und dennoch wurde versucht, das Fehlen oder auch das Vorhandensein von Ich-Identität weiterhin auf dem Wege einer Operationalisierung von Kompetenzanforderungen nachzuweisen - und Ich-Identität für die pädagogische Arbeit mit Kindern, Jugendlichen und Erwachsenen zum Maßstab *und* zur Legitimationsbasis für ein 'erfolgreiches' pädagogisches Handeln genommen. - THEODOR W. ADORNO hatte das bekanntlich, in seinen frühen Schriften zumindest, noch anders gesehen: Vor dem Hintergrund der - wie er es nannte - realen Zertrennung von Individuen in einen Sozialcharakter und einen psychologischen Charakter schien ihm die Vorstellung einer Identitätsbalance von Individuen untragbar zu sein.[14] Mit anderen Worten: Mögliche ideologiekritische Einwände, die in Anlehnung an ADORNOs Verdikt von 1955 noch von der prinzipiellen Verwerflichkeit einer Identitätsbalance hätten sprechen mö-

gen, fanden hier, also in praxisorientierten Ansätzen, längst keinen Boden mehr.
Und dennoch gab es, von einigen Pädagogen initiiert, offenbar einen Wandel in den Vorstellungen von Ich-Identität sowie im Betrachten der Praktikabilität damit verbundener Konzepte, - die hier geäußerten Einwände schienen überdies die einst ideologiekritischen Vorbehalte gegen identitätsorientierte Überlegungen, in gewisser Weise, noch zu übertreffen. Doch wie sah dieser Wandel zunächst konkret aus? - Ich greife hierfür auf einige Arbeiten MOLLENHAUERS zurück, da sich anhand seiner schon sehr früh erfolgten und in den achtziger Jahren wieder aufgenommenen Beschäftigung mit dem Identitätsbegriff ein Wandel in der Betrachtung und Einschätzung identitätsorientierter Theorieansätze besonders deutlich nachvollziehen läßt. MOLLENHAUERS systematische Beschäftigung mit dem Begriff der Ich-Identität beginnt zwischen 1968 und 1972. Er schließt sich hier zunächst der gängigen Literatur an, also: GEORGE HERBERT MEAD, ERIK ERIKSON, ERVING GOFFMAN und ANSELM STRAUSS, aber auch KRAPPMANN und HABERMAS sowie HERMANN GIESECKE. In seinen 'Theorien zum Erziehungsprozeß'[15] führt MOLLENHAUER vor allem das MEADsche Identitätsverständnis an. Er schreibt: "Das Kind ... entwickelt in sich und übt für sich seine Identität ... Und zwar sprechen wir von Identität nur dann, wenn die Person das Selbstverständnis, das sie sprachlich von sich selbst produziert, mit dem Verständnis teilt, das andere Personen dieses Beziehungssystems haben."[16]
Mit anderen Worten: Hier wird zunächst noch von einer empirisch einlösbaren 'Identitätsfindung' ausgegangen. Während nun das Feld praxisorientierter 'Identitätsarbeit' seit Mitte der siebziger Jahre zunehmend unübersichtlicher wird - pädagogische Identitätstheorien werden für die Bereiche Vorschulerziehung, Schulerziehung, Jugendarbeit bis zur Erwachsenenbildung geltend gemacht -, taucht 1975 bei MOLLENHAUER in der gemeinsam mit MICHA BRUMLIK und WOLFGANG WUDTKE verfaßten 'Familienerziehung' im Zusammenhang mit Überlegungen zum Identitätsbegriff erstmals der Begriff der Fiktion auf.[17] So heißt es hier: "(Während) des Aushandelns der in der Situation zugelassenen Bedürfnisse, Erwartungshaltungen und Verhaltensweisen ... wird sowohl die *vertikale 'biographische'* wie auch die *horizontale 'soziale'* Identität der Beteiligten etabliert. Diese Identitäten sind freilich *Fiktionen* (Hervorhebung A.S.), denn weder ist die Einzigartigkeit des Individuums noch die volle Übereinstimmung mit anderen eine sinnvolle Unterstellung."[18]
Ob es sich bei dem Produkt dieser Fiktionen, der - nach KRAPPMANN - durch Balance zu gewinnenden 'Ich-Identität', allerdings ebenso um eine Fiktion handelt, davon ist hier nicht die Rede. Ebensowenig hat

diese eher randständige Bemerkung merkliche Folgen für die Betrachtung des Identitätsbegriffes in anderen pädagogischen Theorien.
1983 schließlich zeigt sich Entscheidendes: In den 'Vergessenen Zusammenhängen' verkündet MOLLENHAUER, daß es nun an der Zeit sei, bisherige Vorstellungen von Ich-Identität aufzugeben.[19] Ich-Identität, so heißt es hier, könne nicht länger als ein "empirisch zu sichernder Sachverhalt" und das heißt als eine vom Individuum tatsächlich zu erbringende Integrationsleistung betrachtet werden.
Angesichts der Zahl von Beziehungen, die Menschen heutzutage untereinander eingehen, hält MOLLENHAUER das, wie er schreibt, für einen 'schlechten Scherz'. Und er kommt zu dem für meine weiteren Überlegungen wichtigen Schluß: "Identität gibt *es nur als Fiktion,* nicht aber als empirisch zu sichernden Sachverhalt. *Diese Fiktion aber ist eine notwendige Bedingung des Bildungsprozesses, denn nur durch sie bleibt er in Gang* (Hervorhebung A.S.)."[20]
MOLLENHAUER verwendet den Begriff der Fiktion hier also in einem Sinne, der in der HABERMASschen Terminologie eher dem Begriff des Regulativs entspräche, da die Fiktion Ich-Identität als notwendig betrachtet *und* an den Fortbestand individueller Bildungsprozesse gekoppelt wird.
Das, was ich eingangs als modern bezeichnet habe, nämlich das Festhalten an der Notwendigkeit einer Identitätsorientierung, wird hier also offensichtlich, und das, obgleich von Ich-Identität nicht mehr als von einer empirisch einlösbaren Kategorie, sondern von einer fiktiven Vorstellung gesprochen wird.
Nun mag man das Beispiel 'MOLLENHAUER' zunächst als Einzelfall, und damit als ohne jede Relevanz für weitere pädagogische Überlegungen ansehen. Wenn man indes die Literatur zum Thema 'Ich-Identität' aus den letzten fünf bis sechs Jahren betrachtet -, und zwar nicht nur pädagogische -, so fällt doch deutlich ein zunehmendes, wenngleich in pädagogischen Theorien bislang eher am Rande artikuliertes Unbehagen auf. Die fortgesetzte Verwendung des Identitätsbegriffs sowie die damit verbundene Praktikabilitätsannahme identitätsorientierter Theorien erscheinen nicht mehr als selbstverständlich: So ist etwa die Rede vom "bruchstückhaften Charakter der Identitätsmuster heutiger Jugendlicher"[21], oder es wird davon gesprochen, daß das "persönliche Ich zum Recherche-Ich (oder zum Zufalls-Ich, A.S.) geworden ist, dessen Suchbewegung ... keineswegs (mehr) mit der Pubertät oder dem Eintritt ins Erwachsenenalter ... abgeschlossen ist ..., (und) das gar nicht mehr von sich behaupten kann und will, einer endgültig deutbaren Struktur auf der Spur zu sein, sondern sich damit begnügt, seine Existenz in wechselnd-szenischer Vergegenwärtigung zu erfahren."[22]

Den Hintergrund dieser und ähnlicher Beschreibungen liefert eine innerhalb der heranwachsenden Generation aufgewiesene Sinnlosigkeit, die HANUSCH 1987 wie folgt beschreibt: "Jugendliche nehmen, offensichtlich stärker ... als Erwachsene, die Erfahrung der Sinnlosigkeit des bislang gesellschaftlich herrschenden Lebenskonzeptes wahr".[23]
Das heißt: Ganz offensichtlich wird also davon ausgegangen, daß weder der interaktionstheoretische noch der entwicklungspsychologische Identitätsbegriff die Realität heutiger Jugendlicher adäquat wiederzugeben vermag. Im gleichen Jahr schreibt BAACKE: "Jugendkulturen spiegeln, ohne direkte Einflüsse, die literarische Avantgarde der Autobiographie: indem sie die gleiche Sensibilität verraten gegenüber einer Welt, in der die Konstruktionsanbieter (z.B. Pädagogen, Erwachsene) keine Garantien für deren Haltbarkeit mehr übernehmen können. Damit wird die Rede von Identität, anstatt ein abgeschlossenes Theorie-Kapitel der Entwicklungspsychologie zu sein, zu einer neuen, schwer lösbaren Aufgabe."[24]
Deutlich wird also nochmals, daß eine abgeschlossene Identitätsbildung zunehmend in den Bereich des Faktisch-Nicht-Vorhandenen, in den Bereich des Fiktiven gelangt.

II.

Dieses im Rahmen pädagogischer Theorien artikulierte und von mir in seiner bisherigen pädagogischen Konsequenz als 'modern' bezeichnete Unbehagen an einer fortgesetzten und selbstverständlichen Verwendung des Identitätsbegriffes findet seine Protagonisten in einem philosophischen Umfeld, das durch den Begriff der Postmoderne wohl nur sehr unzureichend, aber immerhin gekennzeichnet werden kann. Wodurch nämlich zeichnet sich die Kritik der sogenannten postmodernen Theorien aus? - Doch gerade dadurch, daß an der Identitätsorientierung hier *nicht* mehr festgehalten wird, sondern die Identitätsorientierung gewissermaßen - durch eine übergreifende Kritik am Subjektbegriff - eingeschlossen und damit unmöglich gemacht wird.
Schließt man sich der WELSCHschen Definition an, so sind postmoderne philosophische Theorien durch folgende minimale Gemeinsamkeiten gekennzeichnet:
Erstens: Sie "transformieren die Moderne" und "verweisen auf eine Bestimmungskrise, wo eine alte Signatur nicht mehr greift, eine neue aber noch nicht eindeutig in Sicht ist".[25] Bezüglich des pädagogischen Identitätsbegriffes könnte hier, gewissermaßen bestätigend, festgestellt werden, daß seine bisherige und selbstverständliche Verwendung offenbar nicht mehr, zumindest nicht mehr durchgängig gültig

ist, - ohne daß allerdings tragfähige Alternativen bereits in Aussicht wären.

Zweitens: Die "neue Struktur, der es (hiernach) Rechnung zu tragen gilt", wird bestimmt als "Verfassung radikaler Pluralität", wobei die "alten Spielformen von Einheit und Vielfalt gerade nicht mehr gelten".[26] Richtet man diese hier als Negation von Ausschließlichkeitsansprüchen verstandene Forderung gegen ein identitätsorientiertes Denken, so zeigt sich folgendes: Sofern als Totalitätskategorie begriffen, müßte der Identitätsbegriff für obsolet erklärt werden. Gleichwohl müßte sein - unter ideologiekritischem Aspekt so bezeichneter - Gegenspieler, nämlich die analytische Kategorie der Entfremdung, ebenfalls unter 'die alten Spielformen von Einheit und Vielfalt' subsumiert und dank auch seines Ausschließlichkeitsanspruches aus den sogenannten 'neuen' Denkstrukturen verbannt werden. Mit anderen Worten: Wer aus dieser Sicht länger mit den Totalitätskategorien Identität und Entfremdung operierte, der machte sich in jedem Fall verdächtig, antiquierten Prämissen nachzuhängen.

Sofern die mit dem Begriff der Ich-Identität verbundenen pädagogischen Konzepte als fiktiv bezeichnet und auf diese Weise dem philosophischen Kontext der Postmoderne immerhin nähergebracht worden sind, stellt sich erneut die Frage nach der Plausibilität der von mir vorgenommenen Zuordnung von pädagogischer Ich-Identität, Fiktion und Modernität.

Um die hieraus resultierende Verwirrung ein wenig aufzuklären, wende ich mich dem Verhältnis von Ich-Identität und Fiktion zu.

Folgendes ist festzustellen: Es kann nicht von *dem* Identitätsbegriff schlechthin als von einem fiktiven geredet werden - der Sachverhalt ist vielmehr komplizierter. So ist der Identitätsbegriff, neben seinem fiktiven Gehalt, durch einige weitere, im übrigen sehr heterogene Teilaspekte gekennzeichnet. Er basiert nämlich, unter anderem, auf *Identifikations-, Organisations- und Reduktionspostulaten*, die dem - als fiktiv belegten - Autonomiepostulat allemal widersprechen.

Im Gegensatz zu der auf HABERMAS zurückgehenden These eines qualitativen Sprunges in der Entwicklung von der Rollenidentität zur Ich-Identität scheint der Aspekt einer Verlängerung internalisierter Rollenidentitäten im Status der sogenannten Ich-Identität in pädagogischen Identitätstheorien bislang keine Beachtung gefunden zu haben. Werden allerdings die Erkenntnisse der psychoanalytischen Theorie - wie in pädagogischen Identitätstheorien gängigerweise der Fall - zugrundegelegt, und das heißt, wird auf die individualgeschichtliche Fortdauer einer Internalisierung von Rollen und Normensystemen auf der Basis bestehender ödipaler Strukturen hingewiesen, stellt sich die Frage, worin das entscheidend Neue im Übergang von der Übernahme

verschiedener Rollenidentitäten im Kindesalter zur Entwicklung der sogenannten Ich-Identität in der Adoleszenz besteht.
HABERMAS unterscheidet hier (in Anlehnung an ERIK ERIKSON und andere) drei Identitätsbegriffe für die Entwicklung vom Kind zum Erwachsenen. Erstens den Begriff einer "natürlichen Identität", worunter er die Fähigkeit versteht, "sich und seinen Leib von der Umgebung zu unterscheiden"; zweitens den Begriff einer "Rollenidentität", welche das Kind über die Internalisierung von Handlungsnormen - zumeist aus seiner familiären Umgebung - erwirbt; und drittens den Begriff einer "Ich-Identität", durch die sich "die Rollenträger in Personen (verwandeln), die ihre Identität *unabhängig* (Hervorhebung A.S.) von konkreten Rollen und besonderen Normensystemen behaupten können".[27]
An die Stelle "konkreter Rollen" und "besonderer Normensysteme" treten für HABERMAS im Laufe des Sozialisationsprozesses ein differenziertes Rollenverständnis wie auch ein abstraktes Normensystem, an dem sich der einzelne - zur Erlangung und Aufrechterhaltung seiner Ich-Identität - zu orientieren habe. So wird beispielsweise ein "naiver Hedonismus" durch eine "formalistische Ethik" und schließlich eine "universale Sprachethik" abgelöst werden, deren Anliegen dann nicht mehr persönliche "Lustmaximierung" beziehungsweise "Unlustvermeidung", sondern "staatsbürgerliche Freiheiten" sowie "moralische und politische Freiheiten" sein werden. Worin allerdings der entscheidende qualitative Sprung von der Rollenidentität zur 'Ich-Identität' besteht, bleibt unklar, denn der Übergang von der Rollen- zur Ich-Identität besteht gerade nicht in der von HABERMAS postulierten Herstellung einer Unabhängigkeit gegenüber (herrschenden) Rollen und Normensystemen, sondern vielmehr in einer zunehmenden Abstraktionsfähigkeit und Rationalisierung eigener Wünsche und Bedürfnisse zum Wohle einer "fiktiven Weltgesellschaft", die - so HABERMAS - auf das Gebot der "vernünftigen Rede" baut.
Mit der sich an diese Überlegungen anschließenden, von identitätsorientierten pädagogischen Theorien geforderten Organisationsleistung des einzelnen wird ein weiterer Aspekt in identitätsorientierte Betrachtungen eingeführt: Ich-Identität erweist sich hiernach als Ergebnis einer angestrengten Organisation des Ichs Heranwachsender, die aber als unabdingbar betrachtet wird. Für die von diesem Organisationspostulat Betroffenen bedeutet das, daß sie sich dem gesellschaftlich notwendigen Erwerb verschiedener, vor allem rationaler Fähigkeiten stellen müssen: nämlich der Fähigkeit zu angemessener Selbstdarstellung, zu Rollendistanz, zu Ambiguitätstoleranz und so weiter.
Aus systemtheoretischer Perspektive wird schließlich darauf verwiesen, - und ich komme damit zum Reduktionspostulat -, daß der Identitätsbegriff situativ notwendigen Komplexitätsreduktionen dient und

daß er die Handlungsfähigkeit der Betreffenden im Sinne eines gesellschaftlich adäquaten Handelns sichert. Eine Identitätsorientierung resultiert demnach immer auch aus der Vermeidung von Diskrepanzen. Für NIKLAS LUHMANN und KARL-EBERHARD SCHORR läßt sich die Etablierung einer Identitätsorientierung in der Pädagogik unter anderem aus dem Umgang mit Diskrepanzen zwischen familiärer und schulischer Sozialisation erklären: Während das Kind in der Familie "als immer schon bekannte Person" vorausgesetzt wird, hat es sich in der Schule als ein "Ich unter vielen gleichen" von anderen abzugrenzen. Allerdings zeichnet sich der Identitätsbegriff für LUHMANN und SCHORR gerade dadurch aus, daß er in "außergewöhnlichen Belastungssituationen" greift, nicht jedoch in jedem Normalfall. Mit anderen Worten: "Nicht jeder Knopf, der abreißt, stellt die Identität in Frage."[28]

Das heißt, die Handhabung eines identitätsorientierten, auf Reduktion von Komplexität gerichteten Denkens und Handelns wird hier als eines betrachtet, das sich zwischen der sicherheitsstiftenden Funktion von Normen und der Blockierung von Lern- und Entwicklungsmöglichkeiten durch eben diese Normen bewegt.

Neben den Aspekten der Identifikation, der Organisation und der Reduktion von Widersprüchen liegt nun der fiktive Gehalt identitätsorientierter Konzepte gerade darin - und ich knüpfe damit an meine eingangs genannte erste These an -, daß mittels identitätsorientierter Konzepte eine Autonomie und Subjekthaftigkeit in Aussicht gestellt wird, die aber tatsächlich gar nicht eingelöst werden kann. Vielmehr entpuppt sich die - vermeintlich autonome - Ich-Identität als Konglomerat aus Identifikationen, einer zu erbringenden und in seinen Resultaten vorgebenen (kognitiven und emotionalen) Organisationsleistung des einzelnen, *und* sie erweist sich zugleich als Legitimationsbasis für das - nicht nur individuelle - Streben nach Sicherheit und für die Reduktion von Widersprüchen.

Sofern also identitätsorientierten Theorien nachgewiesenermaßen eine fiktive Komponente zukommt, stellt sich spätestens an dieser Stelle die Frage nach dem weiteren Umgang mit identitätsorientierten Theorieansätzen wie auch mit dem Identitätsbegriff selbst. Für den Umgang mit der als solcher erkannten Fiktion 'Ich-Identität' scheint es meines Erachtens nach nun mindestens drei Alternativen zu geben, von denen besagte pädagogische Theorieansätze bislang wohl nur eine, die erste, - die zweite bestenfalls in Ansätzen - umgesetzt haben dürften: Ich-Identität wird im ersten Fall als eine notwendige und gleichermaßen regulative Komponente betrachtet, die der Wirklichkeit quasi 'hinzugefügt' wird, das heißt: von der Fiktion 'Ich-Identität' wird im Sinne einer *Hilfskonstruktion* Gebrauch gemacht. So spricht MOLLENHAUER etwa von der notwendigen Orientierung am Identitätskonzept, um den "Bildungsprozeß (weiterhin) in Gang zu halten". Fiktionen stellen sich demzufolge als notwendige Vereinfachungen, als bewußte Wirklichkeitsverfälschungen dar, ohne die der Mensch gar nicht leben kann. Damit liegt hier ein regulativer Umgang mit der Fiktion Ich-Identität vor, den ich als modern bezeichnen würde, da er - nach wie vor - auf Erfüllung und Umsetzung drängt.

Ein weiterer Umgang mit Fiktionen ist aus der Tradition der Kritischen Theorie und ihrer Vorläufer wohlbekannt: Fiktionen werden dieser Ansicht nach als 'Störfaktoren' betrachtet, als 'falsches Bewußtsein' auf der Grundlage entfremdeter Seinsstrukturen. Hierzu gehören etwa - um zwei klassische Beispiele zu nennen - der über die Gottesvorstellung auf den Menschen projizierte Unsterblichkeitsglaube wie auch die Religion überhaupt. Einen solchen Umgang mit Fiktionen dürfte man als ideologiekritischen bezeichnen; Fiktionen werden in diesem Falle mit einem ideologischen und damit einem 'falschen' Bewußtsein gleichgesetzt. Für den Umgang mit pädagogischen Identitätstheorien könnte daraus resultieren, daß entweder die Ich-Identität auch hier als Fiktion erkannt und demzufolge als 'schlechte Ideologie' verworfen wird, - oder daß das Analyse-Ergebnis, also die Annahme einer Fiktivität, für falsch erklärt wird, um weiterhin mit der Kategorie Identität im Sinne einer individuellen und gesellschaftlichen Utopie arbeiten zu können.[29]

Eine dritte Möglichkeit bestünde darin, Fiktionen als notwendig zu betrachten, da sie die 'Wirklichkeit' wesentlich ausmachen oder sie sogar ersetzen. Ließe man sich auf die mit einer solchen Auffassung verbundenen Prämissen ein, so hieße das *etwa*, daß eine Unterscheidung zwischen Wirklichkeit und Fiktion gar nicht länger getroffen werden könnte. Zugleich erwiese es sich als unsinnig, Fiktionen noch als 'Wirklichkeitszusätze' betrachten oder sie gar als 'ideologisches Bewußtsein' entlarven zu wollen. Im Rahmen philologischer Betrachtungen sind solche Überlegungen bereits dargelegt worden - ich denke etwa an die Arbeitsgruppe 'Poetik und Hermeneutik'.[30] Ob solche Überlegungen allerdings für pädagogische Aussagen eine Relevanz haben, weiß ich nicht. - Immerhin zöge die im Rahmen eines postmodernen Denkens stehende Fiktivitätsannahme ihre Legitimität gerade aus dem Sachverhalt, daß "Realität und Fiktion (heute) nur noch als Legierung ... und nirgendwo mehr rein" vorkommen.[31]

Die vermutliche Folge wäre, daß Fiktionen nicht länger als bewußtes Gestaltungsmittel eingesetzt werden könnten, - um sie nämlich weiterhin von einer (vermeintlichen) Wirklichkeit abgrenzen zu wollen -, sondern daß ihr Gebrauch gewissermaßen selbstverständlich und eher affirmativ in Kauf genommen werden müßte. Hinsichtlich der als fiktiv bezeichneten pädagogischen Identitätskonzepte wäre hier also die

Frage zu stellen, *ob das für pädagogische Theorien überhaupt ein denkbarer Umgang sein könnte.*

Beziehen wir diese - letzte - Aussage auf die Kategorie der Ich-Identität, stehen wir vor einer paradoxen Situation. Im Sinne des Pluralitätsgebots wären identitätsorientierte Konzepte, zumal dann, wenn sie mit einem Ausschließlichkeitsanspruch auftreten, nicht mehr zulässig und das Ende der 'großen Erzählungen' müßte mit dem Ende vom Glauben an ein 'identisches Subjekt' einhergehen.

Unter dem Aspekt ihrer gar nicht vermeidbaren Fiktivität betrachtet, scheinen identitätsorientierte Theorieansätze, zumindest prinzipiell, durchaus weiterhin tragbar zu sein, - sofern nämlich der Gebrauch von Fiktionen "auf etwas gehen" kann, "das sich erst erschließt, indem der Gebrauch erfolgt".[32]

Möglicherweise kommen wir damit einer - wenn auch nicht intendierten - 'Selbsterhaltungs'tendenz pädagogischer Theorien 'auf die Schliche', welche die Kategorie der Fiktion im Rahmen identitätsorientierter pädagogischer Überlegungen eingeführt hat, nicht um die Obsoletheit eines Begriffes zu erklären, sondern um die hiermit verbundenen Identitätskonzepte in Zukunft weiterhin legitimieren zu können. Ginge es also letztlich doch darum, an einem Konzept festzuhalten, das sich seiner Erfüllung gewissermaßen permanent verweigert?

Sofern die Identitätskategorie, wie bei MOLLENHAUER deutlich, mit dem Begriff der Bildung unmittelbar verbunden ist, hätte eine solche Aufgabe wohl weiterreichende Folgen, auch für den Bildungsbegriff selbst, und trüge zum Verlust einer bis heute zentralen Orientierung pädagogischer Theoriebildung bei. Alternativ dazu stellt sich deshalb die Frage, ob ein anderer Begriff, etwa ein kritisch verstandener Bildungsbegriff, hier vielleicht eher geeignet wäre, existierende individuelle und gesellschaftliche Widersprüche deutlich zu machen, statt sie in einem identitätsorientierten Konzept nur wieder zu negieren.[33]

Die Hauptaussagen meiner Ausführungen und deren Implikationen:

1. Die Frage nach Ich-Identität als Fiktion greift ein von pädagogischen Theorien selbst thematisiertes, in der Rezeption aber bis heute vernachlässigtes Moment auf.
2. Wurde Ich-Identität in den siebziger Jahren noch unter dem Gesichtspunkt einer einlösbaren pädagogischen Kategorie betrachtet, so kündigte sich am Beginn der achtziger Jahre ein allmählicher Wandel an: Ich-Identität wurde als - wenngleich notwendige - Fiktion bezeichnet.
3. Der fiktive Charakter pädagogischer Identitätstheorien zeigt sich in der nur scheinbaren Einlösung, tatsächlich aber permanenten Verhinderung von Ich-Identität.
4. Für den Umgang mit Fiktionen erheben sich folgende Alternativen: Fiktionen können als notwendige, regulative Kompo-

nenten der Wirklichkeit hinzugefügt werden. Fiktionen können als Störfaktoren betrachtet werden. Oder Fiktionen können als notwendig erkannt werden, da sie die Wirklichkeit wesentlich ausmachen oder sogar ersetzen.

Im ersten Fall dürften pädagogische Theorien wie bisher verfahren - und es ließe sich die Frage anschließen, ob pädagogischen Begriffen nicht generell ein fiktiver, weil sich in Empirie sozusagen nicht erschöpfender Gehalt zukommt, der aber - in einem konstruktiven Sinne - immer auch zur Erhaltung der Disziplin beitragen dürfte. Im zweiten Fall gälte es, das Theorie-Praxis-Verhältnis erneut in Augenschein zu nehmen und im guten ADORNOschen Sinne die Rückgewinnung der Selbständigkeit von Theorie zu fordern - statt, wie er schreibt, aller Theorie den "praktischen Sichtvermerk" als "Zensurstempel" aufdrücken zu wollen. - Bei Handhabbarmachung für pädagogische Praxis disqualifizierte sich demnach ein Begriff wie Ich-Identität permanent selbst. Im dritten Fall schließlich dürfte wohl nicht mehr wie bisher verfahren werden. Aus dieser Sicht stellte sich die Fiktion Ich-Identität vielmehr in eine Reihe weiterer Fiktionen, die die pädagogische Theoriebildung seit ungefähr zwei Jahrhunderten bestimmt hat. - Die Konsequenzen daraus sind von der Pädagogik noch nicht gezogen worden. Die Beschäftigung damit steht an.

Anmerkungen:

1. Vgl. hierzu STROß 1991.
2. Wenn an dieser und an folgenden Stellen vom Identitätsbegriff die Rede ist, so soll damit nicht negiert werden, daß es eine Vielzahl pädagogischer Identitätstheorien und z.T. stark voneinander abweichende, begriffliche Nuancierungen gibt, vgl. STROß 1991, S. 10-31.
3. Einen Überblick über die verschiedenen Identitätsbegriffe in der formalen Logik, der Philosophie, Kunst und Sozialpsychologie bietet HENRICH 1979; zur Ideen- bzw. Problemgeschichte des sozialwissenschaftlichen (pädagogischen) Identitätsbegriffes vgl. auch STROß 1991, S. 116ff.
4. Vgl. HABERMAS 1970.
5. Vgl. STROß 1991, S. 88ff.
6. Hinzugefügt sei an dieser Stelle, daß es sich bei der hier vorliegenden Einteilung um eine idealtypisierende handelt, da die Mehrzahl identitätsorientierter pädagogischer Ansätze sich gerade *nicht eindeutig* zuordnen läßt.
7. Vgl. im Anschluß an HABERMAS vor allem MOLLENHAUER 1972; MOLLENHAUER u.a. 1978 und SCHÄFER 1978; vgl. auch SCHUBERT 1984 und BOLAY/TRIEB 1988 (die beiden letztgenannten Arbeiten stehen in einem allgemeinen sozialwissenschaftlichen Kontext) sowie HELSPER 1988.

8. Vgl. z.B. RUMPF 1976; PEUKERT 1979; WELLENDORF 1979; des weiteren z.B. VEELKEN 1978; FISCHER 1980; SIEBERT 1985; HEISSENBERGER 1986; SEISS 1986; EBERTZ 1987; GRÖSCH 1987; BAETHGE u.a. 1988; BAST 1988; STUEWE 1988; KADE 1989; PEUKE 1989; WEBER 1989; HIRSCH 1990; PAULS 1990.
9. Vgl. vor allem MOLLENHAUER 1983, aber auch BAACKE 1987; HANUSCH 1987; KRAPPMANN 1980.
10. Vgl. BAETHGE u.a. 1988; BAST 1988; BENÖLKEN 1988; EBERTZ 1987; GRÖSCH 1987; HEBENSTREIT 1987; HEISSENBERGER 1986; HOFFMANN 1989; KRAUSE 1989; KRUSE/KIEFER-PAEHLKE 1988; LAUE 1989; LÖCHEL 1988; PEUKE 1989; PFROGNER 1989; PANITZSCH-WIEBE/WIEBE 1989; RUMPF 1987; SCHLAGHECKEN 1989; SCHMIDT 1987; SEISS 1986; STUEWE 1988; WEBER 1989.
11. WELLENDORF 1979, S. 261.
12. HABERMAS 1976, S. 93.
13. Vgl. KRAPPMANN 1978.
14. Vgl. ADORNO 1972.
15. Vgl. MOLLENHAUER 1972.
16. A.a.O., S. 86.
17. Vgl. MOLLENHAUER 1983.
18. A.a.O., S. 93f.
19. Vgl. a.a.O.
20. A.a.O., S. 158.
21. Vgl. HANUSCH 1987.
22. BAACKE 1987, S. 196.
23. HANUSCH 1987, S. 179.
24. BAACKE 1987, S. 196.
25. WELSCH 1988, S. 319.
26. A.a.O., S. 320.
27. HABERMAS 1976, S. 80.
28. Vgl. LUHMANN/SCHORR 1982, S. 243.
29. Zur Unterscheidung von erkenntnistheoretischen und ideologiekritischen Aspekten hinsichtlich des Identitätsbegriffs vgl. auch STROß 1991, S. 127-153.
30. Vgl. HENRICH/ISER 1983.
31. MARQUARD 1983, S. 35.
32. HENRICH 1983, S. 515.
33. Vgl. hierzu z.B. KORING 1988; vgl. auch BOURDIEU/PASSERON 1973.

Literaturverzeichnis:

ADORNO, T.W.: Zum Verhältnis von Soziologie und Psychologie (1955). In: DERS.: Gesammelte Schriften 8. Soziologische Schriften I. Hg. v. R. TIEDEMANN. Frankfurt am Main 1972, S. 42-85.

BAACKE, D.: Jugend und Jugendkulturen. Weinheim 1987.

BAETHGE, M. u.a.: Jugend: Arbeit und Identität. Opladen 1988.

BAST, C.: Weibliche Autonomie und Identität. Weinheim 1988.

BENÖLKEN, CHR.: Identität und Erfahrung. Zur Rekonstruktion und Weiterentwicklung eines dialektischen Paradigmas. Frankfurt am Main 1988.

BOLAY, E./TRIEB, B.: Verkehrte Subjektivität. Kritik der individuellen Ich-Identität. Frankfurt am Main 1988.

BOURDIEU, P./PASSERON, J.-C.: Grundlagen einer Theorie der symbolischen Gewalt. Frankfurt am Main 1973.

COHEN, S./TAYLOR, L.: Ausbruchsversuche. Identität und Widerstand in der modernen Lebenswelt. Frankfurt am Main 1977.

EBERTZ, B.: Adoption als Identitätsproblem. Freiburg 1987.

FISCHER, H.: Identität in der Erzieherausbildung. Düsseldorf 1980.

GLASSER, W.: Identität und Gesellschaft. Weinheim 1974.

GRÖSCH, D.: Biografie, Lebenskonzept und Identität - Widersprüche und Ambivalenzen im Prozeß der Identitätsfindung und -sicherung berufstätiger Jugendlicher und junger Erwachsener. Diss. Kassel 1987.

HABERMAS, J.: Thesen zur Theorie der Sozialisation. In: DERS.: Arbeit, Erkenntnis, Fortschritt. Amsterdam 1970, S. 376-429.

HABERMAS, J.: Zur Rekonstruktion des Historischen Materialismus. Frankfurt am Main 1976.

HANUSCH, R.: Identitätskonzepte von Jugendlichen heute oder: Welchen Sinn hat es noch, von der Identitätsbildung Jugendlicher zu reden? In: R. DRECHSEL u.a. (Hrsg.): Ende der Aufklärung? Zur Aktualität einer Theorie der Bildung. Bremen 1987.

HEBENSTREIT, S.: Frauenräume und weibliche Identität. Ein Beitrag zu einem ökologisch orientierten Perspektivenwechsel in der sozialpädagogischen Arbeit mit Migrantinnen. Diss. Dortmund 1986.

HEISSENBERGER, M.: Erziehung und Identität. Zum Problem der Identitätsfindung im pädagogischen Handlungsfeld. Regensburg 1986.

HELSPER, W.: Selbstkrise und Individuationsprozeß. Zur Bedeutung des Imaginären in der Selbstgenese - Überlegungen zu einer vernachlässigten Dimension der Subjektivität. Diss. Marburg 1988.

HENRICH, D.: Identität - Begriffe, Probleme, Grenzen. In: O. MARQUARD/K. STIERLE (Hrsg.): Identität. München 1979, S. 133-186.

HENRICH, D.: Versuch über Fiktion und Wahrheit. In: D. HENRICH/W. ISER (Hrsg.): Funktionen des Fiktiven. München 1983, S. 511-519.

HENRICH, D./ISER, W. (Hrsg.): Funktionen des Fiktiven. München 1983.

HIRSCH, G.: Biographie und Identität des Lehrers: eine typologische Studie über den Zusammenhang von Berufserfahrungen und beruflichem Selbstverständnis. Weinheim 1990.

HOFFMANN, K.: Die Kompetenz zur 'Ich-Identität'. Wie türkische Jugendliche 'soziale' und 'persönliche' Identität balancieren. Diss. Bielefeld 1989.

HOMFELDT, H.G.: Stigma und Schule. Düsseldorf 1974.

KADE, J.: Erwachsenenbildung und Identität. Weinheim 1989.

KORING, B.: Bildungstheorie und soziologische Bildungskritik. In: O. HANSMANN/ W. MAROTZKI (Hrsg.): Diskurs Bildungstheorie I. Weinheim 1988, S. 268-290.

KRAPPMANN, L.: Soziologische Dimensionen der Identität. Stuttgart 1978.

KRAPPMANN, L.: Identität - ein Bildungsprozeß? In: C. GROHS u.a. (Hrsg.): Kulturelle Identität im Wandel. Stuttgart 1980, S. 99-118.

KRAUSE, M.: Verfolgung durch Erziehung. Eine Untersuchung über die jahrhundertelange Kontinuität staatlicher Erziehungsmaßnahmen im Dienste der Vernichtung kultureller Identität von Roma und Sinti. Diss. Hamburg 1989.

KRUSE, M./KIEFER-PAEHLKE, H.: Schwerhörigkeit: Probleme der Identität. Heidelberg 1988.

LAUE, B.: Leben im Spannungsfeld zwischen den Welten. Identitätsprobleme spanischer Remigrantenkinder. Diss. Frankfurt am Main 1989.

LÖCHEL, E.: Verschiedenes - Untersuchungen zum Umgehen (mit) der Differenz in Theorien zur Geschlechtsidentität. Diss. Bremen 1988.

LUHMANN, N./SCHORR, K.-E.: Personale Identität und Möglichkeiten der Erziehung. In: DIESS. (Hrsg.): Zwischen Technologie und Selbstreferenz. Frankfurt am Main 1982, S. 224-261.

MARQUARD, O.: Kunst als Antifiktion - Versuch über den Weg der Wirklichkeit ins Fiktive. In: D. HENRICH/W. ISER (Hrsg.): Funktionen des Fiktiven. München 1983, S. 35-54.

MOLLENHAUER, K.: Erziehung und Emanzipation. München 1968.

MOLLENHAUER, K.: Theorien zum Erziehungsprozeß. München 1972.

MOLLENHAUER, K. u.a.: Die Familienerziehung. München 1978.

MOLLENHAUER, K.: Vergessene Zusammenhänge. München 1983.

NEUMANN, B.: Identitäts- und Rollenzwang. Frankfurt am Main 1970.

NEUNTEUFFEL, H.: Identitätsmuster. Aspekte zur Identitätsproblematik von Frauen. Wien 1987.

PANITZSCH-WIEBE, M./WIEBE, H.-H.: Identität und Reproduktion. Jugendtheoretische Untersuchungen evangelischer politischer Jugendbildungsarbeit. Diss. Bremen 1989.

PAULS, M.: Identitätsbildung und Selbst-bewußt-Werdung. Sankt Augustin 1990.

PEUKE, R.: Körper und Identität. Diss. Ahrensburg 1989.

PEUKERT, U.: Interaktive Kompetenz und Identität. Düsseldorf 1979.

PFROGNER, H.: Soziale Gerontologie und Geragogik: Männer im Alter. Frei-Tätigkeit für neue Identitätsentfaltung in der nachberuflichen Lebensphase. Diss. Dortmund 1989.

PONGRATZ, L.A.: Bildung und Alltagserfahrung. Zur Dialektik des Bildungsprozesses als Erfahrungsprozeß. In: O. HANSMANN/W. MAROTZKI (Hrsg.): Diskurs Bildungstheorie I. Weinheim 1988, S. 293-310.

RUMPF, H.: Unterricht und Identität. München 1976.

RUMPF, M.: Spuren des Mütterlichen: die widersprüchliche Bedeutung der Mutterrolle für die männliche Identitätsbildung in kritischer Theorie und feministischer Wissenschaft. Frankfurt am Main 1987.

SCHÄDELIN, I.: Identität - ein Begriff und seine pädagogische Bedeutung. Zürich 1987.

SCHÄFER, A.: Kritische Kommunikation und gefährdete Identität. Stuttgart 1978.

SCHLAGHECKEN, H.: Zum Verhältnis: Lebensgeschichte und Identität im Erzieherberuf. Studien zur biographischen Dimension beruflicher Identität im Wandel der Qualifikationsprofile als Thema der Erzieherfortbildung. Diss. Köln 1989.

SCHMIDT, U. (Hrsg.): Kulturelle Identität und Universalität: interkulturelles Lernen als Bildungsprinzip. Frankfurt am Main 1987.

SCHUBERT, V.: Identität, individuelle Reproduktion und Bildung. Gießen 1984.

SCHULZE, T.: Auf der Suche nach einer neuen Identität. In: ZfPäd. 18. Beiheft. 1983, S. 313-320.

SCHWEITZER, F.: Identität und Erziehung. Weinheim 1985.

SCHWEITZER, F.: Identität statt Bildung? Zum Wandel pädagogischer Leitbegriffe. In: O. HANSMANN/W. MAROTZKI (Hrsg.): Diskurs Bildungstheorie I. Weinheim 1988, S. 55-73.

SEISS, R.: Identität und Beziehungen. Neuhausen 1986.

SIEBERT, H.: Identitätslernen in der Diskussion. Frankfurt am Main 1985.

STROß, A.M.: Ich-Identität. Zwischen Fiktion und Konstruktion. Berlin 1991.

STUEWE, G.: Klischees und Selbstbilder. Lebenslagen, Perspektiven und Identitätsfindung von Jungen und Mädchen aus Migrantenfamilien. Berlin 1988.

VEELKEN, L.: Einführung in die Identitätstherapie. Stuttgart 1978.

WAGNER, H.-J.: Handlung und Ich-Identität. Eine Studie im Anschluß an Georg Herbert Mead. Berlin 1987.

WEBER, C.: Selbstkonzept, Identität und Integration: eine empirische Untersuchung türkischer, griechischer und deutscher Jugendlicher in der Bundesrepublik Deutschland. Berlin 1989.

WELLENDORF, F.: Schulische Sozialisation und Identität. Weinheim 1979.

WELSCH, W.: Unsere postmoderne Moderne. Weinheim 1988.

Dies heutge England ist das künftige nicht,
Wie's das vergangene nicht mehr ist.

Friedrich von Schiller
Maria Stuart / 2. Aufzug 3. Auftritt / Talbot

DIETRICH HOFFMANN

Der Verlust der 'Verantwortung' oder die Zerstörung einer ethischen pädagogischen Kategorie in der jüngeren Moderne

I. Freiheit und Verantwortung - der Anspruch

Das Hauptmotiv der folgenden Überlegungen liegt für mich in dem Zweifel daran, daß die 'Moderne' in der Weise definiert und terminiert werden kann, wie dies gewöhnlich geschieht. Wie ich die Sachlage beurteile, kann man meinem anderen Beitrag zu diesem Bande entnehmen, in dem ich den Gebrauch des Begriffes untersuche. Um die folgenden Bemerkungen für sich allein lesbar zu machen, benutze ich hier die Bezeichnung 'jüngere Moderne' für die fünfundzwanzig Jahre unserer engeren Gegenwart. Und ich behaupte, daß in dieser Zeit die Kategorie Verantwortung als pädagogische entweder (fast) verloren gegangen ist oder (ziemlich) zerstört wurde. Dabei gestehe ich, daß mich die Frage bisher wenig beschäftigt hat. Da mir der Begriff in den sechziger Jahren zwar in der, wie sich zeigen wird, gleichsam klassischen Kombination 'Freiheit und Verantwortung' aber als Terminus der Politischen Bildung begegnet war (vgl. FREDE/KOLLNIG o.J.), habe ich ihn immer unter politischen bzw. politisch-pädagogischen Aspekten verwendet, bis HANS THIERSCH durch seinen Aufsatz 'Pädagogische Verantwortung' in der Gedenkschrift für ERICH WENIGER darauf aufmerksam machte, daß das Spektrum breiter ist und der Ausgang, pardon: die Quelle seines Lichtes tiefer liegt (THIERSCH 1968). Aber auch die von THIERSCH entfalteten Zusammenhänge ließen sich angesichts des Charakters der Theorie WENIGERS unter einem politisch-pädagogischen Aspekt verstehen. Wahrscheinlich habe ich dies damals auch getan, da mir die Übereinstimmung der Interpretation mit dem, was HERWIG BLANKERTZ und ich dort über Geschichtsunterricht und Politische Bildung geschrieben hatten, angenehm war. Ich habe den Text inzwischen erneut und mit anderem Interesse gelesen. Ehe ich aber auf die betreffenden allgemeinen Überlegungen etwas genauer eingehe, da sie sich gut zur Einleitung einer Diskussion eignen, möchte ich genauer angeben, worauf ich zu sprechen komme.
Ich blende völlig die Verantwortung der Pädagogik als Theorie bzw. Wissenschaft aus, und zwar nicht nur, weil HEINZ-ELMAR TENORTH sich dazu gerade erst ausführlich geäußert hat (TENORTH 1990).[1] Ich werde auch nicht über die Frage der pädagogischen Ethik im ganzen

nachdenken, auf die LOTHAR WIGGER ebenfalls vor kurzem eingegangen ist (WIGGER 1990). Dies fällt mir übrigens schwerer, da man fragen könnte, ob es überhaupt zulässig oder zumindest vernünftig ist, über die zentrale ethische Kategorie zu reden, wenn 'die praktische Irrelevanz pädagogischer Ethik' systematisch, historisch und empirisch behauptet wird. WIGGER fragt: "Welche Relevanz hat eine pädagogische Ethik oder auch eine Pädagogik, die das pädagogische Handeln unter das Prinzip der Verantwortung stellt und über die Folgen eines solchen ethisch-moralisch orientierten Tuns nichts Gewisses aussagen kann?" (S. 320). Vielleicht genügt es, wenn ich mich bereit erkläre, auf diesen Punkt später noch einmal zurückzukommen - und meinerseits unterstelle, daß es für die Frage nach der pädagogischen Verantwortung im Sinne der Verantwortung von Erzieherinnen und Erziehern - freilich unter erziehungswissenschaftlichem Aspekt -, also von Menschen, die zu anderen in einer pädagogischen Situation stehen, genügt, auf die 'Zurechenbarkeit' allen Verhaltens (TENORTH 1990, S. 410), Handelns und Nichthandelns etc. hinzuweisen.

Bei WENIGER heißt es - und THIERSCH zitiert diesen Satz -: "Verantwortlichkeit ... bedeutet Freiheit, denn Verantwortung kann nur in Freiheit übernommen und getragen werden" (1968, S. 82; WENIGER 1953b, S. 341). Für das volle Verständnis der Auffassung WENIGERS ist es nützlich weiterzulesen: "Freiheit aber setzt Reife und Einsicht voraus. Einsicht gibt die Möglichkeit zu richtigen Entscheidungen, in denen die Freiheit erst ihrer Verantwortung gerecht zu werden vermag. Einsicht und Reife wachsen dem Menschen nun einmal nicht von selber zu, sondern nur in der Begegnung mit den wirkenden Kräften der Welt" (ebenda). Es wäre angesichts der Tatsache, daß IMMANUEL KANT seine Auffassung nirgends schlicht ausgedrückt hat, sicher übertrieben zu sagen, daß dies gut KANTisch gedacht ist. Das kann schon deshalb nicht ohne weiteres behauptet werden, da WENIGER die philosophische Position KANTs aus pädagogischen (und politischen) Gründen umkehrt. Er ist *für* Verantwortung und Verantwortlichkeit - und knüpft daran die Freiheit. Dies ist nicht nur zulässig, sondern sogar erwünscht. KANT schreibt: "Der Begriff der Freiheit ist ein reiner Vernunftbegriff, ... d.i. ein solcher, dem kein angemessenes Beispiel in irgendeiner möglichen Erfahrung gegeben werden kann, welcher ... in praktischem Gebrauche derselben aber seine Realität durch praktische Grundsätze beweist" (KANT IV, S. 23). Anders ausgedrückt: Indem ich Verantwortung übernehme, realisiere ich Freiheit. KANT beginnt aber bekanntermaßen bei der Freiheit und schließt von ihr auf dem Umweg über eine weitere Kategorie, die der Kausalität, auf die Zurechenbarkeit: "Wir nehmen uns in der Ordnung der wirkenden Ursachen als frei an, um uns in der Ordnung der Zwecke unter sittliche Gesetze zu denken, und wir denken uns nachher als diesen Gesetzen unterworfen, weil wir uns die Freiheit des Willens beigelegt haben. ... Wenn wir uns frei denken, so versetzen wir uns in die Verstandeswelt und erkennen die Autonomie des Willens samt ihrer Folge, der Moralität" (III, S. 77f.).[2]

Es liegt nun in der Tat auf der Hand, daß für KANT Sittlichkeit und Verantwortung daran gebunden sind, daß die Naturanlagen und die Vernunft des Menschen durch Erziehung und Bildung entwickelt werden. "Daher ist Erziehung das größte Problem und das Schwerste, was dem Menschen kann aufgegeben werden. Denn Einsicht hängt von der Erziehung und Erziehung wieder von der Einsicht ab" (KANT 1803, S. 10). Hier ist der Begriffsgebrauch tatsächlich identisch. Er ist es im Grunde auch beim Bildungsbegriff. "Bildung ist der Zustand, in dem man Verantwortung übernehmen kann", heißt es bei WENIGER an anderer Stelle (1953a, S. 138)[3]; vgl. TENORTH 1990, S. 414), also Freiheit zu realisieren vermag. KANT spricht davon, daß Bildung Zucht und Unterweisung brauche (a.a.O., S. 7); ich möchte nicht ausführen müssen, daß dies noch keineswegs bedeutet, den großen Aufklärer umstandslos der Schwarzen Pädagogik zurechnen zu müssen.

Wichtig für meine Überlegungen ist, daß durch den zwangsläufigen Zusammenhang von Freiheit, Verantwortlichkeit und Sittlichkeit - in bezug auf sie ist es der kategorische, d.h. der (allein) aus den erwähnten Kategorien folgende Imperativ (PATZIG [2]1983, S. 150f.), der die Verknüpfung bewirkt - das Verhalten des Menschen[4] nicht nur individual, sondern auch sozial gerichtet wird. Die Freiheit wird nicht nur dadurch empirisch, daß ich verantwortlich für mein Verhalten bin, sondern vollständig erst dadurch, daß ich auch im Hinblick auf andere verantwortlich handele. Auf der Suche nach einem Beleg für die Richtigkeit dieser Interpretation in der Gegenwart bin ich auf ERNST TUGENDHATs HEGELkritik gestoßen, in der er aus meiner Sicht der Auffassung KANTs am nächsten kommt: "Die Idee der Verantwortlichkeit ist also die Bedingung der Möglichkeit eines vernünftigen Verhältnisses zu sich, zu den anderen und zur Gesellschaft, wie immer dieses Verhältnis sich dann näher bestimmen mag". TUGENDHAT geht so weit, die Idee der Verantwortlichkeit als 'formale Bedingung der Rationalität und der Autonomie' zu bezeichnen und schließt den Gedanken mit der Feststellung ab: "Jede Konzeption vom eigenen und gesellschaftlichen Leben, die die eigene Verantwortlichkeit und die Verantwortlichkeit aller nicht vorrangig berücksichtigt, ist irrational" (TUGENDHAT [4]1989, S. 356).

Ich habe bereits angedeutet, daß KANT durchaus in Rechnung stellt, daß der Mensch in seinem Verhalten aufgrund vielfältiger äußerer Bedingungen und innerer Voraussetzungen selten wirklich frei ist. Er hat auf den entsprechenden Einwand gegenüber der referierten Auffassung bekanntermaßen sehr konkret geantwortet. Selbst wenn man das menschliche Verhalten aufgrund dieser Umstände und Verhältnisse wie eine Mondfinsternis ausrechnen könnte, bliebe der Mensch doch *prinzipiell* frei (II, S. 127f.), - und selbst der Fatalist muß "jederzeit so handeln, als ob er frei wäre, und diese Idee bringt auch wirklich die damit einstimmige Tat hervor und kann sie auch allein hervorbringen" (VI, S. 184f.). Wenn man die Moderne, so wie es gemeinhin geschieht, mit der Befreiung des Subjekts und mit der Möglichkeit seiner Autonomie beginnen läßt, muß man auch die Kategorie - oder das Prinzip (JONAS 1984) - der Verantwortung mit übernehmen, zumal dann, wenn man sich dabei auf KANT und das Sowohl-Als-Auch von erfahrungsgemäßer Bedingtheit und entscheidungsgemäßer Freiheit (VOGEL 1990) beruft. Die Frage, der ich im weiteren nachgehen werde, ist die nach dem Verständnis der Verantwortung in der Erziehung und ihrer Reflexion in der zugehörigen Theorie.

II. Reaktionen im 19. Jahrhundert (ältere Moderne)

Daß im 19. Jahrhundert wenig davon die Rede war, hat sicher viele Gründe. Zunächst einmal verstand sich die Verantwortung im Lichte z.B. von JOHANN GOTTLIEB FICHTEs Pflichtbegriff und GEORG WILHELM FRIEDRICH HEGELs Notwendigkeitsauffassung von selbst, zumal bei beiden das Ich in bezug auf den Anderen und durch das Wir existiert. Aber die Verlagerung der Aufmerksamkeit darauf, daß die Freiheit eine intersubjektive Leistung ist, hat zugleich von ihr selbst und ihren Konsequenzen abgelenkt. Und rückwärts betrachtet paßte dies dann alles nicht mehr zusammen, da KANT es ausdrücklich abgelehnt hatte, dort Freiheit anzunehmen, wo etwas aus Pflicht oder mit Notwendigkeit geschieht. Somit konnte Verantwortung im Sinne von individueller Zurechenbarkeit auch nicht mehr angenommen werden.[5] Noch KARL MARX ist von diesem Element der Philosophie HEGELs ungeachtet der Tatsache, daß dieser darin KANT aufs Kreuz gelegt hatte, so begeistert, daß er dessen Denkfigur: "Ich das Wir und Wir das Ich" in einen anschaulichen Slogan überträgt, der das 'Kapital' für einen Augenblick wie das Neue Testament klingen läßt: "Erst durch die Beziehung auf den Menschen Paul als seinesgleichen bezieht sich der Mensch Peter auf sich selbst als Mensch" (HEGEL 1927, Bd.2, S. 147; MARX 1951, S. 57, Anm. 18).
Für gutwillige Interpreten mag dies wie die praktische Erfüllung des Anspruchs auf Verantwortung erscheinen, tatsächlich ist es wohl die Umkehrung. "Der Sinn seiner Konzeption besteht darin, die Idee der Verantwortlichkeit zu verdrängen" (TUGENDHAT [4]1989, S. 351). Daß man darüber auch heute noch streiten muß, hängt an der bewußten 'Perversion' HEGELs, mit den gleichen Begriffen wie KANT das Gegen-

teil auszudrücken. Nicht nur Pädagogen sind ihm deshalb auf den Leim gegangen, - und die es taten, machten es nicht alle in ideologischer Absicht. Aber ich komme darauf in anderem Zusammenhang noch einmal zurück. Es gibt aber noch einen zweiten Weg zur Abwälzung der Verantwortung, den MAX STIRNER eingeschlagen hat. Er sieht das 'Ich', das Individuum durch das 'Wir', insbesondere in der Form des Staates und durch die Sittlichkeit, behindert. Der Mensch ist sich nur einer Sache sicher, des eigenen Ich: "Nicht, wie das Ich das allgemeine Menschliche realisiere, braucht meine Aufgabe zu sein, sondern wie Ich Mir selbst genüge" (STIRNER 1972, S. 196). Auch dieser extreme Individualismus ist ein Weg, sich der Verantwortung - als Belastung und Zumutung - zu entziehen. Über ihn müßte ich eigentlich ausführlicher sprechen, da nach dem Urteil von JÜRGEN OELKERS und THOMAS LEHMANN "hinter vielen antipädagogischen Proklamationen der legitimen Freiheit des Kindes und der illegitimen Macht des Erziehers" (OELKERS/LEHMANN ^{2}1990, S. 12) genau diese Absicht steckt, doch läßt dies die zur Verfügung stehende Zeit nicht zu. Immerhin möchte ich der Verlockung nachgeben, diese Haltung wenigstens kurz literarisch so zu dokumentieren, wie sie sich im Übergang vom 19. zum 20. Jahrhundert offenbar ausgebreitet hatte, als z.B. FRIEDRICH WILHELM FOERSTER seine 'Politische Ethik und politische Pädagogik' mit dem ausdrücklichen Hinweis auf den vorherrschenden Egoismus, die 'egozentrische Seelenverfassung' einleitete, der STIRNER theoretisch Ausdruck gegeben hatte. Dieser hielt als Gesellungsform allenfalls einen 'Verein von Egoisten' für denkbar. ARTHUR SCHNITZLER arbeitete 1902 an einem Theaterstück, das zunächst 'Die Egoisten' hieß - und genau die Lebensweise auf die Bühne bringen sollte, die der Dichter selbst praktizierte, die ihn augenscheinlich aber theoretisch-künstlerisch anekelte. Vielleicht wegen dieses Zusammenhangs heißt das Schauspiel seit der Uraufführung ablenkend 'Der einsame Weg'. Der Künstler Julian Fichtner und der (Privat-)Gelehrte Stephan von Sala diskutieren in einer Szene des 4. Aktes, die 'Unbequemlichkeit der Selbsterkenntnis auf sich nehmend', über ihren Egoismus. Sala: "Haben wir jemals ein Opfer gebracht, an dem nicht unsere Sinnlichkeit oder unsere Eitelkeit in irgend einer Weise beteiligt gewesen wäre? Haben wir je gezögert, anständige Menschen zu betrügen und zu belügen, wenn wir dadurch nur um eine Stunde des Glücks oder der Lust reicher werden konnten? Haben wir je unsere Existenz, unser Leben aufs Spiel gesetzt, um das Wohlergehen eines Wesens zu befördern, das sich uns gegeben hatte?" (SCHNITZLER 1991, S. 177f.). Aber der Grund, weshalb ich das Stück anführe, findet sich in der Äußerung des anderen Egoisten über den zugegebenen trockenen Akademiebeamten Professor Wegrat, der weder als Künstler noch als Gelehrter besonders anregend wirkt, dafür arglos das Kind aufgezogen hat, das

Fichtner der Verlobten Wegrats hinterließ, als er mit ihr fertig war. Fichtner: "Für ihn gesorgt, ihn aufgezogen, ihn geliebt ... Es ist gerade das, wozu diese Art von Menschen auf der Welt sind. Sie sind nicht geschaffen, wirklich zu besitzen ... Es steht ihnen zu, Wesen in ihren Armen aufzunehmen, die von einer großen Leidenschaft müde oder gebrochen sind; es ist ihnen gegönnt, Wesen heranzuziehen und zu bewahren, ... Sie sind da, um sich aufzuopfern und in diesem Opfer ihr armseliges Glück zu finden" (S. 163f.).

Etwas zuviel Pathos steckt in diesen Worten des Theaters als moralischer Anstalt, als daß sie genau bezeichnen könnten, was das schwierige Geschäft der pädagogischen Verantwortung für die 'normale' Pädagogin und den 'durchschnittlichen' Pädagogen ausmacht, - da diese 'Art von Menschen' nicht durchgängig aus kleinen JOHANN HEINRICH PESTALOZZIS, JANUSZ KORCZAKS und MINNA SPECHTS besteht. Aber die zum Ausdruck kommende Haltung ist die, mit der ihnen häufig begegnet wird: Unverständnis darüber, daß sie Verantwortung auf sich nehmen. Man müßte darüber nicht viele Worte machen, wenn die betreffende Verantwortung nicht von Mitgliedern unserer Zunft für beendet oder als gegenstandslos erklärt und wenn sie von 'antipädagogischer' Seite nicht sogar generell denunziert würde. Wo Unfreiheit als Freiheit bezeichnet wird, kann es auch keine Verantwortung geben, die ohne Subjektivität nicht zu denken ist. Es ist anzunehmen, daß die Zeitgenossen diese oktroyierte Verantwortung fürchteten und sie mit FICHTE und HEGEL 'verdrängten', um mit TUGENDHAT zu sprechen. Der von KANT auferlegte Preis der Freiheit war zu hoch. Es ist offenbar so, wie auch jüngste historisch-politische Vorgänge zeigen, daß die Leute alle gern frei wären, aber die Last der Verantwortung nicht gleich begeistert auf sich nehmen.

So, wie der Idealismus in diesem Punkte zuende ging, begannen Positivismus und Materialismus. Es kann kein Zweifel daran bestehen, daß die idealistische Auffassung von Freiheit und Zurechenbarkeit, von Autonomie und Kausalität aus Entscheidung durch die nähere Ergründung des Ausmaßes soziologischer und psychologischer Abhängigkeiten ins Hintertreffen geriet. Soziologie und Sozialforschung, Psychologie und Psychoanalyse haben beim Publikum eben jenen Fatalismus erzeugt, der alles menschliche Tun und Lassen als 'bloßes Marionettenspiel' erscheinen läßt, um noch einmal KANT zu zitieren. HEINRICH VON KLEISTS Essay 'Über das Marionettentheater' erschien folgerichtig als korrekte Beschreibung der Lebensverhältnisse, unter denen einerseits das Sein das Bewußtsein und andererseits das Unbewußte die Psyche und damit die Person steuern, determinieren. Die ältere Entwicklungspsychologie und die frühe Sozialisationstheorie sind letzte Zeichen dafür, daß keineswegs nur die falsche Rezeption an sich richtiger empirischer Entdeckungen und systematischer Erkenntnisse, son-

dern auch die logische Zusammenstellung und hermeneutische Interpretation zu Ergebnissen führen konnten, in deren Licht das philosophische Kalkül als antiquiert und bezeichnenderweise im schlechten Sinne als 'idealistisch' angesehen wurde. Dabei ist vieles auf eine unglückliche, aber sehr wirksame Verbindung der anthropologisch begründeten 'Furcht vor der Freiheit' (FROMM 1966) mit einer daraus folgenden 'Flucht vor der Verantwortung' zurückzuführen.[6] "... Gefühle der Inferiorität, der Ohnmacht und der persönlichen Unbedeutenheit ..., die Neigung, sich klein zu machen, so schwach, als beherrschten sie nichts" (S. 142f.), werden bei manchen Menschen durch Theorien verstärkt, die die Abhängigkeit von äußeren oder inneren Mächten darstellen und betonen.[7] Ich gehe vorläufig noch nicht so weit zu sagen, daß hinter den betreffenden Erklärungsversuchen die Intention stand, die Verantwortung zu destruieren. Mit einer solchen Diagnose sollte man vorsichtig sein, obschon viel dafür spricht, daß auch Ideologien dieser Art darunter waren. Die Tendenz wird erst im 20. Jahrhundert unübersehbar.[8]
Ich sehe keinen Gegensatz dazu darin, daß während des 19. Jahrhunderts große Teile der Erziehung bzw. die Mehrzahl der Erzieherinnen und Erzieher nicht von Zweifeln an der Verantwortung angekränkelt waren und eine förmliche Flucht deshalb nicht anstrebten. Mit der Erziehung hat es eine etwas andere Bewandtnis: Wenn man schon Verantwortung tragen muß - und dadurch Freiheit und Autonomie beweisen kann -, dann natürlich am ehesten gegenüber Kindern. Das ist eine vergleichsweise ungefährliche Form, bei der auch Beziehungen zu 'Pflicht' und 'Notwendigkeit' bestehen. Außerdem ist es unter den üblicherweise herrschenden Verhältnissen gleichsam undenkbar, 'nicht zu erziehen'. Sich dieser praktischen Aufgabe zu entziehen, hätte einer besonderen Begründung bedurft, nicht aber die Bereitschaft, ihr zu folgen. Überdies war der pädagogische Impuls der Aufklärung, auf dessen Folgen ich hier sicher nicht genauer eingehen muß, stark genug, um auch Irritationen überwinden zu helfen. JEAN-JACQUES ROUSSEAU, JOHANN HEINRICH PESTALOZZI, FRIEDRICH FRÖBEL, um nur einige Namen zu nennen, haben die 'pädagogische Stimmung' der Zeit zwar auf verschiedene Nenner gebracht, gerade dadurch aber den unterschiedlichsten privaten und politischen Bestrebungen die Bahn gewiesen, in denen diese sich entfalten konnten. Dies machte eine intensive Diskussion des pädagogischen Verantwortungsproblems unnötig. Was das Bürgertum dazu dachte, besser vielleicht: wie es in bezug darauf eingestellt war, geht am besten aus FRIEDRICH SCHLEIERMACHERS Worten am Grab seines Sohnes NATHANAEL (1829) hervor: "Ach, Kinder sind nicht nur teure, von Gott uns anvertraute Pfänder, für welche wir Rechenschaft zu geben haben, nicht nur unerschöpfliche Gegenstände der Sorge und der Pflicht, der Liebe und des Gebets; sie sind ein un-

mittelbarer Segen für das Haus, sie geben leicht ebensoviel, als sie empfangen; sie erfrischen das Leben und erfreuen das Herz" (SCHLEIERMACHER 1957, II, S. 31).
Ich präzisiere: eine Haltung wie diese machte die Diskussion der pädagogischen Verantwortung im Sinne KANTs unmöglich, da sie gar nicht zuließ, das betreffende Verhältnis unter dem Aspekt von Freiheit und Entscheidung zu betrachten.

III. Reaktionen im 20. Jahrhundert (jüngere Moderne)

Umso wichtiger ist es, die Entwicklung zu prüfen, die ich mit zwei weiteren Zitaten gewissermaßen abgrenzen möchte. "Die Grundlage der Erziehung ist also das leidenschaftliche Verhältnis eines reifen Menschen zu einem werdenden Menschen, und zwar um seiner selbst willen, daß er zu seinem Leben und seiner Form komme" (NOHL ^{5}1961, S. 134; vgl. KLUGE 1973). Die als 'pädagogischer Bezug' bekannte Definition des pädagogischen Verhältnisses von HERMAN NOHL (in der Fassung von 1930 aus dem Handbuch der Pädagogik) wurde stets auch als 'Stiftung einer Verantwortung' aufgefaßt, "die ihr vereintes Bemühen über jedes bloß angeordnete und ausführende Tun weit hinaushebt" (LITT ^{8}1960, S. 124). Und THEODOR LITT hat ausdrücklich hervorgehoben, daß der 'äußeren' Verantwortung zunächst eine 'innere Freiheit' - z.B. des Lehrers - korrespondieren muß, die zu der bekannten Forderung einer 'relativen Autonomie' nötigt. Das ist wieder gut KANTisch gedacht und somit in meiner Sicht einer der Punkte, der - nebenbei bemerkt - die Geisteswissenschaftliche Pädagogik über alle individuellen Theorien ihrer Vertreter hinweg 'einheitlicher' macht als heute manchmal zugestanden wird.[9] Aber ich kann mir die weitere Aufzählung und die Nachzeichnung der betreffenden Tradition über eine Reihe von Jahrzehnten sparen. WOLFGANG KLAFKI hat sie in seinem Aufsatz 'Engagement und Reflexion im Bildungsprozeß' geradezu zum Ausgangspunkt der Überlegungen gemacht. Er weist darin zu Recht auf den besonderen Tatbestand hin, daß die pädagogische Verantwortung kurz nach den beiden Weltkriegen am intensivsten behandelt wurde, dabei allerdings auch immer in dem bereits eingangs erwähnten politischen Zusammenhang (KLAFKI 1962, S. 343f.).[10]
Das zweite Zitat, auf das es mir ankommt, stammt von HERMANN GIESECKE, und zwar aus dem Buch 'Das Ende der Erziehung'. "Die bürgerliche Erziehung", lesen wir da, "hat sich in erster Linie von der Verantwortung für die Zukunft des Kindes her gerechtfertigt. Eine solche Verantwortung kann jedoch sowohl von den Erziehern wie von der Gesellschaft nur noch eingeschränkt übernommen werden. Das

Kind ist Zug um Zug für seine Zukunft selbst verantwortlich geworden" (GIESECKE 1985, S. 10). Diese Ausrede ist, pointiert gesprochen, nicht schlecht, denn in der Tat ist bei der Begründung dessen, 'wofür' Verantwortung übernommen werden sollte, immer häufiger die 'Zukunft' hervorgehoben worden. Ich gebe zwei Beispiele aus bereits angeführten Texten. "Für wen wird ... die Freiheit des Wachstums gefordert? Kurz und bündig: für die Zukunft, die, keimhaft als Möglichkeit und Anlage in den Seelen des jungen Volkes schlummernd, demnächst den Lebensraum besetzen soll" (LITT [8]1960, S. 19), formuliert LITT. Und KLAFKI macht auf die 'Vorwegnahme' aufmerksam, die WILHELM FLITNER und WENIGER eingeführt hatten, damit "das Erziehungsziel, der Geist, der Wille und der Stil des zukünftigen reifen Lebens in der Erziehungsgemeinschaft selbst in kind- und jugendgemäßer Form bereits 'vorverwirklicht' werden soll" (KLAFKI 1962, S. 362f.). Schließlich werden sich einige daran erinnern, daß z.B. KLAUS MOLLENHAUER gewissermaßen in 'Aufhebung' dieser Tradition am 'Ende der Epoche der Geisteswissenschaftlichen Pädagogik' noch weiter gegangen ist, indem er forderte, "in der heranwachsenden Generation das Potential gesellschaftlicher Veränderungen hervorzubringen" (MOLLENHAUER 1968, S. 66f.).

Direkt oder indirekt, im engeren oder im weiteren Sinne ist mithin von der Zukunft die Rede gewesen, aber doch niemals in dem Sinne, daß Erzieherinnen und Erzieher für die Zukunft verantwortlich seien oder gemacht worden wären (OELKERS/LEHMANN [2]1990, S. 62, S. 128). Darüber hinaus muß von einem gewandelten Erziehungsbegriff ausgegangen werden. Wenn in diesem Zusammenhang aber sogleich vom 'Ende der Erziehung' gesprochen wird, so ist dies ein Indiz dafür, daß es im Kern darum geht, eben jene Verantwortung loszuwerden, die unprofessionelle und offenbar auch professionelle Pädagoginnen und Pädagogen zunehmend belastet. GIESECKE hält die Gegenwart für die 'maßgebende Zeitkategorie' und sieht "allenfalls Umgang, also ein Zusammenleben mit Kindern" (GIESECKE 1985, S. 11) für begründet, ungeachtet der Tatsache, daß auch 'Umgang' ein genuin pädagogischer Begriff war und ist (OELKERS/LEHMANN [2]1990, S. 131).

Nun kann man sich natürlich darüber streiten, ob mit diesem Terminus der Wechsel von der manipulativen zur kommunikativen Erziehung, von einem autoritativen zu einem partnerschaftlichen bzw. wechselseitigen/gleichrangigen etc. pädagogischen Verhältnis besser erfaßt wird als mit anderen. Das ist aber nicht das Problem, sondern dies liegt darin, daß die 'Zurechnung' abgelehnt wird bzw. eine verfrühte Lossprechung erfolgt. Daß Kinder für sich selbst verantwortlich sein könnten, fähig, ihr Verhalten aufzubauen und ihre Entwicklung - notfalls auch gegen innere Voraussetzungen und äußere Bedingungen - zu fördern, ist so nicht glaublich. In der Hauptsache kommt es aber darauf an, daß selbst dann, wenn aus dem unleugbar asozialen und egozentrischen Kind allein durch 'Sozialisation' ein sozialer und altruistischer Erwachsener *werden* könnte, das Kind gegenüber den anderen 'unverantwortlich' und damit 'unfrei' ist, mit denen es außerhalb der pädagogischen Situation zusammenlebt. Tatsächlich ist das Ausmaß der Verantwortungslosigkeit (Entsolidarisierung) und der dadurch herrschenden Unfreiheit (Konsumismus) bei Teilen der jüngeren Generation unübersehbar.[11] Es kommt nicht darauf an, darüber zu streiten, wo Asozialität und Egoismus ihren Ausgang genommen haben. Auf jeden Fall liefert GIESECKE - wie übrigens auch die nicht nur in diesem Punkte noch weiter gehende 'Antipädagogik' - so etwas wie die Ideologie einer Auflösung des pädagogischen Verhältnisses. Eine solche 'Modernisierung' benötigt eine Pädagogik, die sich schon längst entschieden hat, daß in ihr "Mündigkeit der Unmündigkeit vorweggenommen", d.h. "Kindern die Chance" gegeben werden muß, "unter der Obhut vorgeschossener Mündigkeit mündig zu werden" (HABERMAS 1961, S. 257), gerade nicht. *Das* war und ist die Antwort auf die von LEONARD NELSON - in diesem Punkte mit richtiger Interpretation KANTs - gefolgerte Frage: "Wie ist es möglich, durch äußere Einwirkungen einen Menschen zu bestimmen, sich nicht durch äußere Einwirkungen bestimmen zu lassen?" (NELSON 1970, V, S. 349). Der Kantianer NELSON, obschon voller Skepsis gegenüber herkömmlichen Auffassungen von Erziehung, hielt die 'äußere Einwirkung' ausdrücklich für gerechtfertigt, um die ethisch gebotenen Ziele von Autonomie und Solidarität überhaupt zu erreichen (vgl. a.a.O., S. 362ff.).[12] Der Gegensatz, der zwischen seiner und WENIGERs Auffassung bezüglich der Verantwortung besteht, zeigt übrigens, daß alles davon abhängt, worauf sie bezogen ist. Die von WENIGER postulierte ist ungeachtet des 'pädagogischen Bezuges', in dem sie realisiert wird, keine aus individueller Freiheit und Entscheidung, sondern eine aus der "Welt der Werte, des objektiven Geistes, der Gesellschaft" (WENIGER ²1956, S. 6) ist. Der Pädagoge steht den 'Bildungsmächten', wie Kirche und Staat, (nur) relativ autonom gegenüber, d.h. er ist zugleich abhängig von ihren Vorgaben. Lediglich die historische Veränderung des Lehrplans auf der einen und die 'Freiheit der Entwicklung' des Kindes auf der anderen Seite schaffen einen geringen Spielraum. WENIGER hat diesen aber immer wieder selbst eingeschränkt, indem er den Bildungsprozeß oberhalb der bestehenden Gegensätze auf das 'Volk' hin orientierte und auf dieser höheren Ebene gegensätzliche Ansprüche versöhnen wollte. Das ist zwar noch keine dogmatische, aber eine deduktive Verantwortung, die mit der in einer pluralistischen Gesellschaft zwangsläufig nicht mehr vorauszusetzenden und auch nicht mehr zwingend notwendigen Einmütigkeit über die Geltung von Werten und die Verbindlichkeit von Normen steht und fällt. Selbst wenn die Dissonanzen durch die historisch-hermeneutische Betrachtung gemildert werden können, bleibt die Tatsache, daß das Verantwortungsproblem eher im Sinne des HEGELschen als des KANTschen Freiheitsbegriffs gelöst wird, d.h. im Sinne einer Verpflichtung. Das ganze spricht für die Vermutung eines im engeren Sinne 'ideologischen' Gebrauchs des Verantwortungsbegriffs, doch kann ich darauf hier nicht eingehen.

Die Position NELSONs, der aus politischer Verantwortung vom Philosophen zum Pädagogen wurde, um es etwas abgekürzt zu sagen, findet sich u.a. in seinem Aufsatz 'Was ist liberal?' aus dem Jahre 1908: "Wie ist Liberalismus möglich? Woher ... erhalten wir jene allgemeingültigen Normen, die wir als das innere Gesetz aller äußeren Gesetzgebung entgegensetzen"? (NELSON IX, S. 10f.). Diese Äußerung zeigt, daß NELSON ausdrücklich an den ursprünglichen, auf KANT zurückgehenden 'philosophischen' Liberalismusbegriff anknüpft, zugleich aber auch, daß er hofft, über die bloße Kritik zu einer Konstruktion der 'Normen allen Kulturlebens' voranzuschreiten, d.h. eine 'rationale Ethik' schaffen zu können (HOFFMANN 1989, S. 358f.). Anders ausgedrückt: NELSON hält eine Ableitung allgemeingültiger sittlicher Grundsätze für notwendig, um das menschliche Verhalten zu normieren, und er hält sie zugleich mit Hilfe der Methode der 'Deduktion', durch die die a priori in der menschlichen Vernunft liegenden Wahrheiten "von ihrer ursprünglichen Dunkelheit befreit und zur Klarheit des Bewußtseins erhoben werden" (NELSON VIII, S. 198), für möglich. Das heißt, daß auch er sein Heil zunächst wieder bei der Metaphysik suchte, und zwar bei Verwendung einer Hilfskonstruktion der Jenenser Philosophen und KANTianer JAKOB FRIEDRICH FRIES und ERNST FRIEDRICH APELT aus der ersten Hälfte des 19. Jahrhunderts. Ich gehe darauf hier nicht ein, da der Zusammenhang für meine Betrachtung unerheblich ist. Erheblich ist jedoch, daß es - wie man sehen kann - pädagogische Verantwortung aus Pflicht und aus Freiheit gibt - und daß beide im Lichte des Moderneproblems höchst unterschiedlich zu beurteilen sind, da die aus ihnen abgeleitete Erziehung die entsprechenden Einstellungen zur Folge hat.

GIESECKE argumentiert aber nicht nur in bezug auf die Erziehung, sondern auch im Hinblick auf die Erziehungswissenschaft. Der Diagnose, die zwangsläufig auch sein Selbstverständnis wiedergibt, widerspreche ich nicht. Es versteht sich von selbst, daß ich mit dem Zitieren des betreffenden Satzes nicht gegen die ausdrückliche Beschränkung verstoße, die Verantwortung der Disziplin hier nicht zu behandeln. Ich möchte damit vielmehr zur Andeutung einzelner Zwischenschritte auf dem Wege zur Zerstörung der in Rede stehenden Kategorie überleiten. GIESECKE schreibt: "Die modernen Erziehungswissenschaften, die die allgemeine Pädagogisierung begründen und fördern, denken nicht mehr unter der Perspektive des pädagogischen Handelns, der pädagogischen Verantwortung und unter dem Leitgesichtspunkt der Autonomie des Kindes und der Entwicklung seiner Fähigkeiten ..." (GIESECKE 1985, S. 11).[13]

IV. Theorie ohne Verantwortung - der Rückzug

Ich kehre zunächst noch einmal zum Anfang meiner Darstellung zurück - und zugleich zu einer später notierten Bemerkung: WENIGER formulierte die angeführten Gedanken über die Verantwortung 1949, also kurz nach dem Zweiten Weltkrieg. In dieser Zeit und insbesondere in den fünfziger Jahren nimmt die Diskussion der Frage zu (s.o.). Das geht eindeutig auf die gestellten und ungestellten Fragen nach der Rolle von Theorie und Praxis der Erziehung vor 1933 und von 1933 bis 1945 zurück. Damals wurde, da auf 'Sinnfragen' überhaupt keine vernünftigen Antworten erwartet werden konnten, von Verantwortung gesprochen - und dies sogleich auf die Zukunft bezogen. Das war eine für die herrschende Erziehungswissenschaft ungewöhnliche, in der historischen Situation aber keine befremdliche Reaktion (HOFFMANN 1991a, S. 155f.).[14] Am nachdrücklichsten hat sicherlich WOLFGANG BORCHERT das eigentliche Problem bezeichnet, als er in 'Draußen vor der Tür' den Unteroffizier Beckmann seinem Oberst die Verantwortung für elf Mann zurückbringen läßt, deren Tod ihn nicht mehr schlafen läßt. Es gab auch weniger direkte Formen von Verantwortung - und die pädagogische gehörte dazu. Belastend war sie aber ebenfalls. Es ist WENIGER durchaus positiv anzurechnen, daß er sich nicht umstandslos von der Vergangenheit abwandte. Die Gegenwart und 'Die Pädagogik in ihrem Selbstverständnis heute' sahen für ihn 1950 so aus: "Es kann einmal sein und ist vielleicht heute so, daß es gegenüber der Not des Tages, dem Zusammenbruch alles Überlieferten sinnlos erscheint, sich überhaupt ein Bild zu machen und ein bestimmtes Ziel in der Erziehung zu erstreben" (WENIGER 1953a, S. 163). Aber auch das ist eine Stimmung, die WENIGER schnell abschüttelt - und in die er später nicht mehr verfallen ist. THIERSCH, der den Satz in seiner rückblickenden Auseinandersetzung mit seinem Lehrer zitiert (1968, S. 91f.), nimmt daran keinen Anstoß, er stimmt sogar damit überein. Was gegen das betreffende Konzept der pädagogischen Verantwortung vom Standpunkt einer "absoluten Verbindlichkeit" oder dem methodologisch amputierten eines "planen Positivismus" (S. 94) vorgebracht worden ist, scheint ihm sogar 'von WENIGER widerlegt'. Sein Einwand ist dagegen ein anderer: "Man wird also fragen müssen, ob er sich nicht allzusehr aus dem Selbstverständnis einer Tradition und zu wenig ideologiekritisch aus ihrer Bedingtheit und also Relativität

interpretiert hat" (S. 95). THIERSCH hält somit an der entsprechenden Kategorie fest[15]; er weist damit auf etwas Neues hin (vgl. TENORTH 1990, S. 414, s.o. Anm. 14), von dem unter der vorliegenden Fragestellung aber nicht weiter die Rede sein muß.
Von wo ging die Zerstörung aus? Der Pluralismus der Werte und Normen kann mit daran schuld sein, aber er ist nicht ausschlaggebend. GIESECKE deutet nicht an, daß für ihn der Grund darin liegen könnte. THIERSCH macht darauf aufmerksam, daß sich aus seiner Sicht die Verantwortung - wiederum durchaus im Einklang mit KANT gedacht - bei steigender Freiheit innerhalb der pädagogischen Verhältnisse eher vermehrt als verringert: "Wenn aber die Wirklichkeit", formuliert er, "nicht mehr als vorgegebene Ordnung erscheint, wird die freie Entscheidung des einzelnen wichtiger; er muß sich für das verbürgen, was gelten soll" (THIERSCH 1968, S. 82). Genau das ist es: die generelle Verbindlichkeit bestimmter Formen des Sittlichen steht in Frage, nicht aber die Sittlichkeit überhaupt. Jene können nur durch das sittliche Handeln des Einzelnen[16] realisiert werden. Es kommt deshalb mehr denn je darauf an, sich auch pädagogisch zuständig zu halten für etwas, "was sonst nicht geschähe, oder für jemanden, der für sich zur Entscheidung noch nicht fähig oder befugt ist" (ebenda). THIERSCH weist mit einem der folgenden Sätze auf die Hauptgefahren in der durch die Ungewißheit entstandenen Lage hin, mit einer trifft er dabei die von GIESECKE ausgedrückte Haltung: "Der einzelne kann sich angesichts der drängenden Aufgaben entweder überschätzen oder sich unter dem resignierenden Vorwand eigener Unzulänglichkeit zu rasch ... in die sichere Neutralität der Verantwortungslosigkeit zurückziehen" (ebenda). Es war mit anderen Worten absehbar, daß es Reaktionen dieser Art geben würde.[17]
Als erster Schritt in die sichere Neutralität der Verantwortungslosigkeit sehe ich WOLFGANG BREZINKAS Abhandlung 'Über den Wissenschaftsbegriff der Erziehungswissenschaft und die Einwände der weltanschaulichen Pädagogik' an (1967), die Keimzelle seines Buches 'Von der Pädagogik zur Erziehungswissenschaft' (1971).[18] Er zielt auf die nämliche Spannung, die THIERSCH bezeichnet hatte: 'absolute Verbindlichkeit' auf der einen Seite und 'planer Positivismus' - dies ist natürlich nicht seine Bewertung - auf der anderen. Dem ersten Anschein nach teilt BREZINKA die Verantwortung lediglich, indem er die drei Aussage- bzw. Satzsysteme unterscheidet: Philosophie der Erziehung, Erziehungswissenschaft und Praktische Pädagogik. Was die Erziehung betrifft, beantwortet er aber die Aufgabe der Erziehungswissenschaft, über die sich TENORTH dankenswerterweise noch Gedanken macht, gleich ein für alle Male: "Wer Wissenschaft betreibt, will Erkenntnisse gewinnen, nicht die Welt gestalten oder Menschen beeinflussen. Er verhält sich theoretisch, nicht praktisch" (BREZINKA 1971,

S. 71). Das ist - spät bemerkt - das, was GIESECKE, völlig unverdächtig, der empirisch-analytischen bzw. kritisch-rationalistischen Erziehungswissenschaft zuzuneigen, als Tendenz der 'modernen' Erziehungswissenschaften diagnostiziert. Ich wiederhole zur Sicherheit: sie denken nicht mehr "unter der Perspektive des pädagogischen Handelns, der pädagogischen Verantwortung" (GIESECKE 1985, S. 11). TENORTH verweist in diesem Zusammenhang auf OPPENHEIMERS Dilemma (1990, S. 412). Immerhin entschied sich der genannte beim zweiten Mal für die Verantwortung des Wissenschaftlers, während TELLER es allein für eine Sache der Politiker hielt, ob die Wasserstoffbombe auch eingesetzt würde. Gewiß ist die Sache bei der Erziehung nicht so brisant, aber sie ist auch da wichtig, und in jeder Hinsicht prinzipiell gleich. Das Bestehen auf der Einheit von Theorie und Praxis, auf deren Eigenart ich hier allerdings nicht eingehen kann (DAHMER 1968), hatte schon seinen guten Sinn.[19] Auf den ersten Blick kann man zwar sagen, daß sich bezüglich der pädagogischen Verantwortung der Erzieherinnen und Erzieher, der für die Praxis zuständigen und in ihr tätigen Individuen nichts geändert habe. Das ist aber keineswegs so. BREZINKA hatte die Aufteilung und die Abgrenzung vorgenommen, um insbesondere für die Lehrerbildung eine 'brauchbare wissenschaftliche Pädagogik' zu schaffen, die Lehrer*bildung* mithin zur Lehrer*ausbildung* zu machen. Pädagogen, die erzieherische Probleme mit erziehungswissenschaftlichen Erkenntnissen lösen, sind aber jedenfalls idealiter nun nicht mehr frei und verantwortlich (allenfalls für die richtige Anwendung der wissenschaftlichen Wahrheit), sie entscheiden nicht mehr, sondern sie wenden an und führen aus - im Sinne einer Technologie. DIETRICH BENNER zitiert in seinem Buch 'Hauptströmungen der Erziehungswissenschaft' einen längeren Abschnitt aus WILHELM FLITNERS Selbstverständnisschrift, in der dieser "das erzieherische Geschehen mit seiner Verantwortung" zwischen die Tatbestände, 'auf welche die Empiriker blicken und die, die durch Normierung gestützt scheinen', einordnet. In dem hier in Rede stehenden Zusammenhang ist BENNERS Hinweis bemerkenswert, daß die normativen Systeme bei ihrem deduktiven Vorgehen die pädagogische Verantwortlichkeit "der in der Erziehungswirklichkeit Handelnden auf eine bloß technische im Sinne vorgegebener Normen verkürzen" (BENNER 1973, S. 223; FLITNER ^{4}1966, S. 23).

Damit ist es in der 'jüngeren Moderne' (s.o.) zu einem Bruch im Verantwortungskonzept gekommen, der wahrscheinlich nur deshalb nicht sonderlich wahrgenommen wurde, weil die pädagogischen bzw. erziehungswissenschaftlichen Richtungen 'neben' der von BREZINKA intendierten Erziehungswissenschaft sich nicht verabschiedet, sondern die Haltung pädagogischer Verantwortung beibehalten haben. TENORTH redet von einer anderen Position aus - als BREZINKA -, spricht aber von

der gleichen Sache, die ich zu skizzieren versucht habe, wenn er sagt: Wissenschaft "ist nicht mehr die erhabene kritische Instanz, Gewissen oder 'Über-Ich' der Praxis, sie kann auch die Rolle des Technologen so wenig abwehren wie die des Rezeptlieferanten. Sie muß mit ihnen zu leben lernen ..." (TENORTH 1990, S. 425). Falls jemand das umgekehrte Ziel gehabt haben sollte, nämlich das, mit Hilfe von Wissenschaft Einheitlichkeit oder Einmütigkeit zu stiften (HEINRICH ROTH z.B. hat lange Zeit diese Absicht verfolgt), muß er inzwischen eines besseren belehrt sein. Diese enttäuschte Hoffnung kann auch ein Grund für die endgültige Abkehr einiger von der Verantwortung sein. Ich erinnere: "Es gibt in der Geschichte der Begründung sozialer Normen ein entscheidendes historisches Moment, das der Aufklärung, das dadurch charakterisiert ist, daß alle höheren Wahrheiten ihre intersubjektive Überzeugungskraft verlieren" (TUGENDHAT 1984, S. 126f.).
Die Wissenschaften konnten auf direktem Wege nie die betreffende Funktion übernehmen, die Geisteswissenschaften, insbesondere die Geisteswissenschaftliche Pädagogik, zum Teil auch die davon strikt zu unterscheidende Kritische Erziehungswissenschaft haben das Problem teils historisch, teils utopisch zu lösen versucht. "Relativ zu den Alternativen des vollständigen Verzichts auf begründete soziale Normen" (TUGENDHAT, a.a.O., S. 127) haben sie dies durch vergangenheitsbezogene Sinngebung oder zukunftsorientierte Zwecksetzung auch erreicht. In der philosophischen Ethik wird, soweit ich sehe, der Begriff der 'Verantwortlichkeit' - in verschiedenen Spielarten - diskutiert, um oberhalb der Relativität wenigstens einen Minimalkonsens herbeiführen zu können, z.B. von TUGENDHAT (vgl. S. 159ff.).
Für die Pädagogik ist aber entscheidend, daß die beschriebene Trennung - und die Verwissenschaftlichung der Lehrerausbildung z.B. - den Praktikern den Rückzug, um nicht zu sagen: die Flucht in die Verantwortungslosigkeit, leicht machen. Sie können sich in ihrem Handeln, unfrei, wie sie neuerdings sind, auf die Wissenschaft berufen, deren Erkenntnisse sie 'nötigen' bzw. 'zwingen', so oder so zu handeln. Bloß 'gebildete' Lehrerinnen und Lehrer zum Exempel konnten dies nicht, unbelesene und unbelehrte Eltern konnten es schon gar nicht. Das praktische Problem der Dürftigkeit und der Widersprüchlichkeit wissenschaftlicher Wahrheiten kann ich hier übergehen, da ich nur prinzipiell rede.

IV. Pädagogische Verantwortung und die Grenzen der Erziehung

Darauf, wie es sich mit der Philosophie der Erziehung verhält, brauche ich ebenfalls nicht genauer einzugehen, da sie bei der Frage der

praktischen pädagogischen Verantwortung nicht unmittelbar involviert ist. Es wäre allerdings interessant, die Relevanz oder Irrelevanz der pädagogischen Ethik zu erörtern, auf die ich am Anfang meiner Betrachtungen mit einem Hinweis zu den Thesen WIGGERs nur beiläufig eingehen konnte, aber dies würde den Gedankengang an dieser Stelle eher stören. Ich möchte stattdessen ein paar Beispiele dafür geben, daß die pädagogische Verantwortung in ihrer ursprünglichen Geltung auch bei diesem Aspekt unter Druck geraten ist.
1962 veröffentlichte EDUARD SPRANGER eine Abhandlung, die nach der Einteilung BREZINKAs der Philosophie der Erziehung zugeordnet werden müßte: 'Das Gesetz der ungewollten Nebenwirkungen in der Erziehung'. Daran war zumindest zweierlei auffällig. Der Gesetzesbegriff gehört eigentlich nicht zu SPRANGERs Sprachschatz; er relativiert ihn auch bereits auf der ersten Seite und erklärt ihn als 'Regelfall des Lebens'. In der Darstellung geht der Autor auf etwas ein, das nach seinen eigenen Worten alle wissen, über das bis dahin aber innerhalb der Theorie der Erziehung nie ausdrücklich geredet worden war. Nach dem bisherigen Wissenschaftsverständnis war man davon ausgegangen, daß die Theorie die Praxis 'vollkommen' anzuleiten gestatte. Das Gesetz "besagt in allgemeiner Fassung nur, daß bei unserem Handeln immer noch etwas anderes herauskommt, als was wir gewollt haben" (SPRANGER 1962, S. 8). Wenn 'der Erfolg aber anderes enthält, als das Wollen', dann ist die Verantwortung so relativiert, wie es bereits aufgrund der erwähnten ebenfalls nur relativen Autonomie plausibel war. Sie ist zugleich realistisch eingeschränkt, aber dies darf nicht mißverstanden werden. Es ist niemandem gestattet, sich unter Berufung auf den Sachverhalt in die Verantwortungslosigkeit zurückzuziehen.. JOSEF DERBOLAV hat ebenfalls einen Versuch unternommen, die pädagogische Verantwortung durch Hinweis auf die Ungewißheit und Unberechenbarkeit des betreffenden Handelns zu relativieren - und damit zu retten. "In der Erziehung waltet jene verborgene Dialektik, die perfektes Handeln häufig zur Fruchtlosigkeit verurteilt und aus dem Scheitern unzulänglichen Einsatzes mitunter Gewinn erwachsen läßt ... Eben deshalb muß sich die pädagogische Verantwortung auch gegen jenes notwendige Ungedankt- (aber auch Ungestraft-)bleiben wappnen, d.h. sie muß es als unvermeidliche Nebenfolge ihres Tuns und Wollens auf sich nehmen" (DERBOLAV 1987, S. 59). Diese Diagnose läuft ebenso wie bei SPRANGER - insbesondere dann, wenn man den Gedanken WENIGERs von der zwangsläufigen 'Befangenheit' der Pädagogen hinzunimmt, auf den ich in der letzten Anmerkung eingegangen bin[20] - auf ein 'objektiv notwendiges und zugleich gegebenenfalls sachlich falsches Handeln' hinaus. Das ist nicht OPPENHEIMERS oder TELLERs Dilemma, sondern das pädagogische schlechthin, ein Handeln in Unsicherheit.[21] WIGGER, der den Satz DERBOLAVs anführt,

fragt, ob der Versuch zur Beruhigung nicht eher ein Anlaß zur Unruhe sei (1990, S. 320) - und schließt dann die Überlegungen zum Problem der Relevanz einer pädagogischen Ethik an, auf die ich am Anfang meiner Ausführungen hingewiesen habe. Und: "Dient das Wissen über die prinzipiellen Grenzen pädagogischen Handelns dann nicht nur der Entschuldigung und Rechtfertigung im Einzelfall und generell der Beruhigung des Gewissens?" (ebenda). Entscheidend ist, daß die Relativierung der Zurechenbarkeit des Erfolgs oder des Mißerfolgs pädagogischen Handelns die Verantwortung, prinzipiell bzw. kategorial, nicht aufhebt, ebenso, wie Forschungsergebnisse über die Relevanz oder Irrelevanz der pädagogischen Ethik nichts über deren Notwendigkeit auszusagen vermögen. Ich will nicht hoffen, daß das Motiv dafür, das eine zu bezweifeln und das andere zu fordern, in der Furcht vor der Verantwortung liegt, deren Auswirkungen ich anzudeuten versucht habe. Was BREZINKA mit dem ungeheuren Aufwand der Metatheorie der Erziehung und GIESECKE mit eher beiläufigen essayistischen Behauptungen nicht erreicht haben, soll dies nun 'empirisch-positivistisch' bewerkstelligt werden? Es ist sicher nichts dagegen zu sagen, wenn 'die prinzipiellen Strukturen und Grenzen systematisch bedacht, die wirkungsgeschichtlichen Voraussetzungen pädagogischer Theorie und Praxis historisch geklärt und die Folgen ihrer Relativierungen aufgeklärt werden' (S. 321), aber für die pädagogische Ethik und die Kategorien der Verantwortung kann dies so nicht gelten, da sie aus meiner Sicht gerade das nicht machen, was der Autor als Grund angibt, nämlich *Versprechungen.* Zu dem, was ich abgeleitet habe, könnte man einen 'pädagogischen Imperativ' folgender Art formulieren: 'Handle in einer pädagogischen Situation stets so, daß die Entwicklung zu Mündigkeit und Verantwortlichkeit gefördert wird.' Man könnte diesen Satz an einigen Stellen verkürzen, an anderen verlängern bzw. präzisieren, doch es kommt hier nicht darauf an, daß er perfekt ist.[22] Ich will nur zeigen, daß es sich dabei tatsächlich um einen 'kategorischen Imperativ' handelt - und was dies bedeutet.

Dazu muß man zunächst nur akzeptieren, daß jener andere, den KANT 'den' kategorischen Imperativ nennt, nicht der einzig mögliche ist (PATZIG ²1983, S. 153). Ein Imperativ ist ein 'normatives Urteil', d.h. ein Satz, der ausdrückt, was sein soll, unabhängig davon, ob und in welchem Maße es 'ist' oder 'sein kann'. Kategorisch ist er im Unterschied zu 'hypothetischen' Sätzen bzw. Imperativen dann, wenn damit nichts verknüpft[23] wird, weder Voraussetzungen noch Folgen, schon gar keine Versprechungen. Er bedeutet weder, daß gelingen muß, was er verlangt, noch etwa, daß die Welt dadurch besser wird, wenn es gelingt, - und er kann deshalb weder verifiziert noch falsifiziert werden. Er geht allerdings davon aus, daß es - in meinem Beispiel - vernünftig ist, Mündigkeit und Verantwortlichkeit zu entwickeln, so schwierig

das angesichts der Voraussetzungen und Bedingungen auch sein mag, und auch, daß Pädagogen nicht darum herumkommen anzunehmen, daß die Verantwortung dafür ganz bei ihnen liegt, wie relativ und beschränkt die Wirkungen ihres Handelns auch immer sein mögen.[24]
SIEGFRIED BERNFELDs Bild vom Sisyphos hat die 'Grenzen der Erziehung' sinnfällig gemacht. Über die von ihm vorgenommene Verkettung der Entwicklungstatsache mit der Erziehungstatsache kommen wir nicht herum (BERNFELD ²1967, S. 55f.), auch wenn die Fluchtbewegungen angesichts der gewachsenen Schwierigkeiten zunehmen und wissenschaftlich verbrämt bzw. literarisch stilisiert werden. "Erziehung wird immer häufiger als Opfer erfahren, als Einschränkung der Eltern durch die Tatsache, daß sie sich auf ihre Kinder einstellen und dabei Verzicht leisten müssen" (OELKERS/LEHMANN ²1990, S. 127). Sie wird zudem als Niederlage und Scheitern professioneller Erzieherinnen und Erzieher erlebt etc. (BAACKE 1985, bes. S. 106ff.). Kann man aber deshalb alles dem Druck 'der Gesellschaft' überlassen und geschehen lassen, was ohnedies geschieht? "Die Auflösung des Bewußtseins gemeinsamer Normen führt zu einem Verlust persönlicher Verantwortung" (MYHRE 1991, S. 49); die Zerstörung der ethisch-pädagogischen Kategorie der Verantwortung dürfte unfähig machen, sich überhaupt auf gemeinsame Normen zu verständigen und sie einzuhalten (APEL 1990).[25]
Freilich muß man hinzusetzen, daß die historisch-politischen Ursachen, die zu den Veränderungen geführt haben, wegen der größeren Klarheit des Gedankengangs für das 19. Jahrhundert überwiegend - und für das 20. Jahrhundert fast ganz ausgeklammert worden sind. Das gleiche gilt für die entsprechenden Folgen. Nach meiner Sicht konnte dies geschehen, da ihre Einbeziehung nichts an den beschriebenen Fakten 'ändern' würde. Sie könnte sie nur genauer erklären. Wichtiger ist, daß der Verfall bzw. die Zerstörung, die ich exemplarisch beschrieben habe, einen Beleg dafür bietet, wie fragwürdig es ist, angesichts dieser ebenso gefährlichen wie 'rückschrittlichen' und zugleich höchst widersprüchlichen Entwicklung von dem Andauern einer zwangsläufig einheitlich gedachten Epoche der 'Moderne' zu reden.

Anmerkungen:

1. TENORTH datiert den Beginn der "Karriere des Verantwortungsbegriffs" auf den Anfang des 20. Jahrhunderts (1990, S. 411; vgl. ebenso THIERSCH 1968, S. 83). Die Feststellung TENORTHs, daß der Diskurs über den Begriff 'grenzenlos' geworden sei, gilt wohl mehr für den über die Verantwortung der Wissenschaft und des Wissenschaftlers.

2. Das moralische Gesetz in uns ist das Einzige, "was uns der Unabhängigkeit unserer Willkür von der Bestimmung durch alle anderen Triebfedern ... und ... zugleich der Zurechnungsfähigkeit aller Handlungen bewußt macht" (KANT IV, S. 25f.). Der Begriff Verantwortung kommt bei KANT nicht vor. Die unvernünftigen Bemerkungen, die EKKEHARD VON BRAUNMÜHL (1990, S. 159) über den 'lebenslangen Hypochonder I. Kant' und die 'Zurechenbarkeit' macht, bezeichnen, daß eine Diskussion mit der 'Antipädagogik' zumindest in diesem Punkte unmöglich ist. OELKERS/LEHMANN ([2]1990) haben einen Diskurs zu führen versucht, auf den ich mich aufgrund weitgehender Übereinstimmung beziehe.
3. Im Aufsatz 'Bildung und Persönlichkeit', WENIGERS Antrittsvorlesung in der Universität Göttingen 1949, die er GEORG MISCH zum 70. Geburtstag gewidmet hat.
4. KANT spricht zwar auch nur vom 'Handeln', aber es versteht sich aus dem Zusammenhang von selbst, daß er die kognitiven und affektiven Dimensionen des Handelns (Denken, Fühlen) dabei einbezieht.
5. ERNST TUGENDHAT weist darauf hin, daß für HEGEL die "KANTische Konzeption von Freiheit - die der 'Moralität' - eine in ihren Grenzen berechtigte, aber einseitige und insofern unwahre Konzeption des freien Willens" ist ([4]1989, S. 347; vgl. ADORNO/DIRKS 1956, S. 47).
6. Ob TUGENDHAT in dem Satz, den ich oben als letzten von ihm zitiert habe, in diesem Sinne und absichtlich von 'verdrängen' spricht, lasse ich offen.
7. Ich lasse es bei diesen Andeutungen bewenden, da es nicht ungefährlich ist, ohne weitergehende Analysen genau mit einem der Ansätze zu argumentieren, der hier durchaus auch Gegenstand der Kritik ist.
8. TENORTH zitiert (a.a.O., S. 415) HERWIG BLANKERTZ, der "die vollständige Destruktion der pädagogischen Verantwortung" in der NS-Pädagogik gegeben sieht. BLANKERTZ ist also auch der Auffassung, daß diese früher beginnt, möglicherweise hat er auch gesehen, daß sie nicht nur autoritär-politische Ursachen hat.
9. Interessant ist, daß dabei von THEODOR LITT sogar eine Denkfigur verwendet wird, die wir von KANT aus der Spannung von empirischem und intelligiblem Ich kennen, allerdings nun auf die Gesellschaft bzw. die 'gesellschaftlichen Mächte' bezogen. "Er kann und soll sich von diesen Mächten nicht emanzipieren, denn ohne ihre Mitwirkung würde es keine Erziehung geben. Aber er darf sich ihnen nicht so anheimgeben, wie man ein übergewaltiges Fatum in stummer Ergebenheit hinnimmt" (LITT [8]1960, S. 125). LITT schlägt noch eine zweite Brücke. "Erziehung ist ein Handeln", schreibt er, "durch das der Mensch sich auf den Menschen bezieht" (S. 111). Die Analogie zu HEGELS und MARX' Formulierungen über die Beziehungen der Menschen zueinander und die dadurch überhaupt erst erreichte Konstituierung *als* Menschen (insbesondere durch 'Arbeit') ist unübersehbar.
10. 1962 EDUARD SPRANGER zum 80. Geburtstag gewidmet. Daß die Verantwortung im übrigen nicht nur die beiden Subjekte betrifft, die im pädagogischen

Verhältnis aufeinander bezogen sind, sondern auch eine objektive Seite hat (Leben, Geschichte, Gesellschaft, Staat etc.), kann ich hier nicht weiter ausführen. Bei NOHL ist diese Dimension des pädagogischen Bezuges möglicherweise am geringsten ausgeprägt, deshalb seine eher restriktive Definition. Es kann durchaus sein, daß genau dies ihrer Verbreitung förderlicher gewesen ist, als es denen, die z.B. die politischen Aufgaben zu verstärken suchten (z.B. LITT, WENIGER), lieb sein konnte.

11. GIESECKE nimmt an, daß Freizeit- und Konsumerfahrungen überwiegen und damit 'Sozialisation' Erziehung ersetzt (a.a.O., S. 12). Selbst wenn dies empirisch so wäre, muß es als neu angesehen werden, daß ein Pädagoge nicht dagegen opponiert.

12. In diesem Punkte stimmten NELSON und NOHL - trotz aller Verschiedenheit der ethischen Konzepte - überein. TUGENDHAT setzt als Begrenzung das Verbot der 'Entmündigung' durch pädagogisches Handeln (1984, S. 121f.). Dem stimme ich zu.

13. Ich habe überlegt, ob es korrekt ist, das Zitat hier abzubrechen. Es geht aber in eine Richtung, die mir eine Interpretation aufzwingen würde, die im Rahmen dieser Erörterung vom Thema abführen müßte, ohne daß sich an dem Sachverhalt, um den es mir geht, etwas änderte. Ich gehe auch auf den Begriff 'modern' in dem Zitat und auf den Widerspruch der These vom Ende der Erziehung und der Existenz der Wissenschaften, 'die die allgemeine Pädagogisierung begründen', aus Raumgründen nicht ein.
    Bei genauer Nachprüfung zeigt sich übrigens, daß die Vermutung, GIESECKE verfolge schon wegen seines bekannten Eintretens für die Politische Bildung ein 'soziales' Konzept, falsch ist. Er hat wahrscheinlich immer die Durchsetzung individueller Interessen im Blick gehabt und 'politisch' genannt. Von daher gesehen ist die Aufkündigung der pädagogischen Verantwortung bei ihm eher konsequent, auch wenn sie erklärt werden muß. Wie eifrig seine Thesen von der sogenannten Antipädagogik als 'wissenschaftliche' ernst- und aufgenommen werden, kann man bei BRAUNMÜHL nachlesen (1990, S. 31).

14. MOLLENHAUER beklagt die 'politische Orientierungslosigkeit', stellt fest, daß es "eine 'pädagogische Bewegung', wie sie in den 20er Jahren als praktischer Bezug für erziehungstheoretische Arbeiten existierte", nicht gab und daß "die Frage, wohin die Geschichte nach den Willen der Menschen laufen sollte", auf diese Weise nicht beantwortet werden konnte. Darin sieht er den Grund für einen gänzlich neuen Ansatz, nämlich den der Kritischen Erziehungswissenschaft, bei der Erziehung ebenfalls unter der Kategorie der Verantwortung verhandelt wurde (1978, S. 32f.).

15. "Sie ist Verantwortung für die Jugend und Gesellschaft im Namen ihrer menschlichen Möglichkeiten und darin ihrer utopischen Chancen" (THIERSCH 1968, S. 88).

16. Inzwischen beginnt sich die Auffassung einer durch kommunikative Prozesse intersubjektiv abgesicherten Moralität durchzusetzen (vgl. HOFFMANN 1991c).

17. Diejenigen, die sich "im Glauben, für die anderen nur das Beste zu wollen", dazu verstiegen, sie zu vergewaltigen (THIERSCH 1968, S. 82), waren die Vertreter der Initiative 'Mut zur Erziehung' (1978).

18. Vgl. zur genaueren Genese das Vorwort zur 1. Auflage (1971, S. VIII). Warum BREZINKA die Geisteswissenschaftliche Pädagogik, die keine 'weltanschauliche' ist, zumindest in dem Titel des genannten Aufsatzes übergeht, erklärt er indirekt in dem Vorwort, in dem er sich vor den väterlichen Kollegen NOHL, WENIGER, WILHELM FLITNER, OTTO FRIEDRICH BOLLNOW ausdrücklich verbeugt. Gleichwohl ist seine Argumentation auch gegen diese gerichtet.

19. ILSE DAHMER interpretiert die Einstellung WENIGERS so, daß dieser beim Erzieher eine 'wissenschaftliche Haltung' "zur Bewältigung des Lebensproblems Erziehung" fordert: "Ein bewußt kontrolliertes Handeln", indem sich der Erzieher der Reziprozität von Gesamtaufgabe und partiellem Vorgang bewußt ist (DAHMER 1968, S. 48). WENIGER stellt aber meist 'Theoretiker' und 'Praktiker' einander gegenüber. "Befangenheit an die Sache ermöglicht die wahre wissenschaftliche Objektivität. Diese Befangenheit schließt ein, daß auch der pädagogische Theoretiker die pädagogische Haltung besitzen und das pädagogische Ethos in seinem theoretischen Denken verwirklichen muß. Einem nicht selbst pädagogisch gerichteten Menschen, der nicht innerlich und untheoretisch weiß um das Eigentliche der Erziehungsarbeit, bleibt die pädagogische Einsicht letztlich verschlossen, aller Gelehrsamkeit zum Trotz" (WENIGER 1953, S. 21). Das ist eher die Haltung des Gebildeten, nicht die des Wissenschaftlers, wie WENIGER mit der Bezeichnung 'Gelehrsamkeit' andeutet.

20. Vgl. Anm. 19.

21. "Da Erziehen zu den drei nicht ideal lösbaren Aufgaben des menschlichen Lebens gehört - die beiden anderen sind Regieren und Heilen -, wird Fehlanpassung ... nie verschwinden" (MITSCHERLICH 1968, S. 126).

22. Man könnte auch 'Handle verantwortlich und erziehe' o.ä. als einen entsprechend kategorischen Imperativ angeben. Ich habe den obenstehenden formuliert, um die Kategorien Freiheit und Verantwortung, aus denen heraus gehandelt bzw. erzogen wird, auch zum Ziel des Handelns bzw. dieser Erziehung zu machen. Nur so wird nichts zur Forderung hinzugenommen, was möglicherweise über die verwendeten reinen Vernunftbegriffe und ihre Kausalität hinausgeht.

23. Der pädagogische kategorische Imperativ (s.o.) würde gegebenenfalls auch 'dem' k.I. entsprechen, da er jedenfalls innerhalb unseres Kulturraumes und der Moderne 'zum allgemeinen Gesetz' tauglich wäre.

25. Zu welchen Folgen die Zerstörung der Verantwortung in dem gesamten menschlichen Verhalten führt, erleben wir gegenwärtig in der ehemaligen DDR, in der die Menschen generell unfähig zu sein scheinen, das 'Leben' zu bewältigen. Vgl. HOFFMANN 1991b und Vorwort.

Literaturverzeichnis:

ADORNO, TH.W./DIRKS, W.: Soziologische Exkurse. Frankfurt am Main 1956.

APEL, K.-O.: Diskurs und Verantwortung. Zum Problem des Übergangs zur postkonventionellen Moral. Frankfurt am Main 1990.

BAACKE, D./FRANK, A./FRESE, J./NONNE, F. (Hrsg.): Am Ende - postmodern? Weinheim 1985.

BENNER, D.: Hauptströmungen der Erziehungswissenschaft. München 1973.

BERNFELD, S.: Sisyphos oder die Grenzen der Erziehung. Frankfurt am Main [2]1962.

BORCHERT, W.: Das Gesamtwerk. Halle 1958.

BRAUNMÜHL, E. VON: Zur Vernunft kommen. Eine 'Antipsychopädagogik'. Weinheim 1990.

BREZINKA, W.: Über den Wissenschaftsbegriff der Erziehungswissenschaft und die Einwände der weltanschaulichen Pädagogik. In: ZfPäd. 13. Jg. 1967, S. 135ff.

BREZINKA, W.: Von der Pädagogik zur Erziehungswissenschaft. Weinheim 1971.

BREZINKA, W.: Grenzen der Erziehung. In: Päd. Rundschau. 35. Jg. 1981, S. 275ff.

DAHMER, I.: Theorie und Praxis. In: I. DAHMER/W. KLAFKI (Hrsg.): Geisteswissenschaftliche Pädagogik am Ausgang ihrer Epoche - Erich Weniger. Weinheim 1968, S. 35ff.

DERBOLAV, J.: Grundriß einer Gesamtpädagogik. Hg. v. B. REIFENRATH. Frankfurt am Main 1987.

FLITNER, W.: Das Selbstverständnis der Erziehungswissenschaft in der Gegenwart. Heidelberg [4]1966.

FREDE, G./KOLLNIG, K. u.a.: Freiheit und Verantwortung. Ein Lese- und Arbeitsbuch zur Gemeinschaftskunde. Stuttgart o.J.

FROMM, E.: Die Furcht vor der Freiheit. Frankfurt am Main 1966.

GIESECKE, H.: Das Ende der Erziehung. Stuttgart 1985.

HABERMAS, J.: Pädagogischer 'Optimismus' vor Gericht einer pessimistischen Anthropologie. In: Neue Sammlung. 1. Jg. 1961, S. 253ff.

HEGEL, F.W.: Sämtliche Werke. Hg. v. H. GLOCKNER. Stuttgart 1927.

HOFFMANN, D.: Leonard Nelson und die philosophische Pädagogik. In: J. OELKERS/ W.K. SCHULZE/H.-E. TENORTH (Hrsg.): Neukantianismus. Kulturtheorie, Pädagogik und Philosophie. Weinheim 1989, S. 351ff.

HOFFMANN, D.: Gesellschaftlicher Wandel und Paradigmenwechsel oder die Auswirkungen der Kategorie 'Zukunft' auf die Erziehungswissenschaft. In: D. HOFFMANN (Hrsg.): Bilanz der Paradigmendiskussion in der Erziehungswissenschaft. Weinheim 1991, S. 153ff.

HOFFMANN, D.: Pädagogische Folgerungen aus den politischen Veränderungen der Gegenwart. In: D. HOFFMANN (Hrsg.): Politische Erziehung in sich wandelnden Gesellschaften. Weinheim 1991, S. 181ff.

HOFFMANN, D.: Das Verhältnis von Moral und Erziehung und Vorschläge für einen ethisch dimensionierten Unterricht. In: D. HOFFMANN (Hrsg.): Politische Erziehung in sich wandelnden Gesellschaften. Weinheim 1991, S. 309ff.

JONAS, H.: Das Prinzip Verantwortung. Versuch einer Ethik für die technologische Zivilisation. Frankfurt am Main 1984.

KANT, I.: Sämtliche Werke. Hg. v. K. VORLÄNDER. Leipzig o.J.

KANT, I.: Über Pädagogik (1803). Hg. v. K. VORLÄNDER (Sonderausgabe). Leipzig o.J.

KLAFKI, W.: Engagement und Reflexion im Bildungsprozeß. In: ZfPäd. 8. Jg. 1962, S. 345ff.

KLUGE, N. (Hrsg.): Das pädagogische Verhältnis. Darmstadt 1973.

LITT, TH.: Führen oder Wachsenlassen. Eine Erörterung des pädagogischen Grundproblems. Stuttgart ^{8}1960.

MARX, K.: Das Kapital. 1. Bd. Berlin 1951.

MITSCHERLICH, A.: Aggression und Anpassung. In: H. MARCUSE u.a.: Aggression und Anpassung in der Industriegesellschaft. Frankfurt am Main 1968, S. 80ff.

MOLLENHAUER, K.: Erziehung und Emanzipation. München 1968.

MOLLENHAUER, K. u.a.: Pädagogik der 'Kritischen Theorie'. Fernuniversität Hagen 1978.

Mut zur Erziehung. Beiträge zu einem Forum. Stuttgart 1978.

MYHRE, R.: Autorität und Freiheit in der Erziehung. Hg. v. L. FRIEDRICH. Stuttgart 1991.

NELSON, L.: Gesammelte Schriften. Hg. v. P. BERNAYS u.a. Hamburg 1970ff.

NOHL, H.: Die pädagogische Bewegung in Deutschland und ihre Theorie. Frankfurt am Main ^{5}1961.

OELKERS, J./LEHMANN, TH.: Antipädagogik. Herausforderung und Kritik. Weinheim ^{2}1990.

PATZIG, G.: Ethik ohne Metaphysik. Göttingen ^{2}1983.

SCHLEIERMACHER, F.: Pädagogische Schriften. Hg. v. E. WENIGER. Bd. II. Düsseldorf 1957.

SCHNITZLER, A.: Der einsame Weg. Textausgabe Schaubühne. Berlin 1991.

SPRANGER, E.: Das Gesetz der ungewollten Nebenwirkungen in der Erziehung. Heidelberg 1962.

STIRNER, M.: Der Einzige und sein Eigentum. Hg. v. A. MEYER. Stuttgart 1972.

TENORTH, H.-E.: Verantwortung und Wächteramt. Wie die wissenschaftliche Pädagogik ihre gesellschaftliche Wirksamkeit behandelt. In: Vierteljahresschrift für wissenschaftliche Pädagogik. 66. Jg. 1990, S. 409ff.

THIERSCH, H.: Pädagogische Verantwortung. In: I. DAHMER/W. KLAFKI (Hrsg.): Geisteswissenschaftliche Pädagogik am Ausgang ihrer Epoche - Erich Weniger. Weinheim 1968, S. 81ff.

TUGENDHAT, E.: Probleme der Ethik. Stuttgart 1984.

TUGENDHAT, E.: Selbstbewußtsein und Selbstbestimmung. Sprachanalytische Interpretationen. Frankfurt am Main ^{4}1989.

VOGEL, P.: Kausalität und Freiheit in der Pädagogik. Frankfurt am Main 1990.

WENIGER, E.: Theorie und Praxis in der Erziehung (1929). Jetzt in: DERS.: Die Eigenständigkeit der Erziehung in Theorie und Praxis. Weinheim o.J. (1953), S. 141ff.

WENIGER, E.: Dressur und Erziehung in der Demokratie. In: Die Sammlung. 14. Jg. 1953, S. 341ff.

WENIGER, E.: Didaktik als Bildungslehre. Teil 1 - Die Theorie der Bildungsinhalte und des Lehrplans. Weinheim [2]1956.

WIGGER, L.: Die praktische Irrelevanz pädagogischer Ethik. In: ZfPäd. 36. Jg. 1990, S. 309ff.

ALFRED SCHÄFER

Erziehung - Ende einer Illusion?

I.

Pädagogische Entwürfe zielen auf praktische Bedingungen der Ermöglichung einer empirischen Vernunftsubjektivität. Beides aber, praktische Ermöglichung wie auch das Subjekt als empirische Verkörperung von Vernunft (im Singular), müssen heute als zumindest problematisch gelten, womit auch die überkommene Erziehungsvorstellung einer verantwortungsbewußten Steuerung (qua 'Führen oder Wachsenlassen') kindlicher Entwicklung zu der dieser möglichen Vervollkommnung in Vernunft fragwürdig wird.

Wenn deren Grundlagen in empirischer wie normativer Hinsicht nicht mehr als gegeben angenommen werden können, dann liegt zunächst der *Ideologievorwurf* nahe: der Erziehungsbegriff transportiere und verschleiere nur noch Herrschaftsansprüche der Erwachsenen gegenüber den Kindern. Ein solcher Vorwurf trifft ein zentrales Problem pädagogischer Gegenstandsbestimmung, aber er bringt sich um seinen Effekt, wenn als Bezugspunkt der Kritik selbst wiederum eine pädagogische Option herhalten muß, der man als Stellvertreterreflexion den gleichen Vorwurf machen könnte.

Eine andere Stoßrichtung der Kritik an pädagogischen Theorien wäre der *Illusionsverdacht*: pädagogischen Wirklichkeitsentwürfen entspräche keine Wirklichkeit, was nicht-ontologisch formuliert heißt, daß pädagogische gegenüber anderen Wirklichkeitsbeschreibungen keine Überzeugungskraft besäßen. Stattdessen stabilisieren sie sich normativ gegenüber Enttäuschungen und könnten so weiterhin dogmatisch beanspruchen, die adäquate Rede von Erziehung festzusetzen. Gegenüber einem solchen Illusionsverdacht ließe sich von der Tradition her einwenden, daß pädagogische Theorien nie auf die bloße Wiedergabe von Realitäten bezogen waren, sondern daß man diese nur begreifen könne als Rationalisierungsabsicht gegenüber einer kritisierten Wirklichkeit, als kritischen Verbesserungsvorschlag mit Hilfe genuiner Rationalitätsstandards.

Verdacht und Gegenwehr haben dabei einen gemeinsamen Bezugspunkt. Dieser besteht im Verweis auf ein Implikationsverhältnis von *Rationalisierungsabsicht und Wirklichkeitsbeschreibung*. Das Verhältnis von Rationalität und Wirklichkeit wird als Einheit - als funktionierende oder (im Falle der Kritik) unterbrochene, über die Lücke hinwegtäuschende - angesehen. So betrachtet scheint der Illusionsverdacht nur eine falsche Anpassung der Realität an die Rationalität zu kritisieren, eine Überprüfung der rationalen Standards zu fordern - also eine Theorieanpassung auf traditionellem Terrain. Jedoch gibt es neben dem Implikationsverhältnis noch einen zweiten Aspekt, auf den der Illusionsverdacht gegenüber der theoretischen Beschreibung von Erziehung zielt: das Verständnis dieses Implikationsverhältnisses als eines Rationalitätskontinuums von der Theorie hin zur Praxis. Es ist die Verzahnung der Einheit von Rationalität und Wirklichkeitsbeschreibung mit der Annahme eines Rationalitätskontinuums von Theorie und Praxis, die verhindert, daß pädagogische Theorie sich ihres konstruktiven Charakters bewußt wird und daß pädagogische Praxis sich in ihrer Eigenlogik gegenüber theoretischen Rationalisierungsbemühungen begreift.

Erst wenn man die Annahme eines *Rationalitätskontinuums von Theorie und Praxis* als normative Klammer für als pädagogisch rational gefaßte Wirklichkeitsbeschreibungen selbst einklammert, lassen sich die Fragen, ob pädagogische Wirklichkeitsbeschreibungen illusorisch sind, ob ihre Rationalität fiktiv und wie beides aufeinander verwiesen ist, diskutieren. Erst dann lassen sich Rationalitätsstandards und Wirklichkeitsbeschreibungen jenseits zirkulärer Verweisungen vielleicht in ihrer Differenz, aber auch in ihrem Aufeinanderverwiesensein thematisieren.

Im folgenden möchte ich versuchen,

1. den Wirklichkeitsbezug pädagogischer Beschreibungen relativ formal als spezifischen Zugriff auf Wirklichkeit darzustellen und den Stellenwert von Rationalitätsüberlegungen für dessen genuine Spezifizierung gegenüber anderen möglichen Zugriffsweisen aufzuzeigen;
2. zu zeigen, inwiefern eine pädagogische Rationalität, die sich in der Abbildung auf Realität darzustellen sucht, in eine Sackgasse gerät, wenn sie auf Realisierbarkeit, d.h. auf die Prozeßperspektive eines intentional und verantwortlich steuernden Subjekts abhebt;
3. hervorzuheben, daß - auch wenn empirische Vernunftsubjektivität grundsätzlich problematisch wird - in diese inhaltlichen Bezugspunkte von Rationalität eingehen, die gleichsam als negative konstitutiv bleiben; - anzudeuten wäre eine Perspektive, wie auf nicht-illusionäre Weise mit nicht-einlösbaren Ansprüchen umzugehen ist.

II.

Daß Menschen zu erziehen glauben, wo andere etwas ganz anderes sehen (wie Unterdrückung, Psychoterror oder Versagen), aber auch, daß man selbst glaubt zu erziehen, obwohl der Adressat das nicht nur anders sieht, sondern auch anders reagiert als erwartet - solche *Identi-*

fikations- und Rechtfertigungsprobleme von Handlungen bestimmen nicht nur die alltägliche Auseinandersetzung über Erziehung, sondern auch wissenschaftliche Klärungsversuche. Noch die lauterste Intention bleibt, was sie ist: eine problematische Sichtweise auf Wirklichkeit. Dies ist zunächst einfach darin begründet, daß Handlungen als solche nur unter Beschreibungen identifizierbar sind.[1]

Die Frage, ob es 'Erziehung' gibt oder ob es sich dabei um eine Illusion handelt, wäre demnach, wenn man sie ontologisch oder naiv-empiristisch betrachtet, falsch gestellt. Dann aber läßt sich der Realitätsgehalt von Handlungen nur noch festmachen an der sozialen Konsensfähigkeit einer als sachlich zutreffend anerkannten Beschreibung von Praktiken. Eine solche Beschreibung ist dabei nicht zu begreifen als ein allein theoretisch zu betrachtendes Produkt: Der Konsens über Beschreibungen von Praktiken ist einer theoretischen Betrachtung und Problematisierung vielmehr immer schon vorausgesetzt. Anerkannte Beschreibungen bilden die Realität, von der praktische wie theoretische Problematisierungen ausgehen, ohne sie verlassen zu können. Sie sind kein nur-kognitives, von 'der' Wirklichkeit abgehobenes Produkt, sondern sie bilden *als* jene *Wirklichkeit*, hinter die nicht auf eine an-sich-bestehende zurückgegriffen werden kann, den Kristallisationspunkt für Motivationen und Orientierungen. Sie erlauben Zielsetzungen sowohl auf der Ebene individueller Handlungen wie auch auf der Ebene der situativen und strukturellen Gestaltung von Handlungsvoraussetzungen. Sie erst erlauben die Zuschreibung von Verantwortung ebenso wie die daran anschließende Bewertung.

Am Beispiel: Die Konnotationen, die mit der Praxisbeschreibung 'arbeiten' angesprochen sind, bestimmen den Motivationshintergrund der ihr Unterliegenden; sie bedingen individuelle Zielvorstellungen (vom Geldverdienen bis zu Sinnbestimmungen und Lebensentwürfen) ebenso wie organisatorische Vorkehrungen struktureller und situativer Art: die Arbeitsbedingungen, die sich zum System verdichten. Sie legen gleichzeitig fest, wer das Subjekt in diesem Kontext ist, wer arbeitet und damit verantwortlich ist sowie inwieweit er dieser Verantwortung gerecht geworden ist. Zur Beurteilung von *Verantwortungszuschreibungen* gehören dabei Kriterien sachlicher Angemessenheit ebenso wie die Einhaltung sozialer Regeln, aber auch Kriterien der sittlich-moralischen Qualität[2], die festlegen, welches Handeln allgemeine moralische Prinzipien erfüllt, die unabhängig von jedem Kontext gelten sollen.

Läßt sich nun auch 'erziehen' als eine solche Realität begreifen? Die angeführten Probleme bei der Konsensfähigkeit hinsichtlich einer sachlich zutreffenden Beschreibung von Erziehungspraktiken lassen da zunächst Zweifel aufkommen. Andererseits spricht man (ohne grundsätzliche Einwendungen) von einem Erziehungssystem, vergleicht Erziehungsstile verschiedener Kulturen, redet von Erziehung in unterschiedlichen Institutionen usw. Und zweifellos wirken organisierte Strukturen wie etwa in der Schule motivationsbündelnd für Lehrer, geben sie einen mehr oder weniger offenen Rahmen für individuelle Zwecksetzungen, aber auch für organisatorische Reformen vor; ebenso legen sie Verantwortungen sogar in rechtlich kodifizierter Form fest und erlauben auch die Beurteilung der Wahrnehmung dieser Verantwortung.

Demgegenüber erscheinen in pädagogischen Theorien nicht nur bestimmte Orientierungen, individuelle Handlungen, Strukturen und Verantwortungszuschreibungen in solchen Institutionen als bedenklich, sondern zum Problem wird meist der Charakter dieser Realität als einer 'pädagogischen'.

Diese Entgegensetzung läßt sich nicht so auflösen, daß man von der konsentierten Betrachtung von 'Erziehungseinrichtungen' als einer 'objektiven' Realität ausgeht, die durch 'pädagogische Semantik' nur verwässert wird - so als ob es sich bei pädagogischen Beschreibungen nur um unverbindliche Spielereien gegenüber einer harten Faktizität handeln würde. Vielmehr stehen sich hier zwei unterschiedliche Beschreibungsweisen und damit *Realitätsentwürfe* gegenüber: eine funktionale (ob evolutionstheoretisch, struktur-funktionalistisch, äquivalenzfunktionalistisch oder ideologiekritisch-gesellschaftstheoretisch) und eine pädagogische Betrachtungsweise im engeren Sinne. *Beide sind nicht ineinander auflösbar*, auch wenn sie beide Referenzpunkte aus der anderen Perspektive integrieren mögen; *beide sind auch nicht aufeinander gründbar*, selbst wenn sie füreinander wichtige Bezugspunkte vorgeben.

Die Frage nach der Möglichkeit einer sozial anerkannten pädagogischen Beschreibung von Handlungen ist mit dieser Unterscheidung zweier Sichtweisen von 'Erziehung' allerdings noch nicht beantwortet. Schwierigkeiten ergeben sich hier schon aus dem Abstraktionsgrad pädagogischer Beschreibungen. 'Erziehen' ist kein Handlungsvollzug, auf den man zeigen kann; vielmehr handelt es sich um eine sekundäre Beschreibung von Phänomenen, die als 'strafen, loben, zuhören, die Stimme erheben, unterrichten, lehren usw.' beschrieben werden können. Deshalb macht es auch wenig Sinn oder mutet zumindest seltsam an, wenn jemand auf die Frage, was er denn da mache, antwortet: 'Ich erziehe gerade'. Die Transformation von Beschreibungen '1. Grades' in solche der 'Erziehung' verlangt einen Abstraktionsschritt, der nicht an der konkreten Handlungsbeschreibung vollzogen werden kann, diese also auch nicht einfach ersetzt. Vielmehr geschieht dies durch den Rückbezug der Handlungsbeschreibung auf einen transsituativen und diese Handlung, die immer als Antwort in einer Situation verstanden wird, damit transzendierenden Kontext: im Hinblick auf einen Prozeß,

der als durch ein Erziehungsziel integriert gedacht wird - eine Erziehung zur Mündigkeit, Gesellschaftstüchtigkeit, zur Disposition X. Im Rahmen eines solchen Prozesses, der als Projekt hin auf die Zukunft und/oder als Rekonstruktion hin auf Vergangenheit entworfen wird[3], gewinnt auch die einzelne Handlungsbeschreibung, gewinnen generalisierende Beschreibungen von Praktiken (wie 'ermahnen, loben' etc.) ihren spezifisch-pädagogischen Sinn. Als Moment eines übergreifenden Prozesses, der nicht als empirische Kausalkette vorstellbar ist, relativiert sich jedoch zugleich der Wert der beschriebenen Handlung: Sie erhält nun eher illustrativen oder dokumentarischen Belegcharakter für den Prozeß. Die sinnvolle Rede von diesem Prozeß kann auch an anderen Beispielen illustriert werden, so daß man sagen kann, daß die Möglichkeit einer solchen Rede vom Erziehungsprozeß zu X nicht auf das Vorliegen der konkreten Handlung angewiesen ist. Damit ist diese Prozeßbeschreibung aber auch nicht mehr durch alternative Handlungsbeschreibungen widerlegbar. Man kann über den Sinn einer im Lichte dieser Prozeßkonstruktion getätigten pädagogischen Handlungsbeschreibung streiten: Aber selbst wenn man übereinkäme, daß diese pädagogische Beschreibung einer konkreten Handlung fragwürdig ist, so widerlegt dies noch nicht die Prozeßkonstruktion.
Hinzu kommt, daß es bei dieser Beschreibung von Realität nicht nur um Identifikation geht, sondern daß es sich zugleich um eine Qualifizierung des Gegenstandes handelt. Anders formuliert: Es geht nicht so sehr um eine gemeinsame Identifizierung von Realität, sondern eher um den Anspruch auf Erfassung der möglichen Rationalität von Realität. Das Problem liegt dann wohl darin, daß diese Rationalität in Form einer Beschreibung von intentionalen und verantworteten Praktiken auftritt, die als solche eben nicht nur funktional dargestellt werden können. Deshalb ist unter Rationalitätsgesichtspunkten auch keine Bezugnahme auf sachliche Angemessenheit und soziale Richtigkeit ausreichend; pädagogische Beschreibungen rationaler Wirklichkeit nehmen Bezug auf die Ebene sittlich-moralischer Verbindlichkeit - also wiederum auf eine Abstraktionsebene, die sich in Handlungs*grundsätzen*, nicht aber in objektivierend beschriebenen Praktiken abbilden läßt.
Wollte man aus den angestellten Überlegungen hinsichtlich des Realitätsbezugs ein Fazit ziehen, so scheint die Beschreibung pädagogischer Praktiken dort am ehesten Realitätsgehalt in Form intersubjektiv akzeptierter Selbstverständlichkeit zu erlangen, wo sie *nicht* unter pädagogischen Rationalitätsgesichtspunkten organisiert ist, sondern nach funktionalen, gesellschafts-, generations- oder evolutionstheoretisch-distanzierten Kriterien. Sich genuin als pädagogisch verstehende Wirklichkeitsbeschreibungen hingegen operieren auf einer Abstraktionsebene, deren Ziel in der Qualifizierung solcher Beschreibungen,

in der Rationalisierung nach *als pädagogisch gesetzten Maßstäben* besteht. Das heißt nicht, daß solche Beschreibungen keinen Realitätsbezug hätten: aber dieser ist *nicht objektivierend, sondern orientierend*, auf eine als möglich gedachte Wirklichkeit bezogen.
Wohl aber heißt dies, daß zwischen der objektivierenden Realitätsbeschreibung und der pädagogischen Rationalisierungsabsicht ein Bruch angenommen werden muß. Die orientierende Beschreibung ist als kritische Abgrenzung zur objektivierenden darstellbar. Diese Kritik ist so endlos, wie die Vorstellungen möglicher Realität offen. Wenn sich orientierende rationalisierende Wirklichkeitsbeschreibungen in funktionaler Perspektive objektivieren lassen, verfallen sie wieder der Kritik durch die pädagogische Rationalität, die sich in anderen modalen Wirklichkeitsbeschreibungen darzustellen sucht. *Pädagogische Wirklichkeitsbeschreibungen lassen sich so als Rationalisierungsbestrebungen gegenüber einer funktionalen Sichtweise* (sei sie soziologischer, anthropologischer, evolutionstheoretischer, psychologischer Art) *von 'pädagogischen' Phänomenen betrachten.* Fragen pädagogischer Rationalität und solche objektivierenden Wirklichkeitsbezuges erscheinen so als different: dies nicht in der Form von Reflexion und objektiver Realität, sondern durch *verschiedene Ansprüche*, die an die jeweilige Beschreibung gestellt werden und die zugleich verschiedene Grade erwartbarer Akzeptanz bedeuten.

III.

Diese unterschiedlichen Grade erwartbarer Akzeptanz sind nun allerdings nicht nur in der sozialen Favorisierung der objektivierenden Zugriffsweise oder im Abstraktionsgrad sich darstellender pädagogischer Rationalität zu sehen, sondern auch und vor allem darin, daß die Orientierungspunkte für den Entwurf pädagogisch rationalisierter Wirklichkeiten *fragwürdig* geworden sind und damit auch der über Realisierbarkeit, über die Zukunftsdimension gedachte Bezug zu einer möglichen Wirklichkeit. Nicht *die* Wirklichkeit oder eine objektivierend beschriebene stellt die pädagogische Rationalität in Frage, sondern die angenommene *mögliche* Wirklichkeit.
Diese Krise hängt eng mit dem Problematischwerden der Vorstellung eines *konstitutiven Vernunftsubjekts* zusammen, das Zielpunkt wie abstrakte Voraussetzung des pädagogischen Prozesses in der *Neuzeit* war und ist - und damit eben auch mit der Problematisierung der Vorstellungen von prozeßintegrierender pädagogischer Intentionalität, die sich als abstrakte Vernunfthaltung gegenüber alltäglichen Konflikten durchhält; von pädagogischer Verantwortung gegenüber dem Nichtverfügbaren im Anderen, gegenüber Bedingungen und Grenzen des

eigenen Handelns; von pädagogischer Wirksamkeit im Kontext sich multiplizierender Einflüsse; von allgemeiner Vernunft und der Vorstellung ihrer Besonderung statt ihrer individualisierenden Partikularisierung und sozialen Vielfältigkeit etc. Solche Problematisierungen werfen die Frage auf, wo denn noch der Referenzpunkt, wenn man so will: der Realitätsbezug (nicht in einem funktional-objektivierenden Sinne) von pädagogischer Rationalität sein kann. Kann man an den konstitutiven Merkmalen pädagogischer Rationalität, der vernünftigen Steuerung und Verantwortung individueller Bildungsprozesse, festhalten, ohne jenes intentionale Erziehungskonzept, das mit der starken Annahme einer empirischen Vernunftsubjektivität rechnet, zu denken und ohne diese Rationalität in einer funktionalen Betrachtungsweise aufzulösen?

Zunächst einmal erscheint das Festhalten an den auch gesellschaftlich durchgesetzten und als zumutbar gedachten Erwartungen an die pädagogische Rationalität (die Begründung und Darstellung der Steuerung und Verantwortung individueller Bildungsprozesse hin auf ein empirisches Vernunftsubjekt) im Wissen um deren Nichteinlösbarkeit als ein Festhalten an Illusionen. Jedoch ist dies nur dann der Fall, wenn man als ausgezeichneten Bezugspunkt für pädagogische Rationalität ihre Realisierbarkeit in Handlungskontexten annimmt. Man wird demgegenüber betonen müssen, daß erst mit diesen Zumutungen und ihrer Akzeptanz - ob realisierbar oder nicht - die realen Voraussetzungen dafür gegeben sind, daß jene Einrichtungen, die in funktional-objektivierender Perspektive als 'pädagogische' beschrieben werden, durch pädagogische Rationalität *irritiert* werden können, daß diese Rationalität als Instanz *bestimmter Negation und orientierender Kritik* also 'irgendwie umgesetzte' Wirkungsmöglichkeiten erhält, daß sich deren Spuren in funktionaler Perspektive objektivieren lassen.

Andererseits setzen die Zumutungen hinsichtlich der Steuerbarkeit und Verantwortbarkeit individueller Bildungsprozesse nicht notwendig die Übernahme der Sicht eines pädagogischen Verfügungssubjekts, also eine intentionalisierende Perspektive auf Erziehung als Prozeß voraus. Gefordert scheint eine *Distanzierung* von dieser Standpunktübernahme eines prozeßintegrierenden Vernunftsubjekts als Ausgangspunkt pädagogischer Theoriebildung.

Eine solche Distanzierung trifft allerdings nicht nur mögliche Illusionen, sondern zugleich den Kern *pädagogischer Gegenstandsbestimmung* in seiner Rationalität. Sie betrifft die prozessuale Legitimation von Handlungsinterpretationen durch Einordnung in ein sinnverleihendes Projekt oder eine Geschichte, für die technisch und moralisch Verantwortung übernommen werden soll. Projekt und Geschichte einer Erziehung verbürgen deren aktuelle Rationalität, weil sie den Interpretationsstreit über Handlungen durch theoretischen Aufwand aus

purem Dezisionismus, Opportunismus und Voluntarismus herausheben und diskutierbar machen.
Wenn man Projekt und Geschichte einer Erziehung nicht mehr an der Vorstellung einer empirischen Vernunftsubjektivität festmachen kann, die einerseits den Prozeß verantwortet und steuert, in dem sich andererseits kumulativ ein ebenfalls empirisches Vernunftsubjekt herausbildet, dann braucht man daher - will man an einem *transsituativen* Bezugspunkt festhalten, der eine pädagogische Rationalität von Handlungen begründen soll - eine *andere Referenz* für pädagogische Reflexion.
Dieser transsituative Bezugspunkt kann nicht über eine funktionale Betrachtung von operativen Abläufen erfolgen, wohl aber über eine *Bildungstheorie*, die nicht selbst wiederum funktional angelegt sein darf etwa als Entwicklungstheorie hin auf das Wahre und Richtige menschlicher Subjektivität. Eine Bildungstheorie, die *nicht* die Logik einer Entwicklung hin zum autonomen Subjekt erzählt, sondern auf Diskontinuität, auf Brüche, auf die Ambivalenz von Chancen, auf Unverfügbarkeit, die Gebrochenheit von Selbstbildungsprozessen abhebt und so als eher strukturell angelegte der *Demontage* metaphysischer Subjektvorstellungen Rechnung trägt - eine solche Bildungstheorie könnte den Bezugspunkt abgeben für eine an sie anschließende pädagogische Theoriebildung, deren Rationalität zu transformieren wäre. *Transformation*, nicht funktionale Ersetzung - dies ist schon das Kennzeichen der gewandelten bildungstheoretischen Perspektive. Diese impliziert über eine bloße Dekonstruktion metaphysischer Implikationen, der Aufdeckung ihres konstruktiv-kontingenten, immer auch das Negierte mitschleppenden Entwurfscharakters hinaus die Frage, auf welche Weise eine solche Negation als bestimmte mit eben jenen metaphysischen Optionen im Augenblick ihres Sturzes solidarisch bleiben kann?[4] Denn inhaltlich ist für eine solche Bildungstheorie immer noch kein anderer Horizont angebbar als das, was man für unmöglich halten muß: die empirische Vernunftsubjektivität zwar nicht als regulative Idee, als sinnstiftendes und orientierendes Prinzip, wohl aber *als das in seiner vorgegebenen Möglichkeit zu Negierende*, als das, was in seiner systematischen und historischen Unmöglichkeit auch für die eigene Position bestimmt aufzuzeigen ist. Bildung in diesem Sinne kann keinen Totalitätsanspruch auf Vernunft erheben; sie ist unverfügbar und endlos als Bemühung, im Scheitern dessen, was einmal bildende Erfahrung hieß, zumindest noch die Offenheit für solche Erfahrung vorzuführen.[5]
'Bildung' als Referenzpunkt pädagogischer Rationalitätsüberlegungen mag zwar als funktionaler Ersatz für eine pädagogische Prozeßorientierung mit ihren starken Annahmen der Steuerbarkeit und Verantwortung dienen; sie aber gibt selbst keine kumulative Prozeßorientierung

ab, sondern bietet eine Rekonstruktion situativer, immer fragiler, sich ihres nicht-ausschließbaren Selbsttäuschungscharakters vergewissernder Strukturbedingungen dessen, was unter 'Bildung' noch sinnvoll verstanden werden kann, wenn man sich von der naiven Vorstellung eines Subjektivierungsprozesses als Vervollkommnungsprozeß in Vernunft löst.

Der Primat der Bildungstheorie erlaubt dabei eine Relativierung von Intentionalität als Steuerungsfaktor. Diese Relativierung bedeutet eine Aufgabe jener prozeßorientierten Erziehungsvorstellung, die die Klammer für Steuerbarkeit und Verantwortung eines linear vorgestellten Aufklärungsprozesses bildete. Sie bedeutet nicht die Aufgabe der Handlungsintentionalität zugunsten eines funktionalen Modells, wohl aber eine Lösung von schlechten Gewissen der Auffassung einer 'gebrochenen Intentionalität' (DIETRICH BENNER), nach der man zu steuern intendiert, dies aber moralisch nicht darf. Die auf Handlungsintentionalität, d.h. auf eine um ihre prozeßsteuernde Dimension als Sinn- und Legitimationshintergrund halbierte pädagogische Intentionalität bezogene pädagogische Rationalität rekurriert auf notwendige (nicht auf hinreichende) Bedingungen der Ermöglichung jener Strukturbedingungen von Bildung, über deren Gelingen sie nicht verfügen und das sie daher auch nicht verantworten kann - wohl aber ihren Einsatz für jene notwendigen Bedingungen und zur Vermeidung für störend gehaltener situativer und struktureller Faktoren. Solche Überlegungen deuten auf eine Neubestimmung der Erzieherfunktion, eine Betrachtung der pädagogischen Verantwortung als Instanz auf Nichtverantwortung zur Destruktion von Illusionen, als Verantwortung allenfalls für notwendige, nicht aber für hinreichende Bedingungen von Bildung, eine Betrachtung des akzidentiellen und unsystematischen Charakters von 'Erziehungsprozessen', eine Neubestimmung der sozialen Machtrelation der Beteiligten usw.

Auch wenn man im Alltagsverständnis die einer naiven Aufklärungstradition geschuldete Einheit von *funktionaler Erziehungsrekonstruktion* und *pädagogischer Rationalisierungsabsicht* sowie die damit verbundene *Tendenz zur Pädagogisierung aller Lebensbereiche* kaum wird aufweichen können, so bedeutet die vorgeschlagene Differenz für den wissenschaftlichen Bereich die Möglichkeit einer Transzendierung des mit dem Stichwort 'Pädagogisierung' angezeigten Dilemmas von beliebiger Rhetorik und dogmatischer Interpretationsabschottung. Die begründende Zuordnung des Prädikats 'pädagogisch' als Rationalitätszuschreibung ist zu trennen von einer Rekonstruktion institutionell abgesicherter Abläufe, von Erziehungswirkungen und prozessualen Verläufen mit Verantwortungszuschreibung unter funktionaler Perspektive, die selbst wiederum von solchen Rekonstruktionen

abzuheben wäre, für die Begriffe wie Lernen, Entwicklung oder Sozialisation stehen.
Mit der *Aufgabe der Position* des souverän steuernden und verantwortlich im Lichte der Moralprinzipien handelnden Erziehers als Ausgangspunkt pädagogischer Rationalisierungsbemühungen wird es zum einen möglich, die Bearbeitung der Rationalitätszumutungen an pädagogische Theoriebildung als theoretisch-konstruktive, aber auch ebenso: *kritische* von deren *praktischer* Bewältigung zu unterscheiden. Dies bedeutet eine Freisetzung von Rationalitäts- und Kritikpotentialen, die bisher an der kurzen Leine der Praxisrelevanz gehalten wurden. Erreicht wird aber auch eine Entlastung des individuellen Handelnden von einem nichteinlösbaren Rechtfertigungsdruck an den Vermittler von Empirie und Vernunft.
Zum anderen ist damit der Versuch angezeigt, im Scheitern eines die *Dialektik der Aufklärung* nicht radikal denkenden Erziehungs- und Bildungskonzepts noch an dessen Gehalt, der an den Konnex von individueller Subjektivierung und Vernunft gebunden ist, festzuhalten - ohne die Illusion einer möglichen Illusionslosigkeit.

Anmerkungen:

1. Daß Handlungen nur unter Beschreibungen identifizierbar sind, die sie als adäquate Antwort auf eine Situation darstellen, hat HANS LENK dargelegt. Vgl. DERS.: Handlung als Interpretationskonstrukt. In: DERS. (Hrsg.): Handlungstheorien interdisziplinär. Band 2. München 1978, S. 279-350.
2. Ich übernehme hier einen Gliederungsvorschlag von Rechtfertigungsstufen durch HÖFFE, O.: Sittlich-politische Diskurse. Frankfurt am Main 1981, S. 40f.
3. Diesen Aspekt habe ich an anderer Stelle ausführlicher behandelt. Vgl. SCHÄFER, A.: Zur Kritik pädagogischer Wirklichkeitsentwürfe. Weinheim 1989, Kap. I und II.
4. Dies ist selbstverständlich eine Paraphrase des Schlußmotivs der 'Negativen Dialektik' THEODOR W. ADORNOs.
5. Man kann dies als Quintessenz von ADORNOs Überlegungen zur Bildungstheorie verstehen. Vgl. dazu ausführlich SCHÄFER, A.: Aufklärung und Verdinglichung. Reflexionen zum historisch-systematischen Problemgehalt der Bildungstheorie. Frankfurt am Main 1988.